국화와 칼

국화와 칼

일본 문화의 유형

루스 베네딕트 지음 | 박규태 옮김

문예출판사

감사의 말

일본에서 태어났거나 혹은 일본에서 교육을 받은 후 전시에 미국에 살던 일본인들은 매우 어려운 처지였다. 그들은 많은 미국인들에게서 의혹의 눈초리를 받았다. 이 책의 자료를 수집하면서 나는 그들의 협조와 후의를 받았다. 이 점을 증언하면서 나는 매우 큰 기쁨을 느낀다. 나는 그 일본인들에게 각별한 감사의 뜻을 표하지 않을 수 없다. 그들 가운데 특히 전시에 나의 동료였던 로버트 하시마에게 감사한다. 그는 미국에서 태어나 일본에서 자랐는데, 1941년 미국으로 돌아왔고 '전시 외국인 격리 수용소'에 억류되었다. 그 후 나는 그가 미국 군기관에 근무하려고 워싱턴에 왔을 때 그를 만났다.

나는 또한 이 책의 내용을 연구 보고하도록 과제를 부여해준 '전시정보국'과 특히 극동부 차장이었던 조지 테일러 교수 및 당시 '해외전의戰意분석과' 과장을 지냈던 미해군 예비군 군의대 알렉산더 레이튼 중령에게도 심심한 사의를 표하는 바다.

레이튼 중령, 클라이드 클럭혼 교수, 나단 리츠 박사는 내가 일본을 연구하던 당시 '전시정보국'에 함께 근무했는데, 이 책의 전체 혹은 일부를 읽어주셨고 여러모로 많은 도움을 베풀어주셨다. 이분들을 비롯해 콘라드

아렌스버그 교수, 마가렛 미드 박사, 그레고리 베이트슨 씨, 허버트 노먼 씨 등에게도 고마움의 뜻을 전하고 싶다. 이 모든 분이 시사해준 것 그리고 이분들의 협조에 깊이 감사한다.

루스 베네딕트

차례

감사의 말　4
서문　9

제1장　연구 과제 : 일본　14
제2장　전쟁 중의 일본인　49
제3장　각자 알맞은 자리를 취하기　75
제4장　메이지유신　115
제5장　과거와 세켄에 빚진 채무자들　143
제6장　'만 분의 일'의 온가에시　164
제7장　'기리보다 쓰라린 것은 없다'　187
제8장　오명 씻어내기　206
제9장　닌죠의 세계　241
제10장　덕의 딜레마　265
제11장　자기 훈련　307
제12장　어린아이는 배운다　334
제13장　패전 후의 일본인　385

루스 베네딕트 연보　408
옮긴이의 말　412

*본문의 주는 원주라고 표시된 것을 제외하면 모두 옮긴이주입니다.
**주는 각 장 끝에 실었습니다(서문의 주는 1장 뒤에 실었습니다).

 # 서문

《국화와 칼: 일본 문화의 유형The Chrysanthemum and the Sword : Patterns of Japanese Culture》[1]은 1946년에 처음 나오자마자 즉시 센세이션을 일으켰다.[2] 그 무렵 일본에는 점령군의 일부로서 50만 명의 미군이 주둔해 있었고, 종전 이전에는 몇백만 명이 저 조그만 섬나라와 싸웠다. 존 엠브리[3]의 탁월한 촌락 연구인 《스에무라: 일본의 한 촌락》[4] 및 《일본 국가 Japanese Nation》를 제외하곤, 쓸 만한 사회과학적인 일본 연구가 전혀 없었다. 이럴 때 나온 《국화와 칼》은 일본인의 특성과 태도를 기술한 최초의 의미 있는 작품으로 즉시 고전이 되었다.[5]

루스 베네딕트[6]는 이미 마가렛 미드[7]와 더불어 탁월한 두 명의 여성 인류학자 중 하나로 명성이 자자했다. 미드는 명석하고 저돌적이고 논쟁적이었다. 베네딕트 또한 명석했지만 미드보다도 세련되고 섬세하며 온건했다.[8] 하지만 베네딕트는 그녀만의 조용한 방식을 통해 미드 못지않게 효과적으로 중심 무대를 지배할 줄 알았다. 베네딕트의 유명한 저서 《문화의 패턴》[9]은 상이한 문화권에 사는 사람들의 기본적인 태도라든가 사고 및 행위체계에 대한 연구에서 중요한 지적知的 진전을 보여주었다.

《국화와 칼》은 이 《문화의 패턴》에서 저자가 구사한 방법론을 일본에 적용하려는 시도였다.[10] 그러나 1944년에 그녀가 일본 연구를 시작했을 때 미국은 일본과 교전 중이었고 따라서 현지 조사는 불가능했다. 그 무렵 '전시정보국'[11] 및 '전략조사국'에서 구성된 조사팀 중 워싱턴에 모였던 사회과학자들은 직접적인 현지 조사를 수행할 수 없다는 점을 매우 우려했다. 그리하여 그들은 '원격 타문화 연구'를 위한 기법들을 특화했다. 비록 원격 타문화가 학술 연구에서 그럴듯한 유행의 분위기를 타고 있기는 했지만, 그 연구 방법론은 역사가들이 통상 행하는 것과 크게 다를 바 없었다. 즉 가능한 문헌 자료들을 가장 풍부한 상상력을 통해 창조적으로 이용하는 방법론 말이다. 그들은 거기에다 인터뷰 기법을 하나 더 추가했다.

베네딕트는 당시까지 미국 정부가 수행해온 모든 일본 분석 자료를 마음대로 사용할 수 있었다. 하지만 그녀의 동료들 중 많은 이들은 그녀가 그 자료적 가치를 그다지 인정하지 않는다고 느꼈다. 그녀의 연구에서 한 가지 중요한 무기는 미국에 이민 온 일본인들을 인터뷰하는 것이었다. 나는 그런 인터뷰에 응했던 몇몇 일본인들이 날마다 점심식사를 같이하면서 줄곧 베네딕트와 대담하는 것을 어떻게 느꼈는지 내게 말했던 것을 기억한다. 그들은 베네딕트의 질문이 아주 철저한 것이었다고 탄복했다. 하지만 그들은 자신들의 느낌과 경험을 구석구석 빠짐없이 파고들려는 그녀의 지나친 열의에 두려움마저 느꼈다고 한다. 그들이 보기에 그녀는 자신들이 기억할 수 있는 모든 것을 되풀이해서 자세히 듣기를 원했다. 그들은 식사가 끝나고 돌아갈 시간이 되면 탈진하는 동시에 안도감을 느꼈노라 회상했다.

오랜 세월 《국화와 칼》은 일본인의 인성 및 특성에 대한 입문서로 여겨져왔다. 일본에 대한 책이 거의 없었던 1950년대에는 모든 이가 베네딕트의 이 책을 읽었다. 오늘날에는 일본 연구서가 차고 넘쳐서 독자들은 어떤 책부터 읽어야 할지 혼란스러울 정도다. 이제 우리에게는 훌륭한 일본 연구서가 많이 나와 있는데, 그런 만큼 우리는 명확한 역사적 관점에 입각해 베네딕트의 작품을 2차 세계대전 중에 나온 탁월한 일본 연구서로 인정하기가 더 수월해졌다. 베네딕트는 일본인들이 일본의 패색이 짙을 때조차 왜 기꺼이 전투를 계속 수행했는지, 왜 포로가 되기보다 차라리 죽기를 자처했는지를 알고 싶어 했다. 그녀는 자신이 관찰한 그들의 모순에 대해 혼란스러워했다. 예컨대 일본인은 매우 예의 바르면서도 동시에 매우 무례하다. 그들은 매우 보수적이면서도 동시에 어떤 변혁에 있어서는 매우 유연하기 그지없다. 그들은 매우 복종적이지만 동시에 상부에서 다루기가 매우 어렵다. 그들은 매우 충성스럽지만 동시에 매우 반역적이기도 하다. 그들은 잘 훈련되어 있지만 종종 반항적이기도 하다. 그들은 칼로써 기꺼이 죽음을 택하지만 동시에 국화의 아름다움에 매우 민감하기도 하다.

아마도 《국화와 칼》 중에서 '하지恥'와 죄에 관한 베네딕트의 논의만큼 흥미로운 대목도 없을 것이다. 그녀는 일본인들이 타인의 견해에 지나치게 예민한 반면 옳고 그름에 대한 내면화되고 표준화된 규칙에 대해서는 별로 관심이 없다는 사실에 강한 호기심을 느꼈다. 이런 그녀의 문제 제기에 자극받아 수많은 학술 논문들이 일본인에게 있어 죄와 '하지'의 관계를 분석했다. 1940년대 후반, 당시 절정에 오른 존 엠브리와 루스 베네딕트라는 두 명의 탁월한 지적 지도자가 타계했을 때 사회과학적 일본 연구 학계는 큰 타격을 입었다.

그럼에도 1950년대와 1960년대에 일본에서 현지 조사를 수행했던 몇몇 서구 사회과학자들은 베네딕트의 작품이 너무 과장되었다고 느꼈다.[12] 《국화와 칼》은 일본인을 너무 완고하고 의무나 사회적 지위에 지나칠 정도로 얽매여 있고 너무 이데올로기에 봉헌적이고 세상에 대한 평판에 너무 신경 쓰는 존재로 묘사했기 때문이다. 가령 그녀는 "모든 인사법과 모든 대인 관계가 사람들 간의 사회적 지위의 종류와 차이를 드러내야만 한다"고 적고 있다. 하지만 현지 조사를 통해 일본인을 경험한 우리로서는 그들이 자발적이고 놀기 좋아하고 유연하다는 것을 알게 되었다. 그러니까 베네딕트는 일정한 패턴을 찾아내고자 노력하다가, 그녀가 인터뷰했던 일본인들의 딱딱하게 굳은 이미지를 구현한 것은 아닌가 하는 생각이 들었다는 것이다.

일본인에 대해 미국인이 가진 상투적 이미지[13]는 2차 세계대전 이래 매우 많이 바뀌었다. 가령 이가 드러난 안짱다리의 적이라는 이미지에서 매력적이고 우아한 게이샤로, 심오한 선불교 선사라든가 일벌레 사업가의 이미지로, 나아가 카메라를 든 관광객이라든가 고압적인 은행가의 이미지 등으로 바뀌어왔다. 미국인들이 자기네 부동산을 몽땅 사들이는 결연한 일본인 수출업자들을 못마땅하게 보기 시작하는 요즘 결연한 일본 군인들에 대한 베네딕트의 전시 연구는 새롭게 관심을 끌 만하다.

만일 베네딕트가 오늘날 살아 있다면, 그녀는 다른 미국인들과 마찬가지로 일본의 경제적 성공에 놀랄 것이다. 많은 일본인들이 너무 가난해서 영양실조로 고통받던 1946년에 그녀는 조심스럽게 "분명 일본인들 앞에는 험난한 길이 가로놓여 있다. 그러나 (재군비 없이) 그들은 생활의 국민적 표준을 세울 것"이라고 결론 내렸다. 실로 베네딕트는 일본인들이 의무, 규율, 자발적인 희생 따위에 얽매여 있다는 점을 지나치게 과장한 면이 있다. 그러나 또한 1950년대에 가정 안팎의 일본인들을 현지 조사한 연구자들이 그들의 결의를 과소평가했다는 점도 아마 사실일 것이다.

베네딕트가 그녀의 현지 조사 작품[14]보다도 원격지 일본 연구자로서 더 많이 기억된다는 점은 아이러니다. 어쩌면 원거리에서 일본인의 행위 유형에 도달하고자 했던 베네딕트의 노력은 일본을 묘사한 다른 많은 현지 조사 연구보다도 훨씬 더 미묘하고 상세하고 인간적으로 일본인의 항구적인 특성을 확인해주었을지도 모른다. 그 결과 일본인을 알고자 원하는 사람들에게 일본적 특성의 미스터리가 많이 드러났다. 그리고 말끔한 넥타이부대 비즈니스맨들에 의해 일본의 발전이 이루어지는 오늘날 또한, 아마도 카키색 군인들이 전진하던 때만큼이나 일본 이해가 중요한 시점이라고 여겨진다.

에즈라 포겔[15]

제1장

연구 과제 : 일본[1]

일본인은 미국이 지금까지 상대했던 적 가운데 가장 알 수 없는 적이었다. 미국은 일본과의 전쟁에서 너무나도 이질적인 일본인의 행동 양식과 사고방식을 고려해야 할 필요성에 직면해야만 했다. 다른 적군을 상대할 때는 이런 일이 없었다. 1905년에 우리보다 앞서 일본과 전쟁을 했던 제정 러시아와 마찬가지로, 우리 또한 서양의 문화적 전통에 속하지 않은 국민, 그러면서도 완벽하게 훈련받고 무장된 국민과 싸웠던 것이다. 서양 제국이 인간 본성에 속한 것으로 받아들였던 제반 전시 관례들이 일본인들의 안중에는 전혀 존재하지 않았다. 때문에 태평양전쟁에서 우리는 섬 해안에서의 일련의 상륙작전 감행이나 병참술에 수반되는 여러 곤란한 문제를 해결하는 일뿐만 아니라, 적의 기질과 정서에 대해서도 잘 알 필요가 있었다. 그러니까 우리는 적의 행동에 대처하기 위해 적의 행동 양식을 이해하지 않으면 안 되었던 것이다.

하지만 일본인을 알고 이해한다는 것은 결코 용이한 일이 아니었다. 닫혔던 일본의 문호가 개방된 이래 75년 동안 일본인에 관해 기술된 여러 문헌에는 "그러나 또한but also"이라는 표현이 기괴할 정도로 남발되어 나온다. 세계의 어떤 다른 국민들에 대해서도 이런 식으로 기술된 적은 다시없을 것이다. 진지한 관찰자가 일본인 이외의 다른 국민에 관해 글을 쓸 때, 그리고 그 국민이 유례없을 만큼 예의 바른 국민이라고 말할 때, 그는 그 국민이 "그러나 또한 무례하고 건방지다"라고 덧붙이지는 않을 것이다. 또한 어떤 나라의 국민이 더할 나위 없이 고루하다고 말할 때, "그러나 또한 그들은 무엇이든 새로운 것에 쉽게 순응한다"고 덧붙여 말하지는 않을 것이다. 어떤 국민이 순종적이라고 말할 때, 동시에 "그러나 또한 그들은 위로부터의 통제를 잘 따르지 않는다"[2]고 부연하지는 않을 것이다. 어떤 국민이 충성심 많고 관대하다고 말할 때, "그러나 또한 그들은 불충실하며 심술궂다"고는 말하지 않는다. 어떤 국민이 참으로 용감하다고 말할 때, "그러나 또한 그들은 겁쟁이다"라고 부연하지는 않는다. 어떤 국민이 타인의 평판에 신경 쓰면서 행동한다고 말할 때, 동시에 "그러나 그들은 진실로 굳건한 양심을 가지고 있다"고 말하지는 않는다. 어떤 나라의 군대가 로봇처럼 일사불란하게 훈련한다고 말할 때, 거기에 이어 "그러나 또한 그 나라의 군인들은 순순히 명령에 복종하지 않으며 공공연하게 반항하기도 한다"고 말하지는 않는다. 어떤 국민이 서구 학문에 열중한다고 말할 때, 이와 동시에 "그러나 또한 그들은 지독하게 보수적이다"라고 강조하지는 않을 것이다. 아름다움을 사랑하고 배우와 예술가를 존경하며 국화를 가꾸는 데 비상한 재능이 있는 어떤 국민에 대한 책을 쓰고자 할 때, 일반적으로 그 책이 "그러나 또한 그들은 칼을 숭배하며 사무라이에게 최고의 영예를 돌린다"는 내용의 다른 책에 의해 보완되는 경우는 거의 없다.[3]

   그런데 일본에 관한 책을 쓸 때는 이런 모든 모순이 함께하며 날줄과 씨줄을 구성하게 된다. 즉 이 모순들 모두가 참이 된다는 말이다. 예컨대 칼도 국화도 함께 일본이라는 그림의 일부가 된다. 일본인은 가장 호전적이면서도 또한 점잖다. 군국주의적[4]이면서 동시에 탐미주의적[5]이다. 불손하면서도 예의 바르다. 완고하면서도 적응 능력이 뛰어나다. 평소에는 유순하지만 일단 공격을 받으면 분개한다. 충실한가 하면 불충실하기도 하다. 용감하지만 동시에 비겁하기도 하다. 보수적이지만 동시에 새로운 것을 기꺼이 받아들일 줄 안다. 일본인은 자신의 행동을 타인이 어떻게 생각할지 지독하게 신경 쓴다. 하지만 이와 동시에 자신의 허물이 타인에게 알려지지 않는 한, 쉽게 나쁜 짓을 저지르기도 한다. 일본 군대는 명령에 복종하도록 철저히 훈련받지만, 동시에 곧잘 명령에 반항하기도 한다.[6]

일본 이해가 미국에게 매우 중요한 문제가 되었을 때, 이상과 같은 모순들 및 그것들과 마찬가지로 현저하게 드러나는 그 밖의 많은 모순을 무심히 지나칠 수는 없는 노릇이었다. 바야흐로 우리 앞에는 시시각각 위기가 닥쳐왔기 때문이다. 일본은 어떤 식으로 나올 것인가? 일본 본토에 진격하지 않고도 항복받을 수 있을까? 우리는 천황의 궁성을 폭격해야 할 것인가? 우리는 일본인 전쟁포로들에게 무엇을 기대할 수 있을까? 일본군 및 본토 일본인들에게 선전문을 유포할 경우, 어떤 말을 써야 미국인의 생명을 덜 희생시킬 수 있으며 또한 최후의 한 사람까지 싸우고자 하는 일본인의 전의를 약화시킬 수 있을까?

이러한 의문들과 관련해 일본인을 가장 잘 아는 미국인들 사이에서는 의견이 크게 엇갈리고 있었다. 전쟁이 끝나고 평화시대가 도래했을 때, 우리는 일본인을 통제하기 위해 영속적으로 계엄령을 발동해야만 할까? 아군은 일본의 산속 깊은 곳에 있는 요새에서 최후까지 결사적으로 저항하는 일본군과 싸울 각오를 해야만 할까? 국제 평화가 이루어지기 전, 프랑스 혁명이나 러시아 혁명 같은 것이 일본에서 일어날 필요성이 있을까? 만일 그렇다면 누구를 그런 혁명을 이끌 지도자로 삼으면 좋겠는가? 아니면 일본인들을 아예 멸종시켜버려야 할까? 우리가 일본을 어떻게 이해하고 판단하느냐에 따라 이런 문제들에 대한 견해 차가 매우 크게 나타났다.

나는 1944년 6월에 일본 연구를 위촉받았다. 그때 나는 문화인류학자로서 내가 구사할 수 있는 모든 방법론을 동원해 일본인이 어떤 국민인가를 규명하도록 요청받았다.[7] 그해 초여름 무렵에 미국은 일본에 대대적인 공세를 취하기 시작했다. 당시 미국인들은 일본과의 전쟁이 3년이나 아니면 10년 혹은 그 이상 갈지도 모른다고 말하고 있었다. 일본에서는 백 년도 계속될 것이라는 말까지 나돌았다. 일본인들은 미국이 국부적인 승리를 얻기는 했지만, 뉴기니 섬이라든가 솔로몬 군도는 일본 본토에서 몇천 마일이나 떨어져 있으므로 큰 문제가 되지 않는다고 여겼다. 즉 일본의 공식적인 성명은 해군의 패배를 좀처럼 인정하려 들지 않았고 일본 국민들은 여전히 일본이 미국을 이기고 있는 것으로 알았다.

그러나 1944년 6월로 접어들면서 상황이 바뀌었다. 유럽에서는 제2전선이 형성되었고, 이에 따라 지난 2년 반 동안 최고 사령부가 유럽의 교전 지역에 행사해왔던 군사적 우선권은 유효성을 상실하게 되었다. 대독전對獨戰 종결이 눈앞에 보였고, 태평양에서는 미군이 사이판 섬에 상륙했다. 이 상륙작전은 일본의 종국적인 패배를 예고하는 대작전이었다. 그때부터 미군은 더욱더 근거리에서 일본군과 대면하게 되었다. 그리고 우리는 뉴기니, 과달카날, 미얀마, 애투, 타라와, 비아크 등에서의 전투를 통해 우리가 얼마나 무서운 적과 싸우고 있는가를 잘 알게 되었다.

그리하여 1944년 6월경 우리에게는 일본이라는 적에 관한 수많은 의문에 답해야 할 필요성이 시급해졌다. 군사와 외교 및 최고 정책과 관련해 발생하는 여러 문제부터 일본군 전선의 후방에 배포하는 선전 책자에 관한 문제에 이르기까지 일본에 대한 모든 통찰이 중요한 의미를 지니게 된 것이다. 교전국 일본의 총력전에 관해 우리가 반드시 알아야 할 것은 비단 도쿄의 지도부가 품은 목적과 동기라든가 일본의 장구한 역사, 혹은 경제 및 군사 통계 자료뿐만이 아니었다. 우리는 일본 정부가 그들의 국민들에게 무엇을 기대하는지도 알아야만 했다. 또한 우리는 일본인의 사상적·정서적 습관 및 그런 습관에 배어 있는 문화 유형[8]을 이해하기 위해 노력해야만 했다. 나아가 우리는 일본인의 행동 양식이나 견해의 배후에서 작동하는 강제력이 무엇인지를 알아야만 했다.[9] 거기서 우리는 우리가 미국인으로서 행동할 때 당연한 것으로 여기는 전제들을 잠시 옆으로 제쳐둔 채, 어떤 주어진 상황에서 일본인이 하는 행동이 우리 자신의 행동 양식과 크게 다르지 않다고 단정하는 식의 안이한 결론으로 비약하지 않도록 최대한 주의할 필요가 있었다.

내게 주어진 이와 같은 과제는 수행하기가 쉽지 않은 난제였다. 무엇보다 미국과 일본은 교전 중이었기 때문이다. 전쟁 중에는 흔히 적국을 나쁘게 보거나 철저하게 깎아내리기 십상이므로,[10] 적의 인생관과 세계관을 적 자신의 눈을 통해 본다는 것은 매우 어려운 작업이 되기 마련이다. 그럼에도 이 작업은 반드시 수행되어야만 했다. 이때 문제의 핵심은 일본인의 행동 양식 그 자체지, 만일 우리가 일본인이라면 우리는 어떻게 행동할 것인가에 있는 것이 아니었다. 그래서 나는 일본인을 이해하는 작업에서, 전시 일본인의 행동 양식을 부정적인 의미의 부채로서가 아니라 긍정적인 의미의 자산으로서 활용하고자 노력해야만 했다. 또한 나는 일본인의 전쟁 수행 방식 자체를 관찰하면서 일단 그것을 군사적 문제가 아닌 문화적 문제로 바라보고자 애써야만 했다. 평시와 마찬가지로 전시에도 또한 일본인은 일본적으로 행동했기 때문이다.[11]

그렇다면 우리는 그들이 전쟁을 수행하는 방식에서도 그들의 생활 방식이나 사고방식에 관한 어떤 특이한 징후를 찾아낼 수 있지 않을까? 예컨대 그들의 지도자가 전의를 선동하면서 당황하는 국민을 안심시킨다든지 혹은 전장에서 병사들을 통제하는 방식 등에서 우리는 그들 자신이 이용 가능한 일본적 장점으로 여기는 것이 무엇인지를 엿볼 수 있을 것이다. 그리하여 나는 전시 일본군이 어떻게 일본인으로서의 자기 자신을 점차적으로 드러내는지를 알기 위해, 전쟁에 관한 세부적 사실들을 조사해야만 했다.

하지만 두 나라가 교전 중이라는 사실은 이런 나의 연구에서 불가피하게 심각한 장애로 작용하지 않을 수 없었다. 그것은 문화인류학자의 가장 중요한 연구 방법이라 할 수 있는 현지 조사를 포기해야 한다는 것을 의미했기 때문이다.[12] 나는 일본에 가서 그들의 가정을 경험하면서 일상생활의 여러 가지 성향과 활동을 관찰함으로써 어느 것이 중요하고 또 어느 것이 덜 중요한지를 내 눈으로 직접 살필 수가 없었다. 또한 나는 그들이 어떤 결정에 도달하기까지 어떤 복잡한 과정이 있는지 직접 관찰할 수가 없었다. 뿐만 아니라 나는 그들의 자녀 양육 과정도 직접 볼 수가 없었다. 물론 나는 일본의 촌락에 관한 매우 귀중한 현지 조사 연구로서 인류학자 존 엠브리의 저서 《스에무라》를 참고할 수 있었다. 하지만 그 책이 씌어진 당시에는 1944년 현재 우리가 일본과 직면하면서 부딪힌 많은 문제들이 아직 문제로서 제기되어 있지 않았다.

나의 일본 연구에서 주된 어려움은 이와 같은 것들이었다. 하지만 이런 어려움 가운데서도 나는 문화인류학자로서 내가 이용할 수 있는 연구 방법과 이론에 나름대로 확신이 있었다. 최소한 나는 인류학자들이 크게 의존하는 방법, 즉 연구 대상으로 삼은 민족과의 직접 면담 방법까지 단념할 필요는 없었다. 미국에는 일본에서 자란 일본인들이 많이 살았기 때문이다. 그래서 나는 직접 면담을 통해 그들 자신이 경험한 구체적인 사실들에 관해 묻고 그들이 자신의 경험에 대해 어떻게 판단하는지를 확인할 수 있었다. 그럼으로써 나는 그들의 진술을 통해 우리가 일본에 대해 가지고 있는 지식과 인식에 있어서의 결함과 오류를 보완할 수 있었다.[13] 물론 나는 문화인류학자로서 그런 결함과 오류가 어떤 문화를 연구하고자 할 때 필연적으로 생겨날 수밖에 없다고 보았다. 당시 일본을 연구하는 다른 사회과학자들은 도서관을 이용해 과거의 사건이나 통계를 분석한다든지 말이나 글로 된 일본의 선전 문구에 나타난 변화를 추적하고 있었다. 하지만 나는 그런 사회과학자들이 추구하는 해답의 많은 부분이 일본 문화의 규범과 가치 속에 깊이 스며들어 있다고 생각했다. 그래서 나는 실제로 일본 문화 속에서 살아온 사람들을 탐구하는 편이 훨씬 더 만족스러운 답을 발견할 수 있는 길이라고 확신했다.

그렇다고 해서 내가 일본에 관한 책들을 전혀 읽지 않았다든가 혹은 일본에서 산 적이 있는 서양인에게 의존하지 않았다는 말은 아니다. 사실 일본과 관련된 방대한 문헌과 일본에서 산 적이 있는 많은 뛰어난 서양인 관찰자들 또한 내 연구에 큰 편익을 제공해주었다. 그런 편익은 아마도 아마존 강 상류 지대라든가 뉴기니 산지에 가서 그곳에 사는 무문자 종족을 연구하는 인류학자라면 결코 누릴 수 없는 것이었으리라. 그런 종족은 문자 언어를 가지고 있지 않기 때문에 자신들에 관한 것을 문서 기록으로 남겨놓지 않았다. 서구 연구자에 의한 해설도 거의 없고 있다 해도 피상적인 설명뿐이다. 아무도 해당 종족의 과거 역사를 알지 못한다. 그래서 현지조사자는 선행 연구자들에게 아무런 도움도 받지 못한 채, 해당 종족이 경제생활을 영위하는 방식이라든가 사회의 계층구조 및 종교생활에서 가장 중요한 것이 무엇인지를 스스로 발견해야만 한다.

이에 비해 나는 일본 연구에서 많은 연구자들의 유산을 물려받을 수 있었다. 예컨대 호사가들의 기록 속에는 일본인의 생활에 관한 세부적인 묘사가 가득 담겨 있었다. 많은 유럽인이나 미국인들이 자신의 일본 체험을 생생하게 기록해놓았는가 하면, 일본인들 또한 실로 놀랄 만큼 풍부한 기록들을 통해 스스로를 드러내고 있었다. 다른 동양인들과는 달리, 일본인은 자기 자신을 기록으로 남겨두고자 하는 강렬한 충동을 가지고 있다. 그들은 일본의 세계팽창주의에서부터 사소한 일상에 이르기까지 모든 것을 매우 솔직하게 기록했다. 물론 그렇다고 해서 일본인들이 그들의 전체 모습을 있는 그대로 기록했다는 말은 아니다. 어느 민족도 그렇게 하지는 않는다. 일본에 대해 기술하는 일본인은 종종 진짜 중요한 문제들을 빠뜨린 채 그냥 넘어가곤 한다. 그것들은 일본인에게 그가 호흡하는 공기처럼 너무도 익숙하고 또한 눈에 보이지 않기 때문이다. 미국인이 미국에 대해 글을 쓸 때도 마찬가지일 것이다. 하지만 역시 일본인은 자기 자신에 대해 드러내기를 좋아하는 민족임에 틀림없다.

다윈이 종의 기원에 관한 이론을 세울 때 그랬다고 전해지듯이, 나 또한 내가 일본에 대해 이해할 수단을 전혀 가지고 있지 못하다는 사실에 주의하면서 일본에 관한 문헌들을 읽었다. 가령 일본 의회에서 행해진 연설문을 읽을 때, 거기에 나열된 서로 모순되는 관념들을 이해하려면 나는 무엇을 알 필요가 있을까? 그들은 용서할 수 있을 만한 어떤 행위는 맹렬히 비난하면서 오히려 위법으로 보이는 행위는 아무렇지도 않게 용납하기도 하는데, 그런 태도의 배후에 깔린 것은 도대체 무엇일까? 그리하여 나는 끊임없이 다음과 같은 물음을 떠올리면서 일본에 관한 문헌을 읽었다. "이 그림은 무엇이 이상한가? 그 이상한 그림을 이해하려면 내가 무엇을 알 필요가 있는 것일까?"[14]

나는 또한 홍보영화든 역사영화든 혹은 도쿄나 농촌의 현대 생활을 묘사하는 영화든, 일본에서 쓰이고 제작된 영화들을 보았다. 그 후 나는 내가 본 영화를 일본인들과 함께 세밀히 검토하고 음미하기도 했다. 예전에 일본에서 똑같은 영화를 몇 편 본 적이 있다는 그 일본인들은 영화의 남녀 주인공과 악역을 나와는 다른 일본인의 시각에서 봐주었다. 내가 영화의 어떤 장면을 이해하지 못해 멍하니 있을 때에도, 그들은 아주 잘 이해하고 있었음에 틀림없다. 영화의 줄거리나 모티브도 내가 이해한 것과는 달랐으며, 그들은 영화가 만들어진 문화적 맥락의 관점에서 의미를 이해하고 있었다. 일본 소설의 경우와 마찬가지로 영화에서도 내가 파악한 의미와 일본에서 자란 일본인들이 이해한 의미 사이에는 보이는 것 이상의 훨씬 더 큰 차이가 있었다. 그 일본인들 가운데 어떤 이는 즉각적으로 일본의 관습을 변호했고, 또 어떤 이는 일본 것이면 무엇이든 다 증오했다. 이 두 그룹 중 어느 쪽에서 내가 더 많이 배웠는가를 말하기란 결코 간단치 않다. 그런데 이들 모두가 사실이라고 인정하는 장면도 있었다. 그것은 일본에서 사람들의 생활을 규제하는 방식과 관련된, 그들에게 매우 친숙한 장면이었다. 물론 그들 가운데 어떤 이는 그런 일본적 규제 방식을 기꺼이 받아들였고, 또 어떤 이는 그것을 격하게 거부했지만 말이다.

인류학자가 자신이 연구하는 문화에 속한 국민에게 직접 연구 자료와 통찰력을 얻고자 노력한다면, 그 작업은 가장 유능한 모든 서구인 관찰자들이 일본에 살면서 수행하는 현장 조사 작업과 조금도 다를 바 없다.[15] 그런데 만일 그와 같은 작업만이 인류학자가 제공할 수 있는 모든 것이라면, 사실 일본에 거주했던 외국인 관찰자들에 의해 지금까지 축적된 일본에 관한 모든 귀중한 연구에 그가 무언가를 더 보탤 수 있으리라고 기대하기는 어렵다. 하지만 문화인류학자는 그가 받은 훈련 덕택에 몇 가지 특별한 자질을 가지고 있으므로, 현장 조사 연구자나 관찰자들의 업적에 돌 하나를 더 얹고자 하는 그의 시도는 해볼 만한 가치가 있다고 보인다.

인류학자는 아시아와 태평양 지역의 여러 문화를 안다. 그리고 일본의 경우, 태평양 제도의 원시 부족과 밀접한 관련성을 가진 사회제도라든가 생활 관습이 많이 발견된다. 가령 말레이시아라든가 뉴기니 혹은 폴리네시아에서 우리는 일본의 사회제도 및 생활 관습과 유사한 점을 찾아낼 수 있다.[16] 물론 이와 같은 유사성이 먼 옛날에 이루어진 이주나 접촉에 의한 것인지를 고찰해보는 일도 흥미로울 것이다. 그러나 이런 문화적 유사성을 아는 일이 내게 중요하고 가치 있는 이유는 일본과 태평양 제도 사이에 있을 수도 있는 그런 역사적 관련성 때문이 아니다. 그보다 더 중요한 이유가 있다. 즉 나는 태평양 제도 원시 부족들의 단순한 문화에서 어떤 방식으로 사회적 관습이 작용하는가를 알고 있었는데, 그런 지식으로부터 유사성이나 차이성을 확인할 수 있고 또 그것들을 통해 일본인의 생활을 이해하는 단서를 얻을 수도 있기 때문이다. 나는 또한 아시아 대륙의 타이, 미얀마, 중국에 관해서도 약간의 지식을 가지고 있었으므로, 아시아의 위대한 문화를 상속받은 다른 여러 나라와 일본을 비교할 수 있었다.[17]

인류학자들은 원시 부족에 관한 연구에서 이와 같은 문화 비교가 얼마나 가치 있는 것인가를 유감없이 보여주었다. 가령 어떤 부족은 사회적 관습의 90퍼센트를 인접 부족들과 공유하면서도 나머지 10퍼센트의 관습을 개조하는 경우가 있다. 이는 주변의 어느 부족과도 공유하지 않는 자기들만의 생활 양식이나 가치에다 그 관습을 맞추기 위해서였다. 그와 같은 과정에서 해당 부족은 어떤 핵심적인 제도에 대해서는 그 수용을 완고하게 거부해야만 했을 수도 있다. 그 핵심적인 제도가 전체 관습에서 차지하는 비율이 아무리 적다 하더라도, 그것이 장차 해당 부족의 발전을 단일한 방향으로 이끌고 갈 우려가 있기 때문일 것이다. 그러니까 전체적으로 보면 많은 유사성을 공유하는 여러 민족 사이에 어떤 차이가 있는지를 발견해 그런 차이점을 연구하는 것이야말로 인류학자에게 가장 유익한 작업이라고 말할 수 있다.[18]

따라서 인류학자는 자신의 문화와 다른 문화 사이에 존재하는 중요한 차이점들에 익숙해질 필요가 있다. 이를 위해 인류학자는 여러 방법론적 기술들을 철저히 갈고 다듬어야만 할 것이다. 또한 인류학자는 자기와 다른 문화권에 속한 사람들이 직면할 수밖에 없는 상황 및 상이한 부족이나 민족이 그런 상황에 의미를 부여하는 방식이 문화권에 따라 큰 차이가 있다는 사실을 경험적으로 안다. 가령 어떤 인류학자는 북극 지방의 어느 부락이나 혹은 열대 지방의 어느 사막에서 그들이 아무리 상상력을 총동원한다 해도 도저히 생각해낼 수 없을 만큼 친족 간의 책임이 중시된다든지 혹은 경제적 교환이 이루어지는 부족 조직을 발견했다. 이때 그들은 친족 관계나 교환 관계의 세부 사항뿐만 아니라, 그런 조직이 해당 부족의 행동 양식에 어떤 영향을 끼치는지, 또한 각 세대가 어릴 때부터 조상 대대로 전승되어 내려온 행동 양식을 어떻게 학습하는지도 조사해야만 했다.

요컨대 인류학자는 차이에 대한 관심뿐만 아니라 나아가 그런 차이가 어떻게 조정되고 어떤 영향을 끼치는지에 대해서도 관심을 기울여야 한다. 그런데 이와 같은 전문적 관심은 일본 연구에서도 충분히 적용될 수 있었다. 우리는 미국과 일본 사이에 뿌리 깊은 문화적 차이가 존재한다는 사실을 너무도 잘 안다.[19] 심지어 항간에는 일본인이 무엇이든 우리와 정반대로 행동한다는 속설까지 퍼졌을 정도다. 물론 차이에 대한 이와 같은 확신이 위험할 때도 있다. 즉 연구자가 이런 차이를 지극히 허구적인 것에 불과하다고 보아 자기와 다른 민족을 이해한다는 것은 불가능한 일이라고 쉽게 주저앉는 경우가 그렇다. 하지만 인류학자는 경험상 어떤 기괴한 행동이라도 모두 이해할 수 있다고 주장할 만한 증거들을 많이 가지고 있다.[20]

인류학자는 부정적인 단점이 아닌 긍정적인 장점의 측면에서 사회과학자들보다 훨씬 더 전문적으로 차이성을 활용해왔다. 즉 인류학자는 어떤 제도나 민족에 대해서든 그것들이 자신의 문화권과 너무나 다르다는 점에 무엇보다도 깊은 관심을 기울여왔던 것이다. 인류학자는 그가 연구하는 부족의 생활 방식에 대해 그 어느 것도 당연시하지 않았다. 때문에 그는 일부 선택된 사실만이 아니라 전체를 관찰하고자 했다. 비교문화학적 연구의 소양이 없이 서구의 여러 민족을 연구하는 자는 종종 어떤 행동 양식을 총체적으로 보지 못하는 수가 있다. 그런 연구자는 일상생활에서의 갖가지 사소한 습관이라든가 평범한 것들에 대한 모든 기성 관념은 아예 도외시하고 만다. 그런 것들은 당연히 탐구 대상이 아니라고 여기기 때문이다. 그러나 이를 국가라는 스크린에 확대해보면, 그런 사소하고 평범한 것들이야말로 실은 외교관이 조인한 조약보다도 더 국가의 장래와 밀접한 관계가 있다.

그리하여 인류학자는 일상적이고 평범한 사실들을 제대로 다룰 수 있는 연구 기법을 개발해야만 했다. 왜냐하면 인류학자가 연구하는 종족의 일상생활과 관련된 평범한 사실들은 그 인류학자가 속한 나라에 있어 그에 상응하는 평범한 사실들과 판이하게 달랐기 때문이다. 인류학자가 어떤 부족의 극단적인 사악함이나 비겁함을 이해하고자 할 때, 또한 그들이 특정 상황에서 어떻게 행동하고 어떻게 느끼는지를 알아내고자 할 때, 그는 문명화된 국민의 경우에는 별로 신경 쓸 필요가 없는 평범한 세부 사항이나 관찰거리에 크게 유의해야만 한다는 사실을 깨달았다. 일상적이고 평범한 사실들을 발굴할 수 있는 연구 방법에 익숙한 인류학자에게는 그런 평범한 세부 사항들이야말로 본질적으로 중요하다고 여겨야 할 충분한 이유가 있었다.

일본의 경우에도 이런 방법을 시도해볼 만했다. 인류학자는 원시 부족이든 문명국이든 인간의 행동은 일상생활 속에서 학습되는 것이라는 전제를 가지고 있다. 그리고 어떤 국민을 연구하든 지극히 인간적인 소소한 일상생활에 주목할 때라야 비로소 이와 같은 인류학적 전제가 지니는 중요한 의의를 충분히 이해할 수 있게 될 것이다. 아무리 기괴하게 보이는 행동이나 견해라 할지라도, 인간이 느끼고 생각하는 방식은 그의 경험과 일정한 관계를 가지게 마련이다. 마찬가지로 나는 일본인의 기이한 행동에서 무언가 당혹감을 느끼면 느낄수록, 일본인의 생활 속 어딘가에 그런 기이한 행동 양식을 만들어낸 일반적인 조건이 존재할 것이라는 확신을 가지게 되었다. 그러니까 일상생활의 사소한 세부 사항들을 깊이 연구할 필

요가 있다. 인간이란 일상생활을 통해 학습되는 존재이기 때문이다.[21]

문화인류학자로서 나 또한 가장 고립된 어떠한 행동일지라도 체계적으로 서로 관련되어 있다는 전제에서 연구를 시작했다. 거기서 나는 무수한 개개의 세부 사항들이 종합적인 유형으로 분류되는 방식을 특히 중시했다. 인간 사회에서는 인간 삶을 위해 스스로의 힘으로 무언가를 기획하고 설계하지 않으면 안 된다. 또한 인간 사회는 이런저런 상황에 대처하는 특정 방식이나 그런 상황을 판단하는 특정 방식을 승인한다. 그리고 해당 사회의 구성원들은 그와 같은 사회적 해결 방식들을 우주의 기초로 간주하면서, 어떤 어려움이 있더라도 그것들을 하나의 전체적 체계로 통합하고자 한다. 가령 어떤 가치체계를 받아들인 사람들이 있다고 하자. 그런데 만일 그 가치체계로 인해 삶에 비효율성과 혼돈이 초래될 수밖에 없을 경우, 사람들은 장기간 그들의 삶과 격리된 곳에서 상반된 일련의 가치에 따라 생각하고 행동하게 될 것이다. 그러면 사람들은 더욱더 조화와 일치를 추구하게 되기 마련이다. 그리하여 그들은 스스로에게 어떤 공통된 근거와 동기를 부여하려 든다. 요컨대 그들에게는 어느 정도의 조화와 일치 consistency가 필요하다. 그렇지 않으면 전체 체계가 산산조각나버리고 말 것이기 때문이다.[22]

경제적 행위와 정치적 행위 및 가족제도와 종교의례 등이 서로 톱니바퀴처럼 맞물리게 되는 까닭이 여기에 있다. 그 중 한 영역에서의 변화가 다른 영역에서의 그것보다 훨씬 더 급속하게 일어남으로써 그것이 다른 영역에 커다란 압박으로 작용할 수도 있다. 하지만 그런 압박 자체는 실상 조화와 일치에 대한 욕구에서 생겨나는 것이다. 무문자 사회에서 권력자가 타자에 대한 지배를 추구할 경우, 그와 같은 권력의지는 그들의 경제적 행위나 타 부족과의 관계뿐만 아니라 종교적 관습을 통해 표출되기도 한다. 예컨대 문자로 씌어진 오래된 경전을 가지고 있는 문명국의 교회는 무문자 부족들과는 달리 당연히 오래된 문구를 옛 형태 그대로 지켜나가고 있다. 그러나 경제적·정치적 권력에 대한 공적 승인이 갈수록 점증하는 사회에서는 여러 영역에 걸쳐 교회와 충돌이 빚어짐으로써 교회가 가진 권위는 점차 퇴락하지 않을 수 없게 된다. 그 결과 오래된 문구가 그대로 남아 있다 할지라도 그 의미는 변질되고 만다. 그러니까 종교적 교의와 경제적 관습 및 정치를 물에 비유한다면, 그 물은 결코 명확하게 격리된 작은 연못에 갇혀 고정되어 있는 것이 아니다. 그것들은 존재한다고 상상되는 경계를 넘쳐 흘러가면서 서로 뒤엉켜 섞인다. 이는 언제나 분명한 사실이다.

그러므로 연구자가 그의 연구를 외관상 경제, 성性, 종교, 육아 따위의 문제로 세분하면 할수록 그는 자신이 연구하는 사회에서 일어나는 일들을 더 잘 추적할 수 있게 된다. 그는 인간생활의 어떠한 영역에서든 효과적으로 가설을 세우고 자료를 얻을 수 있다. 또한 그는 해당 국민의 다양한 요구가 정치라든가 경제 혹은 도덕 등 어떤 표현으로 나타나든 간에 그것을 그들의 사회적 경험 속에서 학습되어온 습관이나 사고방식의 표현으로써 읽어내는 법을 배울 수 있다. 따라서 이 책은 일본인의 종교라든가 경제생활 혹은 정치나 가족 등 어느 특정 일면만을 다루기보다는 오히려 생활 방식에 관한 일본인의 견해나 생각 혹은 가정 따위를 검토하고 있다. 이때 이 책에서는 어떠한 행위나 활동이든 일본인이 스스로를 드러내는 방식에 따라 그런 일본인의 견해를 기술하고자 한다. 요컨대 이 책은 일본을 일본인의 나라답게 만드는 것[23]이 무엇인가를 적은 책이라 할 수 있다.

20세기가 안고 있는 결함 가운데 하나는 이처럼 일본을 일본인의 나라답게 만드는 것이 무엇이냐 하는 문제에 대해서뿐만 아니라, 미국을 미국인의 나라답게 만드는 것, 프랑스를 프랑스인의 나라답게 만드는 것, 러시아를 러시아인의 나라답게 만드는 것이 무엇이냐 하는 문제에 관해 우리가 여전히 지독한 편견에 가득 찬 채 지극히 막연한 관념만을 품고 있다는 점이다. 제대로 된 올바른 지식의 결핍으로 인해 지금 세계 각국은 상호 오해에 오해를 거듭할 따름이다. 때문에 구별할 수 없을 만큼 서로 닮은 두 나라 사이에서 어떤 문제가 발생한 경우에도, 우리는 그 두 나라 사이에 도저히 화해할 수 없는 큰 차이가 있는 것처럼 착각하기 십상이다.[24] 그리고 반대로 어떤 국민이 그들의 경험 및 가치체계에 따라 우리와는 전혀 다른 행동 방침을 마음속에 품고 있을 때에도, 우리는 그저 상호 공통된 목적에 대해서만 언급하려 든다. 거기서 우리는 그들의 습관이나 가치가 어떤 것인가를 알고자 노력하지 않는다. 만일 우리가 그런 노력을 기울이기만 한다면, 우리는 그들의 행동 방침이 우리에게 익숙한 행동 방침과 다르다 해서 반드시 나쁘다고 할 수만은 없다는 사실을 깨닫게 될 것이다.

그렇다고 해서 우리가 각각의 국민들이 자기 나라의 사유 방식이나 행동 습관에 대해 언급한 것에만 전적으로 의존할 수는 없다. 각 나라의 문필가들은 그들 자신에 대해 설명하고자 애써왔다. 하지만 문제는 그렇게 간단치 않다. 어떤 국민이 자신의 생활 관습을 들여다보는 렌즈는 다른 국민이 사용하는 렌즈와 다르게 마련이기 때문이다. 우리는 눈을 통해 무언가를 보지만, 그런 자신의 눈을 의도적으로 의식하기란 쉽지 않다. 사실 어떤 나라도 이와 같은 자기만의 렌즈를 당연하게 여긴다. 그 렌즈에는 초점을 맞추고 원근을 조정하는 나름대로의 요령과 방식이 있다. 각 나라에 고유한 그런 요령과 방식은 해당 국민들에게 어떤 공통된 인생관을 부여해줄 뿐만 아니라, 흔히 신에게 수여받은 그대로의 풍경 배치처럼 간주되기 십상이다.

안경을 예로 들어보자. 안경을 쓴 당사자가 렌즈의 처방전에 대해 잘 알 것으로 기대되지 않는 것과 마찬가지로, 우리는 각 나라의 국민들이 자신의 세계관을 잘 분석할 수 있으리라고는 기대하지 않는다. 그래서 만일 안경에 관해 알고 싶으면, 우리는 안과 의사를 양성해 그 사람에게 어떤 안경이든 가지고 가면 그가 렌즈의 처방전을 내려줄 것이라고 기대한다. 마찬가지로 앞으로 언젠가는 사회과학자의 작업이야말로 현대 세계의 각국 국민들에 대해 이 안과 의사와 같은 역할을 하게 될 것이라는 점을 인정받게 될 날이 틀림없이 올 것이다.

이와 같은 작업에는 상당히 강인한 정신과 관용의 정신이 동시에 필요하다. 그런데 지극히 현실적이고 강인한 정신은 때로 국제 친선을 제창하는 사람들에게 비난받기 일쑤였다. '하나의 세계'를 주창하는 그들은 세계 곳곳의 모든 사람에게 동과 서, 흑인과 백인, 그리스도교 신자와 이슬람 신자 간의 차별은 모두 피상적인 것에 불과하며 전 인류가 실로 같은 마음을 가지고 있다는 확신을 불어넣어주는 데 희망을 걸었다. 이런 관점은 때로 사해동포주의라 불리기도 한다. 하지만 나는 일본인은 일본인 특유의, 그리고 미국인은 미국인 특유의 생활 방식과 행동 양식을 가지고 있다고 생각한다. 만일 사해동포주의라는 것이 나처럼 말해서는 안 된다는 것을 의미한다면, 나는 그런 사해동포주의는 신뢰할 수 없다. 때때로 그런 사해동포주의를 주장하는 자들은 동일한 필름 원판에서 뽑아낸 사진처럼 세계 여러 민족이 하나가 되지 않으면 국제 친선의 교의가 이루어질 수 없다고 여기는 듯이 보인다. 그러나 타국에 대한 존중의 조건으로서 그와 같은 획일성을 요구한다는 것은 자기 부인이나 자식들에게 자기와 같아질 것을 요구하는 것만큼이나 신경과민적인 태도라 할 수 있다.

이에 비해 현실적이고 강인한 정신의 소유자라면 나라와 민족에 따라 차이가 존재한다는 사실을 기꺼이 받아들일 것이다.[25] 그들은 차이성 자체를 존중하기 때문이다. 그들의 목표는 차이가 그대로 존재하면서도 안전이 확보되는 세계를 만드는 데 있다. 세계 평화를 위협하지 않은 채 미국은 철저히 미국답고 프랑스는 프랑스다우며 마찬가지로 일본은 일본다울 수 있는 그런 세계 말이다.

차이라는 것이 반드시 세계의 머리 위에 걸린 다모클레스Damocles의 칼[26]이어야 할 필요가 있을까? 그렇지 않다고 믿는 연구자들은 전술한 것과 같은 세계관의 성숙이 외적 간섭에 의해 방해받아서는 안 된다고 여길 것이다. 뿐만 아니라 차이를 존중하는 태도가 세계의 현상 유지를 조장하는 것은 아닌지 두려워할 필요도 없다. 문화적 차이를 존중하는 태도는 정적이고 고정된 세계와는 무관하기 때문이다. 가령 영국은 엘리자베스 여왕 시대를 이어 앤 여왕 시대와 빅토리아 여왕 시대로 바뀌어도 여전히 영국다움을 잃지 않았다. 영국인은 시대가 바뀌어도 결코 자기다움을 잃지 않은 채 이전과는 다른 기준과 상이한 국민적 분위기를 만들어낼 수 있었다.

그런데 국민적 차이에 대한 체계적인 연구를 위해서는 지극히 현실적이고 강인한 정신과 아울러 상당한 관용 정신도 필요하다. 비교종교 연구는 사람들이 각각 자신의 확고부동한 신념을 가지고 있음으로써 다른 사람에게 매우 관대할 수 있었을 때에만 활기를 띠었다. 예수회 신부든 아랍인 학자든 혹은 특정 신앙을 가지고 있지 않은 자든 간에 누구나 비교종교 연구자가 될 수 있으리라. 단, 지나치게 열성적이거나 광적인 신자만 아니면 된다. 마찬가지로 비교문화 연구 또한 사람들이 자신의 생활 양식만을 세계에서 유일한 해답이라 믿고 그 방어에만 급급해하면 별 성과를 거둘 수 없을 것이다. 자기만 옳다고 믿는 그런 사람들은 자기와 다른 생활 양식을 알게 됨으로써 오히려 자기 자신의 문화를 더 깊게 사랑할 수 있다는 사실을 전혀 깨닫지 못한다. 그들은 유쾌하고 풍부한 경험의 기회를 스스로 차단해버린다. 지나치게 자기 방어적인 태도로 인해, 그들은 다른 나라에 대해 그들 자신의 특수한 해답을 강요하는 것 말고는 다른 대안을 가지고 있지 못하다. 예컨대 미국인은 자기 마음에 드는 신조를 받아들이도록 세계 각국에 강요하곤 한다. 하지만 그렇다고 해서 다른 나라들이 우리 미국의 생활 양식을 순순히 받아들일 리가 없다.[27] 이는 우리가 십진법 대신 십이진법을 받아들인다든가 혹은 동아프리카의 어느 부족처럼 한쪽 다리로만 서서 휴식할 수 없는 것과 마찬가지 이치다.

그리하여 나는 이 책에서 일본인이 당연히 그럴 것이라고 여기는 일상적인 습관에 대해 기술하고자 한다. 가령 이 책은 일본인이 어떤 경우에 예의를 지키고 또 지키지 않는지, 그리고 어떤 경우에 수치감이나 당혹감을 느끼는지, 혹은 자기 자신에게 무엇을 요구하는지 등에 관해 적고 있다. 이때 이 책에서는 평범한 일반 서민들의 행동 양식을 표준적인 전거로 삼고 있다.[28] '누구라도' 그 전거가 될 수 있다. 그런데 이는 그 '누구라도' 특정인 자신으로서 각각의 특수한 상황에 놓일 수 있다는 것을 의미하지 않는다. 그보다는 주어진 일정한 조건 아래에서의 어떤 행동 양식을 '누구라도' 받아들이고 인정한다는 것을 뜻한다. 이와 같은 연구의 목표는 일본 사회에 깊이 뿌리내린 사고방식과 행동 양식을 기술하려는 데 있다. 설령 이 책이 거기까지 미치지 못했다 하더라도, 당초에는 그런 목표를 이상으로 삼고 출발했다.

이와 같은 연구에서 자료 제공자의 통계적 숫자는 별 큰 의미가 없다. 가령 누가 누구에게 언제 머리를 숙여 절을 하는가의 문제는 일본인 전체에 대한 통계적 연구를 전혀 필요로 하지 않는다. 인사 예법처럼 일반적으로 승인된 관습적인 상황은 누구든지 보고할 수 있는 성질의 것이며, 따라서 몇몇 사례만 확인하면 되고 그 이상 똑같은 정보를 몇백만 명의 일본인에게서 채집할 필요까지는 없기 때문이다.

일본인의 생활 양식을 규정하는 여러 전제와 가정을 밝혀내고자 하는 연구자에게는 통계적 확인보다 훨씬 더 어려운 과제가 주어져 있다. 즉 일반직으로 승인된 관습과 판단이 어떻게 일본인의 생활을 엿볼 수 있는 렌즈가 될 수 있는지를 보고하는 과제야말로 그에게 주어진 커다란 요청이다. 예컨대 그는 전술한 여러 전제와 가정이 어떻게 일본인이 인생을 바라볼 때의 초점과 원근법에 영향을 미치는지를 기술해야만 한다. 또한 그는 일본인과는 전혀 다른 초점에서 인생을 바라보는 미국인들에게 이 점을 알기 쉽게 납득시켜야만 한다. 이와 같은 분석 작업에서 가령 다나카 씨라는 평범한 일본인 '아무개'의 사례가 반드시 권위 있는 전거가 될 필요는 없다. 왜냐하면 이때의 다나카 씨는 자신의 전제와 가정을 말로 설명하지 않으며, 미국인을 위해 쓰여진 해석들은 틀림없이 다나카 씨와 무관한 것까지 장황하게 늘어놓기 일쑤일 것이기 때문이다.

미국에서의 사회 연구는 문명국의 문화가 토대로 삼는 여러 전제에 대한 연구를 종종 간과하곤 했다. 대개의 연구는 그런 전제들을 자명한 것으로 간주해왔기 때문이다. 사회학자나 심리학자 들의 관심은 세상 여론이라든가 행동 양식의 '분포'에 집중되어 있다. 그래서 그들의 방법론은 주로 통계학적인 것에 머무르기 십상이다. 예컨대 그들은 방대한 조사 자료 및 질문지나 면접 조사를 통한 엄청난 숫자의 회답이라든가 심리학적 측정 따위를 주로 통계적 분석에 의존한다. 그럼으로써 거기서 특정 요인들의 독립성이나 상호 의존 관계 따위를 도출해낸다. 여론 조사의 경우, 미국에서는 과학적으로 선택된 표본인구를 이용해 전국적인 여론 조사를 수행하는 효과적인 기술이 상당히 높은 수준에 이르고 있다. 그런 방법에 의해 미국에서는 어떤 공직의 후보자라든가 어떤 정책에 대해 얼마나 많은 사람들이 지지하고 또 반대하는지를 알아낼 수 있다. 뿐만 아니라 그 지지자들과 반대자들을 도시 사람인지 시골 사람인지, 저소득층인지 고소득층인지, 혹은 공화당 지지자인지 민주당 지지자인지에 따라 구분하는 것도 얼마든지 가능하다. 사실 보통선거가 행해지고 또한 국민의 대표자들에 의해 각종 법률이 기안되고 실시되는 나라에서 이와 같은 조사 결과는 실제적인 중요성을 지닌다.

미국은 미국인의 여론을 투표로 조사하고 그 결과를 승인한다. 그러나 이는 미국인에게는 특별히 거론할 필요조차 없을 만큼 너무나 당연한 하나의 선행 단계가 있기 때문에 가능한 것이다. 즉 미국인들은 미국적인 생활 방식을 잘 알며 그것을 당연한 것으로 가정한다. 그러니까 어떤 여론 조사의 결과는 이미 우리가 아는 사실 위에다 돌 하나를 더 얹는 것에 지나지 않는다. 따라서 다른 나라를 이해하고자 할 때에는, 그 나라 사람들의 습관이나 전제 및 가정에 대한 체계적인 질적 연구[29]를 수행한 뒤에야 비로소 여론 조사 같은 것이 실효성을 가질 수 있을 것이다.

물론 신중하게 선택된 표본 작업을 통해 여론 조사는 정부를 지지하는 사람과 그렇지 않은 사람이 얼마나 되는지 따위를 어느 정도 정확하게 알아낼 수 있다. 그러나 지지자든 반대자든 그들이 국가에 대해 어떤 관념을 품고 있는지에 관해 전혀 알 수 없다면, 그런 여론 조사에서 도대체 무엇을 얻을 수 있단 말인가? 다시 말해 국가에 대한 국민들의 관념을 이해할 때 비로소 우리는 거리나 의회에서 여러 당파가 무엇을 가지고 다투는지를 알 수 있는 것이다. 어떤 국민이 정부에 대해 품고 있는 전제 및 가정에 대한 지식은, 정당의 세력을 표시하는 통계적 숫자보다도 훨씬 더 일반적이며 항구적인 중요성을 가진다. 미국에서는 공화당이든 민주당이든 정부라는 것은 불가피한 필요악이며 따라서 정부에 의해 개인의 자유가 제한당할 수도 있다고 생각한다. 아마도 전시에는 그렇지 않겠지만, 평상시 미국의 경우 정부 관직에 취임한다고 해서 그에 상당하는 민간 기업의 자리에 취임함으로써 얻는 것보다 더 높은 사회적 지위를 얻을 수 있는 것은 아니다. 이와 같은 미국인들의 이해 방식은 일본인들의 이해 방식과는 크게 다를 수밖에 없고 또한 여러 서구 국민과도 현저한 차이가 있다. 우리가 무엇보다 먼저 알아야 할 것은 바로 우리가 아닌 그들의 이해 방식이다. 그것은 그들의 관습이라든가 성공한 사람들에 대한 그들의 평가 혹은 자기네 역사와 관련된 신화라든가 축제일의 연설 같은 것 속에 구체적으로 표현되어 나온다. 우리의 연구는 그런 간접적인 표현들에 입각해 수행될 수 있다. 물론 그것은 체계적인 연구를 요한다.

어떤 국민이 자기네 생활에 대해 품는 근본적인 전제 및 가정이나 혹은 그 국민이 일반적으로 승인하는 해결 방식은 선거에 즈음해 인구의 몇 퍼센트가 찬성 혹은 반대 투표를 할 것인가를 알아내는 경우와 마찬가지로 주의 깊고 상세하게 연구될 수 있다. 그리고 일본은 그와 같은 근본적인 전제 및 가정을 탐구할 만한 가치가 충분히 있는 나라다. 나는 앞에서 서구인으로서 내가 품는 전제 및 가정이 일본인의 인생관과는 잘 맞지 않는 점이 있음을 분명히 밝힌 바 있다. 그러나 우리가 일본인들이 사용하는 범주와 상징을 조금만 더 이해할 수 있다면, 흔히 서구인들이 일본인의 행동 양식에서 느끼는 많은 모순이 더는 모순이 아니게 될 것이다.[30] 예컨대 일본인들 자신은 그들의 변덕스럽고 급격한 행동 전환을 어떤 일관되고 통합적인 체계의 일부로서 받아들이는 경향이 많은데, 나는 일본인의 범주와 상징을 연구하면서 어떻게 그것이 가능한지를 알게 되었다. 이 책에서 나는 이 점을 보여주고자 노력했다. 나와 함께 작업을 수행했던 일본인들은 내가 보기에 그들만의 기이한 어구를 사용한다든가 이상한 사고방식을 드러내곤 했다. 하지만 시간이 지나면서 나는 그러한 것들 안에 매우 중요한 의미가 함축되어 있으며 오랜 세월에 걸친 일본인의 풍부한 감정으로 가득 차 있다는 사실을 깨닫게 되었다. 일본인이 말하는 덕과 악덕은 서구인의 생각과는 완전히 다른 것이었다. 일본인이 생각하는 덕의 체계는 실로 독특한 것이었다. 그것은 불교적인 것도 유교적인 것도 아니었다. 그것은 바로 일본적인 것이었다. 거기에는 일본의 장점과 단점 모두가 담겨 있다.

주(서문)

1 1945년 10월 베네딕트는 보고서 《일본인의 행동 패턴》을 비롯해 전시정보국 시절에 축적한 일본 관련 지식을 한 권의 책으로 출판하고 싶다는 뜻을 호턴 미플린사 Houghton Mifflin Company에 보낸다. 미국의 보통 시민들에게 일본인이란 어떤 국민인가를 알리려는 것이 목적이었다. 그런데 출판을 앞두고 베네딕트가 생각하던 제목은 본래 '국화와 칼'이 아니라 '우리와 일본인We and the Japanese'이었다. 이에 대해 출판사 측에서는 '연꽃과 칼'이라는 제목을 제안했다. 하지만 결국 베네딕트의 희망에 따라서 '국화와 칼: 일본 문화의 유형'으로 결정되었다. 이에 따라 베네딕트는 '국화'와 '칼'에 관련된 장을 새로 써야만 했고, 그때 1장과 12장이 추가되었다. 후쿠이 나나코, 〈'일본인의 행동 패턴'에서 '국화와 칼'까지〉, 루스 베네딕트, 서정완 옮김(후쿠이 나나코 일본어판 중역), 《일본인의 행동 패턴》, 소화, 2000, 200~201쪽.
2 영어판은 35만 부 이상이, 일본어판은 230만 부 이상이 팔린 롱셀러다.
3 존 엠브리John Embree(1908~1950). 하와이대학 인류학과 교수, 예일대학 사회학 및 인류학 교수 역임. 1935~1936년 일본 스에무라에서 부인Ella Lury Embree과 함께 현지 조사를 수행한 후 《스에무라》를 저술했다.
4 John Embree, *Suye Mura: A Japanese Village*, Chicago: University of Chicago Press, 1939.
5 이 책을 고전이라고 말할 수 있는 것은 일본 문화의 핵심적인 요소들, 특히 일본인의 에토스를 구성하는 중요한 요소들(가령 일본인의 계층적 위계질서 의식, 하지와 명예 관념, 기리, 닌죠, 온 개념 등)을 최초로 명확하게 분석해냄으로써 차후 일본 문화 분석에 있어 아주 기본적인 준거가 되었기 때문이다. 권숙인, 〈일본 문화를 보는 세 가지 눈: 루스 베네딕트, 나카네 지에, 노마 필드〉, 《국제지역연구》 12권 1호, 서울대학교 국제학연구소, 2003, 46쪽. 일본 내에서도 《국화와 칼》은 이른바 '일본문화론'에 관한 고전에서 가장 중요한 문헌 가운데 하나로 평가받고 있다. 가령 사회학자 소에다 요시야는 《국화와 칼》이 일본문화론의 가장 뛰어난 작품 중 하나라고 하면서 이 책을 통해 일본문화론의 발전 가능성을 찾아볼 수 있다고 주장한다. 副田義也, 《日本文化試論: ベネディクト〈菊と刀〉を讀む》, 新曜社, 1993, 1~7쪽. 한편 서

구 학계에서도 《국화와 칼》은 일본 관련 인류학 연구에서 가장 영향력 있는 책 가운데 하나로 심지어 "우리의 모든 일본 연구는 1946년에 나온 《국화와 칼》의 주석일 뿐"이라고까지 평가받기도 한다. David W. Plath and Robert Smith, "How 'American' Are Studies of Modern Japan Done in the United States?" in H. Befu and J. Kreiner, eds., *Othernesses of Japan: Historical and Cultural Influences on Japanese Studies in Ten Countries*, Munich: The German Institute for Japanese Studies, 1992, p. 206.

6 루스 베네딕트Ruth Benedict (1887~1948). 메이플라워호로 미국에 건너온 성실한 침례교파 신자의 후손으로 뉴욕에서 출생. 아버지는 '동종요법'이라는 새로운 치료법으로 기대를 모으던 의사였는데, 그녀가 생후 2개월 때 죽었다. 그녀는 어머니가 졸업한 배서대학에 입학해 재학 중에 대학 신문의 문학 평론을 주도했으며, 1909년에 수석으로 대학을 졸업했다. 1910년에는 1년간 유럽을 여행했으며, 1919년에는 '신사회연구원New School for Social Research'에서의 수강을 통해 인류학을 접하게 되었다. 그 후 다시 컬럼비아대학으로 옮겨 프란츠 보아스Franz Boas 문하에서 본격적으로 인류학을 공부했다. 1923년 36세로 박사학위를 받고 연구조수가 되었지만, 스승 보아스는 그녀를 정규 교원으로 채용해주지 않았다. 기혼 여성이라는 이유 때문이었다. 그 후 남편과 별거하게 된 베네딕트는 마침내 컬럼비아대학에서 조교수 및 부교수를 역임하고 연구실 주임까지 승진했으나, 여성이라는 이유로 사망하기 직전인 1948년까지도 정교수가 되지 못했다. 난청에다 동성애자였던 그녀는 항상 사회의 이질적인 존재에 민감했으며, 1920년대에는 미국 인디언 여러 부족을 연구했다. 그녀 자신이 아웃사이더로서 차별을 받은 적이 있기 때문에 일본을 연구할 때도 편견을 배제하는 문제를 특히 의식했다. 주요 저서로는 이 책 《국화와 칼》(1946) 외에, 그녀를 1930~1940년대 미국 문화인류학의 주류인 '문화 퍼스낼리티 학파'의 중심인물로 만든 《문화의 패턴》(1934) 및 그녀로 하여금 공산주의자로 의심받아 전시정보국에 불려가게 만들기도 했던 《인종: 과학과 정치학Race: Science and Politics》(1940)을 비롯해 《코치티 인디언 이야기Tales of the Cochiti Indians》(1931), 《주니족 신화Zuni Mythology》(1935), 《타이의 문화와 행동Thai Culture and Behavior》(1943), 《루마니아의 문화와 행동Rumanian Culture and Behavior》(1943) 등이 있다. 베네딕트의 삶과 학문적 노정에 관해서는, 폴린 켄트, 〈베네딕트의 인생과 학문〉, 루스 베네딕트, 〈일본인의 행동 패턴〉, 앞의 책, 214~259쪽 ; 이광규, 〈생애와 작품〉, 《베네딕트 : 국화와 칼》, 서울대학교출판부, 1985, 5~96쪽 및 이 책 말

미에 작성한 '루스 베네딕트 연보' 참조. 더 자세하게 알고 싶으면 베네딕트의 전기 자료인 Caffrey, Margaret., *M. Ruth Benedict: Stranger in this Land*, Austin: University of Texas Press, 1989 및 Modell, Judith., *Ruth Benedict: Patterns of Life*, Philadelphia: University of Pennsylvania Press, 1983 참조.

7 마가렛 미드Margaret Mead(1901~1978). 미국의 인류학자. 원시 미개 사회 연구에 수많은 업적을 남겼으며, 루스 베네딕트와는 학문적 동료이자 일평생 친구로서 베네딕트 사후 《활동적인 인류학자: 루스 베네딕트의 저작들An Anthropologist at Work: Writings of Ruth Benedict》(1959) 및 《루스 베네딕트Ruth Benedict》(1974)라는 저술을 펴내기도 했다.

8 마가렛 미드는 심리학 테크닉을 미개 사회 구성원에게 적용하는 한편, 개개의 케이스 스터디를 축적함으로써 해당 사회 구성원에게 공통적인 심리적 특징 혹은 성격character을 추출하고자 했다. 이때 그녀는 조사 방법으로 개인 인터뷰, 유아 행동 관찰, 사진 기록 등의 자료 수집에 집중했다. 요컨대 미드는 전적으로 개인 심리 사례를 축적해 사회 심리에 도달하고자 하는 상향적 방법론을 구사했다. 이에 비해 베네딕트는 주로 미개 사회의 문화생활 양식으로부터 문화 유형pattern of culture을 추출함으로써 주로 문화를 전체적으로 파악하고자 했다. 자료의 측면에서는 집단 행동과 제도적 측면의 데이터를 수집하는 데 집중했으며, 사회 심리로부터 개개인의 행동 양식을 유추하는 하향적 방법론을 구사했다. 南博, 〈社會心理學の立場から〉, 日本民族學協會編, 《民族學研究》 第14卷第4號(特集 ルース・ベネディクト〈菊と刀〉の予輿えるもの), 1950, 271쪽.

9 *Patterns of Culture*. 국내 번역본은, 루스 베네딕트, 김열규 옮김, 《문화의 패턴》, 까치글방, 1997. 미국 사회에 인류학을 대중화하는 데 크게 기여한 책으로, 북아메리카 인디언인 도부족Dobu, 주니족Zuni, 콰키우틀족Kwakiutl 등 세 부족의 상이한 문화 패턴을 각각 편집광적 단순성, 아폴론적 인간형, 디오니소스적 인간형으로 구분한다.

10 그러나 《국화와 칼》은 연구 대상에서 《문화의 패턴》과 엄격히 구분된다. 즉 문화인류학 초기 단계에서는 연구 대상이 《문화의 패턴》처럼 동시대의 원시 미개 사회였지만 20세기 중반에 이르러 동시대의 선진 사회가 연구되기 시작했는데, 《국화와 칼》은 그 선구적 사례라 할 수 있다. 예컨대 아오키 다모츠青木保는, 《국화와 칼》을 미국의 문화인류학 연구에 있어 단순한 미개 사회 연구에서 복잡한 복합 사회 연구로 넘어가는, 종래 인류학 연구의 패러다임을 깨뜨리는 돌파구로서 획기적인 연구

라고 평가하기도 한다. 아오키 다모츠, 최경국 옮김, 《일본문화론의 변용》, 소화, 2000, 39쪽.

11 약자로 OWI. 1942년 6월 13일에 미국 정부가 창설한 정보기관. 2차 세계대전 중 선전 포스터나 라디오 방송을 통한 국내용 전쟁뉴스 방송, 국민들의 애국심 고취라든가 외국인 스파이에 대한 경각심 제고 등을 위한 활동, 전시 여성 인력 동원 협조, 해외의 대규모 정보 및 선전기관 운영 등 다방면에서 중요한 역할을 수행했다.

12 이런 비판과는 달리 《국화와 칼》을 높이 평가하는 관점도 많다. 가령 아오키 다모츠는, 《국화와 칼》을 비판하는 일본문화론자 사이에 구미의 가치 척도를 가지고 일본 문화를 본다는 비판이 지금도 있지만, 편중된 자료만 가지고 연구한 점을 감안한다면 베네딕트의 이해 방식은 외국인에 의한 일본 연구 중에서 실로 편견이 적은 편이라고 말한다. 아오키 다모츠, 《일본문화론의 변용》, 앞의 책, 41쪽. 플래드D. W. Plath 또한 "일본인은 개성이 부족하다든가 혹은 서양의 기준으로 볼 때 성격적으로 나약하다고 생각하는 것은 서양인으로서는 이미 상당히 기분 좋은 일이었을 것이다. (중략) 이런 일반적 경향에 반反하는 책이라면 나는 한 권밖에 떠오르지 않는다. 베네딕트의 《국화와 칼》이 그것이다"라고 지적한다. D. W. Plath, *Long Engagements: Maturity in Modern Japans*, Stanford University Press, 1980. 《일본문화론의 변용》, 43쪽에서 재인용.

13 베네딕트는 서양인들의 일본인에 대한 오해와 편견 문제를 충분히 인식하고 있었고, 그런 오해를 극복하기 위해서는 '일본인의 생활 양식과 절대적인 윤리규범을 일본인의 맥락과 언어로 분석'하려는 노력이 무엇보다 중요하다고 강조한다. 루스 베네딕트, 《일본인의 행동 패턴》, 18~21쪽 및 162쪽. 마찬가지로 일본인에 대해 많은 오해와 편견을 가지고 있는 한국인들의 경우에도 일본의 잣대를 통해 일본인을 이해하려는 노력이 더 많이 필요할 것이다.

14 《코치티 인디언 이야기》(1931), 《문화의 패턴》(1934), 《주니족 신화》(1935) 등을 들 수 있다.

15 에즈라 포겔Ezra F. Vogel. 미국의 사회학자. 1958년 하버드대학에서 박사학위를 취득한 후 일본에 가서 2년간 연구. 하버드대 교수, 하버드대 동아시아연구소 소장 등 역임. 주요 저서로 《넘버원으로서의 일본Japan as Number One》(1979), 《네 마리의 작은 용: 동아시아의 경제발전The Four Little Dragon: The Spread of Industrialization in East Asia》(1991), 《일본은 아직도 넘버원인가?Is Japan Still Number One?》(2000) 등이 있다.

주(제1장)

1 이하에서는 이 책의 주제와 서술 방법론이 제시된다. 간단히 말해 이 책의 주제는 '일본인의 행위를 특징짓는 심리적·문화적 동인에 대한 이해'에 있고 방법론은 '문화상대주의적 관점, 유형 분석, 비교 방법, 원격지 조사 방법 등에 입각한 문화인류학적 방법론'이라 할 수 있다. 그런데 이와 같은 방법론에 대한 비판도 만만치 않다. 대표적으로 가와시마 다케요시川島武宜는 이 책의 방법론이 안고 있는 문제점을 다음과 같이 세 가지로 요약한다. (1)저자는 역사적 측면을 도외시한다. 이는 저자의 분석이 전적으로 평균적 일본인의 행동과 사고 패턴을 규명하는 데 쏠려 있기 때문이다. 그러나 현대 일본처럼 급격히 변하는 동적 사회를 과학적으로 분석하고자 할 때 역사적 고찰은 필수다. 예컨대 현대 일본(메이지 이후)은 봉건적 요소와 근대 시민 사회적 요소, 일본적(동양적) 요소와 서양적 요소가 뒤섞여 있는데, 저자는 그런 다양한 요소들을 동일 평면 위에 놓고 봄으로써 다음 (2), (3)과 같은 치명적인 문제를 야기한다. 이런 오류를 피하려면 유형적 접근보다 역사적인 규명이 무엇보다 요청된다. (2)저자가 말하는 '일본인'은 극도로 균질적homogeneous인 인간의 총체로서 전제되어 있다. 거기서는 일본인의 범주에 속하는 다양한 계층, 지역, 직업, 연령 등의 구체적인 차이가 거의 간과된다. (3)저자가 구상하는 일본 문화의 유형 pattern은 너무 정적이고 통일적이다. 川島武宜,〈評價と批判〉, 日本民族學協會編,《民族學硏究》第14卷第4號(特集 ルース·ベネディクト〈菊と刀〉の與えるもの), 1950, 270쪽 참조.
2 사실 일본인은 결코 권력에 대해 순종적이지만은 않다. 가령 중세 이래 잇코슈一向宗(정토진종) 신자들이 권력에 대항해 일으킨 수많은 '잇코잇키一向一揆'(잇코슈의 민중 봉기)라든가 1637년 기독교도들의 농민 반란인 '시마바라島原의 난' 등은 당대의 통치자들에게 가장 큰 골칫거리였다. 또한 도쿠가와 시대에는 3천여 건이 넘는 농민 봉기가 발생했으며, 메이지 초기에도 민중 봉기가 몇백 건이나 일어났다.
3 여기서 '국화와 칼'이라는 제명이 유래한 것으로 보인다. 이와 관련해 이광규는 "국화는 일본의 황실을 상징한다. (중략) '국화와 칼'이라는 제목이 의미하는 바는 그렇게 예의 바르고 착하고 겸손하고 고개를 수그린 일본 사람들 속에 무서운 칼이 숨겨져 있다는 것이다. 따라서 베네딕트는 '국화와 칼'이라는 제목을 통해 일본 사람

들의 이중적인 성격을 드러냈다"고 적고 있다. 이광규, 〈죄의 문화와 수치 문화〉, 루스 베네딕트, 김윤식·오인석 옮김, 《국화와 칼》, 을유문화사, 2002(제4판), 해설 중 396쪽. 사실 이런 식의 안이한 이해가 한국 사회의 일반 교양인들 사이에 상식처럼 상식처럼 널리 퍼져 있다. 하지만 이는 베네딕트의 의도를 제대로 파악한 것이라 할 수 없다. 베네딕트는 이 책에서 매우 용의주도하게 '국화'와 '칼'이라는 메타포의 의미 내용을 중층적으로 사용하기 때문이다. 즉 본문 이 대목에서 국화는 '탐미적이고 섬세한 심미주의'를, 칼은 '군국주의적이고 공격적인 무력 숭배'를 나타내지만, 책 후반부에서는 다른 뉘앙스의 의미가 부여된다. 다시 말해 12장에서 국화는 '자신의 정신적 자유를 스스로 제약하는 작위적인 의지'를, 그리고 칼은 '자기 행위에 대해 책임을 질 줄 아는 이상적인 인간'을 상징한다. 378~379쪽 참조.

4 일본을 군국주의적이라고 보는 관점에 이의를 제기하는 일본인들이 적지 않다. 가령 소에다 요시야같이 객관성을 추구하는 학자조차 그러하다. 그는 일본인은 절대 군국주의적이 아니라고 부정하면서 그 증거로 도쿠가와 시대에는 전혀 전쟁이 없었으며, 패전 후에도 줄곧 평화헌법을 지켜왔고 오히려 중국, 한국, 미국에 비해 일본인은 전쟁을 싫어하는 평화주의적 민족이라고 주장한다. 副田義也, 《日本文化試論：ベネディクト〈菊と刀〉を讀む》, 28~30쪽.

5 일본인의 탐미주의에 관해 평론가 가토 슈이치加藤周一는 이렇게 적는다. "가령 지난 역사를 돌이켜보면, 일본인은 음악가라기보다는 미술가였다고 말할 수 있을 것 같다. 미술가로서의 일본인은 회화, 조각, 건축, 조경 및 각종 공예의 영역에서 중국의 강한 영향을 받으면서도 독특한 경지를 열어 고유한 양식을 세련되게 만들어왔다. (중략) 교토와 나라奈良를 비롯해 일본은 세계사에 드문 미술의 나라다. 그 질과 양에 있어, 건축, 공예, 의상에 이르는 확장에 있어, 또한 천 년 이상에 이르는 그 연속성에 있어, 그저 단순히 보존이 잘 이루어져온 정도가 아니라 조형미술에 대한 감각에 있어 민족 고유의 섬세함이 있었다고 말하지 않을 수 없다." 加藤周一, 《日本人とは何か》, 講談社學術文庫, 1976, 10~11쪽.

6 일본인의 국민성이 기괴한 모순으로 가득 차 있다는 이런 식의 지적은 1940년대 전시 미국에서 교전 상대국 국민에 대한 적의 및 반감이 수반된 채 반복적으로 되풀이되었다. 가령 《국화와 칼》이 간행되기 3년 전에 제프리 고러Geoffrey Gorer는 〈일본 문화의 주제 : 유아기 경험과 일본인〉(1943)이라는 논문을 발표했는데, 이는 당시 일본인 연구의 선구적 작품이었고 향후 일본 연구에 두루 커다란 영향을 미쳤다. 그 모두에서 고러는 베네딕트와 너무도 흡사한 어조로 다음과 같이 말한다. "표면적으

로 보면 현대 일본은 우리가 지금까지 기록을 남긴 문화 중에서 가장 패러독스로 가득 찬 문화다. 어떻게 동일한 문화, 동일한 인간이 우아함과 정숙함과 시적 정서에 넘치며 교묘하고 고도로 의례화된 상징적인 다도를 즐길 줄 알면서도, 동시에 난징 사건과 같은 거의 믿을 수 없는 잔혹함과 욕망과 파괴를 자행할 수 있었을까? 많은 사람들이 꽃 감상을 즐기고 매미 소리에 귀를 기울임과 동시에 어떻게 조직적이고 의식적으로 모든 주민을 아편중독 같은 것에 몰아넣을 수 있었을까? 천황 자신도 경기자로 참여하는 저 진지하고 서정적인 가회歌會를 개최하는 동일한 일본인들이 어떻게 육탄의(고성능 폭탄을 안고 죽은 삼용사의) 신사를 세울 수 있었을까?" G. ゴーラー, 山本澄子譯,〈日本文化の主題 '幼兒期經驗と日本人'〉, 加藤秀俊編,《日本文化論》, 德間書店, 1966, 63~64쪽.

7 베네딕트도 밝히고 있듯이,《국화와 칼》은 미국 '전시정보국'을 위해 수행된 정책 연구를 기초로 발간된 책이다. 그러니까 이 책은 기본적으로 인류학자에 의한 전쟁 관여를 어떻게 볼 것인가 하는 물음을 불러일으킨다.《국화와 칼》에 대해 하나의 정치적 문학이나 정치적 논문 혹은 기껏해야 미술 평론에 지나지 않는다고 혹평하는 러미스C. Douglas Lummis는, 인류학자에 의한 전쟁 관여라는 점에서《국화와 칼》은《문화의 패턴》에 비해 '문화의 상대성'이라는 '자기 비판적 정신'을 완전히 상실하고 있다고 말한다. 그 대신 표면에 떠오른 것이 '자신감에 찬 정복자의 태도, 즉 관용의 정신'이라는 것이다. C. D. ラミス, 加地永都子譯,《內なる外國 :〈菊と刀〉再考》, 時事通信社, 1981 참조. 여기서 러미스는 인류학이란 문화에 대한 과학적(객관적) 기술이어야 하고 학문(과학)은 정치와 반대라고 여기는 듯싶다. 하지만 이런 관점은 현대 인류학의 관점에서 보면 시대착오적인 것일 수도 있다. 지금은 아무도 인류학을 순수하게 객관적인 과학이라고 여기지 않기 때문이다. 실제로 인류학, 특히 민족지ethnography의 기술은 많은 부분 정치적 개입에서 자유로울 수 없다.

8 여기서 베네딕트가 말하는 문화의 유형이란 특정 사회에서 사람들의 일관된 행동 양식이라든가 사물을 느끼는 방식 및 사고방식의 통일성을 가리킨다. 이런 문화의 유형에 의해 그들의 다양한 행동이 공통된 근거를 가지게 되며 공통된 동기를 부여받는다. 이는 전체 생활을 영위하는 방식의 전제를 이루는 가치의식이라고도 말할 수 있다. 베네딕트는 이와 같은 문화의 '유형' 및 '통일성'에 대한 개념을 스승 보아스와 사피어Edward Sapir에게서 받아들이고 그것을 더욱 발전시켜《문화의 패턴》을 썼다. 보아스와 사피어 및 인류학에 있어 베네딕트의 자리매김에 관해서는, 이광규 편저,《베네딕트》, 서울대학교출판부, 1985, 78~94쪽 참조. 한편《국화와 칼》에

기술된 베네딕트 자신의 표현을 빌리면, 일본 문화의 유형이란 "일본으로 하여금 일본인의 나라답게 하는 것"을 가리킨다. 그러나 이와 같은 '유형'에 기초한 《국화와 칼》의 분석은 개인의 자율성이 개입될 공간이 거의 없다는 비판을 받기도 한다. 권숙인, 〈일본 문화를 보는 세 가지 눈: 루스 베네딕트, 나카네 지에, 노마 필드〉, 《국제지역연구》 12권 1호, 서울대학교 국제학연구소, 2003 참조.

9 이 두 구절은 이 책의 성격과 취지에 대한 베네딕트 자신의 생각을 집약적으로 잘 보여주는 대목이라 할 만하다. 즉 베네딕트는 일본인을 이해하기란 매우 곤란한 일이지만 '문화의 유형'론에 의해 그 이해가 가능하다고 생각한 듯싶다. 바로 여기서 '일본 문화의 유형'이라는 이 책의 부제가 유래한 것으로 보인다.

10 1944년 12월 16일과 17일, 이틀 동안 뉴욕에서 루스 베네딕트, 마가렛 미드, 제프리 고러, 탈콧트 파슨즈, 헬렌 미어즈 등을 포함해 정부 내 저명한 일본 전문가, 문화와 퍼스낼리티 연구자, 정신분석학자, 문화인류학자, 사회학자 등 40여 명이 참석한 '태평양문제조사회' 세미나가 개최되었다. 이는 일본을 상대로 하는 전쟁 수행 및 일본에 대한 전후 정책을 둘러싸고 '일본인의 성격구조'를 분석하기 위한 회의였다. 이 회의에서는 대부분 일본을 철저하게 깎아내리는 내용들이 발표되었다. 가령 사회학자 탈콧트 파슨즈는 일본에서는 집단의 강압적인 결속구조가 거기에 속한 개인을 지키기는커녕 그 사람을 비난의 대상으로 삼는다고 규정했으며, 정신분석학자 프랭크 터넌봄은 일본인의 행동과 미국 갱의 유사점을 28개 항목으로 정리해 발표했다. 그런가 하면 정신분석학자 핸드릭스는 "일본인은 우리가 청년기의 미숙함이라고 부르는 것에 상응하는 성질을 가지고 있다. 일본인은 모든 점에서 미성숙하다. 쉽게 변하는 태도, 상대에 따라 달라지는 감정 표현, 환상에 빠지기 쉬운 점 등은 퍼스낼리티 형성이 아직 성숙하지 못했다는 것을 보여준다"고 지적하면서 그 근거로 일본인들의 '신념 없는 순응주의'를 들었다. 또한 인류학자 마가렛 미드는 "일본인들 사이에 변명은 통하지 않는다. 그들은 성공하기 위해서 온갖 압박에 억눌려 있다"고 했으며, 교육학자 헤리 오버스트리트는 "일본인은 자기보다 위대한 무언가에 대한 체념을 내면화해왔다. 천황에 대한 무조건적인 복종도 그런 체념의 일종일 것"이라고 주장하기도 했다. 전반적으로 일본인을 '노이로제'라든지 '집단적 신경증' 혹은 '강박 관념' 등으로 특징지은 연구들이 많이 발표되었던 이 회의가 미친 영향은 매우 컸으며, 맥아더 장군으로 하여금 일본인의 정신연령을 12세로 발언하게 할 정도였다. 하지만 베네딕트는 이 회의를 통해 미국이 품고 있는 문제의 심각성을 확인할 수 있었다고 한다. 그리하여 그녀는 미국인에게 일본인의 행동은 모순으로밖

에는 비치지 않으며, 따라서 향후 어떻게 해서든 일본인의 행동 양식의 배경에 있는 일본의 윤리 기준을 설명하지 않으면 일본인의 행동은 도저히 이해할 수 없을 것이라고 생각하게 되었다.《국화와 칼》의 집필에는 이와 같은 동기가 크게 작용한 것으로 보인다. 후쿠이 나나코, 〈'일본인의 행동 패턴'에서 '국화와 칼'까지〉, 루스 베네딕트,《일본인의 행동 패턴》, 179~191쪽 참조.

11 이것이 베네딕트가 제2장에서 '전쟁 중의 일본인'을 소주제로 다룬 주된 이유이자 근거다. 그러나 베네딕트는 전시 인간의 행동 양식이 평시와는 다른 극단적인 방식으로 나타날 수도 있다는 점에는 충분히 주의하지 않은 듯싶다.

12 이 점은 종종 서구 및 일본 내에서《국화와 칼》에 대한 비판과 공격의 주요 근거로 지적되어왔다. 가령 서구학자에 의한《국화와 칼》론 중에 대표적으로 러미스는 일본 현지 조사 없이 행해진 베네딕트의 일본 연구가 일본 문화에 대한 인식의 편향성을 낳은 주요 요인임을 체계적으로 분석한 최초의 학자라 할 수 있다. C. D. ラミス, 加地永都子譯,《內なる外國:〈菊と刀〉再考》, 時事通信社, 1981 ; C. D. Lummis, *A New Look at The Chrysanthemum and the Sword*, Tokyo : Shohakusha, 1982 참조. 한편 베네딕트 자신은《국화와 칼》의 원형이라 할 만한 보고서《일본인의 행동 패턴》에 대해 그것이 현지 답사 없이 이루어졌다는 점에서 완전한 보고라 할 수 없음을 솔직하게 인정하고 있다. 루스 베네딕트,《일본인의 행동 패턴》, 20쪽.

13 이와 관련해 미나미 히로시는 베네딕트가 선택한 인터뷰 대상자들이 수적, 질적인 면에서 과연 샘플로서 적절했는지를 묻고 있다. 가령 질적인 면에서, 저자는 일본 문화의 고정성 혹은 정체성에 주목한 나머지 샘플로서 상당히 나이 든 일본인들도 많이 인터뷰했다. 당시 재미 일본인들 상당수는 일본에서 메이지기에 태어나 메이지 문화를 익힌 후 도미했고, 미국에서는 주로 일본인 집단 내에서만 생활했다. 그 결과 그들은 일본 문화의 발전에 대해서도, 미국 문화에 대해서도 거의 영향받지 않은 채 메이지기와 다이쇼기 일본 문화를 그대로 몸에 지닌 자들이었다. 따라서 베네딕트가 선택한 인터뷰 샘플은 대단히 복잡한 현대 일본인의 사회 심리를 해명하는 데는 그리 적절하지 못한 경우가 많았다. 이로 인해 전시 워싱턴에서 가장 양심적으로 노력한 학자였음에도, 처음부터 베네딕트의 일본 문화 연구는 데이터 측면에서 이미 큰 약점을 지녔다는 것이다. 南博,〈社會心理學の立場から〉, 日本民族學協會編,《民族學研究》第14卷第4號(特集 ルース・ベネディクト〈菊と刀〉の與えるもの), 1950, 272쪽.

14 외국 문화에 관한 문헌을 대하는 베네딕트의 이와 같은 책읽기 태도는 매우 인상적

이다. 하지만 태도의 문제를 떠나서 오늘날의 눈으로 보면, 저자가 워싱턴에서 입수할 수 있었던 일본 관련 연구서는 불완전하기 짝이 없었다. 특히 1930년 이후의 일본을 이해하기 위한 자료는 군국주의적 군부에 의한 선전 자료가 주종이었기 때문에 도무지 신뢰하기 어려운 것들이었다. 때문에 이 책은 일본에 관한 기초 지식이라 할 수 있는 정치 경제 구조에 대한 분석에서 취약성을 드러낸다. 南博,〈社會心理學の立場から〉, 271쪽 참조. 그럼에도 이 책이 오늘날까지 여전히 '고전'으로 남을 수 있는 것은 전적으로 베네딕트 자신의 놀랄 만큼 풍부한 통찰력, 명료하고 유려한 문체, 날카로운 재구성 역량 때문이라고 말하지 않을 수 없다.

15 그러나 앞의 역주 13번에서 언급된 자료적 문제점을 비롯해 이 책이 안고 있는 여러 방법론적 한계를 감안한다면, 이는 다소 지나친 확신으로 보인다.

16 한국에서는 일본 문화가 북방 문화의 아류라는 편향된 상식이 널리 퍼져 있으나, 실상 일본 문화는 북방 문화와 남방 문화의 독특한 결합에서 그 특징을 찾아야 할 것이다. 이 점에서 일본과 남방 문화와의 밀접한 연관성에 주목하는 베네딕트의 관점은 크게 참고할 만하다.

17 나아가 베네딕트가 한국에 관한 지식을 조금이라도 가지고 있었다면, 아마도 더욱 효과적인 비교 작업이 가능했을 것이다. 놀랄 만큼 많은 영역에서 한국인은 일본인과 너무 비슷하면서도 동시에 너무 다르기 때문이다. 이런 의미에서 향후 서구 인류학계에서 제2의 《국화와 칼》이 나온다면 무엇보다 먼저 한국을 알아야 할 필요가 있지 않을까?

18 오늘날 철학, 문학, 인류학, 페미니즘, 종교학 등 학계에서는 '차이'에 대한 관심이 갈수록 증대되고 있다. 가령 종교학자 조나단 스미스는 유사성의 관념연합에 따른 유감주술과 인접성의 관념연합에 의한 감염주술을 정리한 제임스 프레이저 J. Frazer의 주술 이론을 거론하면서, 지금까지 인문학에서의 비교 연구가 주로 유사성을 발견해내는 데 집중되었으며 또한 인접성의 관점에서 비교 연구의 중요성이 부각되어 왔다고 지적한다. 거기서 차이성의 문제는 별로 중시되지 않았다. 하지만 비교는 유사성의 발견이 아니라 차이성에 입각한 발명의 영역에 속한다. 요컨대 비교 작업의 바탕은 결코 동일성이나 유사성에 있는 것이 아니다. 동일성이나 유사성에 입각한 비교 작업은 흔히 동어반복적인 작업으로 빠지기 십상이다. 하지만 비교란 차이성을 전제로 하면서 이루어질 때 비로소 흥미로운 작업이 될 수 있다. 따라서 차이성을 어떻게 효율적으로 다루면서 비교를 행하느냐 하는 것이 비교 연구의 관건이 된다. 차이성의 '간격'을 가로지르며 놀이하는 것, 그것이 바로 비교라는 것이다.

Jonathan Z. Smith, *Imagining Religion*, The University of Chicago Press, 1982, pp. 19~35. 이 점에서 '차이성'에 입각한 비교 연구의 중요성을 강조하는 베네딕트의 관점은 당시로서는 상당히 앞서가는 통찰력을 내포한 것으로 높이 평가할 만하다.

19 이런 차이에 관한 사례는 이 책 곳곳에서 수없이 등장한다. 요컨대 《국화와 칼》은 주로 미국과의 비교 관점에서 일본을 서술한 책이라고 해도 과언이 아니다. 그런데 베네딕트가 제8장에서 "지금 미국인들 중에는 일본인으로 하여금 자존심을 되찾도록 하려면 어떻게 해서든 미국식 평등주의의 원칙을 채용하도록 만들어야 한다고 주장하는 사람들이 있다. 그러나 그런 주장은 자민족중심주의의 오류를 범하고 있다"고 적고 있듯이 미국적 가치에 대한 일방적인 강요에 대해 경계하고 있었음에도, 그녀가 강조한 것들이 결과적으로 "미국이라는 거울에 비추어 본 일본의 차이인 까닭에 일본 문화가 일방적으로 대상화되고 타자화(부정적인 의미에서)되어버리는 느낌을 받기 쉽다." 바로 이 점에서 《국화와 칼》은 서구 중심적이며 '오리엔탈리즘적'이라는 비판을 받아왔다. 권숙인, 〈일본 문화를 보는 세 가지 눈: 루스 베네딕트, 나카네 지에, 노마 필드〉, 《국제지역연구》 12권 1호, 서울대학교 국제학연구소, 2003, 49쪽 참조. 이와 더불어 베네딕트가 앞에서 제시하는 '차이'에 입각한 비교의 방법론적 전략이 이 책에서 행해진 미국과 일본의 비교에 얼마만큼 효과적으로 반영되어 있는지도 의문이다.

20 "어떤 기괴한 행동이라도 모두 이해할 수 있다"고 하는 베네딕트의 말은 《문화의 패턴》에서 정상인이란 일반에게 인정된 행동이나 제도상의 문화적 울타리에 맞아떨어지는 사람이고, 비정상인이란 맞아떨어지지 않는 사람을 뜻한다고 정의하면서, 그 비정상인이 다른 문화에서는 완전하게 정상으로 받아들여질지도 모른다는 그녀의 관점을 염두에 둔다면 더 분명하게 의미가 전달될 것이다. 루스 베네딕트, 김열규 옮김, 《문화의 패턴》, 까치글방, 1980, 특히 제8장 '개인과 문화의 패턴' 참조. 하지만 모든 것을 이해할 수 있고 설명할 수 있다는 이와 같은 확신은 오늘날의 눈으로 보면 계몽주의적인 낙관론에 불과한 것일 수도 있다. 합리적인 방식으로만 다 설명될 수 없는 것이 바로 인간이기 때문이다. 특히 인간의 모순에 대한 양가적 감각이 깊이 스며든 일본 문화의 경우, 그것을 합리적으로 이해하고 설명하려는 시도에는 일정한 한계가 있을 수밖에 없다.

21 제12장에서 일본인의 육아 및 자녀 교육법에 대한 베네딕트의 장황한 기술은 바로 '인간이란 일상생활을 통해 학습되는 존재'라는 확신에 근거한다. 그러니까 가령 베네딕트가 제10장에서 '일본은 하지恥의 문화'라고 말할 때의 '하지'는 선천적이

고 불변적인 것이 아니라, 어디까지나 일상생활 속에서 사회적으로 습득되는 후천적이고 가변적인 것으로 이해되어야 마땅하다. 계층제적 의식, 온恩과 온가에시恩返し, 기무義務와 기리義理, 마코토誠 등 이 책이 중점적으로 다루는 핵심 개념에 대해서도 마찬가지 방식으로 이해할 필요가 있다.

22 베네딕트는 이 책 기술의 방법론에서 '문화의 유형'이라는 문제를 '종합, 통합, 조화, 일치, 통일성'의 관점에서 이해한다. 이와 관련해 전술한 《문화의 패턴》을 참고할 필요가 있다. 가령 《문화의 패턴》 1장에서 베네딕트는 문화인류학을 '관습의 과학'이라고 부르면서 문화라는 개념과 관습이라는 개념을 때로는 호환적으로 사용하기도 하고, 때로는 문화를 관습보다 더 넓은 개념으로 사용하기도 한다. 후자의 경우 하나의 문화 속에는 다양한 관습들이 존재하며 그것들이 체계화되어 하나의 문화가 되는 것으로 간주한다. 요컨대 그녀에게 문화는 다양성과 통일성을 동시에 내포하는 개념이다. 이때 하나의 개별 문화는 통일성, 즉 '사상과 행동의 일관된 패턴'을 가진다. 이것이 바로 베네딕트가 생각하는 이념형적 '문화의 유형'이다. 한편 베네딕트는 문화의 통일성을 '전체로서의 문화'라는 말로 바꿔 쓰기도 한다. 그녀는, 문화는 다양한 관습적 행동의 집합 이상이며 전체로서의 문화는 부족의 목표를 위해 유용한 관습을 선택하고 불필요한 것은 버리고 또 어떤 요소는 변용시켜 재구성한다고 말한다. 그리고 이런 과정은 무의식적으로 이루어진다. 루스 베네딕트, 김열규 옮김, 《문화의 패턴》, 까치글방, 1980, 제2장 '문화의 다양성' 및 제3장 '문화의 통일성' 참조. 하지만 이런 이해를 그대로 일본 문화의 유형에 적용시키는 데는 적지 않은 문제가 뒤따른다. 예컨대 베네딕트는 《문화의 패턴》에서 세 가지 미개 부족 문화를 다루는데, 거기서는 어떻게 위의 과정이 이루어지는지에 대해 구체적인 언급이 없다. 단지 미개 부족의 단순한 문화가 문화의 다양한 유형이라든가 혹은 문화가 개인 관습의 유형을 형성한다는 점을 보여주기 편리했기 때문에 선택한 것에 불과하다. 그러나 구미 문화나 일본 문화는 그런 식으로는 설명하기 어렵다. 이와 관련해 베네딕트가 문화의 유형을 규정하는 방식이 문학적이고 시적인 직관에 의한 것이라는 지적도 많이 나왔다. 또한 베네딕트가 말하는 한 유형의 문화 안에 상이한 문화 유형이 공존할 수 있다. 예컨대 그녀는 일본 문화의 유형을 '하지의 문화'라고 규정하는데, 그 동일한 일본 문화 안에서 '죄의 문화'라는 유형을 찾아낼 수도 있다는 말이다.

23 이것이 바로 베네딕트가 말하는 '일본 문화의 유형'의 핵심적인 내용이다.

24 흔히 '가깝고도 먼 나라'로 일컬어지는 한국과 일본은 이에 대한 좋은 사례라 할 수

있다. 그런데 베네딕트의 생각에 의거하자면, 한일 양국 사이에 존재하는 깊은 심연에 관한 인식은 착각에 지나지 않을 수도 있다. 따라서 만일 한일 양국이 상대방의 습관이나 가치가 어떤 것인가를 알려고 진지하게 노력하기만 한다면, 각각은 "상대방의 행동 방침이 자신에게 익숙한 행동 방침과 다르다고 해서 반드시 나쁘다고 할 수만은 없다는 사실을 깨닫게 될 것이다." 이 점은 이 책이 우리에게 던져주는 중요한 시사점 가운데 하나라 할 수 있다.

25 차이성 자체를 존중할 줄 아는 정신이야말로 가장 현실적이고 강인한 정신이라고 보는 베네딕트의 인식은 사회적으로 차별받는 여성으로서의 그녀 자신의 경험과 무관해 보이지 않는다.

26 그리스 신화에 나오는 다모클레스는 시칠리아 섬의 시라쿠사 왕 디오니시오스의 신하였다. 왕은 어느 날 잔치 자리에서 다모클레스의 머리 위에 머리카락 한 오라기로 칼을 매달아놓고는, 왕위에 있는 자에게는 언제나 위험이 따른다고 말했다. 그러니까 '다모클레스의 칼'은 '늘 따라다니는 항상 있는 위험'을 의미하는 비유라 할 수 있다. 여기서 베네딕트는 차이가 반드시 위험한 것은 아니라는 점을 지적한다.

27 이 뼈아픈 자기 성찰적 지적은 베네딕트 사후 60여 년이 다 되어가는 오늘날, 9·11 테러와 이라크전쟁 등으로 얼룩진 현대 세계에서 더욱더 그 의미가 뚜렷해지는 듯이 보인다. 이 점에서 이 책은 여전히 '살아 있는 고전'이라 할 만하다.

28 하지만 이 책에서는 전쟁 중 군인의 행동 양식(제2장)이라든가 봉건시대 사무라이의 행동 양식(제7장 및 제8장) 등 '평범한 일반 서민들의 행동 양식'과는 성격이 다른 행동 양식이 중요한 전거로 활용되기도 한다.

29 여기서 베네딕트는 질적qualitative 연구라는 말을 통계 조사와 같은 수량적 quantitative 연구에 대한 대칭 개념으로 사용한다. 요컨대 그녀는 가치관이라든가 사고방식 혹은 행동 양식 등의 유형을 규정하는 이 책의 작업을 질적 연구로 이해한다.

30 이는 너무 성급한 결론이 아닐까? 여기서 베네딕트가 말하는 '모순'은 두 가지 차원을 내포한다. 하나는 일본인에게 모순이 있다고 판단하는 미국인의 의식의 차원이고, 다른 하나는 모순에 대한 일본인의 사고방식 혹은 감각의 차원이다. 그런데 이 양자는 서로 분리될 수 없는 것이며 동시에 서로 혼동되어서도 안 된다. 그러니까 베네딕트는 전자의 차원에서 "서구인들이 일본인의 행동 양식에서 느끼는 많은 모순이 더는 모순이 아니게 될 것"이라고 한 다음, 곧이어 후자의 차원에서 "일본인들 자신은 그들의 변덕스럽고 급격한 행동 전환을 어떤 일관되고 통합적인 체계의 일부로서 받아들이는 경향이 많다"고 적는다. 그런데 후자의 차원에서 보건대, 만일

베네딕트의 말대로 "모순이 더는 모순이 아니게 된"다면 일본은 그 일본다움을 잃어버리게 될지도 모른다. 모순을 지워버리려는 베네딕트의 태도가 철저하게 서구적인 변증법적 사고방식에 입각한 것이라면, 모순을 모순 그대로 놓아둔 채 켜켜이 쌓여가는 여러 겹의 모순과 함께 살아가려는 태도야말로 일본인들이 선호해온 정신 양식이라고 말할 수 있기 때문이다. 이와 관련해 호리 이치로는 "모순을 용이하게 인정하고 포섭해버리는 상대적 태도"가 일본에 발달했다고 적고 있으며, 마루야마 마사오丸山眞男 또한 일본인은 상호 원리적으로 모순되는 것까지 무조건 포용해 그것을 평화공존시키는 사상적 관용의 전통을 낳았다고 말한다. 堀一郎, 《日本の宗敎》, 大明堂, 1985, 6쪽 ; 마루야마 마사오, 김석근 옮김, 《일본의 사상》, 한길사, 1998, 67쪽 참조. 사실 세계와 인간의 모순은 그렇게 쉽사리 지워질 수 있는 것이 아니다. 처음에는 모순으로 느꼈는데 알고 보니 모순이 아니었다는 베네딕트의 말이야말로 모순일지도 모른다. 모순이란 연구자의 주관적 이해나 해석에 의해 나타났다 사라졌다 하는 것이 아니다. 모순은 언제나 그 자리에 있기 때문에 모순이다. 그러니까 차라리 모순을 있는 그대로 인정하는 태도는 어떨까? 모순은 일본이든 미국이든 어디나 존재하기 때문이다. 요컨대 일본 연구에 필요한 것은 모순을 애써 부정하려는 노력이라기보다는 모순에 대해 말하는 방식을 바꾸는 데 있다고 보인다.

제2장

전쟁 중의 일본인[1]

모든 문화적 전통마다 전쟁에 관련된 관행을 가지고 있다. 서구의 모든 나라들 또한 조금씩 차이가 있기는 하지만 어쨌거나 일정한 전시 관행을 공유한다. 총력전에 국민을 끌어들이는 일정한 방식, 국지전에서 패배했을 때 국민을 안심시키는 일정한 형식, 투항자와 전사자 비율의 일정한 균형, 전쟁포로에게 지켜야 할 일정한 행동 규칙 등이 그것이다. 서구 제국 사이의 전쟁에서는 이런 것들이 어느 정도 예측 가능하다. 왜냐하면 이들 여러 나라는 공유된 문화적 전통을 상당히 많이 가졌는데, 거기에는 전시 관행도 포함되어 있기 때문이다.

일본인은 전쟁 중에 서구의 전시 관행과 어긋나는 행위를 많이 자행했다. 그런데 이런 사례들은 모두 삶에 대한 일본인의 견해라든가 혹은 인간의 의무 전반에 관한 그들의 신념을 엿볼 수 있는 좋은 자료가 되어주었다. 이때 일본인의 문화와 행동 양식을 체계적으로 연구하고자 하는 이 책의 목적에 비추어보건대, 우리 서구의 전통적인 관행에서 벗어나는 그들의 일탈 행위가 군사적 의미에서 중요성을 가지느냐 아니냐 하는 점은 일차적인 문제가 아니었다. 군사적 의미와는 상관없이 그들의 행위 하나하나가 모두 중요성을 가질 수 있었다. 왜냐하면 그것들은 우리가 답을 얻고자 하는 물음, 즉 일본인의 성격에 관한 문제를 제기해주었기 때문이다.

일본이 이번 전쟁을 정당화하려고 사용한 전제 자체가 미국의 그것과는 정반대였다. 예컨대 일본은 당시의 국제 정세를 다르게 규정했다. 미국은 추축국樞軸國의 침략 행위가 전쟁의 원인이라고 주장했다. 즉 추축국인 일본, 이탈리아, 독일 삼국의 부당한 정복 행위로 국제 평화가 침해를 받았다고 본 것이다. 추축국은 초기에 각각 만주국, 에티오피아, 폴란드 등을 침탈해 손에 넣었는데, 이는 그들이 약소민족을 억압하는 사악한 길로 나아갔음을 보여주는 증거다. 그러니까 그들은 '공존 공영' 혹은 최소한 자유기업을 위한 '문호 개방'이라는 국제적 규약을 어기고 죄를 지었다는 말이다.

그러나 일본은 전쟁의 원인을 이와 같은 미국의 관점과는 다른 시각으로 보았다. 즉 모든 나라가 제각각 절대주권을 가지고 있는 한 세계는 무정부 상태에 있을 수밖에 없다. 거기서 일본은 어떤 계층적 위계질서를 수립하기 위해 싸우지 않으면 안 된다. 그 위계질서는 물론 일본이 이끌어야만 한다. 왜냐하면 일본이야말로 위로부터 아래에 이르기까지 계층적으로 조직된 유일한 나라이며, 따라서 '각자 알맞은 자리'가 확립되어야 할 필요성을 가장 잘 이해하는 나라이기 때문이다. 그리하여 일본은 국내의 통일과 평화를 달성했고, 폭도를 진압했으며, 도로, 전력, 철강 산업 등을 일으킬 수 있었다. 또한 공표된 숫자에 따르면, 일본의 공립학교에서는 청소년 세대의 99.5%가 교육을 받았다. 따라서 계층적 위계질서에 대한 일본인의 전제에 입각해 뒤처진 동생인 중국을 끌어올려야 한다는 것이다. 나아가 일본은 대동아 여러 나라와 동일한 인종이므로 이 지역에서 먼저 미국을 몰아내고 이어 영국과 소련을 쫓아냄으로써 '각자 알맞은 자리'를 차지하도록 해야만 한다. 마찬가지로 세계의 모든 나라 또한 하나의 국제적 위계질서 속에서 각자 알맞은 자리를 얻어 하나의 세계로 통일되지 않으면 안 된다는 말이다.

　다음 장에서 우리는 계층적 위계질서에 대한 이와 같은 높은 가치 부여가 일본 문화에서 무엇을 의미하는지 상세히 살펴볼 것이다. 그러므로 여기서는 그것이 일본인이 고안해낸 특유의 환상이었다는 사실을 지적하는 데 그치고자 한다. 일본에게 점령당한 나라들은 그런 환상을 거부하면서 대동아의 이상을 일본과는 다른 시각에서 바라보았는데, 이는 일본에게 불행한 일이었다. 그럼에도 일본은 패전 후까지도 여전히 대동아의 이상이 도덕적으로 정당한 것이었다고 여겼다. 심지어 일본인 전쟁포로 가운데 주전론적 색채가 가장 희박한 자들조차 일본이 중국 대륙과 태평양 남서부에서 펼치고자 했던 목표, 즉 대동아의 실현이라는 이상에 대해서는 비난하거나 규탄하는 기색이 전혀 없었다. 아마 일본인에게 특유한 이런 식의 태도들 가운데 어떤 것은 앞으로도 더 오랫동안 바뀌지 않은 채 견지될 것임에 틀림없다. 그 가운데 가장 중요한 태도는 계층적 위계질서에 대한 일본인의 신념과 확신이라 할 수 있다. 물론 평등을 사랑하는 미국인에게 일본인의 그와 같은 신념과 확신은 낯설기만 하다. 그럼에도 우리는 일본인에게 계층적 위계질서가 무엇을 의미하는지, 그리고 그런 위계질서 안에 귀속됨으로써 일본인들이 얻으려는 이득과 장점은 무엇인지 이해할 필요가 있다.

　이 밖에도 일본은 미국인들의 일반적인 생각과는 다른 토대 위에 승리에 대한 희망을 걸고 있었다. 즉 일본은 정신력으로 물리력을 이겨낼 수 있다고 부르짖었던 것이다. 물론 미국은 대국이고 또 군비도 월등히 뛰어났다. 하지만 그게 어쨌단 말인가? 일본인들은 그런 차이는 처음부터 예상했던 것이기 때문에 문제가 되지 않는다고 말했다. 당시 일본인들은 일본의 유력한 일간지 《마이니치신문》에서 다음과 같은 기사를 읽을 수 있었다. "만일 우리가 숫자를 두려워했다면 애당초 전쟁을 시작하지도 않았을 것이다. 적의 풍부한 자원과 물리력은 이번 전쟁으로 처음 만들어진 것이 아니다."

심지어 일본이 이기고 있던 때조차, 일본의 정치가와 대본영[2] 및 군인들은 모두가 입을 모아 이 전쟁은 군비의 싸움이 아니라는 말을 되풀이했다. 그것은 물질에 대한 미국인의 신앙과 정신에 대한 일본인의 신앙 간의 싸움이라는 것이다. 한편 미국이 전세를 장악했을 때에도 그들은 정신과 물질의 싸움에서 물리력이 필연적으로 지게 되어 있다고 거듭 강조했다. 그러니까 이 신조는 사이판이나 이오 섬에서 일본이 패배했을 때 그럴듯한 알리바이로 기능했음에 분명하다. 하지만 그것이 처음부터 패배할 때를 대비한 알리바이로 날조된 것은 아니었다. 그것은 일본군이 연전연승을 자랑하던 초기 몇 개월간에 걸쳐 진군나팔 구실을 했으며, 진주만을 기습하기 훨씬 이전부터 이미 공인된 슬로건이었다. 1930년대에 광신적인 군국주의자이자 육군장관陸相을 역임했던 아라키[3] 대장은 〈전 일본 민족에게 호소함〉이라는 팸플릿에서 다음과 같이 말한 적도 있다. "일본의 참된 사명은 사해만국에 황도皇道를 널리 홍포하고 선양하는 데 있다. 물리력 부족은 우리가 걱정할 바가 아니다. 우리는 물질적인 것에 연연할 필요가 전혀 없다."

물론 전쟁 준비를 하는 여느 나라와 마찬가지로 일본 또한 군비에 크게 힘을 쏟았다. 그리하여 1930년대에 이르면 총 세입에서 군비가 차지하는 비율이 해마다 천문학적으로 급증할 정도였다. 진주만 공격 당시에는 국민총소득의 거의 절반 정도가 육군 및 해군을 위해 지출되었고, 그 외 일반 행정과 관련된 경비는 정부 총지출액 중 겨우 17%에 지나지 않았다. 요컨대 일본과 서구 제국과의 차이는 일본이 물리적 군비에 무관심했다는 데 있지 않았다. 하지만 군함이나 대포는 바로 불멸의 일본 정신에 대한 외적 표현이었다. 마치 사무라이의 칼이 사무라이 계급의 덕목을 나타내는 상징이었듯이, 군함이나 대포 또한 일본 정신을 나타내는 하나의 상징이었다.

미국이 시종일관 물량 증대에 전력을 기울인 것 못지않게 일본은 시종일관 비물질적 자원을 이용하는 데 철저했다. 물론 일본도 미국처럼 전면적인 생산 증강 운동을 벌여야 했지만, 그것은 어디까지나 일본 특유의 전제에 토대를 둔 운동이었다. 정신이야말로 전부이며 영원한 것이라는 전제가 그것이다. 물질적인 것이 필요한 것도 사실이다. 하지만 물질은 이차적인 것일 뿐 영속적이지는 않다. 전시 일본의 라디오 방송은 다음과 같은 말을 외쳤다. "물적 자원에는 한도가 있으며, 물질적인 것은 천 년을 가지 못합니다. 이는 지극히 자명한 사실입니다." 정신에 대한 이와 같은 신뢰는 전쟁을 수행하는 동안 문자 그대로 해석되었다. 예컨대 일본의 군대용 문답서에 보면 "적군의 수효에는 훈련으로 맞서며, 강철에는 육탄으로 대항한다"는 표어가 나온다. 이 표어는 이번 전쟁을 위해 특별히 고안된 것이 아니라 이전부터 있어온 전통적인 것이다. 또한 그들의 군대용 교범은 큰 활자로 인쇄된 '필독필승'이라는 문구로 시작된다. 한편 소형 비행기로 미군함에 뛰어들어 자폭하는 조종사들은 물질에 대한 정신의 우월성을 보여주는 영원한 텍스트였다. 이 조종사들은 가미카제神風 특공대라고 불렸다. 여기서 '가미카제'란 13세기에 징기스칸이 일본을 침공했을 때 그 수송선단을 전복케 함으로써 일본을 구한 성스러운 태풍을 가리킨다.[4]

일본 당국자들은 심지어 일반인의 생활에까지 말 그대로 물질적 환경보다 정신이 더 우월하다는 관념을 주입했다. 이를테면 국민들이 공장에서의 24시간 노동과 쉴 새 없는 야간 폭격으로 지칠 대로 지쳤을 때 당국자는, "우리의 몸이 고달프면 고달플수록 우리의 의지와 정신은 드높아져서 육체를 능가하게 된다"든가 "우리가 녹초가 되면 될수록 좋은 훈련이 된다"고 몰아친다. 또한 국민들이 겨울에 온기도 없는 방공호에서 바들바

들 떨 때, 라디오에서는 대大일본체육회의 방한防寒 체조를 하라는 방송이 흘러나온다. 이 체조는 난방시설이나 이불의 대용품이 되어줄 뿐만 아니라, 나아가 이미 국민의 체력을 정상적으로 유지할 수 없을 만큼 부족해진 식량을 대신해줄 것으로 기대되기까지 했다. 그리하여 당국은 "지금처럼 식량난이 심각할 때 체조가 다 뭐냐고 말할 사람도 물론 있을 것이다. 하지만 결코 그렇지 않다. 식량이 부족하면 할수록 우리는 그만큼 더 우리의 체력을 향상시켜줄 다른 방법을 찾아야만 한다"고 역설한다. 이는 체력을 더욱더 소모함으로써 체력을 증대해야 한다는 역설적인 논리가 아닐 수 없다. 체력에 대한 미국인의 통상적인 관점을 보면 전날 밤 수면 시간이 여덟 시간인지 다섯 시간인지, 평상시와 같이 정량의 식사를 했는지 못했는지, 적정한 보온 상태를 유지했는지 아닌지가 얼마만큼 에너지를 사용해야 하는지의 판단 기준이 된다. 그러나 일본인의 계산법은 완전히 다르다. 그들은 에너지 비축은 조금도 개의치 않는다. 일본인은 그것을 물질주의적인 계산법이라고 생각하기 때문이다.

전시 일본 방송은 더욱 극단적인 것까지 외쳐댔다. 즉 전투에서 정신력은 죽음이라는 물리적 사실까지도 극복할 수 있다는 것이다. 가령 어떤 방송은 한 영웅적인 조종사가 죽음을 정복했다는 기적 같은 이야기를 내보내기도 했다.

공중전이 끝난 후 일본 비행대는 석 대 또는 넉 대의 소편대로 나뉘어 기지로 복귀했습니다. 그런데 맨 처음 돌아온 몇 대 가운데 한 대에 어떤 대위가 타고 있었습니다. 비행기에서 내린 그는 지상에서 쌍안경으로 하늘을 살펴보았습니다. 귀대하는 부하들의 비행기를 셌던 것이지요. 그런 대위의 안색은 약간 창백하기는 했지만 매우 침착하고 견고해 보였습니다. 이윽고 그는 마지막 비행기가 귀착한 것을 확인한 후 보고서를 작성하여 사령부로 갔습니다. 그런데 사령관에게 보고를 마치자마자 그는 갑자기 무너지듯 쓰러지고 말았습니다. 옆에 있던 사관들이 급히 달려와 부축해 일으키려 했으나, 그때 이미 대위는 숨이 끊어져 있었습니다. 그의 몸을 잘 살펴보았더니, 가슴에 한 발의 적탄을 맞았고 그것이 치명상이 되어 한참 전에 사망했음을 알게 되었습니다. 숨이 금방 넘어간 시체라면 그렇게 차디찰 리가 없겠지요. 그런데도 대위의 몸은 얼음처럼 차갑게 식어 있었습니다. 이로 보건대 대위는 한참 전에 사망했음에 틀림없습니다. 사령관에게 보고를 한 것은 대위의 정신이었던 것입니다. 그러니까 전사한 대위가 지닌 강인한 정신력과 책임감이 이런 기적을 낳았음이 분명합니다.

물론 미국인의 눈에 이는 황당하기 그지없는 지어낸 이야기로 비칠 것이다. 그러나 일본인의 경우는 교육받은 교양인이라 하더라도 이 방송을 그냥 웃어넘기지만은 않았다. 그들은 이 방송을 들은 일본인들이 그것을 그저 터무니없는 과장된 이야기로 여기지 않으리라는 것을 확실하게 느꼈다. 첫째로 그들은 아나운서가 정색을 하고 말한 그대로 저 대위의 영웅적 행위가 그야말로 '기적적인 사실'이라는 점을 지적했다. 과연 기적은 일어날 수 있다는 것이다. 정신은 무한히 단련될 수 있기 때문이다. 저 대위는 과거에 자기 수련의 대가였음에 분명하다. 일본인이라면 누구나 "강인한 정신은 사후 천 년이나 지속될 수 있다"고 여긴다. 그렇다면 '책임감'을 삶의 핵심적인 원칙으로 삼았던 저 공군 대위의 시신 속에 정신이 몇 시간 더 머문다는 것도 있을 법한 일이 아니었을까? 일본인들의 신념에 의하면, 인간은 특별한 훈련과 수행을 통해 자신의 정신을 지고한 것으로 만들 수 있다. 그리고 저 대위는 그런 수행법을 배워서 효과를 거두었다.

우리 미국인은 이와 같은 일본인들의 과장을 가난한 나라의 변명 내지는 속임수에 넘어간 자들의 유치한 이야기 정도로 치부하고 완전히 무시할 수도 있으리라. 하지만 그럴 경우 우리는 그만큼 더 전시뿐만 아니라 평상시 일본인의 행동 양식에 대처하거나 적절히 이해할 능력을 잃어버리게 될 것이다. 일본인들은 일정한 금기와 거부 및 일정한 훈육과 단련 방법을 통해 정신력을 강조하는 그들의 신조를 가꾸어왔다. 그러니까 그것을 단순히 사회에서 격리된 기벽奇癖이라고 볼 수만은 없다. 미국은 이와 같은 일본인의 신조를 올바르게 인식하고 승인하지 않으면 안 된다. 그래야만 비로소 우리는 일본이 패전 후 정신력만으로는 충분치 않았다고, '죽창만으로' 진지를 방어한다는 것은 망상에 불과한 것이었다고 자인했을 때, 그 말이 의미하는 바가 무엇인지를 제대로 읽어낼 수 있을 것이다. 이보다 더 중요한 것이 있다. 즉 우리는 일본인이 '자신의' 정신력 부족으로 전장에서도 공장에서도 미국인의 정신력에 밀려 패배했다는 점을 자인했을 때, 그 말의 참된 의미를 적절히 판단하고 이해할 수 있어야만 한다. 패전 후에 그들이 말한 바와 같이 전쟁 중의 일본인들은 "자의적인 주관주의에 빠져 있었다."

계층적 위계질서의 필요성이라든가 정신력의 우위성에 관한 것뿐만 아니라 그 밖의 다른 모든 것에 대한 일본인들의 언술 방식은 비교문화 연구자에게 좋은 자료를 제공해주었다. 이를테면 그들은 끊임없이 안전이라든가 군대의 사기 같은 것은 다만 그것을 미리 알거나 예상했느냐 아니냐의 문제일 뿐이라고 말하곤 했다. 가령 도시 폭격이든 사이판에서의 패배든 혹은 필리핀 방어의 실패든 모든 파국적 상황 앞에서 일본 지도자들은 국민들에게 이것은 미리 알았던 일이고 따라서 조금도 걱정할 필요가 없다고 말했다. 그러니까 무엇이든 이미 속속들이 잘 알려진 예상 가능한 세계에 살고 있다고 말함으로써 일본 국민을 안심시키려 했던 것이다. 다음 방송문에서도 잘 엿볼 수 있듯이, 당시 일본의 라디오는 이처럼 안심시키는 술책에 기대어 극단적인 데까지 치달았다.

키스카 섬이 미군에게 점령됨으로써 일본은 미군 폭격기의 행동반경 내에 들어갔습니다. 그러나 우리는 이전부터 이런 사태를 충분히 예상했기 때문에 필요한 대비가 되어 있습니다. 적은 틀림없이 육해공군 연합작전으로 우리를 공격할 것입니다. 이것은 우리의 계획에서 이미 예상되고 알려졌던 일입니다.

승산 없는 전쟁에서 일본이 빨리 항복하기만을 바라던 일본인 전쟁포로들조차 미군의 일본 본토 폭격으로 일본인의 사기를 떨어뜨릴 수 없을 거라고 믿었다. 왜냐하면 "그들은 모든 예상된 사태를 미리 알았기 때문이다." 미군이 일본의 도시들을 폭격하기 시작했을 때, 항공기제조업협회 부회장은 방송을 통해 이렇게 말했다. "마침내 적기가 우리 머리 위로 날아오게 되고 말았습니다. 그러나 항공기 생산에 종사하는 사람들은 이런 사태가 오리라는 것을 늘 예상했고, 따라서 거기에 대처할 수 있는 만반의 준비를 이미 완료해놓았습니다. 그러니 조금도 염려하실 필요가 없습니다."

모든 것이 미리 예상 가능하고 알려져 있으며 모든 것이 충분히 계획되어 있기만 하다면, 일본인들은 모든 사태가 이쪽에서 적극적으로 의도했던 것이며 결코 수동적으로 당하는 것이 아니라는 주장을 계속할 수 있었다. 이는 그들에게 꼭 필요한 주장이었다. 그런 주장에 토를 다는 자는 아무도 없었다. "우리는 수동적으로 공격당했다고 생각해서는 안 된다. 오히려 적극적으로 적을 우리 손안에 끌어들였다고 생각해야 한다. (중략) 적이여, 올 테면 오라. 우리는 '드디어 올 것이 왔구나'라고 말하는 대신, '기다리고 기다렸던 호기가 왔다. 이렇게 좋은 기회가 오다니 기쁘구나'라고 말하고자 한다."

일본 해군장관은 의회 연설에서 1870년대의 유명한 사무라이 사이고 다카모리[5]의 다음과 같은 유훈을 인용한 적이 있다. "두 종류의 기회가 있다. 하나는 우연히 다가온 기회고 다른 하나는 우리가 만들어낸 기회다. 지금처럼 어려운 때일수록 우리는 반드시 기회를 만들어내지 않으면 안 된다." 또한 어떤 라디오 방송은, "미군이 마닐라 시에 진격했을 때 야마시타[6] 장군은 활짝 웃으면서 '적은 지금 우리 손안에 들어왔다'고 말했습니다. (중략) 링가엔 만에 상륙한 적들에 의해 마닐라가 순식간에 함락된 것은 한마디로 야마시타 장군의 전술에 따른 결과로써, 그것은 장군의 계획대로 된 것입니다. 야마시타 장군의 작전은 지금도 계속 진행 중입니다"라고 보도하기도 했다. 그러니까 지는 것이 곧 이기는 것이라는 식이다.

 미국인들 또한 일본인 못지않게 극단으로 치달았지만 그 방향은 정반대였다. 미국인은 무엇보다도 이 전쟁이 일방적으로 일본에 의해 도발되었다는 '이유 때문에' 전쟁 수행을 위해 전력투구했다. 우리는 공격당했다. 따라서 적에게 본때를 보여주어야 한다는 것이다. 미국의 일반 대중을 안심시키기 위해 고심하는 정부 대변인 치고 진주만이나 바탄 반도에서의 패배에 대해 "이는 우리 계획 속에 충분히 고려된 것이었다"라는 식으로 말하는 자는 없다. 그 대신 미국 정부는 "적이 싸움을 걸어왔다. 우리는 그들에게 우리의 힘을 보여줄 것이다"라고 말했다. 미국인은 부단히 도전해 오는 세계에 부응해 자신의 생활 양식을 조정한다. 그러니까 미국인은 항상 도전을 받아들일 준비가 되어 있는 것이다. 이에 반해 일본인은 미리 계획되거나 진로가 정해진 생활 양식 안에서만 비로소 안심할 수 있고, 예견하지 못한 일에는 더할 나위 없이 극심한 불안과 위협을 느낀다.[7]

 일본인의 전쟁 수행 방식에서 끊임없이 반복적으로 나타났던 또 하나의 테마가 있는데, 그것 또한 일본인의 사고방식을 매우 잘 말해준다. 즉 그들은 언제나 "세계의 눈이 우리의 일거수일투족을 주시한다"는 문구를 상투어처럼 입에 올렸다. 때문에 일본인은 철저히 일본 정신을 발휘해야만 한다는 것이다. 예컨대 미군이 과달카날 섬에 상륙했을 때, 일본군 부대에는 "지금 우리를 향해 '세계의 눈'이 집중되어 있다. 따라서 제군들은 유감없이 실력을 발휘해야 한다"는 명령이 하달되었다. 또한 일본 해군 장병들은 어뢰 공격을 받아 배에서 탈출하라는 명령이 내려질 경우, 최대한 의젓한 태도로 구명정에 옮겨 타라는 훈계를 받았다. "그렇지 않으면 세계의 웃음거리가 될 것이다. 미국인이 제군들의 추태를 영화로 찍어 뉴욕에서 상영한다"는 것이었다. 요컨대 일본인에게는 자신의 행동이 세계의 다른 나라 사람들에게 어떻게 비칠 것인가가 중요한 문제였다. 이런 관심 또한 일본 문화 속에 뿌리 깊이 새겨진 태도라 할 수 있다.[8]

그런데 일본인의 태도에 관한 문제 가운데 가장 유명한 것은 역시 천황에 대한 태도일 것이다. 일본 천황은 도대체 그의 신민臣民들에게 어느 정도 지배력을 가지고 있을까? 몇몇 권위 있는 미국 학자들은, 천황은 700여 년의 봉건시대 기간을 통해 그림자와 같은 존재였고 그저 이름만의 국가원수에 불과했다는 점을 지적한다. 아랫사람들이 충성을 바치는 직접적인 대상은 각자의 영주인 다이묘大名였고, 그 위로는 군사상 대원수인 쇼군將軍이 있었다. 따라서 천황에 대한 충성은 거의 관심 밖의 문제였다. 천황은 고립된 궁중에 유폐되어 있었고, 궁중의식이나 행사도 쇼군이 정한 규정에 따라 엄격하게 제한받았다. 때문에 아무리 신분이 높은 영주라 하더라도 천황에게 경의를 표하는 것은 쇼군에 대한 반역으로 간주될 정도였고, 일반 민중에게도 천황은 거의 존재하지 않는 거나 진배없었다.

일본을 깊이 분석한 미국 학자들은, 일본은 오직 이런 천황제의 역사를 통해서만 제대로 이해될 수 있다고 주장한다. 현재 살아 있는 사람들의 기억에 남아 있을 정도로 가까운 과거에 가까스로 음지에서 양지로 나온 천황이 어떻게 일본 같은 보수적인 나라의 참된 구심점이 될 수 있었을까? 이와 관련해 일본의 정치평론가들은 입을 모아 천황이 신민들에게 가지는 불후의 지배력을 설명한다. 하지만 그것은 과장된 말에 불과하다. 말만 무성했지, 실상 그들의 주장은 근거의 빈약성을 드러낼 뿐이다. 따라서 과거 미국의 전시 정책이 천황에 대해 그렇게 미온적으로 대처하는 것이었어야 할 이유가 전혀 없었다. 오히려 우리는 천황이야말로 불후의 지도자라고 하는 허구적 관념에 가장 맹렬한 공격의 칼날을 겨누었어야 마땅하다. 그런 관념은 일본의 근대라고 하는 지극히 최근에 조작된 것에 지나지 않으며, 그럼에도 근대 일본에서 국수주의적 국가 신도神道의 심장으로서 기능했기 때문이다. 그러니까 우리가 만약 천황의 신성성에 도전해 그 실체를 철저히 파헤친다면, 적성국가 일본의 총체적 구조가 한꺼번에 와르르 무너져내려서 아무것도 남지 않게 될 것이라는 말이다.

그러나 일본을 잘 아는 미국인 또는 전선이나 일본 측에서 나온 보도를 접한 많은 현명한 미국인들은 이상과 같은 일부 미국인 학자들과 반대되는 의견을 내놓았다. 일본에서 산 적이 있는 사람들은 천황에 대한 모욕적인 말이나 공공연한 공격만큼 일본인의 마음에 쓰라린 상처를 입히고 그럼으로써 오히려 전의를 불태우게 만드는 것은 다시없다[9]는 사실을 잘 알았다. 우리가 천황을 비난할 때 그것은 통상 군국주의에 대한 공격을 뜻한다. 그러나 일본인들은 결코 그렇게 생각하지 않는다. 일본을 경험한 사람들은 바로 이 점을 잘 알았다. 1차 세계대전이 끝난 뒤 한때 일본 사회에는 '데모크라시(민주주의)'라는 슬로건이 크게 유행했다. 그 당시에는 일본 군인들이 도쿄 시내를 나다닐 때마다 신경 써서 평복으로 갈아입고 외출할 정도로 군국주의가 불신을 받았다. 그런데 그런 시대에도 일본인들은 천황을 열렬히 숭배했다. 이 점에 주목했던 지일파知日派 미국인들은 나치당의 운명을 좌우하는 척도이자 파시즘적 기획의 모든 악덕과 결부되어 있던 히틀러 숭배와 일본인의 천황 숭배를 같은 차원에서 비교할 수는 없다고 주장했다.

확실히 일본인 전쟁포로들의 증언은 이와 같은 주장의 타당성에 무게를 실어준다. 예컨대 서구 병사들과는 달리 일본인 전쟁포로들은 자신이 포로로 붙잡혔을 때 무엇을 말하고 무엇은 말하지 말라는 지침을 받지 않았다. 때문에 그들은 모든 심문에 무엇이든 거침없이 털어놓았다. 이처럼 포로가 되었을 때를 대비한 훈련이 전혀 되어 있지 않았던 것은 말할 나위 없이 일본의 무항복주의 정책에서 비롯된 현상이었다. 그 정책은 종전 직전 몇 개월 전까지도 고수되었으며, 일부 특수한 부대의 경우에 한정해 포로가 되었을 때에 대비한 지침이 하달되었을 뿐이다. 어쨌든 포로들의 증언은 주목할 만한 가치가 있다. 왜냐하면 그것은 일본 군대가 견지한 태도의 한 단면을 잘 보여주기 때문이다. 그들은 결코 전의를 상실해서 항복한 병사들이 아니었다. 극소수를 제외한 대부분의 병사들이 포로로 붙잡혔을 당시 저항할 수 없을 정도로 부상당했거나 정신을 잃은 상태였던 것이다. 그러니까 좀 예외적인 사례라 할 수 있다.

이에 비해 끝까지 완강하게 버틴 일본인 포로들의 경우는 그들의 극단적인 군국주의를 천황에게 귀속시켰다. 그들은 '천황의 뜻을 받들어 모시어' '천황의 마음을 편안케 하고' '천황의 명령에 목숨을 바치고자' 했다. 그리하여 그들은 "천황께서 우리 국민을 전쟁으로 내보내셨다. 따라서 천황의 명령에 따르는 것이 나의 의무다"라고 말했다. 그런데 이번 전쟁에 반대했거나 일본의 정복 계획을 부정했던 사람들 또한 한결같이 그들의 평화주의적 신념을 천황에게 귀속시켰다. 그들에게 천황은 모든 것을 의미했다. 전쟁으로 지쳐버린 이들은 천황을 "평화를 애호하시는 폐하"라고 불렀다. 그들은, "폐하는 항상 자유주의자셨고 전쟁에 반대하셨다… 폐하는 도조 히데키東條英機에게 속으셨다… 만주사변 중 폐하는 군부에 반대의 뜻을 표명하셨다… 전쟁은 천황이 모르는 사이에 허가도 없이 시작되었다. 전쟁을 좋아하지 않는 천황께서는 국민이 전쟁에 내몰리는 것을 허락하지 않으셨을 것이다. 천황은 그의 병사들이 얼마나 심한 학대를 받고 있는지 잘 모르신다"라고 주장한다. 이와 같은 진술은 독일인 포로들의 진술과는 완전히 달랐다. 독일인 포로들은 장군들이나 최고 사령부가 히틀러를 배신한 것에 큰 불만을 토로했지만, 그럼에도 전쟁과 전쟁 준비의 책임은 최고 선동자인 히틀러가 져야 한다고 말했다. 반면 일본인 포로들은 황실 숭배와 군국주의 침략 전쟁 정책은 별개의 것이었다고 단언했다.

일본인 포로들에게 천황은 일본과 분리할 수 없는 존재였다. "천황이 없는 일본은 일본이 아니다." "천황이 없는 일본은 상상할 수도 없다." "일본의 천황은 일본 국민의 상징이며 그 종교생활의 중심이다. 천황은 초종교적 대상이다." 따라서 일본이 전쟁에 패하더라도 천황에게는 패전의 책임은 없다는 것이다. "일본 국민은 천황이 전쟁 책임을 져야 한다고는 생각하지 않았다." "일본이 전쟁에 패하면 그 책임은 천황이 아니라 내각과 군 지휘관들이 져야 한다." "설령 일본이 지더라도 일본인은 열이면 열 모두 계속해서 천황을 숭배할 것이다."

이처럼 일본인들은 한결같이 천황을 모든 비판을 넘어선 존재로 여긴다. 이는 인간이라면 누구나 회의적인 조사와 비판의 대상이 되어야 한다고 생각하는 미국인에게는 이해하기 어려운 태도다. 하지만 패전이라는 상황에서조차 모든 비판을 넘어서는 천황의 초월성이 일본의 목소리였음은 부정할 수 없는 사실이다. 일본인 포로 심문에 경험이 풍부한 사람들의 소견에 따르면, 심문서에 일일이 '천황 비방을 거부함'이라는 말을 기입할 필요가 없다는 것이다. 일본인 포로들은 단 한 사람의 예외도 없이 모두 천황 비방을 거부했기 때문이다. 심지어 연합군에 협력하고 미국을 위해 대일본 방송에 가담한 일본인들조차 그랬다.

연구 자료로 수집한 다량의 포로 진술서 가운데 온건한 비난을 포함해서 반反 천황적이라고 볼 수 있는 것은 단 석 통뿐이었다. 그마저도 "현 천황을 그대로 놓아두는 것은 잘못이다"라고 구술한 것은 그 석 통 가운데

단 한 통뿐이었다. 나머지 두 번째 진술서에는 천황에 대해 "의지가 약하신 분이며 꼭두각시에 불과하다"고 적혀 있었다. 한편 세 번째 진술서는 천황이 황태자에게 황위를 물려줄지도 모르며, 만일 군주제가 폐지된다면 일본의 젊은 여성들은 그들이 선망해온바, 미국 여성들이 누리는 것과 같은 자유를 희망하고 기대하게 될 것이라는 정도의 추측에 머물렀다.

이런 식이니 일본군 지휘관들이 대부분의 일본인들이 지지하는 천황 숭배를 이용해 부하 장병들에게 담배를 나누어주면서 '천황께서 하사하신 것'이라고 토를 단다든지, 천장절[10]에는 부하들로 하여금 황궁이 있는 동쪽을 향해 세 번 절하고 '반자이萬歲'를 부르게 할 수도 있었을 것이다. 또한 지휘관들은 "부대가 밤낮으로 끊임없이 폭격을 받을 때조차" 매일 아침과 저녁마다 전체 부대원들로 하여금 천황이 몸소 내려주신 〈군인칙유軍人勅諭〉의 "성스러운 말씀"을 "숲이 떠나가도록" 큰 소리로 외우게 할 수 있었을 것이다. 하여간 군국주의자들은 모든 수단과 방법을 동원해 천황에 대한 충성심에 호소하고 또 그것을 최대한 이용했다. 그들은 부하 장병에게 "천황 폐하의 뜻에 맞도록" "천황 폐하의 근심을 없애도록" "천황 폐하의 인자하심에 대한 그대들의 존경심을 표시하도록" "천황을 위해 죽으라"고 호소했다.

그러나 천황의 뜻에 대한 절대복종은 어느 쪽으로도 쓸 수 있는 양날의 칼이었다. 예컨대 많은 일본인 포로들은 이렇게 말했다. "일본인은 천황의 명령이라면 무엇이든 할 것이다. 가령 가진 무기가 죽창밖에 없다 해도 주저 없이 싸울 것이다. 그러나 마찬가지로 그것이 천황의 명령이라면 싸움도 즉각 그만둘 것이다." "만약 천황의 명령이라면 일본은 내일이라도 무기를 버릴 것이다." "심지어 가장 호전적이고 강경한 만주의 관동군조차 무기를 버릴 것이다." "천황의 말씀만이 일본 국민으로 하여금 패전을 받아들이게 할 수 있을 것이며, 재건을 위해 살아야 한다는 점을 납득시킬 수 있을 것이다."

그런데 천황에 대한 이와 같은 무조건적이고 무제한적인 충성[11]은 천황 이외의 다른 모든 인물과 집단에는 갖가지 비판이 가해진다는 사실과 현저하게 기묘한 대조를 보여준다. 가령 일본의 신문이나 잡지 또는 전쟁포로의 증언에서도 정부나 군 지도자에 대한 비판을 심심치 않게 접할 수 있다. 포로들은 그들의 현지 지휘관, 특히 부하 병사들과 위험이나 고난을 함께하지 않은 자들을 거리낌없이 매도했다. 그 중에서도 최후까지 항전한 휘하 부대를 버린 채 비행기로 도망친 지휘관에게는 가차 없이 비난을 퍼부었다. 그들은 통상 어떤 장교는 칭찬하고 또 다른 장교는 비난했다. 그러니까 어떤 사안과 관련해 그들에게 선한 일본인과 악한 일본인을 식별하는 의지가 결핍되어 있다는 증거는 조금도 찾아볼 수 없었다. 일본 국내에서도 신문이나 잡지는 '정부'를 비난했다. 그들은 더 강력한 지도력과 더 긴밀한 조정 능력을 요구했으며, 정부에서 필요한 것을 얻지 못했다고 지적하기도 했다.

심지어 그들은 언론 자유 제한을 비판하기도 했다. 대표적인 사례로 1944년 7월 도쿄의 모 신문지상에 게재된 기사를 들 수 있다. 편집자들과 전前 국회의원들 및 일본의 전체주의적 정당이었던 대정익찬회[12] 지도자들이 참석한 그 좌담회 기사에서 어떤 이는 다음과 같은 발언을 했다. "나는 일본 국민의 전의를 북돋는 데는 여러 가지 방법이 있지만, 그 중 가장 중요한 방법은 언론의 자유라고 생각합니다. 근래 몇 년 전부터 국민들은 자신의 생각을 솔직하게 말할 수가 없었습니다. 잘못 말을 했다가 괜한 불이익을 당하지 않을까 두려웠기 때문입니다. 그래서 그들은 어물어물 겉으로만 적당히 얼버무리려 할 따름이었고, 민심은 잔뜩 겁을 집어먹었습니다. 이런 상태에서는 국민이 총력을 발휘할 수 없습니다." 다른 사람도 이와 똑같은 취지에서 이렇게 부연했다. "나는 선거구 주민들과 거의 매일 밤 좌담 자리를 마련해 그들의 의견을 듣고자 했습니다. 하지만 그들은 무엇이 두려운지 도무지 입을 열지 않았습니다. 언론의 자유가 없었기 때문입니다. 이것은 분명 전의를 고취하는 올바른 방법이 아닙니다. 국민들은 이른바 전시특별형법과 치안유지법에 의해 철저한 통제와 제한을 받고 있어서 마치 봉건시대의 농노들처럼 겁쟁이가 되어버렸습니다. 때문에 지금까지 당연히 발휘되었어야 할 전력이 여태껏 지지부진하는 겁니다."

일본인은 심지어 전시에도 이런 투로 정부나 대본영 혹은 직속 상관에게 비판을 가했다. 그러니까 그들이 모든 계층적 위계질서의 미덕을 무조건 승인했던 것은 아니다. 하지만 천황만은 예외였다. 천황의 지고한 지위는 비교적 최근에 형성된 것[13]인데도 어째서 천황만은 모든 비판을 면할 수 있었던 것일까? 천황에게 신성불가침의 지위가 부여되었던 것은 일본인이 지닌 어떤 기질적 특성 때문이었을까? 천황의 명령이라면 일본인은 '죽창만으로도' 죽을 때까지 싸우겠지만 마찬가지로 그것이 만일 천황의 명령이라면 패전과 점령 또한 조용히 감수할 수 있다는 일본인 포로들의 주장은 과연 사실이었을까? 난센스 같은 그런 주장은 혹 우리를 기만하기 위한 것이 아니었을까? 아니면 그것은 정말 진실이었을까?

반물질주의적 편향성에서 천황에 대한 태도에 이르기까지, 전시 일본인의 행동 양식에 관한 이와 같은 모든 중요한 물음은 비단 전선에서뿐만 아니라 본토의 일본인들에게도 해당되는 문제였다. 그 밖에도 특히 일본군과 관련된 몇 가지 태도에 주목할 만하다. 그 하나는 전력 소모에 대한 일본군의 태도다. 가령 일본의 라디오는 미 해군이 타이완 앞바다에서 기동부대를 지휘한 조지 매케인George S. McCain 제독에게 훈장을 수여한 것을 매우 의외로 생각해 다음과 같은 방송을 내보냈는데, 그것은 미국의 태도와는 근본적으로 달랐다.

미군 사령부의 매케인 제독이 훈장을 받은 공식적인 이유는 그가 일본군을 격퇴했다는 데 있지 않았다. 이는 우리로서는 이해하기 어려운 점이다. (중략) 니미츠 공보관은, 매케인 제독이 훈장을 받은 이유는 그가 손상된 미 해군 군함 두 척을 잘 구조하고 호송해 무사히 기지까지 끌고 왔다는 데 있다고 발표했다. 이 보도는 매우 중요하다. 그것은 조작된 말이 아니라 사실이기 때문이다. (중략) 그러므로 우리는 매케인 제독이 군함 두 척을 구조한 사실을 의심하지 않는다. 우리 국민 모두가 알아야 할 점은 기이하게도 미국에서는 파괴된 배를 구조하면 훈장이 주어진다는 사실이다.

미국인은 어려움에 처한 사람들을 구조하고 도와주는 용감한 행위에 특히 감동한다. 용감한 행위는 그것이 '부상당한' 사람이나 '손상당한' 기물을 구조하는 경우 더욱 영웅적인 행위가 된다. 반면에 일본인의 용기는 그런 식의 구조 활동을 배척한다. 가령 우리의 B-29기라든가 전투기에 비치된 구명도구조차 일본인에게서는 '비겁'하다는 비판을 받았다. 일본의 신문과 라디오는 수없이 이 점을 화제에 올렸다. 죽느냐 사느냐의 위험을 태연히 감수하는 것이야말로 훌륭한 덕목이며, 위험 예방책을 취하는 건 무가치하다는 것이다. 이와 같은 일본인의 태도는 부상병이나 말라리아 환자를 대할 때도 그대로 나타났다. 그런 군인은 말하자면 파손된 폐물로 간주되었다. 때문에 일본 군대의 의료체계는 지극히 불충분했다. 사실상 이는 적당한 전투력 유지에 별 도움이 되지 않았다. 시간이 지나면서 모든 분야에 걸친 보급난으로 의료체계의 결핍은 갈수록 심해졌다. 이뿐만이 아니었다. 물질주의에 대한 일본인의 경멸이 이런 상황을 더욱 악화시켰다. 일본군은 죽음 그 자체가 정신의 승리며, 우리 미국인처럼 환자를 배려하고 간호하는 일은 전투기의 구명도구가 그렇듯이 영웅적 행위를 저해하는 방해물이라고 배운 것이다.

보통 생활에서도 일본인은 미국인처럼 의사의 보살핌을 받는 것에 익숙하지 않다. 미국에서는 다른 어떤 복지 수단보다도 환자를 보살피고 배려하는 것에 특히 많은 관심을 보인다. 평화시에 유럽 여러 나라에서 온 여행자들도 이 점을 종종 언급할 정도다. 하지만 일본인들은 이런 관심을 아주 낯설게 느끼고 있음에 틀림없다. 어쨌거나 일본군에는 전시에 부상병을 포화 속에서 구출해 응급치료를 할 수 있도록 훈련받은 구조반이 전혀 없었다. 뿐만 아니라 전선이나 그 후방의 야전병원이라든가 거기서 더 멀리 떨어진 곳의 회복시설 등과 같은 조직적인 의료체계도 부재했다. 일본군의 의료품 보급체계는 정말 한심할 정도였다. 그래서 위급한 입원환자는 죽도록 내버려둘 뿐이었다. 특히 뉴기니라든가 필리핀에서 일본군은 종종 병원이 있는 지역에서 퇴각하지 않을 수 없는 궁지에 몰리곤 했다. 일본 군대에는 그럴 기회가 있더라도 부상자를 미리 후송한다는 관례가 없었다. 그저 부대의 '계획적 철수'가 행해질 때라든가 혹은 적이 점점 육박할 때가 되어서야 겨우 어떤 조처가 강구될 뿐이었다. 하지만 조처라 해도 주임 군의관이 퇴각하기 직전에 환자들을 사살하거나 아니면 환자 스스로 수류탄을 터뜨려 자살해버리는 식이었다.

부상자에 대한 일본인의 이와 같은 태도가 동포 일본인을 취급하는 방식의 기조였다면, 그것은 또한 미군 포로를 취급하는 방식에서도 큰 부분을 차지했다. 우리의 기준에서 본다면 일본은 연합군 포로뿐만 아니라 같은 동포에게도 학대죄를 범했다. 일본군의 포로가 되어 3년간 타이완에 수용된 적이 있는 전前 필리핀 군의관 해럴드 그래틀리Harold W. Glattly 대령은 이렇게 말했다. "미군 포로들이 일본 병사들보다도 더 좋은 의료 조처를 받았다. 우리는 포로 수용소에 있던 연합군 측 군의관들의 치료를 받을 수 있었지만, 일본군 측에는 의사가 단 한 명도 없었기 때문이다. 다만 얼마 동안 일본군의 치료를 담당한 유일한 의무요원이 한 명 있기는 있었다. 그는 병장이었는데 후에 상사가 되었다." 해럴드 대령이 일본 군의관을 본 것은 1년에 한두 번뿐이었다.[14]

　일본의 무항복주의는 그들의 전력 소모론을 가장 극단까지 이르게 했다. 서양 군인들은 최선의 노력을 다한 후에 더는 안 되겠다 싶으면 항복을 한다. 그들은 항복한 뒤에도 여전히 자신을 명예로운 군인이라고 생각한다. 국제적 관례에 따라 그들의 생존 사실을 가족에게 알리려고 포로 명단이 본국으로 통지되는데, 그렇다 해도 그들은 군인으로서든 국민으로서든 각자의 가정에서든 아무런 비난을 받지 않는다. 하지만 이런 경우 일본인들은 사태를 전혀 다른 방식으로 규정한다. 일본인에게 명예란 포로가 되는 것이 아니라 죽을 때까지 싸우는 데 있었기 때문이다. 그리하여 절망적 상황에 몰렸을 때 일본군은 최후의 수류탄 하나로 자살하든가 아니면 무기도 없이 적진으로 돌격해 집단자살을 하든가 해야지, 절대로 항복해서는 안 된다.[15] 설령 부상당하거나 기절해 포로가 된 경우라 할지라도 그는 "일본에 돌아가면 얼굴을 들고 다닐 수 없다." 그는 명예를 잃었으며, 그것은 곧 '죽은 자'를 의미하기 때문이다.

　물론 항복을 금하는 군율이 있기는 했지만, 전선에서 그 군율을 특별히 교육할 필요까지는 없었던 모양이다. 일본군은 굳이 교육하지 않아도 누구나 이 군율을 충실히 실천했기 때문이다. 그 결과일지 몰라도 예컨대 북부 미얀마 전투에서 일본인 포로는 142명이었던 데 비해 전사자는 17,166명이었다. 즉 포로와 전사자 비율이 1:120 정도였다. 그것도 포로 수용소에 수용된 142명 중 소수를 제외한 나머지는 포로가 될 당시 부상자였거나 혹은 기절 상태에 있던 자들이었다. 그러니까 단독으로 또는 2, 3명이 함께 '항복'한 경우는 극소수에 지나지 않았다. 이에 비해 서양 제국의 군대에서는 전사자가 전체 병력의 4분의 1 또는 3분의 1에 이를 경우에는 저항을 단념하고 백기를 드는 것이 당연하다고 여겼다. 말하자면 항복자와 전사자 비율은 보통 4:1 정도다. 그런데 홀란디아에서 일본군이 처음으로 가장 많이 항복한 경우에도 그 비율은 1:5를 넘지 않았다. 이것도 북부 미얀마에서의 1:120에 비하면 현저한 진보였다.

그러므로 일본인들에게 있어 포로가 된 미군은 단지 항복했다는 그 사실 하나만으로도 명예를 모르는 자로 간주되기 십상이었다. 그들은 부상이나 말라리아 혹은 이질 따위로 인해 포로가 된 경우가 아니라도, 즉 '정상적인 인간'의 부류에서 제외된 경우가 아니라도 '손상된 폐물' 취급을 받았다. 이와 관련해 많은 미국인들은 포로 수용소에서 미국인이 웃는다는 것이 얼마나 위험하며 또한 그 웃음이 얼마나 교도관을 자극했는지 진술한다. 일본인의 눈으로 보면, 포로가 된다는 것은 치욕적인 일이다. 포로가 이 점을 깨닫지 못한다는 것은 그들로서는 참기 어려운 일이었다.

미군 포로들이 따라야 했던 명령의 대부분은 또한 일본 교도관들이 그들을 감독하는 일본인 장교들로부터 준수하도록 요구받은 명령이기도 했다. 예컨대 일본군에게도 강행군이라든가 수송선에 콩나물처럼 실리는 것은 흔한 일이었다. 미군 포로들은 이 밖에도 일본군 초병들이 포로들에게 탈법 행위가 드러나지 않도록 숨기라고 누누이 강조했다는 사실을 진술했다. 요컨대 공공연히 규칙을 위반하지만 않으면 큰 죄가 되지 않았다는 말이다. 포로들은 낮에 도로나 작업장 등 밖에 나가서 노역 작업을 했는데, 그들이 수용소로 돌아올 때 외부에서 음식물을 반입해서는 안 된다는 규칙은 종종 효력이 없었다. 과일이나 야채 따위를 몰래 가지고 수용소에 들어가는 것은 사실상 문제가 되지 않았기 때문이다. 하지만 만일 그것이 초병의 눈에 띄면 이는 큰 죄가 된다. 그것은 미국인 포로가 일본군 초병의 권위를 모욕하는 일로 간주되었기 때문이다. 그러니까 공공연히 권위에 도전하면 설령 그것이 단순한 '말대꾸'라 할지라도 심하게 처벌받았던 것이다. 일본인은 일상생활에서도 말대꾸하는 것을 매우 엄격하게 규제받는다. 그런 만큼 일본 군대에서 말대꾸에 엄벌을 가하는 것은 당연한 관행이었다고 할 수 있다. 하지만 그렇다고 해서 수용소에서 포로들에게 가해진 갖가지 잔혹 행위나 학대 행위가 용서받을 수 있다는 말은 아니다. 물론 이와 같은 잔혹 행위와 문화적 습성의 필연적 결과로 나타난 행위 양식을 별개의 것으로 구분할 필요가 있기는 하지만 말이다.

　이번 전쟁 중 특히 초기 단계에서 일본군은 적이 포로를 모조리 고문한 후 죽여버린다고 굳게 믿고 있었는데, 이것이 포로가 되는 것을 수치스럽게 여긴 일본군의 행동 양식을 더욱 부채질했다. 가령 당시에는 과달카날에서 미군이 일본군 포로들을 탱크로 깔아뭉개 죽였다고 하는 헛소문이 일본군들 사이에 쫙 퍼져 있었다. 물론 항복하려 했던 몇몇 일본군 또한 미군에게 위장 투항이라는 의혹을 받고 후환 때문에 살해당한 경우도 있었다. 일본군 포로에 대한 이런 의혹은 때로 정당한 것으로 판명되기도 했다. 죽음 말고는 다른 길이 남지 않은 일본군은 종종 자신이 죽을 때 미군을 길동무 삼아 함께 죽을 수 있다는 것을 마지막 위안과 자랑거리로 삼곤 했는데, 이와 같은 동반 죽음은 포로가 된 후에도 능히 일어날 법한 일이었기 때문이다. 어떤 일본군 포로의 말대로, "승리의 제단에 자신을 희생 제물로 바칠 결심을 한 이상, 아무런 공도 세우지 못한 채 죽는 것은 수치스러운 일"이었던 모양이다. 이런 가능성 때문에 미군은 일본군 포로들을 경계할 수밖에 없었고, 또한 투항자들의 숫자도 점점 줄어들었다.

　일본군에게는 항복하는 것을 치욕이라고 여기는 의식이 깊이 뿌리박혀 있었다. 그들은 우리의 전쟁 관례로는 도저히 용납될 수 없는 행동을 당연하게 생각했다. 반대 관점에서 보면 그들 또한 우리의 행동을 이해할 수 없었을 것이다. 가령 그들은 미군 포로들이 자기네 이름이 적힌 명단을 미국 정부에 보고해 자신들의 생존 사실을 가족에게 알려달라고 '요구'한 것에 대해 참으로 어처구니없는 짓이라고 경멸에 찬 어조로 내뱉었다. 바탄

반도에서의 미군의 항복은 적어도 일본군 사병들에게는 의외의 일로 받아들여졌다. 그들은 미군이 일본식으로 최후까지 싸울 것이라고 믿었으며, 또한 미군이 포로가 되는 것을 조금도 부끄러워하지 않는다는 사실을 납득할 수가 없었기 때문이다.

그러나 서구의 병사들과 일본 병사들 사이의 그야말로 멜로드라마 같은 차이는 뭐니 뭐니 해도 일본인 포로들이 연합군에게 협력했다는 데 있다. 일본인 전쟁포로들은 그들이 처한 새로운 상황에 어떻게 적응해야 할지 몰라 갈팡질팡했다. 그들은 명예를 잃은 자이며 일본인으로서 그들의 생명은 이미 끝나버렸다고 여겼기 때문이다. 패전을 코앞에 둔 시점에 이르러서야 약간의 포로들이 전쟁의 결과가 어떻게 되든 본국으로 돌아가고 싶어 했을 뿐이다. 또 어떤 포로들은 죽여달라고 요청하면서, "그러나 당신들의 관습이 그것을 허락하지 않는다면 나는 모범적인 포로가 되겠소"라는 단서를 붙이기도 했다. 이런 일본인들은 모범적인 포로 이상이었다. 그들은 고참 군인으로서 오랫동안 군생활을 했던 극단적인 국가주의자였는데도, 연합군에게 탄약고의 위치를 알려주고 일본군의 병력 배치를 세밀히 설명해주었으며 미군의 선전문을 쓰는가 하면 심지어 미군 폭격기에 동승해 군사 목표로 안내해주기까지 했다. 이런 그들의 행동은 마치 새로운 페이지를 넘기는 것 같았다. 새로운 페이지에 쓰어진 내용은 낡은 페이지에 쓰어진 것과 정반대였는데도, 그들은 새 페이지에 쓰어진 구절 또한 이전과 마찬가지로 성실하게 읽어내려갔다.

물론 포로들 전부가 그렇게 금방 전향했던 것은 아니다. 개중에는 소수이긴 하지만 끝끝내 만만치 않은 포로들도 있었다. 그런데 어떤 경우든 미군이 포로들에게 협조를 얻어내려면 그전에 좋은 조건을 제시해야만 했다. 이때 미군 지휘관들이 포로들의 도움을 액면 그대로 받아들이는 데 주저했음은 말할 나위 없다. 또한 일본군 포로가 제공할 수 있는 협조를 일절 받아들이려 하지 않은 미군 부대도 있었다. 하지만 그런 부대에서도 미군들은 점차 처음에 가졌던 의혹의 눈초리를 거두고 갈수록 일본인 포로들의 성의를 신뢰하기 시작했다.

미군들은 설마 포로들이 그렇게까지 180도로 전향하리라고는 기대하지 않았다. 그것은 우리의 규칙과는 도무지 맞지 않았기 때문이다. 그러나 일본인들은 어떤 하나의 행동 방침에 모든 것을 걸며, 만일 그것이 실패할 경우에는 다른 방침을 취하는 것이 당연하다는 듯이 행동했다. 그렇다면 이는 종전 후에도 우리가 계속 기대할 만한 행동 양식일까? 아니면 그것은 포로가 된 일본군 병사들 개개인의 특유한 행동에 지나지 않는 걸까? 전시에 우리 눈에 띈 여타 특이한 일본적 행동 양식과 마찬가지로, 방금 언급한 이런 행동 양식 또한 그들의 행동을 조건 짓는 전체 생활 양식이라든가 그들의 여러 제도가 기능하는 방식 및 그들이 습득한 사고와 행위 관습 등에 관한 많은 물음들을 일깨워주었다.[16]

주

1 이 장에서는 군국주의 일본이 수행한 전쟁의 전시 관례, 전쟁 목적, 일본이 승리할 것이라고 믿었던 근거, 전쟁에 임하는 각오와 예상, 세계의 시선에 대한 자의식, 천황에 대한 충성심, 병력 소모에 대한 일본 군부의 태도, 일본군의 무항복주의, 일본군 포로들의 행동 양식 등을 다룸으로써 이를테면 '전쟁의 문화인류학'이라 할 만한 서술이 이루어진다.
2 대본영大本營. 일본이 전시 도쿄에 설치한 천황 직속 최고 사령부.
3 아라키 사다오荒木貞夫(1877~1966). 과격한 국체지상주의자들의 모임인 황도파皇道派를 이끌면서 군국주의화를 추진했던 육군대장. 패전 후 A급 전범으로 종신 금고형을 선고받았다.
4 1274년에는 3만 원元군이, 그리고 1281년에는 14만 원군이 일본을 침공했다. 이를 일본사에서는 각각 분에이文永의 역役 및 고안弘安의 역이라고 한다. 두 번 다 때마침 불어온 폭풍우 덕분에 기적적으로 원군을 물리친 뒤, 일본은 신의 가호를 받는 나라라고 하는 신국神國신앙이 널리 퍼지게 되었다.
5 사이고 다카모리西鄕隆盛(1827~1877). 사츠마 번(현재의 규슈 가고시마 현) 출신으로 메이지 유신의 공신. 막부 타도 운동에 앞장섰으며 메이지 정부에서 육군대장과 참의參議를 역임했으나 정한론을 주장하다가 정계에서 밀려난 후, 1877년 메이지 정부에 대항하는 세이난西南전쟁에서 패해 자결했다.
6 야마시타 도모유키山下奉文(1885~1946). 1944년 필리핀 지역 일본군 총사령관을 지냈던 육군중장. 패전 후 현지 군사재판으로 처형당했다.
7 이상에서 베네딕트는 미리 계획하고 예정된 생활 양식 속에서만 안심할 수 있으며 예상하지 못한 사태에는 큰 불안과 위협을 느끼는 일본인의 심리를 지적하는데, 이런 정신성은 현대 일본인들에게서도 흔히 찾아볼 수 있다.
8 뒤에서 베네딕트는 이런 태도를 '하지의 문화'로 일반화해서 언급한다. 제10장 293~296쪽 참조.
9 천황에 대한 공격을 곧 자기 자신에 대한 공격으로 느끼기 십상인 일본인의 심리적 반응 양식은 종교인의 그것과 유사한 점이 있어 보인다. 자신이 믿는 종교가 절대적이라고 믿는 종교인은 해당 종교나 혹은 그 신앙 대상이 비난을 받으면 곧 자기 자

신이 비난을 받는 것 이상의 통증을 느끼는 경향이 있기 때문이다. 이와 관련해 심리학자 미나미 히로시南博는 일본인에게는 자아의 중심이 자기 안이 아니라 자기 바깥의 어딘가에 있다고 여기는 심리가 강하며, 천황이야말로 그런 자아의 외적 중심으로 기능하는 심리적 센터임을 시사한다. 미나미 히로시, 서정완 옮김,《일본적 자아》, 소화, 2002 ; 미나미 히로시, 남근우 옮김,《일본인의 심리》, 소화, 2000 ; 미나미 히로시, 이관기 옮김,《일본인론 상·하》, 소화, 2003 참조.

10 천장절天長節. 천황 탄생을 기념하는 경축일. 1868년에 제정되었으며, 2차 세계대전 후 '천황탄생일'로 개칭되었다.

11 현대 일본인의 천황관은 전시처럼 무조건적이고 절대적인 충성까지는 아닐지라도 대부분의 일본인들이 천황에 대해 지닌 심정적인 유대감과 귀속감은 패전 전과 크게 변함이 없어 보인다. 하지만 오늘날 일본인들의 천황관이 패전 전과 전적으로 동일한 것이라고는 볼 수 없을 것이다. 현대 일본인의 천황관에 대해서는 특히 박진우,《21세기 천황제와 일본》, 논형, 2006 참조.

12 대정익찬회大政翼贊會. 1940년 10월 제2차 고노에近衛 내각 하에서 신체제 운동을 추진하기 위해 결성된 국민 통제 조직.

13 1868년 메이지 유신 이후 천황의 절대적 지위가 확립된 것을 가리킨다.

14 1945년 10월 15일자《워싱턴포스트》지의 보도.(원주)

15 그러나 죽음에 대한 이와 같은 태도는 일본의 전통적인 죽음관이라기보다는 전시 일본이 이데올로기적으로 주입한 측면이 많다는 점도 간과해서는 안 될 것이다.

16 감정적으로 격앙되어《국화와 칼》을 "학문적 서적이 아니다"라고 전면적으로 부정한 윤리학자 와츠지 데츠로和辻哲郞의 비판은 그 대부분이 바로 이 제2장에 관한 것이다. 그는 제2장에서 베네딕트가 '일본인'이라고 부르는 대상은 '일부 군인'이라든가 '국수주의적 군인' 혹은 '일본군 포로' 등으로 한정되어야만 한다고 비판한다. 가령 일본군의 무항복주의, 계층제에 대한 일본인의 신뢰, 정신력으로 물질력을 이긴다는 발상, 팔굉일우八紘一宇 등은 모두 군부가 국내의 반대 세력을 제압하려고 이용한 이데올로기일 뿐이다. 요컨대 베네딕트는 불과 근래 십몇 년간 강제된 것에 지나지 않는 군부 이데올로기를 일본인 일반의 이데올로기 혹은 과거의 긴 역사에 일관된 일본인의 이데올로기로 일반화하는 오류, 부분적 사실을 통해 전체를 일반화하는 오류를 범했다는 것이다. 和辻哲郞,〈科學的價値に對する疑問〉, 日本民族學協會 編,《民族學硏究》第14卷 4號, 1949, 285~286쪽 참조.

제3장

각자 알맞은 자리를 취하기[1]

　일본인을 이해하려면 무엇보다 먼저 "각자 알맞은 자리를 취한다"는 말의 의미에 대해 일본인 자신이 어떻게 생각하는지에서 출발해야만 한다. 계층적 위계질서에 대한 그들의 신뢰는 자유와 평등에 대한 우리의 신념과는 완전히 다르다. 때문에 우리가 일본의 계층적 위계질서를 하나의 사회적 메커니즘으로서 올바르게 이해하기란 결코 용이한 작업이 아니다. 계층적 위계질서에 대한 일본인의 신뢰야말로 인간의 상호 관계 및 개인과 국가의 관계에 대해 일본인이 품은 모든 관념의 토대를 구성하기 때문이다. 이때 우리는 일본의 가족, 국가, 종교생활, 경제생활 등과 같은 국민적 제도를 살펴봄으로써만 비로소 삶에 대한 그들의 관점을 이해할 수 있을 것이다.

　일본인은 일본 국내의 문제뿐만 아니라 국제 관계의 문제도 계층적 위계질서의 관점에서 바라보려 한다. 지난 10여 년간 그들은 일본이 국제적 위계질서라는 피라미드의 정점에 도달했다고 여겼다. 그런데 그런 정점의 위치를 서구 여러 나라가 대신 차지해버린 오늘날까지도, 현 상태를 감수하는 그들의 태도는 그 밑바탕에 여전히 계층적 위계질서에 대한 일본 특유의 관점을 깔고 있다. 일본의 외교 문서 또한 그들이 얼마나 계층적 위계질서를 중시하는지 끊임없이 기술해왔다. 예컨대 1940년에 일본이 독일 및 이탈리아와 체결한 삼국동맹 조약의 전문에는 "대일본제국 정부와 독일 정부 및 이탈리아 정부는 세계 만방이 각각 알맞은 자리를 취하는 것이야말로 항구적 평화의 선결 요건이라고 본다…"라고 적혀 있으며, 이 조약이 조인됨에 따라 내려진 조칙에서도 다음과 같이 동일한 내용을 기술한다.

> 대의大義를 온 세상에 선양하고 세계를 한집안으로 만드는 것²이 황조황종³의 대훈大訓이기에 짐은 밤낮으로 이것을 마음에 두고 있다. 그러나 오늘날 세계는 엄청난 위기에 직면해 전쟁과 혼란이 끊임없이 가중되고 인류는 무수한 재난으로 고통받는다. 이에 짐은 분란이 멎고 하루빨리 평화가 회복되기를 간절히 바라노라…. 짐은 이에 삼국 간의 조약이 성립된 것을 매우 흡족히 여기는 바다. 각국이 각자에게 알맞은 자리를 찾아내는 것, 그리하여 만민이 안전하고 평화롭게 살도록 하는 것이야말로 가장 위대한 과업이라 아니할 수 없다. 이런 과업은 역사상 미증유의 것인데, 그 목적을 이루기 위한 길은 아직 요원하기만 하도다….⁴

한편 진주만을 공격한 바로 당일에 일본 사절이 미국무장관 코넬 헐 Cordell Hull에게 전달한 성명서에서도 아래와 같이 이와 동일한 내용을 매우 명확하게 기술한다.

> 모든 국가가 세계에서 각자 알맞은 자리를 취하도록 하려는 일본 정부의 정책에는 조금도 변함이 없다…. 일본 정부는 현 사태의 영구화를 참을 수 없다. 그것은 각국이 세계에서 각자 알맞은 자리를 지키도록 한다는 일본의 기본 정책에 어긋나기 때문이다.⁵

이 성명서는 며칠 전에 미국이 일본에 보낸 각서, 즉 일본에서 계층적 위계질서가 중시되는 것과 마찬가지로 미국이 기본으로 삼는 미국인의 원칙을 기술한 헐Hull 각서에 일본 측이 회답으로 보낸 것이었다. 헐 각서에서 국무장관은 각국의 주권 및 영토에 대한 불가침, 타국 내정에 대한 불간섭, 국제 간 협력과 화해에 대한 신뢰, 평등의 원칙 등 네 가지 원칙을 제시했다. 이것들은 모두 침해할 수 없는 평등한 권리에 대한 미국인의 신념을 구성하는 요체로서, 미국인들이 국제 관계뿐만 아니라 일상생활 또한 그것에 바탕을 두어야 한다고 믿는 원칙에 해당된다. 그 가운데 평등의 원칙은 더 나은 세계를 향한 희망에 있어 가장 숭고하고 가장 도덕적인 미국적 기초라 할 수 있다. 우리에게 그것은 모든 압제와 간섭과 원치 않는 무거운 짐으로부터의 자유를 의미한다. 그것은 또한 법 앞에서의 평등과 각자가 스스로의 처지를 개선할 수 있는 권리를 의미하기도 한다. 그리하여 평등의 원칙은 현대 세계에서 조직적으로 실천되고 있는 기본적 인권의 가장 중요한 토대를 구성한다. 우리는 설령 우리 자신이 이런 평등의 원칙을 침해하는 경우가 있다 할지라도, 그런 때조차 평등의 덕목을 지지하고 지향해야 한다는 사실을 추호도 의심하지 않는다. 때문에 우리는 정당한 분노로써 계층적 위계질서와 싸우고자 하는 것이다.[6]

이는 미국 건국 이래 늘 변함없이 유지되어 온 미국인의 태도였다. 예컨대 토머스 제퍼슨은 이런 평등 원칙을 독립선언서에 써 넣었다. 미합중국 헌법에 나오는 권리장전 또한 평등 원칙에 기초를 두고 있다. 새로 건국한 나라의 공문서에 명기된 이와 같은 공식 문구는 상당히 중요한 의의를 지닌다. 왜냐하면 그것은 이 신대륙 사람들의 일상생활 속에 형성되고 있던 생활 양식을 반영했기 때문이다. 그것은 유럽인에게는 낯선 생활 양식이었다.

젊은 프랑스인 알렉시스 드 토크빌Alexis de Tocqueville이 1830년대 초기에 미국을 방문한 후 평등 문제에 대해 쓴 책[7]이 있는데, 이는 당시 미국 사정을 국제적으로 알린 주요 문헌 가운데 하나라 할 수 있다. 총명하고 감수성이 풍부한 관찰자였던 토크빌은 신세계 미국이 지닌 많은 뛰어난 점을 알아차릴 수 있었다. 참으로 미국은 별천지였다. 청년 토크빌은 처음에는 프랑스 혁명에, 다음에는 나폴레옹의 새롭고 철저한 법률에 놀라고 동요되었던 프랑스 귀족 사회가 배양해낸 인물이었다. 저 프랑스 귀족 사회가 겪어야만 했던 격동의 시대는 토크빌과 동시대에 아직도 활동하던 유력자들의 기억에 그대로 남아 있었다. 어쨌거나 그는 미국의 낯설고 새로운 생활질서를 관대하게 평가해주었다. 하지만 그것은 어디까지나 프랑스 귀족의 안목에 의한 평가였다. 그러니까 그의 저서는 장래에 일어날 일들을 구세계 유럽에 알리고자 했던 보고서였다. 그의 신념에 따르면, 미국은 유럽에서도 조만간 이루어질(물론 차이는 있지만) 발전의 전초지였다.

그리하여 그는 미국이라는 신천지를 상세히 보고했다. 그의 눈에 미국 사람들은 실로 서로에게 모두가 평등한 인간으로 비쳤다. 그들의 사회적 교제는 완전히 새롭고 마음 편한 인간관계의 방식이었다. 그들은 서로를 인간 대 인간으로 대하면서 대화를 나누었다. 그들은 계층적 위계질서에 따른 예의범절에는 거의 신경도 쓰지 않는다. 그들은 그런 예절을 타인에게 요구하지 않으며, 또한 스스로도 타인에게 그런 예절을 갖추지 않는다. 그들은 누구에게도 은덕을 입은 적이 없다고 말하기를 좋아한다. 거기에는 낡은 귀족제적 혹은 로마적인 의미에서의 가정이란 것은 없다. 다시 말해 미국에서는 구세계를 지배해 온 사회적 계층질서의 자취를 찾아볼 수 없다. 토크빌은, 이와 같은 미국인들은 무엇보다도 평등의 원칙을 굳게 믿는다고 말한다. 그 밖의 다른 것은 어떤 것도 믿지 않는다. 그들은 실제로 잠시 방심한 사이에 자유를 놓치는 경우도 종종 있다. 하지만 평등만은 온 몸을 던져 실현하고자 한다는 것이다.[8]

한 세기 훨씬 이전의 미국적 생활 양식을 기술한 이 외국인의 눈을 통해 조상의 모습을 들여다보는 일은·우리 미국인을 크게 고무시켜준다. 그 후 미국에는 많은 변화가 있었지만, 주된 기조는 조금도 변하지 않았다. 우리는 토크빌의 이 저서를 읽으면서 1830년대의 미국이 이미 오늘날 우리가 아는 그대로의 미국이었다는 점을 깨닫게 된다. 물론 미국에도 제퍼슨 시대의 알렉산더 해밀턴Alexander Hamilton처럼 가장 귀족주의적인 사회질서를 지지한 사람들이 있었고, 지금도 그런 사람들이 있다. 그러나 저 해밀턴과 같은 생각을 가진 사람들이라 하더라도 이 나라에서 우리의 생활 양식이 결코 귀족주의적이지 않다는 사실만큼은 부정하지 않는다.

그러니까 우리가 진주만 사건 직전에 일본에 대해 미국의 태평양 정책에서 기초가 되는 고귀한 도덕적 원칙을 밝힌 것은 두말할 나위 없이 미국인들이 가장 신뢰하는 원칙을 표현한 것이라 할 수 있다. 우리는 이런 원칙에 입각해 우리가 지향하는 방향으로 계속 밀고 나간다면 아직 불완전한 이 세계를 점차 개선할 수 있으리라 확신했다. 마찬가지로 일본이 "각자 알맞은 자리를 취한다"는 그들의 신념을 내세웠을 때, 그 또한 일본인의 사회적 체험에 따라 그들 속에 깊이 뿌리내린 생활 원리에 입각한 것이었으리라. 계층적 위계질서에 내포된 불평등이 몇 세기 동안 그들의 조직화된 생활 규칙으로 자리매김됨에 따라, 그것은 이제 누구나 그러리라고 예상할 수 있고 또한 가장 널리 받아들여지는 원리가 되고 말았다. 그리하여 계층적 위계질서에 입각한 행동은 그들에게 숨 쉬는 일과 마찬가지로 지극히 자연스러운 것이 되어 있다.

그러나 일본인의 이와 같은 행동 양식을 우리 식대로 단순한 권위주의라고 이해해서는 안 된다. 일본에서는 지배권을 행사하는 자든 타인의 지배를 받는 자든 우리와는 다른 전통에 따라 행동한다. 오늘날 일본인이 미국의 권위에 높은 계층적 위치를 승인하게 된 만큼, 우리는 더더욱 그들의 관습에 될 수 있는 대로 가장 명료한 개념을 가질 필요가 있다. 그래야만 우리는 현재와 같은 상황에서 그들에게서 예상되는 행동 양식을 우리 머릿속에 명확히 그려낼 수 있을 것이기 때문이다.

　일본은 근래 눈에 띄게 서구화되었음에도 여전히 귀족주의적인 사회다. 예컨대 일본에서는 사람들과 인사를 나누거나 대면할 때 반드시 상호 간 사회적 차이의 종류와 정도를 암시하지 않으면 안 된다. 또한 일본인은 남에게 "이트Eat(먹어라)"라든가 "싯 다운Sit down(앉아라)"이라고 말할 때, 상대방이 자기와 친한 사람인가 손아랫사람인가 윗사람인가에 따라 각기 다른 표현을 사용한다. 같은 "유you(당신)"라도 경우에 따라 다르게 쓰며, 같은 의미의 동사가 여러 종류의 다른 어간을 가진다. 요컨대 일본에서는 다른 많은 태평양 민족과 마찬가지로 이른바 '경어'라는 것을 쓴다.

　이러한 경어에는 통상 여기에 어울리는 인사 예법이 수반된다. 허리를 굽혀 절을 한다든지 무릎을 꿇고 앉는다든지 하는 동작이 그것이다. 그와 같은 동작은 모두 세밀한 규칙과 관례에 따라 행해진다. 이때 누구에게 허리를 굽혀야 하는가를 아는 것만으로는 충분치 않다. 또한 어느 정도로 허리를 굽혀 절을 해야 하는가도 알아야 한다. 똑같은 절이라도 어떤 사람에게는 올바르고 적절한 절이 되지만, 상대방과의 관계에 따라 어떤 사람에게는 모욕으로 받아들여져 노여움을 살 수도 있기 때문이다. 그러니까 일본인이 절하는 방식에는 무릎 꿇고 앉아서 마룻바닥에 편 손까지 이마를 나직이 수그리는 가장 정중한 절에서부터 머리와 어깨를 약간만 수그리는 간단한 절까지 여러 종류가 있다. 따라서 사람들은 어려서부터 어떤 절이 각각의 경우에 적합한지를 배워야만 한다.

　요컨대 일본에서 계층적 차이는 매우 중요한 의미를 가진다. 하지만 어떤 것이 적절한 행동인지를 끊임없이 의식하고 염두에 두어야만 할 것은 비단 이런 계층적 차이만이 아니다. 성별이나 연령 혹은 두 사람 사이의 가족적 유대 관계라든가 종래의 교제 관계 등도 모두 반드시 고려되어야 할 사항이기 때문이다. 같은 두 사람 사이에도 처한 상황이 바뀌면 거기에 알맞은 존경의 표시가 요청된다. 가령 민간인이었을 때는 서로 친숙한 사이여서 따로 절을 안 해도 좋았지만, 그들 중 한쪽이 군복을 입게 되면 평복을 입은 친구가 경례를 한다. 계층적 위계질서의 준수는 수많은 요인들 사이의 균형 유지를 필요로 하는 일종의 기술이라 할 수 있다. 그리하여 특정 상황에 따라 그 요인 가운데 어떤 것은 서로 마이너스로 작용해 상쇄되기도 하고 또 어떤 것은 서로 플러스로 작용해 상승효과를 낳기도 한다.[9]

물론 서로 간에 그다지 형식적인 예의가 필요하지 않은 사람들도 있다. 미국의 경우, 집안사람들끼리는 그렇게 한다. 우리는 집에 들어서는 순간부터 형식적인 예의는 일체 신경 쓰지 않는다. 반면에 일본에서는 가정이야말로 예의범절을 배운다든지 세심한 주의력으로 그 예의범절을 실천하는 곳이다. 어머니는 아이를 업고 다닐 때부터 손으로 아이 머리를 눌러 고개 숙여 절하는 법을 가르친다. 그러다가 그 아이가 아장아장 걷게 되면, 처음으로 아버지나 형에게 존경을 표하는 방법을 알려준다. 아내는 남편에게, 자식은 아버지에게, 동생은 형에게, 여자아이는 나이 차에 관계없이 남자 형제 모두에게 머리를 숙인다. 그것은 결코 의미 없는 몸짓이 아니다. 그것은 머리를 숙여 절하는 사람이 실은 자기 뜻대로 처리하고 싶어 하는 어떤 일에 대해 상대방 마음대로 행동할 권리를 승인한다는 뜻의 몸짓이다. 한편 절을 받는 사람은 자신의 지위에 대해 당연히 주어지는 어떤 책임을 받아들인다는 것을 의미한다. 일본에서는 성별이나 세대 차 혹은 장자 상속권에 입각한 계층적 위계질서가 가정생활의 근간을 이룬다.

말할 것도 없이 효도는 일본이 중국과 공유하는 숭고한 도덕률이다. 효도에 관한 중국인의 가르침은 일찍이 6세기에서 7세기경에 중국 불교와 유교의 도덕률 및 여타 세속적인 중국 문화와 함께 일본에 전래되었다. 그러나 일본에 도입된 효도의 관념은 불가피하게 중국과는 다른 일본의 가족구조에 맞도록 변조되었다.

예컨대 중국에서는 오늘날에도 누구나 자기가 속한 광대한 씨족에 충성을 바치지 않으면 안 된다. 그 씨족은 몇만 명으로 이루어진 경우도 있으며, 구성원 전체에 지배력을 행사할 뿐만 아니라 또한 그들에게 폭넓은 지지를 받는다. 중국은 땅덩어리가 크기 때문에 지방에 따라 사정이 다르기는 하지만 대부분의 지역에서는 마을 주민들이 모두 같은 씨족의 구성원인 경우가 많다. 중국 인구는 총 4억5천만 명 이상이나 되지만 성씨는 겨우 470개 정도다. 하지만 같은 성을 가진 사람들은 모두 같은 씨족 가문에 속한 동포라고 생각한다. 어떤 지역 전체의 주민들이 모두 같은 씨족에 속한 경우도 있으며, 또 그곳에서 멀리 떨어진 도시에 사는 사람들까지도 그들과 같은 씨족인 경우가 많다.

광둥성과 같은 인구 밀집 지역에서는 씨족의 모든 구성원이 결속해 번듯한 씨족 회관을 경영하면서, 특정한 날마다 거기 모여 같은 조상에게서 유래한 천여 명 이상이나 되는 고인들의 위패에 제사 지낸다. 각 씨족은 재산과 토지와 사원을 소유하며, 전도 유망한 자녀들을 위해 장학 기금을 운영하기도 한다. 이와 같은 씨족회는 흩어져 사는 씨족 구성원들의 소식에 늘 세심한 촉각을 세우며, 약 10년에 한 번씩 갱신하는 정교한 족보를 발행함으로써 씨족의 특권을 누리기에 합당한 사람들의 명단을 밝힌다. 각 씨족에는 조상 대대로 전해 내려오는 가헌家憲(가문의 법규)이 있는데, 범죄를 저지른 구성원이 있을 때 그 가헌에 입각해 해당 구성원을 관청에 넘겨주지 않는 경우도 있었다. 말하자면 이런 광대한 씨족 공동체는 반半자치적인 자율성을 누리던 셈이다. 제정시대 중국에서는 중앙에서 파견된 지방장관이 이런 씨족 공동체를 통치했다. 그런데 이때의 지방장관은 해당 지역에서 보면 외지인에 불과하고 게다가 자주 교차되는 까닭에 매사에 대충대충 적당히 넘어가기 일쑤였다. 그런 태만하고 무능한 지방 관청이 해당 지역의 거대한 씨족 공동체를 국가 전체의 이름으로 통치한 경우는 매우 드물었다.

그러나 일본은 전혀 사정이 다르다. 일본에서는 19세기 중엽까지만 해도 성씨는 귀족과 사무라이 가문에만 허용되었다. 본래 성씨라는 것은 중국 가족제도의 근간을 이루는 것으로서, 만일 그런 성씨나 혹은 그것에 상당하는 것이 없다면 씨족 조직은 발달될 수 없다. 그런데 어떤 종족의 경우에는 가계도를 기록하는 것이 성씨에 상당하는 역할을 담당하기도 한다. 하지만 일본에서 이런 가계도는 상층 계급만이 가지고 있었다. 또한 그것은 미국 애국부인회[10]의 경우와 마찬가지로 현재 살아 있는 사람에게서 거꾸로 소급해 기록한 것이었다. 다시 말해 그것은 옛날부터 순서대로 시대를 따라 내려오면서 같은 시조에서 유래한 각 세대의 모든 동시대인을 빠짐없이 망라한 가계도는 아니었다. 이런 두 종류의 가계도 작성 방법은 매우 달랐다. 게다가 과거 일본은 봉건적 국가였고, 따라서 일반 서민들이 충성을 바치는 대상은 같은 씨족 집단에 속한 친척이 아니라 봉건영주였다. 그 영주는 해당 지역에 거주하면서 토지를 지배한 주권자였다는 점에서, 외지인으로 해당 지역에 부임한 일시적이고 관료적인 중국 관리와는 근본적으로 큰 차이가 있었다. 그러니까 봉건시대 일본에서는 어떤 사람이 예컨대 사츠마[11] 영지에 속하는지 아니면 히젠[12] 영지에 속하는지가 중요한 문제였다. 그의 고삐를 틀어쥐고 있었던 것은 바로 영지였다.

신사神社나 기타 성소聖所에서 먼 선조라든가 씨족의 수호신들을 숭배하는 행위 또한 해당 씨족의 조직화를 초래하는 중요한 요인 가운데 하나였다. 이와 같은 조상신 숭배는 가계도라든가 성씨를 갖지 못한 '일반 서민들'도 누구나 행할 수 있는 것이었다. 그러나 일본에는 먼 선조를 숭배하는 조직화된 제의가 없다. '일반 서민들'이 신을 모시는 신사에는 마을 사람들이 모두 모이지만, 거기서 그들이 동일한 선조를 모신다는 것을 증명할 필요는 없다. 그들은 신사에서 모시는 제신祭神의 '자녀'[13]라고 불리지만, 그렇게 불리는 까닭은 그저 그들이 제신의 영역 내에 거주하기 때문이다. 이처럼 같은 씨족신을 제사 지내는 일본의 촌민들은 세계 도처의 촌민들이 그렇듯이 몇 세대에 걸쳐 같은 땅에 정주하면서 서로 인연을 맺어 왔다. 하지만 이들은 동일한 선조의 피를 이어받은 긴밀한 씨족 집단은 아니다.[14]

조상에 대한 일본인의 숭경은 집안 거실에 마련된 매우 특이한 제단[15]에서 행해지는데, 그 제단에는 비교적 최근에 죽은 조상 6, 7명 정도만을 모신다. 일본에서는 모든 계층의 사람이 매일 이 제단 앞에서 아직도 기억에 남아 있는 부모나 조부모 및 가까운 친척에게 예배하고 음식을 바친다. 이런 예배의 대상은 제단에 안치된 작은 비석 모양의 위패로 표상된다. 또한 묘지의 경우, 증조부모의 묘비는 글씨가 퇴색해서 알아보기 힘들 정도며, 심지어 삼대 전의 조상 묘조차 누구 것인지 모를 정도로 금방 잊히고 만다. 그러니까 일본에서 조상과의 유대 관계는 서양과 거의 차이가 없을 정도로 근친 관계에 한정되어 있다. 서양에서는 아마도 프랑스의 가족 관계가 일본과 가장 흡사할 것이다.

따라서 일본에서의 '효도'는 직접 얼굴을 마주치는 가족 간으로 한정되어 있다. 이는 아버지와 할아버지 및 형제와 직계비속까지만 포함하는 집단 내에서 세대와 성별 및 연령에 따라 각자 알맞은 자리를 차지해야 한다는 것을 의미한다. 심지어 광범위한 집단으로 구성된 명문가에서조차 여러 상이한 계통의 가족으로 나뉘어 있고 차남 이하의 남자들은 분가를 하게 된다. 이처럼 일본의 가족은 직접 얼굴을 맞대는 좁은 집단 내부에 있어 '알맞은 자리'를 취하도록 매우 엄밀한 규칙에 의해 규정된다.

예컨대 연장자가 공식적인 은퇴, 즉 은거[16]하기 전까지는 그 연장자의 명령이 엄중히 지켜지지 않으면 안 된다. 지금도 일본에서는 이미 성장한 아들이 몇 명 있는 아버지라 할지라도 그의 부친인 할아버지가 아직 은퇴하기 전이라면, 모든 일을 결정할 때 일일이 할아버지의 승인을 얻어야만 한다. 또한 아들이 서른 살, 마흔 살이 되어도 부모가 아들의 결혼 문제를 좌지우지할 수 있다. 식사 때는 일가의 가장인 아버지에게 제일 먼저 밥상을 가져다주며, 목욕할 때도 아버지가 제일 먼저 들어간다.[17] 가족들은 가장에게 큰절을 해야 하고 가장은 고개를 끄덕이는 것으로 그 인사를 받는다. 일본에 널리 알려진 수수께끼가 있는데 그것을 우리 식으로 번역하면 이렇다. "부모에게 자기 의견을 말하고 싶어 하는 자식은 머리를 기르고 싶어 하는 승려와 같다. 왜 그럴까?" "아무리 하고 싶어도 할 수 없기 때문"이라는 것이 이 수수께끼에 대한 답이다.

가정 내에서의 '알맞은 자리'는 세대 차뿐만 아니라 나이 차에도 적용된다. 일본인은 극심한 혼란 상태를 표현할 때 '난형난제'[18]라고 말한다. 이는 우리 미국인들이 말하는 "고기도 아니고 새도 아니다neither fish nor fowl"라는 표현과 비슷하다. 일본인의 사고방식으로는, 물고기가 물 속에 있어야 하는 것처럼 장남에겐 언제나 장남으로서의 자리가 지켜져야 한다. 장남은 상속자인데, 일본을 방문한 여행자들은 종종 '일본의 장남들이 매우 일찍부터 몸에 익히는 책임감 있는 언행'을 언급한다. 다시 말해 일본에서 장남은 아버지가 누리는 특권을 상당 부분 공유한다. 이전만 해도 동생들은 이런 장남에게 의존하지 않을 수 없었다. 그러나 지금은 사정이 달라졌다. 특히 시골이나 소도시의 경우에 장남은 틀에 박힌 낡은 관습에 얽매인 채 집을 지킨다. 이에 비해 동생들은 더 넓은 세상으로 나아가 교육도 많이 받고 수입도 장남보다 좋은 경우가 허다하다. 하지만 그럼에도 예부터 이어져 내려온 계층적 위계질서는 여전히 강력하게 남아 있다.

오늘날 일본의 정치 평론을 보더라도 그렇다. 가령 대동아 정책을 논한 어떤 평론을 보면 전통적인 형의 특권이 여실히 드러난다. 1942년 봄에 한 중령은 육군성의 대변자로서 공영권[19]에 관해 다음과 같이 말했다. "일본은 그들의 형이며 그들은 일본의 아우다. 이 사실을 점령 지역 주민들에게 철저히 인식시키지 않으면 안 된다. 이때 주민들에게 지나친 배려를 표시하면 그들에게 일본의 친절에 편승하려는 마음을 불러일으킴으로써 일본의 통치에 해로운 영향을 끼칠 우려가 있다." 그러니까 일본은 형으로서 무엇이 아우를 위한 일인지를 잘 가려야 하고, 그 일을 관철하고자 할 때 '너무 지나친 배려'를 보여주어서는 안 된다는 말이다.

한편 계층적 위계질서 안에서 어떤 사람이 차지하는 위치는 나이에 상관없이 그가 남자인가 여자인가에 따라 달라진다. 가령 일본의 부인은 남편의 뒤를 따라 걸어야 하며 사회적 지위도 남편보다 낮다. 물론 양장을 했을 경우 남편과 나란히 걷는다든지 혹은 대문을 나설 때 남편보다 먼저 앞서 나가는 부인이 없는 것은 아니다. 하지만 그런 부인이라 할지라도 일단 기모노로 갈아입으면 남편의 뒤를 따르는 것이 통례다. 또한 집안에서 딸들은 선물이라든가 여러 가지 보살핌과 관심 혹은 교육비 등이 모두 남자 형제들에게 돌아가더라도 최대한 꾹 참고 지내야만 한다. 젊은 여성들의 고등 교육을 위한 여학교가 세워졌을 때도 그 교육 과정은 대부분 여자로서 갖추어야 할 예의범절과 몸가짐에 관한 수업들뿐이었다. 여성들에 대한 본격적인 지적 교육은 도저히 남성들의 발밑에도 미치지 못했다. 어떤 여학교의 교장이 상류 계급 출신 여학생들에게 어느 정도 유럽어를 가르치는 것이 좋겠다고 주장한 적이 있다. 그런데 이때 제시된 이유는 그래야만 여학생들이 결혼해 남편의 장서에 쌓인 먼지를 털어낸 다음 책의 위아래가 바뀌지 않도록 다시 제자리에 끼워 넣을 수 있지 않겠느냐 하는 것이었다.

그럼에도 일본 여성들은 대부분의 다른 아시아 나라들에 비하면 상당한 자유를 누리고 있다. 그 자유는 단순히 서구화의 한 국면이 아니다. 중국 상류 계급에서처럼 여자에게 전족을 행하는 풍습이 일본에는 전혀 없었다. 또한 오늘날 인도 여성들은 일본 여성들이 가게를 출입한다든지 거리를 돌아다니면서도 베일 같은 것으로 몸을 감추지 않는 것을 보고 놀란 표정을 짓는다. 일본에서는 부인이 살림을 살고 장을 보며 그 가정의 경제권을 쥔다. 돈이 떨어지면 집안 물건 가운데 적당한 것을 골라 전당포에 맡기는 일 또한 부인의 임무다. 부인은 하인들을 지휘하며 자녀의 결혼 문제에 큰 발언권이 있다. 그리고 며느리를 얻어 시어머니가 되면, 전반생 동안 굽실대기만 하던 가련한 제비꽃이었다고는 도저히 상상할 수 없을 만큼 단호한 태도로 집안의 모든 일을 관장한다.

이와 같이 일본에서는 세대와 성별 및 연령에 따른 특권이 매우 크다. 그러나 그 특권을 행사하는 사람들은 제멋대로 구는 독재자로서가 아니라 중대한 책무를 위탁받은 자로서 행동한다. 아버지나 형은 현재 같이 사는 가족이든 이미 죽은 가족이든 앞으로 태어날 가족이든 모든 가족에 대한 책임을 진다. 그는 중요한 일을 결정해야 하며, 그 결정을 반드시 수행해야만 한다. 하지만 그에게 절대적인 권위가 있는 것은 아니다. 그는 집안의 명예를 위해 책임 있게 행동할 것이 기대되기 때문이다. 이와 더불어 그는 자식이나 아우에게 집안이 물려받은 정신적·물질적 유산을 상기시키면서 분수에 맞는 훌륭한 인간이 되라고 훈계하기도 한다. 심지어 농부 같은 낮은 신분일지라도 그는 자식이나 아우에게 집안의 조상에 대한 '노블레스 오블리주'[20]를 환기시킨다. 그가 속한 계층이 상류 계급일수록 거기에 비례해 가문에 대한 책임도 더욱 가중된다. 가문의 요구가 개인의 요구보다 먼저라는 말이다.

가문의 지체가 높고 낮음에 상관없이 모든 가장은 중대한 일이 있을 때마다 친족회의를 소집해 그 문제를 토의한다. 가령 가족의 약혼 문제가 있다고 하자. 그러면 멀리 떨어진 지방에 사는 친족까지도 친족회의에 참석하러 부랴부랴 올라온다. 친족회의에서는 결론에 도달하는 과정에서 아무리 하찮은 의견이라도 모두 수렴한다. 이때 아우나 아내의 의견이 결정적이 될 수도 있다. 가장이 가족의 의견을 무시한 채 제멋대로 행동하면 매우 곤란한 지경에 빠진다. 그런데 어떤 결정이 거기에 운명이 걸린 당사자의 마음에 맞지 않는 경우도 있을 수 있다. 그럴 때 연장자들은 과거에 자신들도 언제나 친족회의의 결정에 승복해왔다는 점을 들어 손아랫사람들에게 결정에 따를 것을 강요한다. 이런 요구의 배후에 깔린 강제력은 가령 프로이센에서 관습적으로든 법률적으로든 처자에 대한 아버지의 절대적 권리를 인정하는 것과는 매우 다르다. 그렇다고 해서 일본의 경우가 강제력이 더 적다는 뜻은 아니다. 다만 효과가 다르다는 말이다. 일본인은 가정생활에서 전제적인 권위를 존중하도록 배우지는 않기 때문이다. 또한 쉽사리 권위에 굴복하도록 배우지도 않는다. 하지만 어떤 최고의 가치를 명분 삼아 아무리 부당하다 할지라도 가족의 뜻에 무조건 따를 것이 요구될 때도 있다. 이때의 최고 가치란 거기에 가족 모두의 운명이나 이해 관계가 걸린 그런 가치를 말한다. 즉 가족에 대한 공동의 충성이 그것이다.

일본인은 누구나 먼저 가정에서 계층적 위계질서의 관습을 익힌 다음 그것을 경제생활이나 정치생활 등의 더 넓은 영역에 적용한다. 해당 집단 내에서 실제적인 지배력을 가진 인물이든 아니든, 일본인은 자기보다 상위의 '알맞은 자리'에 있는 인물에게는 거기에 합당한 경의를 표하도록 배운다. 심지어 부인에게 꼼짝 못하는 남편이라든가 아우에게 휘둘리는 형일지라도 표면상으로는 경의의 표시를 받는다. 특권과 특권 사이의 표면적인 경계선을 누군가 다른 사람이 보이지 않는 곳에서 조종한다 하더라도, 그로 인해 경계선 자체가 파기되는 일은 없다. 실제 지배 관계와 일치

시키기 위해 굳이 표면적인 것을 변경하거나 수정하지는 않는다는 말이다. 겉으로 나타난 표면상의 공식적인 것은 어떤 경우에도 결코 침해받지 않는다.²¹ 때로는 표면상의 공식적인 신분에 구속받지 않은 채 실질적인 힘을 행사하는 자가 전략상 오히려 유리할 때도 있다. 그는 주위의 비난이나 공격에서 자유로울 수 있기 때문이다.

일본인이 가정생활의 체험을 통해 배우는 것이 또 하나 있다. 즉 어떤 결정을 내릴 때 그 결정이 가문의 명예를 지키기 위한 것이라는 가족 전원의 확신이야말로 가장 중요하다고 배운다. 그러니까 그 결정은 폭군 같은 가장이 멋대로 휘두르는 완력에 의해 강요된 명령이 아니다. 오히려 일본의 가장은 물질적·정신적 자산의 관리를 위탁받은 자에 가깝다. 그 자산은 가족 모두에게 중요한 것이며, 따라서 가족 개개인의 생각보다는 그 자산의 필요성이 먼저다. 일본인은 기본적으로 완력 사용을 배척한다. 그들은 가족의 요구를 무작정 묵살하지 않으며, 또한 적절한 위치에 있는 사람에게는 그에 상당하는 경의를 표한다. 가정에서의 계층적 위계질서는 굳이 가족 가운데 연장자가 독재자처럼 완력을 휘두르지 않더라도 훌륭히 유지된다.

이상에서 일본 가정에서의 계층적 위계질서에 대해 꾸밈없이 기술해 보았다. 그러나 이런 기술만으로는 대인 관계에서 상이한 행동 기준을 가진 미국인들이, 일본의 가정에 정당성을 인정받은 강력한 정서적 유대가 용인되어 있다는 사실을 올바르게 평가하기가 쉽지 않을 것이다. 일본 가정에는 매우 주목할 만한 연대감이 있다. 일본인이 어떻게 이런 연대감을 이루는가 하는 문제는 이 책의 주요 테마 가운데 하나다. 물론 정치라든가 경제생활 같은 넓은 영역에서의 계층적 위계질서를 이해하기 위해서도 그 위계질서의 관념과 습관이 가정 안에서 어떤 식으로 철저하게 습득되는가를 알 필요가 있다.

일본인의 생활에서 위계적 질서체계는 가정의 경우와 마찬가지로 계층 간의 관계에서도 철저히 통용되어왔다. 즉 일본은 전체 역사를 통틀어 현저한 계급적 카스트 사회였다. 이처럼 몇 세기에 걸친 카스트적 사회 관습을 가진 국민에겐 장단점이 모두 있는데, 그 양 측면이 다 매우 중요하다. 일본에서는 카스트가 전체 역사를 일관하는 생활 원리였다.[22] 이미 7세기에 일본은 카스트 제도가 없던 중국에서 차용한 생활 양식을 일본 고유의 계층적 문화에 적용했다. 7세기에서 8세기에 걸쳐 일본의 천황과 조정은 당시 일본 사절들의 눈을 놀라게 한 대국 중국의 고도로 발달된 문명 관습을 본받아 일본을 풍요롭게 하는 사업에 착수했다. 그들은 그 사업에 더할 나위 없는 열정을 쏟아부었다.

그 무렵 일본에는 문자조차 없었다. 7세기에 이르러서야 일본은 중국의 표의문자를 채용했고 그것을 이용해 전혀 성질이 다른 문자[23]를 만들었다. 종래 일본에는 산이나 마을에 거하면서 사람들에게 행운을 가져다준다고 여겨진 이른바 4만여 신들[24]의 이름을 내건 종교가 있었다. 이 민간 종교는 그 후 많은 변천을 거치면서 오늘날과 같은 신도가 되었다. 7세기에 일본은 '탁월한 호국 종교'[25]로서의 불교를 중국에서 받아들여[26] 전격적으로 채용했다. 또한 당시 일본에는 공사를 불문하고 항구적인 건축물이 없었다. 그래서 천황은 중국의 수도[27]를 모방해 새롭게 '나라奈良'라는 도시를 건설했다. 또 국내 곳곳에 중국을 본떠 장엄한 불교 가람과 거대한 승원을 세웠다. 뿐만 아니라 천황은 일본 사절들이 중국에서 배워온 관직위계 제도와 법령을 채택하기도 했다. 아마도 주권국가에 의한 계획적인 문명 수입이 일본만큼 훌륭하게 수행된 사례는 세계사에서 다시 찾아보기 어려울 것이다.

하지만 일본은 애초부터 카스트 제도가 없는 중국의 사회 조직을 그대로 재현할 수는 없었다. 가령 중국의 경우 국가시험에 급제한 행정관에게 관직이 주어졌으나 일본에서는 세습적 귀족이나 봉건영주에게 관직이 부여되었고, 그런 세습제가 일본 카스트 조직의 일부를 구성하게 되었다. 종래 일본은 끊임없이 세력다툼을 벌인 영주들에게 지배받는 절반만 독립적인 여러 개의 영지[28]로 나뉘어 있었다. 그리고 중요한 사회 조직들은 영주 및 그 휘하의 가신家臣이나 게라이[29]에게 부여된 특권과 밀접한 연관성을 가지고 있었다. 때문에 일본은 중국 문명을 적극적으로 수입하기는 했지만, 일본적인 계층적 위계질서를 제쳐놓은 채 그것을 대신해 중국의 관료적 행정제도라든가 또는 그야말로 다양한 계층의 사람들을 하나의 거대 씨족 아래 통합해버리는 중국적 생활 양식을 채용할 수는 없었다.

뿐만 아니라 일본은 중국의 세속적인 황제 사상도 받아들이지 않았다. 황실을 의미하는 일본어 명칭은 '구름 위에 사는 사람들'이며, 그 황족들만 천황이 될 수 있었다. 게다가 중국에서는 빈번히 왕조가 교체되었지만, 일본에서는 한 번도 그런 일이 없었다. 천황은 불가침적인 존재며 그의 몸은 신성시되었기 때문이다. 따라서 중국 문화를 도입한 일본의 천황과 조정은 이 점과 관련해 중국의 사회 조직이 어떤 것이었는가를 상상조차 할 수 없었을 것이고 또한 그것이 어떤 변화를 초래했는지도 일절 몰랐음에 틀림없다.

그리하여 중국에서 신문화를 수입했으면서도 그 새로운 일본 문명은 기껏해야 세습적인 영주와 가신들 사이에서 몇 세기에 걸쳐 패권 쟁탈전이 일어날 수 있는 여지를 만들어놓았을 뿐이다. 8세기 말경까지는 후지와라[30]라는 귀족 가문이 지배권을 장악해 천황까지도 그들의 세력 하에 두었다. 시간이 흐르자 봉건영주들이 후지와라 가문의 지배를 거부하면서 내란이 일어나게 되었다. 그 봉건영주들 가운데 미나모토노 요리토모[31]라는 유명한 인물이 있는데, 이윽고 그는 다른 봉건영주들을 정복한 후 예부터 군사적 칭호였던 쇼군이라는 이름 하에 일본의 실질적인 지배자가 되었다. 이 쇼군이라는 관명은 약칭이며, 완전한 명칭은 '세이이다이쇼군征夷大將軍'으로 '오랑캐를 정벌하는 대장군'을 뜻한다. 요리토모는 그의 자손들이 봉건영주들을 제압할 만한 실력이 있는 동안 이 관직을 미나모토 가문이 세습하도록 했다. 전술했듯이, 일본에서는 이런 세습이 흔한 일이었다.

어쨌거나 이에 따라 천황은 무력한 존재가 되었다. 즉 천황의 역할은 단지 쇼군을 의례적으로 임명하는 데 국한되어 있을 뿐이었고, 어떠한 정치적 권력도 갖지 못했다. 실제적인 권력은 명령에 복종하지 않는 영주에게 무력으로 지배권을 확보하려 했던 막부[32]가 장악했다. 한편 '다이묘'[33]라 불리던 봉건영주들은 각각 무장한 가신인 '사무라이'들을 거느리고 있었다. 이 사무라이들은 주군의 명령에 따라 칼을 휘둘렀다. 난세의 사무라이들은 항상 경쟁 상대인 영주뿐만 아니라 심지어 지배자인 쇼군의 '알맞은 자리'에 대해서도 불만을 품고 맞서 싸울 준비가 되어 있었다.

16세기 일본에서는 마치 풍토병처럼 내란이 번져나갔다. 이윽고 몇십 년간의 동란 끝에 1603년 위대한 무장 이에야스[34]가 모든 경쟁자를 제압하고 도쿠가와德川 가문의 초대 쇼군이 되었다. 그 후 쇼군의 지위는 2세기 반에 걸쳐 이에야스의 혈통에게 세습되다가, 1868년 천황과 쇼군이라는 '이중 통치'[35]가 폐지되고 근대의 막이 올랐을 때 비로소 종말을 고했다. 이처럼 장년에 걸친 도쿠가와 시대는 여러 측면에서 역사상 가장 주목받을 만한 시대 가운데 하나다. 도쿠가와 시대는 마지막 시기까지 일본에 무장 평화를 유지시키면서 도쿠가와 가문의 목적에 딱 들어맞는 중앙집권제를 실시했다.

도쿠가와 시대를 개창함에 있어 이에야스는 매우 어려운 문제에 직면했지만 결코 안이한 해결의 길을 택하지 않았다. 가장 강력한 번의 몇몇 영주들이 내란 중에 그에게 맞섰지만 결국 최후 결전에서 패배한 후에 머리를 숙였다. 이때 정복당한 영주들은 이른바 '도자마 다이묘'[36]라 불렸다.

이에야스는 이 도자마 다이묘들이 종래대로 그들의 영지 및 가신들을 지배하도록 허용했다. 사실 일본 역사상 모든 봉건영주 중에서도, 이들 도자마 다이묘는 그의 영지 내에서 최대의 자치권을 누릴 수 있었다. 하지만 이에야스는 그들에게 자신의 가신이 되는 영예를 주지도 않았고 또한 중요한 직무는 일체 부여하지 않았다. 요직은 '후다이 다이묘'[37]라 하여 내란 때 이에야스 편에 섰던 영주들에게만 부여했다. 이와 같이 간단치 않은 정치체제를 유지하려고 도쿠가와 막부는 봉건영주(다이묘)들이 힘을 축적하지 못하게 하는 한편, 쇼군 지배를 위협할 만한 연합이나 동맹 또한 일체 봉쇄하는 정책을 폈다. 도쿠가와 막부는 단지 봉건적 체제를 현상 유지하는 데만 머물지 않았으며, 일본의 평화와 도쿠가와 가문의 지배를 굳히려고 봉건제도를 한층 더 견고하게 강화해나갔다.

일본의 봉건 사회는 복잡한 계층으로 분화되어 있었으며, 각자의 신분은 세습에 의해 정해졌다. 도쿠가와 막부는 이런 세습체계를 정착해나가면서 각 카스트의 일상 행동을 세밀히 규제했다. 예컨대 각 가정의 가장은 문 앞에 그의 계급적 지위와 세습적 신분에 관한 소정의 사실을 게시해야만 했다. 입을 수 있는 의복, 사 먹을 수 있는 음식, 거주할 수 있는 집의 종류 따위도 그 사람의 세습적 신분에 따라 규정되었다. 당시 일본에는 황실과 조정의 귀족 아래 신분 순으로 사무라이, 농민, 공인, 상인의 네 가지 카스트가 있었다.

이 사농공상士農工商[38] 계층에 끼지 못한 채 사회 바깥으로 추방당한 천민 계급도 있었다. 그런 천민 계급 가운데 가장 수가 많고 널리 알려진 것은 '에타穢多', 즉 터부시된 직업에 종사하는 사람들이었다. 청소부, 사형수를 매장하는 인부, 죽은 짐승의 가죽을 벗기는 도살업자, 가죽을 다루는 가파치 등이 그들이다. 이들은 일본의 불가촉천민untouchables, 더 정확히 말하면 '인간 축에도 못 끼는 자uncountables'라 할 수 있다. 실제로 이들

부락을 지나가는 큰길 이정표에는 해당 지역의 토지나 주민이 전혀 존재하지 않는 것으로 간주되어 아무런 정보도 표시되지 않았다. 그들은 비참할 만큼 가난했다. 터부시된 직업을 가지도록 허용되기는 했지만, 정식 사회 조직의 바깥에 방치되었다.

이와 같은 천민 계급 위에 상인 계급이 있었다. 이 점은 미국인들에게 일견 의외로 느껴질지도 모른다. 하지만 이는 봉건 사회에서는 지극히 자연스러운 현실이었다. 상인 계급이란 언제 어디서나 봉건제도의 파괴자이기 때문이다. 장사꾼들이 존경받고 번영하게 되면 봉건제도가 쇠퇴하기 마련이다. 17세기에 도쿠가와 막부가 다른 나라에서는 찾아보기 어려울 만큼 유례없는 가혹한 법률로 일본의 쇄국을 선포한 것은 바로 상인들로 하여금 설 자리가 없도록 하기 위한 것이었다. 이 무렵 일본은 중국 및 조선의 연안 일대에 걸쳐서 왕성하게 해외무역을 펼쳤고, 따라서 상인 계급이 발전하는 추세에 있었다. 이에 대해 도쿠가와 막부는 일정 한도 이상의 배를 만들어 운항하는 자에게 사형이나 극형에 상당하는 엄벌을 내림으로써 그런 추세를 막고자 했다. 당시에 허가된 작은 배로는 대양을 항해하거나 상품을 싣고 다닐 수 없었다.

도쿠가와 막부는 국내 무역 역시 각 번의 접경에 관문[39]을 설치해 상품 출입을 엄격히 통제했다. 또한 상인 계급의 사회적 지위를 낮추려는 목적으로 여러 가지 법률을 제정했다. 가령 사치를 금지하는 법령을 만들어 상인이 입는 옷, 가지고 다닐 수 있는 우산, 혼례나 장례식에 사용하는 비용 따위도 세세하게 규정했다. 그들은 사무라이와 같은 지역에 거주할 수 없었으며, 특권 계급인 사무라이의 칼에 대해 법률상 보호를 받지 못했다.[40] 상인 계급을 낮은 지위에 묶어두고자 한 이와 같은 도쿠가와 막부의 정책은 물론 화폐경제 측면에서 실패할 수밖에 없었다. 당시 일본은 아직 시험 단계이기는 했지만 화폐경제가 진행 중이었기 때문이다.

어쨌거나 도쿠가와 막부는 안정적인 봉건제도에 잘 들어맞는 두 계급, 즉 사무라이와 농민 계급을 고정된 형식으로 동결해버렸다. 이에 앞서 이에야스에 의해 종결된 내란 중에 이미 전국시대 삼인방 가운데 한 명이었던 도요토미 히데요시豊臣秀吉가 유명한 '칼사냥'[41]을 감행함으로써 이 두 계급을 완전히 분리한 바 있다. 그때 히데요시는 농민들을 무장해제하는 한편, 사무라이들에게만 칼을 찰 수 있는 고유한 권한을 부여했다. 그리하여 사무라이는 더는 농민이나 공인 혹은 상인을 겸할 수 없게 되었다. 그리고 최하위 사무라이라 할지라도 그가 더는 생산자가 될 수 없도록 법률로 금지하였다. 대신 그는 농민에게서 징수한 연공미年貢米에 의해 봉록을 수여받는 기생적 계급의 일원이 되고 말았다. 다이묘는 농민들에게서 쌀을 징수해 그의 가신인 사무라이들에게 분배했다. 이로써 사무라이는 생활 문제를 걱정할 필요가 없게 된 대신에 완전히 영주에게 의존하는 존재로 화해버렸다. 일본 역사 초기에 봉건영주와 부하 사무라이 간의 견고한 유대는 번과 번 사이의 끊임없는 전쟁 속에서 형성되었지만, 태평한 도쿠가와 시대에 들어와 그 유대는 경제적인 성격을 띠게 되었다. 말하자면 도쿠가와 시대의 사무라이는 중세 유럽의 기사들처럼 자기 영지와 농노를 소유한 소영주도 아니었고 그렇다고 싸움을 좋아해서 군에 복무하는 이른바 '모험 군인'도 아니었다.

요컨대 도쿠가와 시대 초기의 사무라이는 어디까지나 가문에 따라 수령액이 정해진 일정한 봉급을 받는 연금생활자나 마찬가지였다. 물론 그의 봉록은 결코 많지 않았다. 일본 학자들은 사무라이 계급 전체의 평균 봉록이 당시 농민들의 소득과 거의 같았으리라 추산한다. 그 액수는 가까스로 생계를 유지할 수 있는 정도에 불과했다.[42] 따라서 사무라이 집안에서 이 정도의 정해진 봉록을 여러 상속인에게 분할하기란 사실상 어려운 일이었다. 그래서 사무라이들은 가족 수를 소수로 제한할 수밖에 없었다. 또한 그들에게 부와 허식에 얽매인 권세만큼 저주스러운 것은 달리 없었다. 때문에 그들은 절약과 검소라는 덕목을 특히 강조하고 중시하게 되었다.

이와 같은 사무라이와 다른 세 계급, 즉 농공상 사이에는 넘을 수 없는 심연이 가로놓여 있었다. 즉 농공상은 '평민'이었지만 사무라이는 그렇지 않았다. 또한 사무라이들이 그 계급적 표식이자 특권으로 허리에 찬 칼은 결코 단순한 장식이 아니었다. 사무라이는 도쿠가와 시대 이전부터 전통적으로 상황에 따라 평민들에게 칼을 사용할 수 있는 권한을 가지고 있었기 때문이다. 예컨대 이에야스의 법령이 "사무라이에게 무례하게 군다든지 상급자에게 경의를 표하지 않는 평민은 그 자리에서 베어도 좋다"[43]고 규정한 것은 종래의 관습에 대한 법적 승인에 지나지 않는다.

이런 법령을 발포한 이에야스의 의도에는 평민과 사무라이 계급 간에 상호 의존 관계가 형성되어야 한다는 생각은 조금도 없었다. 그의 정책은 다만 엄격한 계층적 규제에 입각한 것일 뿐이었다. 평민 계급이든 사무라이 계급이든 모두 다이묘의 지배를 받으면서 각각 다이묘와 직접적인 교섭 관계에 있었다. 비유컨대 이 두 계급은 각각 별개의 계단 위에 놓였다고 볼 수 있다. 평민의 계단이든 사무라이의 계단이든, 각 계단에는 위에서 아래까지 법령과 규칙과 지배와 상호 의무 따위가 배치되어 있었다. 다만 두 계급에 속한 사람들 사이에 넘을 수 없는 간격이 가로놓여 있었을 따름이다. 이처럼 엄격하게 분리된 두 계급 사이에는 종종 그때그때의 상황에 따라 필요상 다리가 놓이기도 했지만, 그것은 어디까지나 체제의 한 부분은 아니었다.

그런데 도쿠가와 시대의 사무라이는 단순히 칼을 휘두르는 무인에만 머무르지는 않았다. 그들은 점차 주군의 재산을 관리하는 집사라든가 혹은 고전극이나 다도 같은 평화로운 예능의 전문가가 되어갔다. 모든 조서나 의정서 작성은 그들 소관이었고, 다이묘의 정책 또한 그들의 계책으로 수행되었다. 200년이 넘는 태평시대는 긴 세월이라 할 수 있다. 그 긴 세월 동안 사무라이에게는 개인적으로 칼을 사용할 기회가 극히 제한되었다. 하지만 마치 상인들이 엄격한 신분제적 제약을 무릅쓰고 도시생활과 예능과 오락에 높은 가치를 두는 생활 양식을 발달시킨 것처럼, 사무라이들도 칼의 사용을 제한받으면서 평화의 기술을 발달시킨 것이다.

한편 농민들은 사무라이에 비해 법률상 보호를 받지 못했고 무거운 세금을 내면서 여러 가지 제한을 받았지만, 몇 가지는 확실하게 보장받을 수 있었다. 가령 그들은 농지 소유를 보장받았다. 일본에서 토지를 소유한다는 것은 그 사람에게 위신이 부여됨을 뜻한다. 물론 도쿠가와 시대에 토지의 영구적 양도는 법으로 금지되었다. 하지만 그 법령은 유럽 봉건제도의 경우처럼 봉건영주를 위한 것이 아니라 개개의 경작자를 위해 보증된 것이었다. 농민은 그가 무엇보다도 소중히 여기는 토지에 대한 권리를 가지고 있었다. 그리하여 일본의 농민들은 오늘날 그 후손들이 그러하듯이 더할 나위 없는 근면함으로 토지를 경작했으리라고 생각된다.

그럼에도 농민은 쇼군이나 다이묘의 정치기구 및 사무라이의 봉급 등을 포함해 거의 200만을 웃도는 기생적 상층 계급 전체를 그 어깨에 짊어진 아틀라스[44] 같은 존재였다고 할 수 있다. 농민에게는 현물세가 부과되어 수확량의 일정 비율을 다이묘에게 바쳤다. 다른 쌀 생산국인 타이에서는 전통적인 연공이 수확량의 10%였는데 도쿠가와 시대의 일본에서는 40%였다. 그러나 실제로는 이보다 더 많아 영지에 따라서는 80%에 달하기도 했다. 여기에 점차 농민의 노동력과 노동 시간에 큰 부담을 주는 부역, 즉 강제노역이 부가되었다. 이에 농민들도 사무라이들처럼 그들의 가족 수를 제한할 수밖에 없었다.

그리하여 일본의 전체 인구는 도쿠가와 시대 250여 년을 통해 거의 같은 수준으로 침체되었다. 장년에 걸쳐 평화시대가 이어진 아시아의 한 나라에서 이와 같은 인구통계 수치는 그 통치의 성격이 어떠했는가를 나타내 보여준다. 즉 조세에 의해 생계를 유지하는 사무라이 계급과 생산자 계급 모두에게 엄격한 스파르타식 제한과 통제가 가해졌다. 하지만 예속된 자와 그의 상급자 사이에는 비교적 신뢰감이 깔려 있었다. 이는 각자 자신의 분수에 맞는 지위와 의무 및 특권에 대해 잘 알았기 때문일 것이다. 만일 그런 것이 침해당했을 경우에는 아무리 가난한 사람일지라도 항의할 수 있었다.

이런 때 농민들은 다이묘뿐만 아니라 막부 당국에도 항거했다. 심지어 극심하고 비참한 가난에 허덕여 딴생각을 할 염두가 나지 않을 것 같은 때조차 그랬다. 도쿠가와 250여 년을 통해 이와 같은 농민 폭동[45]이 적어도 1천 건 이상 발생했다.[46] 그 농민 폭동은 '4할은 영주에게 그리고 나머지 6할만 농민에게四公六民'라는 관례적인 중과세 때문에 일어난 것이 아니었다. 이는 그런 규정을 넘어선 그 이상의 폭정에 대한 항거였다. 도저히 참을 수 없는 상황에 이르렀을 때 농민들은 대거 다이묘의 성 아래로 몰려들었지만, 탄원이나 재판의 과정과 절차는 합법적으로 질서 있게 행해졌다. 먼저 농민들은 어지러운 정치와 부정에 대해 정식으로 탄원서를 써서 다이묘의 측근에게 제출한다. 그런데 이 탄원서가 중도에 묵살당하거나 다이묘가 그것에 귀를 기울이지 않을 때에는 농민들은 대표자를 에도로 파견해 막부에 직접 탄원서를 제출한다. 한 유명한 폭동의 경우에는 막부 고관이 에도 시가를 통행하는 길목에 잠복했다가 그가 탄 가마 속에 탄원서를 던져넣음으로써 확실히 전달하고자 했던 적도 있다. 이런 모험까지도 불사했던 농민들의 탄원서도 결국 막부 당국의 조사를 받아야만 했는데, 판결의 절반쯤은 농민들에게 호의적으로 내려졌다.[47]

그러나 막부가 농민의 주장에 대해 판결을 내리는 것만으로 법과 질서의 요구가 다 충족될 수 있는 것은 아니었다. 그들의 불평이 정당한 것이라면 막부가 그런 불평을 존중하는 것은 당연한 조치였을 것이다. 하지만 농민 폭동의 지도자는 분명 엄격한 계층적 위계질서의 법도를 어긴 것이다. 설령 판결이 그들에게 유리하게 내려진 경우라 할지라도, 그들은 상전인 다이묘에게 복종해야 한다는 가장 중요한 법도를 어긴 것이다. 이 점은 도저히 간과될 수 없었기 때문에 그들은 사형을 언도받았다. 동기의 정당성은 법도를 어긴 것과는 별개의 문제였기 때문이다. 농민들도 이 점은 피할 수 없는 운명이라고 체념하곤 했다. 이때 사형을 언도받은 농민 지도자는 그들의 영웅이 되었다. 그리하여 폭동 지도자들이 기름 가마에 던져지거나 교수형을 받거나 혹은 못 박혀 죽는 형장에는 민중이 구름처럼 몰려들었다. 하지만 결코 폭동이 일어나지는 않았다. 그것이 바로 법이자 질서였기 때문이다. 그들은 처형당한 지도자를 위해 사당을 지어 순교자로서 숭배하기도 했으나, 처형 그 자체에 대해서는 그들이 몸담고 있는 계층적 위계질서의 한 부분으로 받아들였다.

요컨대 역대 도쿠가와 쇼군들은 각 번 안에 카스트 조직을 고정해 모든 계급으로 하여금 다이묘에 의존하도록 만들고자 했다. 이때 다이묘에게는 각 번의 계층적 위계질서에서 정점에 서 있으면서 피지배자들에게 특권을 행사하는 것이 허용되었다. 쇼군의 주요한 행정적 업무는 바로 이런 다이묘를 통제하는 데 있었다. 그리하여 쇼군은 모든 수단을 동원해 다이묘들이 동맹을 맺거나 막부에 대한 공격을 기도하지 못하도록 막았다. 또한 번과 번의 접경 지역마다 관문 관리를 두어 통행인들의 여행 허가증을 조사하는 한편 다이묘가 처첩들을 내보내 총기를 밀수하지 못하도록 '나가는 여자와 들어오는 총出女入銃砲'[48]을 엄중히 감시하게 했다. 게다가 다이묘는 쇼군의 허가 없이는 혼약을 할 수 없었다. 이는 정략결혼을 통해 위험한 정치적 동맹이 맺어지는 것을 막으려는 조처였다. 나아가 번과 번의 교역은 두 번 사이에 있는 다리를 건널 수 없도록 금지하면서까지 철저히 통제했다. 이 밖에도 쇼군은 밀정들을 풀어 다이묘들의 재정에 관한 정보를 샅샅이 캐내도록 했다. 이때 만약 어떤 번의 금고가 가득 차 있다는 정보가 들어오면, 쇼군은 해당 번에 막대한 비용이 소요되는 공공사업을 하라는 명령을 하달하기도 했다. 이는 그 번의 재정 상태를 이전 수준으로 되돌리려는 조처였다. 이와 같은 통제 정책 가운데 가장 유명한 사례로서, 다이묘가 일 년 중 반년간은 수도인 에도에 살아야만 하며 번으로 귀국할 때도 처를 쇼군 수중인 에도에 인질로 남겨둬야 한다는 규칙을 들 수 있다.[49] 막부는 이처럼 모든 수단과 방법을 동원해 권력을 유지하면서, 계층적 위계질서 내에서의 지배적 지위를 강화하고자 부단히 애썼다.

하지만 쇼군이 이와 같은 계층적 위계질서의 최고 정점은 아니었다. 그는 천황에게 임명받음으로써 비로소 정통성을 획득하고 지배권을 장악할 수 있었기 때문이다. 물론 당시 천황은 조정의 세습귀족인 구게公家들과 함께 정치적 실권을 빼앗긴 채 교토에 유폐되어 있었다.[50] 천황의 재력은 작은 번의 다이묘들보다도 못했으며, 궁중의식 또한 막부의 법도[51]에 의해 엄격히 제한받았다. 그럼에도 가장 큰 권력을 쥐고 있던 도쿠가와 막부의 쇼군이라 해도 천황과 실제적 통치자인 쇼군이라는 이중적 통치 형태를 감히 폐지하려 들지는 않았다.

일본에서 이와 같은 이중 통치는 결코 새삼스러운 것이 아니었다. 예컨대 12세기 이래 이미 대원수 쇼군이 실권을 박탈당한 천황의 이름으로 일본을 통치한 사례가 있었다. 또 어떤 때는 직능 분할이 극단적으로 행해짐으로써, 유명무실한 주권자인 천황에 의해 세습적인 수령에게 위탁된 실권이 다시금 그 수령의 세습적인 정치고문에 의해 행사되는 경우조차 있었다. 요컨대 일본에서의 기본적 권력 행사는 늘 이중 삼중의 위탁에 의해 이루어져왔다. 도쿠가와 막부의 명맥이 끊어지기 직전인 최후의 시기까지도 페리[52] 제독은 일본 권력구조의 배후에 천황이 존재한다는 사실을 알지 못했다. 미국의 일본 주재 초대 공사이자 1858년 일본과 최초로 통상조약 교섭을 벌인 타운센드 해리스[53]도 천황이 있다는 사실을 스스로의 힘으로 알아내야만 했다.

사실 일본인이 천황에 대해 품어온 관념은 태평양 여러 섬에서도 그와 유사한 사례를 많이 찾아볼 수 있다. 어떤 경우에는 정치에 관여하며 또 어떤 경우에는 관여하지 않는 신성왕神聖王 관념이 그것이다. 태평양의 어떤 섬에서는 이런 신성왕이 직접 권력을 행사하며, 또 어떤 섬에서는 그 권력을 타인에게 위탁하기도 한다. 하지만 어떤 경우든 신성왕은 말 그대로 신성한 존재로 여겨졌다. 가령 뉴질랜드의 여러 부족 사이에서 신성왕은 신성불가침한 존재라는 관념으로 생각된다. 그는 스스로 음식을 먹어서는 안 되므로 하인이 먹여주어야 한다. 그때 숟가락이 그의 신성한 이빨에 닿아서는 안 된다. 게다가 그는 외출할 때 절대 땅을 밟아서도 안 된다. 그의 신성한 발로 땅을 밟으면 그 땅은 자동적으로 성지가 되어 신성왕의 소유가 되어야 했기 때문이다. 특히 이런 신성왕의 신성불가침한 머리에는 아무도 손을 댈 수 없다. 또한 그가 하는 말은 부족 수호신들의 귀에까지 들린다고 믿어졌다.

한편 사모아나 통가 등 몇몇 섬의 신성왕은 세상일에 조금도 관여하지 않았다. 세상일에는 세속적 수장이 정무 일체를 관장했다. 18세기 말에 동태평양 통가 섬을 방문한 제임스 윌슨James Wilson은 이 통가 섬의 정치체제가 "신성한 천황이 이른바 대원수captain-general[54]의 국사범國事犯과 같은 처지에 놓인 일본의 정치체제와 매우 비슷하다"[55]고 적고 있다. 통가 섬의 신성왕은 공무에서 멀리 떠나 종교적 임무만 수행했다. 사람들은 그에게 과수원의 첫 과실을 바쳐야만 했고, 그는 사람들이 과실을 먹기 전에 제사를 집행해야만 했다. 그렇지 않으면 아무도 과실을 입에 댈 수 없게 되어 있었다. 이런 신성왕이 죽으면 사람들은 "하늘이 텅 비었다"는 말로 그의 죽음을 발표하며, 장엄한 의식과 함께 거대한 무덤 속에 그를 장사지낸다. 이 신성왕은 정치에는 일절 관여하지 않았다.

마찬가지로 일본의 천황 또한 정치적으로는 무력했다. 그러나 그가 이른바 "대원수의 국사범과 같은 존재"였을 때조차, 일본인의 정의에 따르면, 계층적 위계질서에 어울릴 만한 '알맞은 자리'를 취하고 있었다. 천황이 세상일에 적극적으로 관여하는 것은 적어도 일본인에게는 천황의 신분을 평가하는 척도가 되지 않았기 때문이다. 사실 교토에 있는 천황의 황궁은 일본인들이 몇 세기에 걸친 '세이이다이쇼군' 통치기를 통해 계속 보존해온 하나의 중요한 가치였다. 서구인의 눈에 천황의 직능은 무용한 것으로 비칠지 모르나, 모든 점에서 엄격한 계층적 역할에 익숙한 일본인들은 그것을 서구인과 완전히 다른 관점에서 보았다.

아래로는 천민에서 위로는 천황에 이르기까지 실로 명확하게 규정되고 실현된 봉건시대 일본의 계층적 위계질서는 근대 일본에도 깊은 흔적을 남겼다. 일본에서 봉건제도가 법적으로 종말을 고한 것은 기껏해야 지금부터 75년 전의 일에 지나지 않는다. 그런데 일본의 뿌리 깊은 국민적 습성이 겨우 인간의 일생에 불과한 75년 만에 소멸될 리가 없다. 다음 장에서 다시 살펴보겠지만, 근대 일본의 정치가들은 국가 목적이 근본적으로 변경되었는데도 계층적 위계질서를 상당 부분 보존하려고 주도면밀한 계획을 세웠다.

일본인은 다른 어떤 나라의 국민보다도 그 행동이 처음부터 끝까지 마치 지도처럼 정밀하게 미리 정해진 세계, 각자의 사회적 지위가 고정된 세계를 당연한 것으로 받아들이며 살아왔다. 이와 같은 세계에서 법과 질서가 무력으로 유지된 200여 년 동안 일본인들은 면밀히 기획된 계층적 위계질서를 안전이라든가 보증이라는 말과 동일시하도록 잘 길들여졌다. 그들은 이미 익숙하게 알려진 영역에 머무는 한, 그리고 이미 알려진 의무를 수행하는 한, 그런 세계를 신뢰할 수 있었다. 거기서는 도적들도 다스려졌고 다이묘 간의 내전도 억제되었다.

일반 서민들 또한 타인에 의해 자신의 권리가 침해당했다는 점을 입증할 수만 있다면 농민들이 그랬던 것처럼 다이묘나 막부에게 호소할 수 있었다. 그것은 개인적으로 위험이 수반되는 일이었지만 어디까지나 공인된 수단이었다. 도쿠가와 막부의 쇼군들 가운데 명군은 직소함直訴函을 설치해 누구나 직접 불만을 투서할 수 있게 했다. 이 직소함의 열쇠는 쇼군만이 지니고 있었다. 당시 일본에는 주어진 행동 지도[56]상에 허용되지 않은 침해 행위는 반드시 교정되어야 한다는 당위성이 실질적으로 보증되어 있었다. 사람들은 그 지도를 신뢰했다. 그리고 그 지도에 표시된 길을 따를 때에만 안전을 보장받을 수 있었다. 때문에 사람들은 그 지도를 바꾸거나 혹은 거기에 반항하는 대신, 그것을 지키고 따름으로써 자신의 용기와 성실함을 보여주고자 했다.[57] 그 지도에 표시된 범위 내에서는 모든 것이 이미 아는 세계며, 따라서 일본인의 눈으로 볼 때 신뢰할 수 있는 세계였다. 이 규칙은 모세의 십계명 같은 추상적 도덕 원리가 아니라 소소한 세부에 이르기까지 매우 구체적인 것이었다. 가령 이런 경우에는 어떻게 해야 하고 저런 경우에는 어떻게 해야 할 것인지, 사무라이라면 어떻게 하고 서민이라면 어떻게 할 것인지, 형에게 알맞은 행위는 어떤 것이고 아우에게는 어떤 행위가 분수에 맞는지 등이 일일이 규정되어 있었다.

그런데 이와 같은 계층적 위계질서 속에 살았던 일본인들은 마찬가지로 무력적인 계층제도의 지배를 받았던 다른 몇몇 나라의 국민들처럼 온화하고 순종적인 국민이 되지는 않았다. 여기서 우리는 각각의 계층에 일종의 보증이 주어져 있었다는 사실을 인식할 필요가 있다. 천민 계층일지라도 특수한 직업을 독점하는 권리를 보증받았으며, 또한 그들의 자치 공동체는 당국자의 승인을 받았다. 각 계층에 가해진 제한은 컸지만 그 대신

질서와 보증이 주어졌다.

　이러한 카스트적 제한에는 예컨대 인도 같은 데서는 전혀 인정되지 않는 어느 정도의 유연성이 있었다. 일본의 관습에서는 기성질서에 폭력 수단을 쓰지 않은 채 계층적 위계질서를 교묘히 조종할 수 있는 몇몇 확실한 방법이 통용되었다. 이를테면 평민들의 경우 카스트적 신분을 바꿀 수 있는 길이 열려 있었다. 일본처럼 화폐제도가 실시되던 나라에서 고리대금업자나 상인들이 돈을 긁어모으는 것은 필연적인 추세라 할 수 있는데, 이렇게 해서 부자가 된 자들은 여러 가지 전통적 방식을 이용해 상류 계급에 합류하고자 했다. 그들은 저당권이나 지대地代를 이용해 '지주'가 되었다. 농부의 토지는 양도가 금지된 반면 소작료는 매우 높았다. 그래서 지주로서는 농민들을 그 토지에 그대로 두는 것이 오히려 유리했다. 그리하여 고리대금업자들은 해당 토지에 정주하면서 소작료를 받아냈다. 일본에서 이와 같은 방식의 토지 '소유'는 지주들에게 이윤뿐만 아니라 사회적 특권까지도 가져다주었다. 그들의 자녀들이 사무라이와 결혼해 상류 사회의 일원이 될 수 있었기 때문이다.

　카스트적 계층제를 교묘히 조종하는 또 하나의 전통적인 방법은 양자를 들이는 관습이었다. 평민들은 이 방법으로 사무라이 신분을 '사들일' 수 있었다. 상인들은 도쿠가와 막부에 의한 여러 제약을 무릅쓰고 부를 축적하게 되면 그들의 자식을 사무라이 집안에 양자로 보낼 궁리를 했다. 일본에서는 아들 삼으려고 양자를 들이는 일은 거의 없다. 그보다는 양자를 들여 데릴사위로 삼는 일이 많다. 이를 '무코요시婿養子'라 한다. 이 데릴사위는 장인의 상속자가 되지만, 많은 대가를 지불해야만 했다. 예컨대 그의 이름은 본가 호적에서 말소되어 처가 호적에 기입된다. 또한 그는 자기 처의 성을 따라야 하고 처가에 가서 장모를 모시고 살아야만 한다. 하지만 희생이 큰 만큼 얻는 이익도 많았다. 즉 부유한 상인의 자식은 사무라이가 되고, 가난한 사무라이의 자식은 부자와 연분을 맺을 수 있었다. 이때 카스트적 계층제는 조금도 손상받지 않은 채 그대로지만, 부자는 그것을 교묘히 조종함으로써 상류 계급 신분을 획득할 수 있었다.

그러니까 일본에서는 각각의 카스트가 반드시 동일한 카스트끼리 혼인을 해야만 하는 것은 아니었다. 다른 카스트 간의 통혼도 가능케 하는 공인된 절차가 있었기 때문이다. 그 결과 부유한 상인은 하층 사무라이 계급에 합류될 수 있었다. 이는 서구 유럽과 일본의 현저한 차이를 더욱 극대화하는 데 큰 역할을 하게 되었다. 유럽의 봉건제도가 붕괴된 까닭은 지속적으로 성장하면서 세력을 확장한 중산 계급의 압력 때문이었다. 그런 중산 계급이 서구 근대의 산업시대를 지배한 것이다. 하지만 일본에서는 그런 강력한 중산 계급이 발생하지 않았다. 상인이나 고리대금업자들은 공인된 방법으로 상류 계급 신분을 '샀고', 그리하여 상인과 하층 사무라이가 동맹 관계를 맺게 되었다. 서양과 일본 모두에서 봉건제도가 최후의 몸부림을 치던 시기에 일본이 유럽 대륙의 여러 나라보다도 더 많은 계급 간 이동을 승인한 것은 기묘하고도 놀랄 만한 의외의 일로 보인다. 하지만 이 점을 뒷받침해줄 가장 유력한 증거가 있다. 즉 일본에서는 귀족 계층과 유산 계층bourgeoisie 사이에 계급투쟁이 발생한 흔적을 전혀 찾아볼 수 없다는 사실이 그것이다.

일본에서는 이 두 계급의 제휴가 쌍방 모두에게 이익을 주었다고 지적하기란 그리 어려운 일이 아니다. 하지만 비단 일본뿐만이 아니라 프랑스의 경우에도 두 계급의 제휴가 쌍방 모두에게 이익을 가져다주었다. 서구 유럽에서는 그와 같은 제휴가 이루어진 개별적인 사례들이 더러 있었다. 그러나 서구의 경우엔 대체로 계급이 철저하게 고정되어 있었으며, 프랑스 같은 데서는 계급투쟁으로 귀족이 재산을 몰수당하는 결과가 초래되기도 했다. 이에 비해 일본에서는 계급 간의 관계가 더욱 밀접했다. 쇠약해진 막부를 전복시킨 동맹은 다름 아닌 상인과 고리대금업자 및 사무라이 계급 간의 동맹이었다. 일본에서는 근대에 들어선 후에도 여전히 귀족 계급이 보존되었는데, 만일 일본에 계급 간 이동을 가능케 한 공인된 수단이 없었다면 그런 현상은 도저히 일어날 수 없었을 것이다.

일본인들이 정밀한 행동 지도를 좋아하고 신뢰한 데는 그럴 만한 이유가 있었다. 그 지도는 각자가 규칙에 따르는 한 반드시 안전을 보장해주었기 때문이다. 또한 그 지도는 한도를 넘어선 침해에 대한 항의권을 인정했다. 뿐만 아니라 그것을 교묘히 조종해 자기 이익을 도모할 수도 있었다. 나아가 그 지도는 상호 간 의무 이행을 요구했다. 19세기 전반에 도쿠가와 막부가 쇠약해졌을 때에도, 일본에서 이 지도를 없애버리자는 의견을 제시한 집단은 하나도 없었다. 프랑스 혁명 같은 것은 일본에서 일어나지 않았다. 1848년에 발생한 프랑스 2월혁명 정도의 혁명조차 일어나지 않았다.

그러나 도쿠가와 막부의 붕괴기에 사태는 절망적이었다. 서민에서부터 막부에 이르기까지 모든 계급이 상인이나 고리대금업자들에게 빚을 지고 있었다. 번과 막부는 이미 다수의 비생산 계급[58]을 먹여살릴 수 없었고 거액의 경상재정 지출도 감당할 수가 없었다. 재정 압박에 시달린 다이묘들은 가신들에게 규정대로 봉급을 지급할 수 없었다. 따라서 봉건적 유대의 네트워크 전체가 유명무실한 상태에 빠지게 되었다. 다이묘들은 어떻게든 파산만은 면하려고 농민들에게 더 많이 중과세할 수밖에 없었다. 심지어 몇 년 후의 세금까지 미리 강요받음으로써 농민들은 말할 수 없이 궁핍해졌다. 막부 역시 파산 상태에 빠져 현상 유지 능력을 상실해버리고 말았다. 페리 제독이 군단을 이끌고 나타난 1853년 무렵의 일본 국내는 극도로 비참한 상태였다. 페리의 강압적인 입항에 이어 1858년에는 미국과의 통상조약이 체결되었는데, 당시 일본은 이미 미국의 강요를 거부할 만한 처지가 아니었다.

이때 일본 방방곡곡에서는 '일신一新', 즉 과거로 복귀하자는[59] 이른바 유신維新의 절규가 터져 나오고 있었다. 그것은 진보적인 혁명과는 정반대의 것이었다. '존왕尊王'의 외침과 더불어 민심을 사로잡은 것은 '양이攘夷'라는 슬로건이었다. 이에 대해 일반 국민들은 쇄국의 황금시대로 복귀하자는 정책 강령을 지지했다. 그리고 그런 복고적 방침이 도저히 실현 불가능하다고 여겨 이를 막고자 애썼던 소수의 지도자들은 속속 암살되고 말았다. 이처럼 혁명을 지독하게 싫어하던 일본이 어느 날 갑자기 방침을 바꾸어 서양 여러 나라의 모범에 따르기로 결정하리라고는 아무도 예상하지 못했다. 게다가 그로부터 불과 반세기가 지난 후에 서양 제국을 원조로 하는 여러 분야에서 일본이 그 나라들과 경쟁하게 되리라고는 더더욱 상상조차 할 수 없었다.

그럼에도 실제로 그런 일이 일어났다. 일본은 서양 여러 나라와는 전혀 다른 자신만의 고유한 장점을 이용해 당시의 지도층도, 일반 민중도 결코 요구한 적이 없던 목표를 달성해냈다. 1860년대의 서구인들은 설령 수정구슬로 일본의 미래를 점쳐보았다 한들 도저히 일본의 그와 같은 성취를 믿지 않았을 것이다. 그들은 향후 몇십 년간 일본 전국에 불어닥친 저 폭풍 같은 격렬한 움직임을 예견케 해줄 만한 어떤 조그만 징후도 발견해낼 수 없었다. 그런데도 이 불가능한 일이 일본에서 일어났다. 이와 더불어 계층적 위계질서에 얽매여 있던 낙후한 일본 민중은 이제 급선회해 일사불란하게 새로운 길을 행진하면서 진로를 유지해나갔다.

주

1 이 장에서는 일본적 씨족 사회의 구조와 본질에 대한 논의를 매개로 계층적 위계질서에 대한 일본인의 뿌리 깊은 신뢰에 관해 집중적으로 논한다. 그러면서 베네딕트는 일본인의 계층적 위계질서 의식이 특히 일본적 가족제도 시스템 위에 세워져 있음을 지적하며, 일본인의 행동 및 사고를 궁극적으로 규정하는 것은 각자에게 알맞은 자리와 위치를 지시해주는 계층적 위계질서라고 주장한다.

2 이는 대동아전쟁을 표방한 일본이 내세웠던 이른바 '팔굉일우八紘一宇'(세계가 한집 안이라는 뜻)라는 표어를 가리킨다.

3 황조황종皇祖皇宗. 여기서 '황조'는 《고사기》와 《일본서기》 등에 나오는 신도 신화에서 일본 천황가의 조상신이라고 일컬어지는 태양의 여신 아마테라스오미카미大照大神를 가리키는 말이고, '황종'은 역대 천황들을 가리키는 말이다. 영어 원문은 일본어 원문의 '황조황종'을 합쳐 Imperial Ancestors로 표기하지만, '황조'와 '황종'은 엄격히 구분되는 개념이다.

4 참고로 일본어 원문은 다음과 같다. "大義ヲ八紘ニ宣揚シ坤輿ヲ一宇タラシムルハ實ニ皇祖皇宗ノ大訓ニシテ朕カ夙夜眷　措カサル所ナリ而シテ今ヤ世局ハ其ノ騷亂底止スル所ヲ知ラス人類ノ蒙ルヘキ禍患亦將ニ測ルヘカラサルモノアラントス朕ハ禍亂ノ戡定平和ノ克復ノ一日モ速ナランコトニ軫念極メテ切ナリ（中略）並ニ三國間ニ於ケル條約ノ成立ヲシテ各其ノ所ヲ得シメ兆民ヲシテ悉ク其ノ堵ニ安ンセシムルハ曠古ノ大業ニシテ前途甚タ遼遠ナリ." 여기서 "각자 알맞은 자리를 취한다"에 해당하는 일본어 원문이 "各各其ノ所ヲ得"로 표현되어 있음에 유의할 것. 이 표현은 《논어》에 나오는 '各得其所'(각각의 것이 그 본래의 의의나 마땅한 가치를 발휘한다는 뜻)가 그 출처다.

5 참고로 일본어 원문은 다음과 같다. "萬邦ヲシテ各其ノ所ヲ得シメントスルハ帝國不動ノ國是ナリ（中略）右ハ萬邦ヲシテ各其ノ所ヲ得シメントスル帝國ノ根本國策ト全然背馳スルモノニシテ帝國政府ノ斷シテ容認スル能ハサル所ナリ."

6 여기서 베네딕트는 계층적 위계질서라는 일본의 종적 사회 구성 원리와 평등성이라는 미국의 횡적 사회 구성 원리를 대비하면서, 후자에 지고의 도덕적 정당성을 부여한다. 그러나 그럼으로써 베네딕트는 제1장에서 시사한 문화인류학적 '차이의 논리', 즉 모든 차이는 도덕적인 우열과는 무관하며 따라서 다름은 틀림을 의미하는

것이 아니라는 방법론적 원칙을 스스로 부정해버린 셈이 된다. 이런 의미에서 베네딕트는 도덕적으로 우월한 평등 원리로써 도덕적으로 열등한 계층적 위계질서와 맞서 싸우려는 미국인의 분노를 정당화할 것이 아니라, 다만 양자를 비교하는 데 머물렀어야 하지 않을까? 어쨌거나 베네딕트는 제1장에서 내세운 문화상대주의적 관점을 이 책 전체에 걸쳐 일관성 있게 관철하지 못했다는 비판을 면하기 어렵다. 요컨대 이 대목에서 잘 엿볼 수 있듯이 베네딕트는 종종 미국 문화가 일본 문화보다 뛰어나다는 자문화절대주의의 관점을 암암리에 내비치면서 《국화와 칼》을 기술한다는 혐의에서 충분히 자유롭지 못한 듯싶다.

7 《미국의 민주주의에 대하여 De la démocratie en Amérique》(전2권, 1835~1840)를 가리킴.

8 그러나 베네딕트는 의도적인지 아닌지는 모르겠지만, 토크빌이 《미국의 민주주의에 대하여》에서 내린 비판적 결론에 대해서는 아무런 언급이 없다. 토크빌은 이 책에서 미국적 민주주의에서의 자유는 바람직하지 못한 고립된 평등을 발생시킬 위험이 있다고 지적하면서, 귀족주의 시대를 거치지 않은 미국은 결국 돈 외에는 어떠한 것도 사람들 간의 차이를 만들어내지 않는다는 의미에서 평등한 나라라고 결론 짓는다. 바꿔 말하면 미국식 민주주의는 평등의 원리에 입각해 있지만, 그런 평등의 원리를 지배하는 것은 결국 돈이라는 말이다. 베네딕트는 이처럼 미국적인 평등의 원리가 자본주의와 떼려야 뗄 수 없는 밀접한 관계에 있다는 사실에는 별 관심이 없었던 모양이다.

9 이와 관련해 베네딕트는 《국화와 칼》의 원형이라 할 만한 일본 연구 보고서 《일본인의 행동 패턴》(1945년 9월 15일자로 전시정보국에 제출)에서 "일본에서는 인간관계의 기준이 극히 형식화되어 있다"고 적고 있다. 일본의 윤리규범은 형식적이고, 그래서 메이지 초기에 방향 전환이 가능했던 것이다. 여기서 형식적이란, 책무나 예절에 관한 엄격한 규칙이 정해져 있다는 의미에서도 그렇고, 그 기준이 문화에 의해 한정된 상황 특유의 것이며 선악의 판단 기준이 주변 상황에 크게 좌우된다는 의미에서도 그렇다. 이처럼 상황에 의해 변하는 기준을 가진 국민은 다양한 습관을 익히게 된다. 거기에는 궁극적인 원리성이 부재하며 어떤 것이든 원리적인 것은 거부하는 경향이 강하다. 루스 베네딕트, 《일본인의 행동 패턴》, 앞의 책, 17쪽 및 160쪽.

10 1890년 워싱턴에서 창립되었으며, 회원은 미국 독립전쟁에 참전한 조상의 여성 후예로만 한정되었다.

11 사츠마薩摩. 현재의 규슈 가고시마 현 서부에 해당하는 옛 지명.

12　히젠肥前. 현재의 규슈 사가 현 일부 및 나가사키 현 일부에 해당하는 옛 지명.
13　일본에서는 이때의 제신을 '우지가미氏神'라 하고 그 신을 제사 지내는 숭경자 집단을 '우지코氏子'라고 부른다.
14　이와 관련해 사회학자 아루가 기자에몬有賀喜左衛門은 일본 계층제의 기본적 성격을 일본 사회구조에 특유한 씨족의 성격에서 찾으면서 베네딕트의 계층제론을 재해석한다. 이때 말하는 씨족은 흔히 원시 부족 사회의 구성 단위로 말해지는 '클랜clan'이 아니다. 그것은 일본 특유의 씨족이다. 그것은 '생활상(정치상으로도) 밀접한 상하 관계가 생길 때 우지가미氏神(씨족의 수호신 혹은 수호신사) 또는 우지데라氏寺(씨족의 수호사찰) 신앙을 매개로 동족의식으로 결부된 관계'로 정의할 수 있다. 오야코親子(부모와 자식)라든가 오야가타코가타親方子方(상급자와 하급자) 혹은 오야붕코붕親分子分과 같은 말은 그런 동족 관계를 잘 보여주는 대표적인 어법이다. 거기에는 혈족과 친족뿐만 아니라 비친족까지도 포함된다. 이와 같은 동족 관계는 이에家 연합에 있어서는 본가本家와 말가末家의 관계로 나타난다. 아루가는 이를 동족단同族團이라고 부른다. 이런 동족단이 발달한 것이 씨족이며, 씨족이 확대되면서 유력한 씨족 본가가 씨족 연합을 지배하게 된다.

　　그런데 근세의 서민과 다이묘 사이에는 '직접적인 이해 관계를 나타내는 동족단의 상호 관계에 의한 씨족 구성'은 없었다. 그러나 서민은 그들 동족단의 고유한 우지가미를 가지고 있었으며, 그것보다 범위가 큰 촌락의 우지가미를 가지는 경우도 있고 더 큰 영역의 총씨신總氏神을 가지기도 했다. 이때 촌락의 우지가미가 씨족 연합을 지배하는 유력 씨족의 우지가미라면, 총씨신은 다이묘가의 우지가미에 해당한다. 서민들은 이런 우지가미를 공통적인 관념으로 제사했다. 이런 의미에서 다이묘와 서민 사이에는 '동족 관계의 성격이 내재되어 있다'고 볼 수 있다. 다시 말해 서민과 다이묘 사이에는 씨족으로서의 명료한 결합은 없었지만, 씨족을 특징짓는 동족의식이 근저에 깔려 있었다. 바로 이와 같은 동족 관계의 성격이 메이지 시대 이후 천황과 국민 사이에 형성되었다는 것이다. 그럼으로써 천황가의 우지가미인 아마테라스(이세대신궁)가 국민의 총씨신이라는 신앙이 성립될 수 있었던 것이다. 이는 일본 사회구조에 본질적으로 씨족적 성격이 존속한다는 사실을 시사한다. 바로 이것이 이른바 일본 가족 국가관의 전통적·문화적 기초가 된다. 아루가는, 현대 일본 기업 및 정당, 군부, 관청, 예술계 등을 비롯한 여러 직업 집단에서도 상하 관계가 밀접하게 결부된 동족 관계를 엿볼 수 있다고 말한다. 물론 오늘날 수많은 일본의 직업 집단에서 오야붕코붕 관계라는 말은 공식적으로는 사용되지 않지만,

생활의식으로는 분명 그런 관계가 존재한다는 것이다. 有賀喜左衛門,〈日本社會構造における階層制の問題〉, 日本民族學協會編,《民族學硏究》第14卷 4號, 1949 참조.

15 '부츠단佛壇'이라 불리는 불교식 가정용 제단을 가리킨다.
16 일본의 전통 사회에서는 가장이 관직을 그만두거나 혹은 후계자에게 재산권과 호주권을 비롯한 가독家督을 물려주고 뒷전으로 물러나는 것을 '은거隱居'(인쿄)라고 했다. 이는 중세 무가법 이래 전통적인 법제였으나 1947년에 폐지되었다.
17 일본에는 겸상이 아니라 독상을 차리는 관습이 있다. 또한 가정용 욕탕에 한번 채워넣은 물로 정해진 순서에 따라 온 가족이 모두 돌아가며 목욕을 하는 관습이 있다.
18 난형난제難兄難第. "형이라 하기도 어렵고 동생이라 하기도 어렵다"는 뜻을 가진 고사성어.
19 공영권共榮圈. 일본이 영주가 되어 아시아의 단결과 번영을 이루어야 한다는 이른바 '대동아공영권'을 가리킨다.
20 노블레스 오블리주noblesse oblige. 높은 신분에 따른 도덕상의 의무를 가리키는 말.
21 일본문화론에서는 이처럼 겉으로 나와 있는 표면상의 공식적인 것을 중시하는 일본 문화의 특성을 '다테마에建前'(외부 세계에 대한 의례적인 태도)라고 칭한다. 이러한 '다테마에'와 대칭적인 개념은 '혼네本音'(내부 세계에서만 통용되는 속마음)라고 한다.
22 이 대목에서 판단하건대 베네딕트는 일본의 계층적 위계질서를 카스트적 신분제도와 동일시함에 틀림없다. 세부적으로 보면 그런 동일시에 대해 문제를 제기할 수도 있겠지만, 앞의 역주 14번에서 전술한 사회학자 아루가 기자에몬은 "《국화와 칼》은 다면적으로 일본인의 멘털리티를 다루기는 하지만 베네딕트가 이 멘털리티의 출발점으로 삼는 근원적인 것으로서 일본 사회구조의 계층적 위계질서를 지적한 점은 매우 날카롭다. 그녀는 이를 하이어라키hierarchy라는 말로 나타낸다"고 하여 베네딕트를 높이 평가한다. 아루가는, 일본의 계층제는 봉건시대에 고유한 것뿐만이 아니라 일본의 모든 시대에 공통적으로 존재해온 '민족적 특질의 경향'과 매한가지기 때문이라고 말한다. 有賀喜左衛門,〈日本社會構造における階層制の問題〉, 앞의 글, 277~279쪽.
23 가나仮名를 가리킨다.
24 아마도 이는 베네딕트가 부정확한 정보에 의거해서 기술한 듯싶다. 통상 일본 신도에서는 '8백만 신들 八百万の神神'(야오요로즈노가미)이라는 표현을 쓴다.
25 George Sansom, *Japan : A Short Cultural History*, p. 131(원주).

26 당시 일본 불교에 관한 기존의 불충분한 자료에 의존했던 베네딕트는 일본 불교가 한반도를 통해 전래되고 수용되었다는 사실에는 무지했던 것으로 보인다.

27 당나라 수도인 장안長安(현재의 西安)을 가리킨다.

28 이런 영지는 일본에서 고대 이래 '쿠니國'라 불렸고, 그 후 근세 이후에는 '한藩'이라고 칭해졌다.

29 게라이家來. 무가를 섬기는 가신 혹은 부하를 가리키는 말.

30 후지와라씨藤原氏. 헤이안 시대부터 에도 시대에 이르기까지 일본 귀족 사회의 중추를 이루었던 일족.

31 미나모토노 요리토모源賴朝. 가마쿠라 막부의 초대 쇼군으로 무인정치를 창시한 인물.

32 막부幕府. 일본어로는 '바쿠후幕府'라 한다. 쇼군의 총사령부를 지칭하는 말.

33 다이묘大名. 통상 쇼군에게 1만 석 이상의 영지를 하사받은 영주에 대한 칭호.

34 도쿠가와 이에야스德川家康(1542~1616). 에도 막부를 개창한 무장.

35 이 문제에 관해서는, 다카시로 고이치, 《일본의 이중권력, 천황과 쇼군》, 살림, 2006 참조.

36 도자마 다이묘外樣大名. 도쿠가와 가문의 본래 가신이 아닌, 주로 1600년 세키가하라關ヶ原 전투 때 도쿠가와 이에야스의 동군東軍에 대항한 이시다 미쓰나리石田三成의 서군西軍 편에 섰다가 후에 복종한 다이묘들.

37 후다이 다이묘譜代大名. 세키가하라 전투 이전부터 도쿠가와 가문의 신하였던 다이묘들.

38 조선시대의 계층구조도 사농공상으로 이루어져 있지만, 일본의 경우 '士'는 선비 계층이 아니라 사무라이를 가리킨다는 점에서 큰 차이가 있다. 또한 에도 시대 일본에서는 공인과 상인 계층을 합쳐 '초닌町人'이라고 불렸는데, 이 초닌 계급은 조선과는 달리 일본 문화의 발달 과정에서 매우 중요한 역할을 담당했다.

39 관문關門. 요로 또는 번과 번의 접경 지역에 설치해 통행인과 통과 화물 등을 검사함으로써 번의 이탈 및 침입을 막기 위한 '세키關' 또는 '세키쇼關所'를 가리킨다. 원문에서 베네딕트는 'customs barriers', 즉 관세 장벽이라는 표현을 사용하는데, 엄밀히 말해 세키쇼는 관세 장벽과는 좀 거리가 있다. 물론 중세에는 세키쇼가 통과세 징수를 위해 설치되었지만, 근세에는 치안 유지가 가장 큰 목적이었다.

40 이하의 본문에서도 언급되지만, 사무라이는 정당한 사유가 인정되기만 하면 아무 때고 그 자리에서 상인과 같은 평민을 칼로 죽일 수 있었다.

41 칼사냥sword hunt. 일본어로는 '가타나가리刀狩り'라 하며, 1588년 도요토미 히데요시가 사무라이 이외에는 칼이나 창을 소지하지 못하도록 농민들에게서 무기를 압수한 일을 가리킨다.

42 Herbert Norman, *Japan's Emergence as a Modern State*, p. 7, n. 12.(원주)

43 《家康遺訓百箇條》에 나오는 다음 구절을 가리킨다. "士は四民之司, 農工商之輩, 對士不可致無禮, 働無禮は今日慮外者也, 對士慮外いたす者は, 士於討之不妨."(사무라이는 사민의 관리자이므로 농민, 직인, 상인들은 사무라이에게 무례를 범해서는 안 된다. 사무라이에게 예를 갖추지 않는 자는 무뢰한이다. 사무라이는 그런 자를 칼로 베어도 무방하다.)

44 아틀라스Atlas. 그리스 신화에 나오는 지구를 짊어진 신.

45 이런 폭동을 일본에서는 '잇키一揆'라고 한다.

46 실제로는 이보다 훨씬 더 많다. 오늘날 일본 역사학자들의 연구에 의하면, 도쿠가와 시대에만 약 3천 건 이상의 농민 폭동이 일어났다고 한다.

47 Hugh Borton, *Peasant Uprisings in Japan of the Tokugawa period*, Transactions of the Asiatic Society of Japan, 2nd Series, 16, 1938.(원주)

48 Herbert Norman, 앞의 책, p. 67 참조.(원주)

49 이런 규칙을 '산킨코타이參勤交代'라고 부른다. 그런데 이 제도에서의 교대 기간은 다이묘에 따라 다르게 적용되었다. 간토 지방 주변의 다이묘들은 베네딕트의 기술처럼 반년 교대였지만, 간토 지방 주변 이외의 다이묘들은 1년 교대였고 쓰시마의 영주인 종씨宗氏는 3년에 한 번만 에도에 출두하도록 되어 있었다.

50 천황은 대체로 헤이안 시대 이래 줄곧 교토에 있다가 1868년 메이지 유신 이후 에도(지금의 도쿄)로 옮겼다.

51 천황 및 구게公家를 통제하던 이 법도를 '구게쇼핫토公家諸法度'라고 한다.

52 페리Matthew C. Perry(1794~1858). 1853년 동인도함대 사령관 겸 중국 및 일본 해역 함대 사령관으로서 미국 대통령의 친서를 지니고 에도 만의 우라가浦賀에 내항해 일본의 개항을 요구했으며, 다음해인 1854년에 다시 일본에 내항해 막부와의 미일화친조약 체결을 이끌어낸 인물.

53 타운센드 해리스Townsend Harris(1804~1878). 1856년 미국 최초의 주일 총영사(후에 공사)로 부임한 인물로 1858년 막부와 미일수호통상조약을 체결했다.

54 막부의 쇼군을 가리킴.

55 James Wilson, *A missionary voyage to the Southern Pacific Ocean performed in the*

years 1796, 1797 and 1798 in the ship Duff, London, 1799, p. 384. Edward Winslow Gifford, *Tongan Society*, Bermice P. Bishop Museum, Bulletin 61, Hawaii, 1929에서 인용.(원주)

56 여기서의 지도 map란 각자의 알맞은 자리와 신분을 규정한 사회 관습적·도덕적·규범적인 정신적 지도를 뜻한다.

57 일본인에게 용기와 고결성은 각자에게 주어진 정밀한 행동 지도에 대한 반항이 아니라 복종에서 발현된다는 말. 그렇다면 한국인에게 용기와 고결성은 어디서 발현되는가? 잘못된 지도에 대한 저항에서가 아닐까?

58 사무라이 계급을 가리킴.

59 '일신' 자체는 '과거로의 복귀'를 뜻하는 말이 아니다. '일신'은 정치체제를 새롭게 고친다는 '유신維新'과 같은 의미의 말이다. 그 메이지 유신의 핵심 내용이 '왕정복고'에 있었으므로 이렇게 서술한 듯싶다.

제4장
메이지 유신[1]

일본 근대의 개막을 알리는 외침으로서 '존왕양이尊王攘夷', 즉 '왕정을 복고하고 오랑캐를 추방하라'는 슬로건이 있었다. 이는 외국에 의해 짓밟혀 더럽혀지지 않도록 일본을 지키기 위해 천황과 쇼군이 '이중 통치'를 했던 10세기경 이전의 황금시대로 되돌아가자는 슬로건이었다. 당시 교토에 있던 천황의 황궁은 지극히 보수 반동적이었다. 천황 지지자들에게 존왕파의 승리는 곧 외국인을 굴복시켜 추방한다는 것을 의미했다. 동시에 그것은 일본의 전통적인 생활 양식을 되찾고, '개혁파'의 소리를 철저히 봉쇄하는 것을 뜻하기도 했다. 유력한 '도자마 다이묘', 즉 막부 전복에 앞장섰던 번의 다이묘들은 왕정복고야말로 도쿠가와 가문 대신에 자신들이 일본을 지배하는 길이라고 생각했다. 본래 이 도자마 다이묘들이 원했던 것은 제도 개혁이 아니라 단지 사람만 바꾸는[2] 데 있었다. 농민들은 자신들이 농사지은 쌀을 되도록이면 더 많이 가질 수 있기를 원했지만 '개혁'은 아주 싫어했다. 또한 사무라이 계급은 종래대로 봉급을 받고 칼로써 공명을 세울 기회가 오기를 기대했다. 한편 재정적으로 존왕파를 후원했던 상인들은 중상주의가 신장되기를 기대하기는 했지만, 결코 봉건제도를 규탄하지는 않았다.

반反 막부 세력이 승리를 거두어 1868년 왕정복고에 의해 천황과 쇼군의 '이중 통치'가 막을 내렸을 때, 우리 서양인의 기준에서 보면 승리자들이 이제부터 지독하게 보수적인 고립주의 정책을 실시할 것이라고 예상되었다. 그러나 신정부는 처음부터 이런 예상과는 정반대되는 방침을 취했다. 예컨대 신정부는 수립 후 채 1년도 못 되어 모든 번에서 다이묘의 과세권을 철폐해버렸다.³ 신정부는 토지대장을 회수하는 한편, 그동안 다이묘에게 바쳐왔던 4할의 수확량⁴을 정부에 납부하도록 했다. 물론 신정부는 이와 같은 과세권 몰수에 대해 일정한 보상을 해주었다. 즉 신정부는 각 다이묘에게 정규 봉록의 반액에 상당하는 액수를 배당해주었다. 이와 동시에 신정부는 사무라이를 부양할 의무라든가 공공사업비 부담과 같은 다이묘의 책임을 면제해주었다. 그리하여 신정부는 사무라이들에 대해서도 다이묘의 경우와 마찬가지로 봉급을 지급했다.

　그 후 5년 이내에 신정부는 계급 사이의 모든 법적 불평등을 철폐했다. 예컨대 카스트나 계급을 나타내는 표식 및 차별적 복장이 폐지되고 상투⁵마저도 자르게 했다. 나아가 천민 계급이 해방되었으며, 영구적인 토지 양도를 금지하는 법률도 철폐되었고, 번과 번 사이를 격리해온 여러 장벽 또한 제거되었다. 뿐만 아니라 그간 불교가 누려왔던 국교 지위도 박탈해버렸다.⁶ 또한 신정부는 5년 또는 15년을 상환 기간으로 하는 질록공채秩祿公債⁷를 발행함으로써 1876년까지 다이묘와 사무라이의 봉록을 일시불로 지급해주었다. 물론 그 일시불은 도쿠가와 시대에 정해진 다이묘들의 봉급에 따라 차이가 있었다. 어쨌거나 이로써 다이묘와 사무라이 들은 그 돈을 자금 삼아 새로운 비봉건적 경제 하에서 사업을 시작할 수 있게 되었다. "이는 도쿠가와 시대에 이미 분명한 형태로 나타나기 시작한 상업 및 금융귀족과 봉건적 토지귀족의 특수한 연합이 마침내 공식화된 최종 단계였다."⁸

그런데 갓 태어난 메이지 신정부의 이와 같은 괄목할 만한 개혁은 당시 일반 대중에게 그리 환영을 받지 못했다. 그보다 일반 대중이 가장 열광적으로 지지한 것은 1871~1873년 세간의 입에 오르내린 조선침략론[9]이었다. 그러나 신정부는 철저한 개혁을 단행한다는 방침을 결코 굽히지 않은 채 조선침략론을 묵살해버렸다. 사실 당시 개혁을 위한 신정부의 시정 방침은 메이지 유신을 위해 몸 바쳐 싸웠던 대다수 사람들의 소망과는 상반된 것이었다. 그 결과 1877년에는 불평분자들의 최고 지도자인 사이고 다카모리西鄕隆盛가 메이지 신정부 타도를 기치로 내세운 대규모 반정부군을 조직하기에 이르렀다. 이 반정부군은 왕정복고 첫해부터 메이지 정부에 대해 배신감을 느끼면서 봉건제의 존속을 기대했던 존왕파의 모든 소망을 대표하는 것이기도 했다. 이에 대해 신정부는 구舊사무라이 계층 외의 사람들로 구성된 의용군을 모집해 사이고의 사무라이 군대를 격파하는 데 성공했다.[10] 하지만 이 반란은 메이지 신정부가 당시 일본 국내에 얼마나 큰 불만을 야기했는지를 잘 보여준 사건이었다고 할 수 있다.

한편 농민들의 불만 또한 대단했다. 1868년에서 1878년까지, 즉 메이지 초기 10년 동안에 적어도 190건 이상의 농민 봉기가 일어났다. 신정부는 1877년에 가서야 겨우 농민들의 중과세에 대한 경감 조치를 취할 수 있었다. 따라서 농민들이 신정부가 자기들한테 아무런 이익도 되지 않는다고 생각했다 한들 결코 무리가 아니었을 것이다. 비단 중과세 문제뿐만 아니라 농민들은 학교 설립, 징병제도, 토지 측량, 단발령, 천민 차별대우 철폐, 과거 국교적 지위에 있었던 불교에 대한 극단적인 통제, 역법 개혁 등을 비롯해 일본인의 관습적인 생활 양식을 바꾸려 했던 그 밖의 많은 시책들에도 반대 목소리를 높였다.

그렇다면 이토록 철저하면서도 평판이 나빴던 개혁을 단행한 '정부'의 주체는 도대체 누구였을까? 그것은 바로 일본 특유의 여러 시스템이 이미 봉건시대부터 육성해온 하층 사무라이 계급과 상인 계급의 '특수한 연합' 세력이었다.[11] 즉 다이묘의 고용인 혹은 가로[12]로서 정치적 수완을 익혀 공산업, 직물업, 종이 제조 등 번의 독점사업을 경영해온 사무라이들과, 사무라이 신분을 사서 사무라이 계급 속에 생산기술의 지식을 보급시킨 상인들의 연합이 그것이다. 이와 같은 사무라이와 상인의 동맹으로 인해 메이지 정부의 정책 기획 및 실행을 추진했던 유능하고도 자신감에 가득 찬 위정자들이 역사의 무대 위에 급속히 등장할 수 있었다.

그러나 더 중요한 문제는 이런 정치가들이 어떤 계급 출신인가가 아니라 어떻게 그들이 그토록 유능하면서도 현실주의적일 수 있었느냐 하는 점에 있다. 일본은 기껏해야 19세기 중반에 겨우 중세에서 벗어났으며, 당시에는 오늘날 타이 정도의 약소국에 지나지 않았다. 그런 일본이 어느 나라도 감히 시도하지 못했던 비범한 정치적 수완으로써 놀라운 성공을 거둔 메이지 유신이라는 대사업을 기획하고 수행할 능력을 지닌 수많은 지도자들을 배출한 것이다. 이 지도자들의 장점은 물론이고 그 단점까지도 전통적인 일본인의 특성과 밀접한 연관성을 보여준다.[13] 이 책의 주된 목적은 바로 그와 같은 일본인의 특성이 무엇인지를 논하는 데 있다.[14] 하지만 여기서는 다만 신정부를 이끌었던 정치가들이 어떻게 메이지 유신이라는 사업을 수행해나갔는지를 이해하는 데 그치고자 한다.

그들은 자신의 임무를 결코 이데올로기적인 혁명으로 생각하지 않았다. 그들은 그것을 자신에게 주어진 하나의 직무로 취급했다. 그들이 머릿속에 그리던 목표는 일본이 세계 열강과 어깨를 나란히하도록 만드는 일이었다. 하지만 그들은 우상 파괴자가 아니었다. 다시 말해 그들은 봉건 계층을 욕하지도 않았고 빈털터리로 몰아세우지도 않았으며, 오히려 많은 질록을 수여함으로써 그것을 미끼 삼아 신정부를 지지하도록 유도했다. 또한 그들은 농민들의 처우를 개선하기도 했다. 이 조치가 10년이나 늦어진 것은 정부에 대한 농민들의 요구를 계급적 입장에서 묵살했기 때문이 아니다. 아마도 그것은 메이지 초기의 빈약한 국고 때문이었으리라고 여겨진다.

메이지 신정부를 운영한 정열적이고 기략이 풍부한 정치가들은 일본의 계층적 위계질서를 없애려는 모든 사상을 주도면밀하게 배척했다. 예컨대 왕정복고만 해도 천황제를 계층적 위계질서의 정점에 둔 채 쇼군을 제거함으로써 오히려 계층적 질서를 더 단순화해버렸다. 또한 왕정복고 이후에 신정부의 정치가들은 번을 폐지함으로써[15] 영주에 대한 충성과 국가에 대한 충성이 서로 충돌할 만한 갈등의 소지를 아예 없애버렸다. 그러니까 이런 변화는 계층적 위계질서의 관습적 토대를 그대로 놓아둔 채 단지 거기에 새로운 위치를 부여한 것에 지나지 않는다. 그리하여 세칭 '각하'들, 즉 일본의 새로운 지도자들은 계층적 위계질서를 약화시키기는커녕 오히려 자신들이 짠 치밀하고도 교묘한 프로그램을 국민들에게 강제하기 위해 중앙집권적 지배를 한층 강화해나갔다. 그들은 '위로부터의 요구'와 '위로부터의 은혜'를 그때그때 적절히 교대로 이용함으로써 기민한 생존력을 발휘했다. 하지만 그들은 역법 개혁이라든가 공립학교 설립 및 천민에 대한 차별 철폐 등을 지지하지 않는 국민 여론에 대해서는 굳이 그것에 귀 기울일 필요가 없다고 생각했다.

1889년에 천황이 일본 국민에게 수여한 제국헌법은 바로 '위로부터의 은혜'를 대표하는 것 가운데 하나라 할 수 있다. 그리고 바로 이 제국헌법에 의해 일본 국민이 국가 안에서 하나의 '자리'를 부여받았으며, 이윽고 제국의회가 개설되기에 이른다. 제국헌법은 서구 제국의 각종 헌법을 모델삼아 비판적으로 연구한 후, '각하'들에 의해 면밀한 심사숙고 끝에 작성된 것이었다. 이때 그 헌법 기초자들은 "국민의 간섭과 여론의 침탈을 방지하기 위한 모든 예방 수단"[16]을 강구해놓았다. 헌법 기초의 임무를 맡은 관청 자체도 궁내성[17]의 한 부서였고 따라서 신성불가침 장소였다.

제국헌법 제정과 관련해 메이지 정부의 정치가들은 자신들의 목적을 명확하게 인식하고 있었다. 헌법 입안자인 이토 히로부미伊藤博文 공작은 1880년대에 기도[18] 후작을 영국으로 파견해 일본의 앞길에 놓인 여러 문제에 대해 허버트 스펜서Herbert Spencer의 조언을 받도록 했다.[19] 그 후 여러 의견이 오간 뒤에 스펜서는 자신의 결론을 이토에게 편지로 써 보냈다. 거기서 스펜서는 일본의 계층적 위계질서와 관련해 그런 전통이야말로 국민복지의 가장 중요한 기초이기 때문에 유지 강화되어야만 한다고 적고 있다. 또한 스펜서는 상위자들superiors, 특히 천황에 대한 전통적인 '의무義務'[20]는 일본의 큰 장점으로서, 일본은 그런 '상위자들'의 지도를 받아야 견실히 나아갈 수 있을 것이며, 그래야만 개인주의적인 서구 제국에서 발생하는 것과 같은 여러 문제점을 예방할 수 있다고 말했다. 이에 메이지 정부의 정치가들은 자신들의 신념이 틀리지 않았다는 확신을 얻어 매우 만족스러워했다. 그리하여 그들은 근대 일본에서도 '알맞은 자리'를 관철시킴으로써 이익을 얻고자 했다. 그러니까 일본적인 계층적 위계질서의 관습을 없앨 필요는 조금도 없다는 것이 그들의 생각이었다.

이에 따라 메이지 정부의 정치가들은 정치와 종교와 경제를 비롯해 모든 활동 영역에서 국가와 국민 간의 '알맞은 자리'와 그 의무를 세밀히 규정했다. 그들이 창안해낸 모든 통치 조직은 미국이나 영국의 그것과 너무도 달랐던 나머지 우리는 통상 그 조직의 근본적인 요체를 알아채지 못한 채 지나쳐버리기 십상이다. 말할 것도 없이 근대 일본의 통치 조직은 여론에 상관없이 위로부터의 강력한 지배를 관철했다. 계층적 위계질서의 수뇌부가 이러한 질서를 수행했는데, 거기에는 국민의 선거에 의해 뽑힌 사람들이 일절 들어가 있지 않았다. 이런 상황에서 국민은 아무런 발언권도 가질 수 없었다.

1940년 당시 일본에서 계층적 위계질서의 수뇌부는 언제든지 천황을 '배알'할 수 있는 중신들, 천황에게 직접 조언할 수 있는 자들, 천황의 옥새가 찍힌 사령장에 의해 임명된 자들로 구성되어 있었다. 이 중 마지막 부류에는 각료, 도지사, 판사, 각 국 장관 및 기타 고관들이 포함되어 있다. 전술했듯이, 이와 같은 계층적 위계질서의 수뇌부에는 선거에 의해 뽑힌 자가 한 사람도 없었다. 그러니 선거에 의해 뽑힌 의회의 의원은 각료나 대장성 혹은 운수성 장관을 선임한다든지 인준할 때 발언권을 갖지 못했을 것이 뻔하다. 물론 선거에 의해 구성되어 국민의 의견을 대변하는 중의원은 정부 고관에게 질의를 하거나 비판을 할 수 있다는 점에서 약간의 특권을 가지고 있었다. 하지만 임명 결정이나 예산과 관련된 사항에 대해서는 발언권이 없었으며, 스스로의 발의에 의해 법률을 제정할 수도 없었다. 게다가 중의원은 선거로 선출되지 않는 귀족원의 견제를 받았다. 이 귀족원 의원의 반수는 귀족이며 4분의 1은 천황이 임명하도록 되어 있었고, 법률 제정에 영향을 미칠 수 있는 귀족원의 권한은 중의원과 거의 같았다. 때문에 귀족원은 중의원에게 더 강력한 위계질서적 견제를 가할 수 있었다.

그리하여 일본은 정부 내의 중요한 직책들을 어디까지나 '각하'들의 수중에 두었다. 하지만 그렇다고 해서 이것이 결코 그 '알맞은 자리'에 자치제도가 없었다는 것을 의미하지는 않는다. 아시아의 모든 나라에서는 어떤 정치체제든 위로부터의 권력이 아래로 미치는 과정에 있어 어느 지점에서는 반드시 밑에서 올라오는 지방자치제의 힘과 마주치게 된다. 다만 민주적 절차가 상부의 어느 선까지 미치는지, 지방자치제의 책임은 어느 정도인지, 지방적 지도력이 지방 공동체 전체의 요망에 어디까지 부응하는지, 아니면 그 지도력이 지방의 세력가들에게 농락당함으로써 얼마만큼 주민의 불이익을 초래하는지 등에 있어 나라에 따라 다소 차이가 날 뿐이다.

도쿠가와 시대의 일본에서는 중국과 마찬가지로 다섯 가구에서 열 가구 정도로 구성된 소단위 조직이 주민의 최소 책임단위를 이루었다. 현대 일본에서는 이를 '도나리구미'[21]라고 한다. 이 소단위 조직의 장은 해당 가구들과 관련된 모든 일을 관장하면서 소속 주민들이 나쁜 짓을 하지 못하도록 책임지는 한편, 주민 가운데 의심스런 행동이 발견되면 당국에 보고해야만 하고 현상수배자가 나타나면 당국에 넘겨주어야만 했다. 메이지 정부의 정치가들은 처음에는 이런 도쿠가와 시대의 조직을 폐지했다가 후에 다시 부활시켜 '도나리구미'라고 불렀다. 도시의 경우에는 정부가 종종 이와 같은 도나리구미 조직을 적극적으로 구축하기도 했지만, 오늘날 시골에서는 거의 그 기능을 상실하고 있다.[22]

도나리구미보다 더 중요한 마을단위로서 '부라쿠'[23]라 불리는 것이 있다. 이 부라쿠는 근대 일본에서 폐지되지도 않았고 그렇다고 하나의 단위로 행정기구 속에 편입되지도 않았다. 그곳은 국가의 기능이 미치지 않는 지역이었기 때문이다. 15호 정도의 가구로 구성된 이 작은 마을들은 오늘날까지도 그대로 남아 있으며, 매년 교체되는 부라쿠 장의 지도 하에 조직적으로 그 기능을 발휘한다. 부라쿠의 장은 "마을 재산을 관리하며, 사람이 죽거나 불이 났을 때 그 집에 대한 마을의 원조를 감독하고, 농사일이나 집짓기 혹은 도로 보수 따위의 공동 작업을 위한 일정을 짜는가 하면, 경보종을 울려 화재를 알린다든지 또는 특정한 리듬으로 딱따기를 두드려 그 지방의 축제일이나 휴일을 고지하기도 한다."[24] 이런 부라쿠의 장들은 몇몇 아시아의 다른 나라가 그렇듯이 해당 부라쿠에서 국세를 징수하는 책임 같은 것을 가지고 있지 않다. 그러니까 그에게는 무거운 짐이 없는 셈이다. 이들의 지위에는 조금도 이중적인 구석이 없으며, 다만 민주적 책임의 범위 안에서 직무를 수행할 따름이다.

한편 근대 일본 정부에서는 시市·정町·촌村 등의 지방자치를 공인했다. 거기서는 선출된 '원로'들이 책임 있는 시장·정장·촌장을 뽑으며, 이 장들은 부와 현 및 중앙 정부가 대표하는 국가와 의견을 절충할 때 각기 해당 시·정·촌의 대표자로서 책임을 수행한다. 농촌의 경우 이런 장은 흔히 예부터 그 땅에 살아온 농민 지주 집안 출신이 맡는다. 그는 경제적으로는 다소 손실이 있으나 대신 위신을 세울 수 있다. 그는 원로들과 더불어 해당 마을의 재정과 공중위생과 학교 교육 및 특히 재산 등기라든가 개인 신상 서류 따위를 책임진다.

마을 사무소는 매우 분주한 곳이다. 그곳에서는 초등학교에 대한 국고 보조금 지출, 그보다 훨씬 많은 액수에 달하며 마을 자체가 부담하는 교육비 지출, 마을 재산의 관리와 임대, 토지 개량, 식목, 모든 재산 거래 등기 등의 사무를 취급한다. 부동산 거래는 이런 사무소에 정식으로 등록해야만 비로소 법률적인 효력이 발생한다. 이와 같은 마을 사무소에는 또한 해당 마을에 본적을 두는 주민들에 대한 주거, 혼인 상태, 출산, 양자 결연, 법률 위반 사실과 그 밖의 기타 사항이 기재된 최신 기록 및 가족별 기록이 보관되어 있다. 이상의 여러 사항에 약간이라도 변동 사항이 생기면, 일본 전국 어디든 간에 당사자의 본적지에 보고되어 장부에 기입된다. 사람들은 취직을 할 때나 재판을 받을 때 또는 그 밖에 신원 증명이 필요할 때는 본적지 마을 사무소에 편지를 쓰든가 자신이 직접 가서 등본을 떼어 제출하도록 되어 있었다. 그래서 일본인은 자기 자신이나 가족의 장부에 불리한 내용이 기록되지 않도록 평소 여러모로 몸조심을 해야만 했다.

어쨌거나 이처럼 마을 사무소에는 큰 책임이 있다. 그 책임은 공동체에 대한 책임이라 할 수 있다. 그런데 1920년대 일본에는 전국적인 정당이 생겼다. 그것은 어느 나라에서나 '여당'과 '야당' 간의 정권 교체가 일어날 수 있다는 것을 의미한다. 하지만 일본의 지방 행정은 이 정당 정치의 등장에 영향도 받지 않은 채, 여전히 공동체 전체를 위해 일하는 원로들의 지휘를 받고 있었다. 그러나 일본의 지방 행정기관은 재판소, 경찰, 학교와 관련된 문제에 관해서는 자치권이 없었다. 즉 판사는 모두 국가가 임명했고 경찰관과 학교 교원 또한 전부 국가 공무원이었기 때문이다. 일본에서는 지금도 대개의 민사사건은 조정 재판이나 중재인에 의해 처리된다. 따라서 재판소가 지방 행정에서 행하는 역할은 거의 없다. 그보다는 경찰이 더 중요한 역할을 한다. 가령 경찰에게는 공공 집회에 배석해야 하는 임무가 있다. 하지만 그것은 경찰의 간헐적인 의무일 따름이며, 대부분의 시간은 주로 주민 신원과 재산에 관한 사무라든가 기록을 작성하는 데 사용한다. 그런데 국가는 해당 지역과는 인연이 없는 외지인을 경찰로 임명한다. 따라서 경찰은 한 지역에 계속 있는 것이 아니라 자주 교체되기 마련이다. 마찬가지로 학교 교원들도 종종 교체된다. 국가는 학교를 세부적인 사항까지 철저히 통제한다. 그래서 일본의 모든 학교는 프랑스에서처럼 같은 날 같은 시간에 같은 교과서로 같은 과목을 가르친다. 어느 학교든 아침마다 같은 시간에 같은 라디오 반주로 같은 국민체조를 한다. 요컨대 시·정·촌은 학교와 경찰과 재판소에 대해서만은 지방자치권을 가지고 있지 않았다.

이처럼 일본의 정치기구는 모든 점에서 미국의 그것과는 현저하게 다르다. 미국의 정치기구에서는 공적으로 선임된 사람들이 최고의 행정적·입법적 책임을 지며, 지방 치안은 지방자치체가 관할하는 경찰 및 경찰 재판소에 의해 이루어진다. 하지만 일본의 정치기구는 형태에 있어 네덜란드나 벨기에 같은 서구 나라의 정치체제와 별반 다르지 않다. 예컨대 네덜란드에서는 일본과 유사하게 여왕의 내각이 모든 법률안을 기초한다. 거기서는 의회가 발의해 법률을 정한 적이 없다. 촌장이나 시장조차도 법률상으로는 여왕이 임명하도록 되어 있다. 그러니까 네덜란드 여왕이 가지는 공식적인 권리는 1940년 이전의 일본보다도 훨씬 광범위하여 지방자치 단체가 처리해야 할 일들의 범위에까지 미치고 있다. 이는 엄연한 사실이다. 관습상 네덜란드 여왕은 그저 지방자치 단체가 임명한 자를 승인하는 데 불과했지만 말이다. 이뿐만이 아니다. 네덜란드에서는 일본과 마찬가지로 경찰이나 재판소가 군주에 대해 직접적인 책임을 진다. 단, 네덜란드의 경우, 학교만은 일본과 달리 어떠한 종파의 단체든 자유롭게 설립할 수 있다. 학교제도에 있어 일본과 가장 가까운 유럽의 사례는 아마 프랑스일 것이다. 한편 네덜란드에서는 운하라든가 간척지 등의 지방 개발사업은 지방자치체가 관할한다. 그런 일은 정당에서 선출된 시장이나 관리들 소관이 아니라, 지역 공동체 전체 책임으로 되어 있다.

그러나 정치 형태가 일본과 유사한 서구 제국의 사례와 비교해보건대, 양자 간의 참된 차이는 형식이 아니라 기능에서 찾아볼 수 있다. 일본인은 과거의 체험을 통해 만들어낸 관습, 즉 그들의 윤리체계와 예절 속에 격식화되어 있는 오래된 복종 관습에 의존한다. '각하'들이 '알맞은 자리'에서 주어진 직분을 다하기만 하면 그의 특권은 국가에 의해 존중받을 것이라고 기대된다. 이는 일본에서 그것이 정책적으로 용인된다기보다는, 특권의 경계선을 넘는 것 자체가 괘씸한 일로 간주되기 때문이다. 국정의 최상층부에서는 '국민의 여론' 따위는 심각하게 고려하지 않는다. 정부는 단지 '국민의 지지'만을 요구할 따름이다. 국가가 그 권한의 영역을 지방 행정의 범위까지 침범한다 하더라도 사람들은 그 지배권을 황송하게 받아들인다. 미국에서는 일반적으로 여러 기능을 수행하는 국가를 하나의 필요악으로 느끼지만, 일본에서는 그렇지 않다. 일본인의 눈으로 보면 국가는 더할 나위 없이 존귀한 지고선至高善과 마찬가지다.

또한 국가는 국가대로 국민들이 소망하는 '알맞은 자리'를 인식하고자 세심하게 주의한다. 정당한 여론의 힘이 지배적인 영역에서는 심지어 국민을 위한 일의 경우라 할지라도 일본 정부는 마치 국민의 비위를 맞추듯이 그 일을 수행한다고 해도 지나친 말은 아니다. 가령 농업 진흥 임무를 수행하는 정부 관리가 낡은 농경법을 개량하고자 할 때, 그는 미국 아이다호 주의 농업진흥원 관리처럼 되도록이면 권위를 내세우지 않고 공손하게 행동한다. 또한 정부가 보증하는 농민신용조합이나 농업협동조합을 장려하는 관리는 그 지방 유지들과 오랜 시간 원탁회의를 거친 후, 결국 지방에 관한 일은 지방이 처리한다는 방침에 입각해 그들의 결정에 따르게 마련이다. 일본인의 생활 양식은 각자에게 알맞은 권위를 할당하고 각각의 권위에 알맞은 영역을 규정한다. 그리하여 일본 문화에서는 '상급자'에게 서구 문화에서보다도 더 큰 존경을 부여한다. 그에 따라 '상급자'에게는 더 많은 행동의 자유가 주어지지만, 그만큼 더 '상급자'는 자신에게 알맞은 자리를 지켜야만 한다. "모든 것은 알맞은 제자리에 있어야 한다"는 것이 바로 일본의 좌우명이다.

한편 종교의 영역에서 메이지 정부의 정치가들은 정치의 경우보다도 훨씬 더 기묘한 공적 제도를 창안해냈다. 하지만 이 또한 전술한 일본의 좌우명에 따른 것이었다. 즉 그들은 특히 '국민적 통일과 우월성의 상징'을 고양하는 종교는 국가 관할로 귀속시키고, 그 밖의 종교는 개인적 신앙의 자유에 맡겼다. 이때 국가 관할로 귀속된 종교가 바로 국가신도[25]다. 이 국가신도는 미국인들이 성조기에 대해 경례하듯이 국민적 상징에 대해 정당한 경의를 표하자는 것이 기본 취지이므로 "종교가 아니다"[26]라고 주장되었다. 그리하여 일본은 서구적인 신앙의 자유 원칙에 조금도 저촉됨이 없이 모든 국민에게 국가신도를 요구할 수 있었다. 이는 마치 미국에서 성조기에 대해 경례를 요구하는 것이 조금도 신앙의 자유를 침해하지 않는 것과 같다. 그것은 그저 충성의 표식일 뿐이다.

이처럼 국가신도는 '종교가 아니기' 때문에 일본 정부는 서구의 비난을 염려할 필요도 없이 학교에서 그것을 가르칠 수가 있었다. 각급 학교에서는 국가신도를 신화시대 이래 일본 역사 및 '만세일계萬世一系'의 통치자인 천황 숭배와 연관해서 가르쳤다. 다시 말해 일본은 국가 차원에서 이와 같은 국가신도를 조장하고 통제했다. 그리고 불교와 그리스도교 및 교파신도[27] 혹은 종파신도[28] 등 그 밖의 종교는 미국과 마찬가지로 개인의 자유의사에 맡겼다. 이 두 가지 영역, 즉 종교가 아닌 국가신도의 영역과 그 밖의 종교의 영역은 행정 및 재정에서 확실히 구별되었다. 즉 국가신도는 내무성 산하 관할 부서의 감독을 받았으며, 국가신도 시스템에 속한 신관이나 제식 및 신사는 국비 지원으로 유지되었다. 이에 비해 종파신도 및 불교와 그리스도교 제파는 문부성 종무과 소관이었으며, 재정은 각 교파에 속한 신자들의 자발적 헌금에 의지했다.

이와 같은 일본의 공식적 태도에 비추어보건대, 국가신도는 거대한 국교까지는 아니겠지만 적어도 방대한 국립기관이라고 부를 수는 있다. 당시 일본에는 태양의 여신[29]을 제사 지내는 이세신궁[30]을 비롯해 특별한 의식이 있을 때마다 신관 자신이 청소를 해야 할 정도로 규모가 작은 소사小社에 이르기까지 총 11만 군데 이상의 크고 작은 신사가 있었다. 여기서 신사 신관의 전국적 위계제는 정치적 위계제와 동일한 구조로 되어 있다. 즉 최하위 신관에서부터 군과 시 또는 부와 현의 신관을 포함해 '각하'라는 경칭으로 불리는 최고 신관에 이르기까지 권위의 계통이 피라미드식으로 구성되어 있는 것이다. 이들의 역할은 민중이 행하는 제사를 주관하는 데 있다기보다는 오히려 민중을 위해 제사를 거행하는 데 있었다.

이와 같은 국가신도에는 교회에 다닌다는 식의 우리에게 익숙한 관념은 없다.[31] 또한 국가신도는 종교가 아니라고 규정되었기 때문에, 그 신관들은 교의를 가르치지 못하도록 법으로 정해져 있다. 따라서 국가신도에는 우리가 상식적으로 가지고 있는 것과 같은 의미의 예배의식은 없다. 대신 종종 돌아오는 제삿날에는 지역 공동체 공식 대표자들이 신사를 찾아가 신관 앞에 선다. 그러면 신관은 대마大麻와 종이를 길게 늘어뜨린 막대기[32]를 흔들어 그들을 정화시킨다. 이어서 신관은 안쪽 깊은 곳에 안치된 신단의 문을 열고 큰 소리로 신들에게 공양 음식을 드시러 내려오시라고 외치면서 기도를 올린다. 참배자들은 신분에 따라 차례대로 경건히 배례한 후 일본인들이 성스럽게 여기는 나뭇가지[33] 하나씩을 봉헌한다. 그 가지에는 가느다란 흰 종이들이 늘어져 있는데, 이것은 예부터 대대로 전해져 내려온 신성한 봉헌물이다. 이렇게 해서 참배가 끝나면 신관은 다시 한번 큰 소리로 신들을 배웅하고 신단 문을 닫는다. 국가신도 제삿날에는 천황도 국민을 대표해 의식을 거행한다. 이때 일본의 모든 관청은 휴무다.

하지만 이런 국가신도의 제일祭日은 지방에 있는 큰 신사의 축제나 불교 축일처럼 민중에게 크게 인기가 있었던 것은 아니다. 그러니까 지방 신사의 축제나 불교 축일은 국가신도 바깥의 '자유로운' 영역에 있었다. 그런 자유로운 영역 안에서 일본인은 자신의 기호에 맞는 여러 유력한 종파와 축제일을 가지고 있었다. 가령 일본 불교는 오늘날까지도 여전히 국민 대다수가 선호하는 종교로서, 각기 다른 가르침과 개창자를 가진 여러 종파가 전국적으로 활동한다. 심지어 신도 중에도 국가신도와 무관한 종파들이 많이 있었다. 그 중 어떤 종파는 1930년대에 일본 정부가 국가주의를 취하기 이전부터 이미 순수한 국가주의의 거점으로 활동하고 있었다. 그런가 하면 크리스천 사이언스[34]의 신앙 치병요법에 비견될 만한 종파, 유교의 가르침을 준수하는 종파, 샤먼적인 빙의가 중심인 종파, 성산聖山의 신사를 순례하는 것이 주 목적인 종파[35]도 있었다.

대부분의 민중적 축제일 또한 국가신도의 영역 바깥에 방임되어 있었다. 그런 축제일에는 많은 군중이 신사에 모여든다. 참배자들은 각자 정수로 입을 깨끗이 가신 다음 배전 앞에서 방울을 매단 줄을 당긴다든지 손뼉을 치면서 신이 하강하기를 빈다. 이어서 경건히 배례한 뒤에 다시 한번

줄을 당기거나 손뼉을 쳐서 신을 배웅한다.[36] 그러고는 배전에서 물러나와 그날의 진짜 목적에 눈을 돌린다. 신사 경내에 가설된 노점상에서 장난감을 산다든지 맛있는 것을 사먹는다든지 스모[37]나 제액除厄 행사 또는 광대들의 가구라[38] 춤을 구경한다든지 하는 일이 그것이다. 한마디로 축제 분위기를 즐긴다. 일본에서 산 적이 있는 어떤 영국인은 일본의 축제를 볼 때마다 항상 생각나는 시가 있다면서, 다음과 같은 윌리엄 블레이크 William Blake의 시 한 구절을 인용한다.

> 만일 교회에서도 약간의 맥주가 나오고,
> 우리의 영혼을 즐겁게 해줄 유쾌한 모닥불이 있다면,
> 우린 온종일 찬송가를 부르고 기도할 터이니,
> 교회를 떠나 방황하려는 생각은 들지 않으리.[39]

종교적 고행에 몸을 바친 일부 종교 전문가의 경우를 제외한다면, 일본에서 종교란 결코 엄격하고 금욕적인 관념으로 여겨지지 않는다. 물론 일본인들은 신사나 사찰을 참배하는 종교적 순례에 열성적이지만, 이는 또한 휴일을 즐기기 위한 것이기도 하다.

어쨌거나 이런 식으로 메이지 정부의 정치가들은 통치에서 국가가 기능하는 영역과 종교에서 국가신도의 영역을 교묘하게 구획 짓는 한편, 다른 영역은 국민의 자유에 맡겼다. 하지만 그들은 국가와 직접 관계되는 일은 새로운 계층적 위계질서의 최고 관리자인 자신들의 지배권 하에 두고자 했다. 가령 육해군을 창설할 때, 그들은 다른 분야의 경우와 마찬가지로 기존의 낡은 카스트 시스템을 제거했다. 사실 군대의 경우엔 일반 시민 생활의 경우보다도 훨씬 더 철저히 전통적인 계층적 위계질서가 제거되었다. 심지어 일본식 경어조차 폐지되었다. 물론 실제로는 옛 관습이 어느

정도 남아 있었지만 말이다. 그럼에도 군대에서는 출신 가문에 관계없이 어디까지나 실력에 따라 누구든지 장교 계급까지 승진할 수 있었다. 군대만큼 철저한 실력주의가 통용된 분야는 달리 없을 정도였다.

이 점에서 군대는 당시 일본인들 사이에서 매우 우호적인 평판을 얻고 있었다. 이는 확실히 그럴 만도 했다. 왜냐하면 좋은 평판을 얻는 것이야말로 새로 조직된 군대가 일반 민중의 지지를 받을 수 있는 가장 좋은 수단이었기 때문이다. 이를 위해 군은 중대나 소대를 같은 지역에서 온 동향 사람들로 편성했으며, 전쟁이 없는 평상시에는 각자 자기 집 인근의 병영에서 병역 의무를 마치도록 했다. 이는 출신 지방과 군대의 긴밀한 유대 관계가 유지되었음을 의미한다. 뿐만 아니라 이는 사무라이와 농민 혹은 부자와 가난한 자의 관계를 떠나서 누구든 장교와 병사 혹은 고참병과 신참병의 관계로 2년간 군에 복무한다는 것을 의미하기도 했다. 요컨대 많은 점에서 군대는 민주적인 평등성을 보급하는 역할을 했다. 사실 많은 점에서 당시 일본의 군대는 진정한 국민의 군대였다고 할 수 있다. 다른 많은 나라들의 군대는 현상 유지를 위해 강력하고 강압적인 무력에 의존하지 않을 수 없었다. 이에 비해 일본 군대는 소농 계급에 동정적이었고, 따라서 종종 거대 금융자본가나 생산자본가들에게 항거하는 일이 벌어지기도 했다.

하지만 일본의 정치가들은 아마도 국민의 군대를 창설하면서 나타난 이와 같은 결과를 모두 다 있는 그대로 받아들일 수는 없었을 것이다. 그런 식으로 나가다가는 계층적 위계질서 안에서 군부가 최고의 권위를 확보할 수 없다고 여겼기 때문이다. 그래서 군부는 위계질서의 최상층 영역에서 특정 조처를 강구함으로써 소기의 목적을 달성하는 데 성공했다. 민간 정부로부터의 군 수뇌부 독립이 그것이다. 그들은 이러한 조처를 헌법에 규정하지는 않았지만, 민간 정부에게 이미 승인받은 군 수뇌부의 독립성을 하나의 관례로 유지해나갔다. 그리하여 육해군 대신은 예컨대 외무성 대신이나 내무성 대신과는 달리, 천황을 직접 배알하는 권한을 부여받았다. 때문에 이들은 천황의 이름을 이용해 자신들의 방침을 강제할 수 있었다. 말하자면 그들은 내각의 문관 각료들에게 일일이 중요한 사안을 보고하거나 협의할 필요가 없었다. 오히려 군부는 모든 내각을 마음대로 조종할 수 있었다. 즉 그들은 마음에 들지 않는 내각에 대해서는, 육해군 장성이 내각에 참여하지 못하도록 함으로써 간단히 그 내각의 조각組閣을 방해할 수 있었다. 고위 현역 장교가 육해군 대신의 직위를 맡지 않으면 어떤 내각도 성립될 수 없었기 때문이다. 당시 일본에서는 문관이라든가 퇴역 장교들은 육해군 대신의 자리를 맡을 수 없게 되어 있었다. 또한 군부는 내각이 취한 어떤 행동이 불만스러울 경우, 내각의 육해군 대신들을 불러들임으로써 그 내각을 총사퇴시킬 수도 있었다. 이처럼 최고위 정책의 수준에서 군 수뇌부는 어떠한 간섭도 받지 않는 구조를 구축해놓았다. 나아가 그 이상 높은 보증이 필요하다면 군부는 다음과 같은 헌법 조항에서 그 보증을 끌어낼 수 있었다. "제국 의회가 차기 연도 예산 승인에 실패한 경우, 정부는 전년도 예산을 시행해야 한다."[40]

한편 결코 군의 진격이 없을 것이라는 외무성의 약속과는 달리 군부가 만주사변을 일으킨 것은 내각 정책이 통일되지 않은 틈을 타서 군 수뇌부가 현지의 관동군 사령관을 지지한 사례라 할 수 있다. 다른 분야에서와 마찬가지로 군부에 대해서도 그것이 계층적 특권에 관련된 경우라면 일본인은 어떤 결과가 나오든 모든 것을 감수하는 경향이 있다. 이런 경향은 군부의 정책이나 그 결과에 동의해서라기보다는, 특권의 경계선을 넘는 것은 좋지 않다고 생각하는 일본인의 통념에서 비롯되었다.

산업 발전 분야에서도 일본은 서구 어느 나라에서도 유례를 찾을 수 없는 독자적인 수순을 밟았다. 거기서도 상층부의 '각하'들이 계략을 세우고 규칙을 정했다. 그들은 계획을 수립했을 뿐만 아니라, 그들이 필요하다고 결정한 산업을 정부 재정으로 육성했다. 이때 정부 관료들이 그 모든 것을 조직하고 운영했으며, 필요하면 외국 기사를 초빙하거나 일본인을 해외에 유학 보내기도 했다. 이런 산업들이 "잘 운영되어 당초 계획대로 사업이 신장되면" 정부는 그것을 민간회사에 불하했다. 예컨대 정부는 이런 산업을 선택된 소수의 자본가, 특히 미쓰이[41]라든가 미쓰비시[42] 같은 유명한 재벌에게 '형편없이 싼 헐값'에 하나씩 둘씩 팔아 넘겼다. 일본의 정치가들은 산업 개발을 수요 공급의 법칙이나 자유기업의 원칙에 맡겨서는 안 된다고 생각했다. 왜냐하면 산업 개발은 일본에 너무나 중요한 사업이기 때문이라는 것이다. 그렇다고 해서 이런 정책이 사회주의적 신조에 입각한 것은 결코 아니다. 결국 톡톡히 재미를 본 것은 바로 재벌들이었다. 어쨌거나 일본은 시행착오와 헛된 소모를 최소한도로 줄여 그들에게 필요한 산업을 확립하는 데 성공했다.

이런 식으로 일본은 '자본주의적 생산양식의 시발점 및 이후 여러 단계의 일반적 순서'를 수정할 수가 있었다. 그들은 소비재 생산과 경공업부터 시작하는 대신 먼저 중요한 중공업에 손을 댔다. 그리하여 조병창, 조선소, 제철소, 철도 건설 등을 우선함으로써 일본의 기술적 능력은 단기간에 고도의 수준까지 올라갔다. 하지만 이들 산업이 모두 민간에게 이양되지는 않았다. 거대한 군수 산업은 여전히 정부 관료의 지배 하에 남겨진 채, 정부의 특별회계에 따라 재정 지원을 받았다.

정부가 우선권을 부여한 산업의 모든 분야에서 소상공업자라든가 관료가 아닌 경영자는 '알맞은 자리'를 가지지 못했다. 오직 국가, 아니면 신용이 있고 정치적으로 특별한 편의를 제공받는 대재벌만이 이런 영역에서 활동할 수 있었다. 하지만 일본인의 생활에서 여타 분야들이 모두 그렇듯이 산업에도 또한 자유로운 영역이 있었다. 예컨대 최소한의 자본 투자와 최대한의 저임금 노동력을 활용함으로써 운영되는 '찌꺼기' 산업들이 그 것이다. 이와 같은 경공업 분야는 근대적 테크놀로지가 없이도 존재할 수 있었고 지금도 그렇게 존속하고 있다. 이들 산업은 일찍이 미국에서 우리가 '홈 스웨트숍'[43]이라고 부르는 것에 의해 운영되었다. 거기서는 이른바 '스몰타임'[44] 제조업자가 원료를 사서 그것을 가정이나 혹은 네다섯 명의 직공을 가진 작은 공장에 대여하고 회수했다가 다시 대여하는 과정을 되풀이한다. 그렇게 해서 만들어진 제품을 상인이나 수출업자에게 팔아넘기는 것이다. 1930년대 일본에서는 공업 종사자 총수의 53%가 이처럼 직공 수 다섯 명 이하의 공장이나 가정에서 일하고 있었다.[45] 이런 직공들의 대부분은 전통적인 도제제도의 가부장적 온정주의 관습의 보호를 받았으며, 이 밖에 대도시 가정에서 아기를 업은 채 임금노동에 종사했던 주부들 또한 많은 수를 차지했다.

이와 같은 일본 산업의 이원성은 일본인의 생활 양식에서 정치나 종교 분야에서의 이원성 못지않게 중요하다. 예컨대 일본의 정치가들은 다른 여러 분야에서의 계층적 위계제에 필적할 만한 상류층이 재계에도 필요하다는 방침을 정해놓고 있었다. 이때 그들을 위해 각종 전략 산업을 육성하는 한편, 정치적으로 정부에 우호적인 상인 가문을 택해 그들로 하여금 여타 분야에서의 위계질서와 마찬가지로 '알맞은 자리'를 갖도록 했다. 정부가 이런 재계의 유력 가문과 관계를 끊는다는 것은 일본 정치가들의 계획에 전혀 포함되어 있지 않았다. 그리하여 재벌은 자신에게 이윤과 더불어 높은 지위를 보장해주는 일종의 지속적인 가부장적 온정주의 정책으로 많은 이익을 얻었다. 종래 일본인들이 이윤 및 돈에 대해 지녔던 태도로 보건대 재벌귀족이 국민들의 공격을 받는 것은 불가피한 일이었지만, 정부는 공인된 계층적 위계질서의 관념에 의지해 있는 힘을 다해 그와 같은 체제를 확립하고자 애썼다.

하지만 이런 노력은 충분히 성공하지는 못했다. 왜냐하면 재벌은 이른바 군부의 청년 장교 그룹이나 농촌 지역 사람들에게 종종 공격을 받았기 때문이다. 그러나 실제로 일본 여론의 가장 혹독한 공격을 받은 대상은 재벌이 아니라 '나리킨'[46]이었다. 나리킨은 미국에서 흔히 '누보리슈nouveau riche(벼락부자)'라는 말로 번역되지만, 그런 번역으로는 일본인의 감정을 제대로 표현해내기 어렵다. 미국에서 누보리슈란 엄밀하게 말해 '새로 온 사람들newcomers'을 뜻한다. 이런 누보리슈가 세간의 웃음거리로 취급받는 이유는 그들이 세련되지 못하고 또 적당한 품위를 익힐 틈이 없기 때문이다. 하지만 미국에서는 종종 이런 부정적 측면이 미국인들의 마음을 감동케 하는 긍정적 측면에 의해 상쇄되곤 한다. 예컨대 미국인들은 누보리슈들이 통나무집에서 출세했다든가 노새를 몰던 신세에서 몇백만 달러의 유전 경영자가 되었다든가 하는 식의 이야기를 긍정적으로 받아들인다.

이에 비해 '나리킨'이라는 일본어는 본래 일본의 장기놀이에서 온 낱말로, 여왕金으로 승격된 졸병卒을 가리키는 말이다. 즉 그렇게 날뛸 만한 아무런 계층적 권리도 없으면서 거물처럼 장기판 위를 사납게 날뛰는 졸병과 매한가지다. 일본에서는 흔히 나리킨을 사람을 속이고 이기적으로 이용해서 돈을 긁어모은 사람으로 여긴다. 따라서 이런 나리킨을 향한 일본인들의 비난은 미국인들이 '성공한 하인'을 대하는 태도와는 매우 큰 차이를 보인다. 일본은 계층적 위계질서 속에 거대한 부가 차지하는 자리를 부여함으로써 그것과 제휴했다. 하지만 부가 그런 '알맞은 자리'의 영역 바깥에서 획득된 경우, 일본의 여론은 그에 대해 통렬한 비난을 퍼붓곤 한다.

이처럼 일본인은 항상 계층적 위계를 의식하면서 사회질서를 유지해왔다. 가령 일본에서는 가정 안에서나 개인 간의 인간관계에서 연령, 세대, 성별, 계급 등에 알맞은 행동이 각각 정해져 있다. 정치, 종교, 군대, 산업에서도 각각의 영역별로 신중하게 계층적 위계질서가 세워져 있으며, 상급자든 하급자든 자신에게 주어진 특권의 범위를 넘어서면 반드시 처벌을 받았다. 그러나 '알맞은 자리'가 유지되는 한, 일본인은 별 불만이나 저항 없이 살아간다. 그들은 그것이 안전하다고 생각한다. 이때 물론 최대의 행복을 보장받는가 하는 의미에 있어서는 '안전'하지 못한 경우도 종종 있다. 하지만 계층적 위계질서를 정당한 것으로 받아들여왔다는 점에서는 '안전'하다고 말할 수 있다. 평등이라든가 자유기업에 대한 신뢰가 미국인의 생활 양식의 특징인 것과 마찬가지로, 이런 관념은 일본인의 인생관을 구성하는 중요한 특징이다.

그런데 이 같은 '안전'이라는 신조를 외국에 수출하고자 했을 때 일본은 인과응보에 직면하지 않을 수 없었다. 일본 국내에서는 계층적 위계질서가 일본 국민의 상상력에 꼭 들어맞았다. 그도 그럴 것이 일본인의 상상력 자체가 계층적 위계질서에 의해 형성된 것이었기 때문이다. 일본의 야심[47]은 그와 같은 세계 내에서만 구체화될 수 있는 야심에 지나지 않았다. 하지만 계층적 위계질서는 도저히 수출될 수 없는 치명적인 상품이었다. 외국의 다른 나라들은 일본의 이런저런 주장을 일방적이고 건방진 것으로, 아니 그보다 더 나쁜 것으로 여겨 분개했기 때문이다. 그러나 일본군 장교나 사병 들은 각 점령지의 주민들이 자기들을 환영하지 않는 것을 보고 계속 놀랄 뿐이었다. 일본은 그들에게 비록 낮은 위치기는 하지만 어쨌거나 계층적 위계질서 속에 하나의 위치를 부여하고자 한 것이 아닌가? 그리고 계층적 위계질서란 낮은 위치에 있는 자에게도 바람직한 것이 아니었던가? 일본인들은 이런 의문을 품지 않을 수 없었다. 당시 일본 군부는 자포자기해서 몸을 망친 중국 소녀가 일본군 병사나 일본인 기술자와 사랑에 빠짐으로써 행복을 찾는다는 식의 전쟁 영화 시리즈를 끊임없이 만들어냈다. 이는 나치 독일판의 정복자 이야기와는 판이하게 다르지만 결국 실패작이라는 점에서는 같다.

일본인들은 그들 스스로에게 강요한 것을 다른 나라에도 똑같이 강요했지만, 필경 그것은 무리였다. 그것이 가능하리라고 생각한 것 자체가 잘못이었다. 일본인들은 '각자 알맞은 자리를 받아들이는' 일본의 도덕체계가 다른 나라에서는 어디서도 받아들여질 수 없다는 사실을 알아차리지 못했다. 다른 나라들은 그런 도덕률을 가지고 있지 않았기 때문이다. 그것은 일본만의 고유한 산물인 것이다.[48] 그런데 일본의 저술가들은 이런 도덕률에 대해 거의 기술하지 않는다. 그들은 이 도덕체계를 너무도 당연한 것으로 생각하기 때문이다. 하지만 우리가 일본인을 이해하려면 무엇보다 먼저 이런 도덕체계에 대한 기술이 필요하다.

주

1 오늘날 서구학자들은 일본의 '메이지 유신'을 'The Meiji Restoration'이라고 표기하는 경향이 일반적이지만, 베네딕트는 'The Meiji Reform'이라는 용어를 사용한다. 'Restoration'이 왕정복고라는 역사적 사실에 포인트를 맞춘 중립적인 번역어라 한다면, 'Reform'은 메이지 유신의 개혁적인 측면에 주목하는 가치 평가적인 번역어라 할 수 있다. 실제로 이 장에서 베네딕트는 메이지 유신에 대해 놀람의 표정을 감추지 않은 채 그 개혁적인 측면을 높이 평가한다. 베네딕트는 앞의 제3장 후반부에서 나라 시대에서 도쿠가와 시대에 이르기까지 일본사를 서술하면서 특히 도쿠가와 시대의 신분질서를 상세히 묘사한 후, 이 장에서는 메이지 이후의 일본이 그 봉건적 신분질서를 재편 강화해 근대 국가를 형성하는 과정을 세부적으로 서술한다. 그 과정에서 베네딕트는 메이지 유신의 모순, 메이지 유신을 이끈 지도적 정치가들의 유능함, 그들에 의한 계층제적 위계질서의 순화 및 강화 노력, 근대 지방자치제도, 복종의 관습, 근대 종교와 군대 및 산업제도, 도덕체계 등을 상세히 분석한다.
2 이는 봉건제도 자체는 그대로 둔 채 쇼군 자리에 대신 천황을 놓는 것, 혹은 지배층(도쿠가와 막부의 고급 관리들)의 교체를 가리키는 표현이다.
3 메이지 신정부는 1869년에 '판적봉환版籍奉還'이라 불리는 지방제도 개혁을 전격적으로 실시했다. 여기서의 '판적'이란 토지(영지)와 인민(영민)을 뜻하는 말이다. 이때 먼저 막부 타도와 메이지 유신의 중추 세력이었던 사쓰마 번과 조슈 번을 비롯한 여러 번의 다이묘들이 자신의 영지와 영민領民을 천황에게 되돌려준다는 의미의 '봉환'을 정부에 건의했고, 이를 받아들인 정부가 다른 모든 번의 다이묘들에게도 봉환을 명했다. 이로써 다이묘의 과세권이 정부로 넘어가게 되었다.
4 도쿠가와 시대에는 '사공육민四公六民'이라 하여 수확량의 4할은 다이묘에게 바치고 6할만 농민들에게 돌아갔다.
5 일본식 상투인 '촌마게丁髷'를 가리킨다.
6 이것이 바로 신도 신사에서 모든 불교색을 제거함으로써 천여 년 넘게 지속되어온 신도와 불교의 공존, 즉 신불습합神佛習合에 종지부를 찍은 유명한 '신불분리神佛分離' 정책이다. 신불습합과 신불분리의 전개 과정에 관해서는 박규태, 〈신불습합과 신불분리의 정신사적 의미〉,《상대와 절대로서의 일본》, 제이앤씨, 2005, 6장 참조.

제4장 메이지 유신 137

7 여기서 '질록'이란 지위에 따라 지급되는 봉급을 가리킨다. 메이지 신정부는 1873~1875년 사무라이들로 하여금 이런 질록을 반환케 하고 그 대가로 공채를 발행해 그들에게 일괄 지급했다.

8 Herbert Norman, *Japan's Emergence as a Modern State*, p. 96.(원주)

9 일본에서는 이를 '정한론征韓論(세이칸론)'이라고 한다. 대표적인 정한론자로 메이지 유신의 영웅인 사이고 다카모리西鄕隆盛를 비롯해 민선의원 설립을 주장한 에토 신페이江藤新平(1834~1874) 및 훗날 자유민권 운동의 대표주자가 된 이타가키 다이스케板垣退助(1837~1919) 등을 들 수 있다.

10 메이지 정부에 대한 최대 규모이자 최후의 반란으로서, 1877년 2~9월 계속된 이 내전을 일본사에서는 '세이난전쟁西南戰爭'이라고 한다.

11 메이지 정부의 기본 성격을 '하층 사무라이 계급과 상인 계급의 특수한 연합'으로 보는 베네딕트의 이해는 캐나다인 일본사 연구자인 허버트 노먼E. Herbert Norman 이 《일본 근대국가의 출현Japan's Emergence as a Modern State: Political and Economic Problems of the Meiji Period》(New York, International Secretariat, Institute of Pacific Relations, 1940)에서 보인 관점에 따른 것이다. 이뿐만 아니라 제3장과 제4장에서의 일본사 서술은 대체로 이 노먼의 저술에서 많은 부분을 참조한다.

12 가로家老. 특히 에도 시대 다이묘의 중신을 가리키는 말. 휘하의 가신들 및 사무라이 집단을 총괄 통솔하는 세습적 직책. 하나의 번에 여러 명의 가로가 있었다.

13 여기서 베네딕트는 메이지 유신을 사무라이들이 일으킨 사회 변혁으로 보면서, 그 사무라이들의 성격이야말로 곧 일본인의 전통적 성격이라는 견해를 시사한다. 이런 이해는 니토베 이나조新渡戶稻造(1862~1933)의 영문 저서인 《무사도Bushido: The Soul of Japan》(1900)에서 받은 영향으로 보인다. 가령 《무사도》 제16장을 보면 "메이지 유신의 소용돌이 속에서 일본의 조타수 역할을 한 위대한 지도자들은 무사도 외의 다른 도덕적 교훈은 조금도 모르던 사람들이었다. (중략) 근대 일본을 건설한 사람들의 기록을 펼쳐보자. 이토 히로부미, 오쿠마 시게노부, 이타가키 다이스케 등 현존 인물의 회고담은 말할 것도 없고 사쿠마 쇼잔, 사이고 다카모리, 오쿠보 도시미치, 기도 다카요시 등의 전기를 보면 그들의 사상 및 행동이 모두 무사도에 자극받아 나온 것임을 발견할 수 있다. (중략) 일본인의 결점에도 또한 무사도가 크게 책임이 있다"는 등의 언급이 나온다. 니토베 이나조, 권만규 외 옮김, 《일본의 무사도》, 생각의 나무, 2006(개정판), 16장, 특히 186~187쪽 참조.

14 일본, 일본인, 일본 문화의 공시적·구조적 특성을 규명하는 것이 이 책의 주된 목적

이라고 밝히는 베네딕트의 주장과 관련해 종래 많은 평자들이《국화와 칼》의 '비역사성'에 비판을 가했다. 대표적으로 러미스는, 베네딕트가 행한 작업은 주지의 사실들을 조합해 하나의 허구, 즉 '계급도 정치도 역사도 다 쏙 빼버린 나라로서 일본의 이미지'를 만들어냈다고 말한다. "《국화와 칼》에는 메이지 유신과 일본의 공업화를 다룬 장이 있지만, 일본 문화의 서술로 넘어가자마자 역사에 관한 장은 전혀 쓰여지지 않은 것처럼 되어버린다. 최초의 네 장은 서론이며 주로 표준적인 역사서의 요약에 지나지 않는다. 베네딕트의 진짜 작업은 제5장 이후인데, 이 5장은 우선 '온'에 관한 논의부터 시작된다. 거기서는 경제도 정치도 권력도 계급도 역사도 모두 사라져버리고 균질적이며 시간을 초월한 개념으로서의 '일본'이 주제가 되어 있다." C. D. ラミス, 加地永都子譯,《内なる外國:〈菊と刀〉再考》, 時事通信社, 1981, 159~160쪽. 그러니까 베네딕트는 가변적이고 동적인 측면을 무시한 채, 불변적이고 정적인 것에 매달렸다는 것이다. 사실《국화와 칼》의 일본사 서술은 메이지 유신에서 끝나며 그 후 일본이 군국주의화되는 다이쇼, 쇼와 시대의 역사가 경시되거나 무시되는데, 이 점에서도《국화와 칼》의 비역사성이 지적될 수 있다.

15 일본사에서는 이를 '폐번치현廢藩置縣'이라고 한다. 이는 1871년 7월에 시행된 지방제도 개혁으로서, 전국의 번을 폐지하고 대신 3부府 72현縣을 설치함으로써 중앙집권체제를 완성시킨 대개혁이었다.

16 한 일본인 학자의 저서에서 인용한 구절. 그 학자는 헌법 기초자 가운데 한 명이었던 가네코金子 남작의 말에 근거해 이 구절을 언급한다. Herbert Norman, 앞의 책, p. 88 참조.(원주)

17 궁내성宮内省. 1869년 고대 율령제 팔성八省 중 하나였던 '궁내성'을 모델로 설치된 관청. 황실, 황족, 화족華族(조정의 공경 및 다이묘 가계의 신분)과 관련된 일체의 사무를 담당하는 부서로서, 1949년 이후 '궁내청宮内廳'으로 개칭되어 오늘날에 이른다.

18 기도 다카요시木戶孝允(1833~1877). 조슈(현재의 야마구치 현) 번사 출신. 메이지 신정부 내 진보파의 중심 인물로 판적봉환 및 폐번치현에 힘썼다. 이와쿠라岩倉 사절단 부사副師로서 1871년 11월~1873년 9월 구미 제국을 시찰하기도 했다.

19 이는 베네딕트의 착오다. 이토 히로부미 일행이 유럽에 간 것은 1882년의 일이므로, 그보다 5년 전인 1877년에 사망한 기도 다카요시가 이런 임무를 맡았을 리가 없다. 사실 1889년 이토의 명에 따라 유럽에 파견되어 스펜서를 만난 자는 가네코 겐타로金子堅太郎(1853~1942)라는 인물이었다.《국화와 칼》일본어판인《菊と刀》

(長谷川松治譯, 社會思想社, 1972), 94쪽 역주 참조.
20 베네딕트는 뒤에서 천황에 대한 의무를 '기리義理'와 구별해 '기무義務'의 범주에 귀속시킨다. 제6장 166~167쪽 도표 참조.
21 도나리구미隣組. 2차 세계대전 중 국민 통제를 위해 만들어진 지역 조직. 초나이카이町內會 및 부라쿠카이部落會 산하에 소규모 가구를 한 단위로 하여 식량이라든가 생필품 배급 등을 행했다. 1940년에 제도화되었다가 패전 후인 1947년에 폐지되었다.
22 이 대목에서 베네딕트는 사실 관계상의 오류를 범한다. 아직도 일본의 많은 농촌과 어촌 및 산촌에서는 여전히 도나리구미 제도가 계속되고 있으며, 또한 도시에도 도나리구미를 계승한 단체가 존속하기 때문이다. 川島武宜,〈評價と批判〉, 265쪽.
23 부라쿠部落. 실제로는 주로 천민 계급의 마을을 뜻하는 말로 사용되었다.
24 John F. Embree, *The Japanese Nation*, p. 88.(원주)
25 'State Shinto(국가신도)'라는 용어가 처음으로 사용된 것은 일본인 스스로에 의해서가 아니라 패전 직후인 1945년 12월에 연합국 최고 사령부(GHQ)가 발표한 '신도지령'에 의해서였다. 이 신도지령에 의하면 국가신도란 '일본 정부의 법령에 의해 종교로서의 섹트신도(종파신도 혹은 교파신도)와는 다른 것으로 구별되는 한편, 일반적으로 국가신도, 국민신도, 혹은 신사신도로 알려져 있는 바, 비종교적 제사로 분류되어온 신도의 일파'로서 요컨대 군국주의적이고 과격한 국가주의 이데올로기를 선전 유포하면서 일반 국민들에게 강제해온 전전의 신사신도를 가리킨다.
26 이를 일반적으로 '신사비종교론神社非宗敎論'이라고 한다.
27 교파신도敎派神道. 근대 일본 정부는 신도를 '종교가 아닌 제사로서의 신도'와 '교단 종교로서의 신도'로 구분했다. 이른바 국가신도가 전자에 해당한다면, 교파신도 13파(黑住敎, 天理敎, 金光敎, 實行敎, 扶桑敎, 御嶽敎, 神道本局, 出雲大社敎, 神習敎, 大成敎, 神道修成派, 禊敎, 神理敎)는 후자에 해당한다.
28 종파신도宗派神道. 교파신도를 가리키는 별칭.
29 일본 천황가의 조상신이라고 일컬어지는 아마테라스 오미카미天照大神를 가리킴.
30 이세신궁伊勢神宮. 현 미에 현 이세 시에 있는 일본 전국 신사의 총본산.
31 교회의 교인이 되어 정기적으로 예배에 참석하고 신앙생활을 하는 등 그리스도교적인 종교 관행이 국가신도에는 없다는 뜻.
32 이를 고헤이御幣 혹은 헤이소쿠幣束라 한다.
33 이 때 '사카키榊'(상록수를 총칭하는 말로 특히 신사神事에 사용되는 나무) 가지가

사용된다.

34 크리스천 사이언스Christian Science. 미국의 메리 베이커 에디Mary Baker Eddy (1821~1910)가 창시한 신종교.

35 이런 종파의 산악신앙을 총칭해 슈겐도修驗道라 한다.

36 통상 두 번 손뼉을 친다. 《위지魏誌》 왜인전을 보면 일본인이 귀인을 공경할 때 손뼉을 쳤다는 기록이 나오는데, 이로 보아 신사에서 손뼉을 치는 의식은 이미 3세기 이전부터 있었던 풍습임을 알 수 있다.

37 오늘날 일본의 국기國技라 일컬어지는 일본식 씨름. 일본의 유서 깊은 신사에는 통상 이런 스모 도효(씨름판)가 설치되어 있다. 이는 스모가 본래 신사 제사 때 신에게 바치는 봉납 제물이기도 했던 관습에서 비롯되었다.

38 가구라神樂. 황실과 관련이 깊은 신사에서 신을 제사 지낼 때 봉헌하는 가무(미카구라) 혹은 민간 신사의례에서 신에게 바치는 가무(사토카구라). 이 신도 예능은 일본 전국에 걸쳐 수많은 형태의 계통이 있다.

39 시집 《체험의 노래Songs of Experience》에 실린 "작은 방랑자The Little Vagabond"의 한 구절.

40 이 헌법 조항을 이용해 군부에 할당된 예산을 조종할 수 있었을 것이라는 뜻.

41 에도 초기 이래 전형적인 상업 고리대 자본가이자 메이지 유신 이후 정치 상인으로 발전한 미쓰이 가문에 의해 형성된 재벌. 은행, 신탁, 보험, 광산, 중경공업, 전기, 가스, 상업, 무역 등 모든 산업 부문에서 부를 축적했으나 패전 후 GHQ 지령으로 해체당했다.

42 이와자키가 구축한 재벌. 메이지 유신 이후 정부 어용의 해운업자로서 거대한 부를 획득, 일본 우편선의 해상 운송에 대한 독점적 지위를 기반 삼아 발전했으며, 광산, 조선, 철도, 은행, 상업, 무역 등에서 다각적인 문어발 경영을 펼치다가 패전 후 GHQ 지령으로 해체되었다.

43 홈 스웨트숍home sweat-shop. 극도의 노동력 착취가 행해지는 가내공업을 지칭하는 말.

44 스몰타임small-time. 본래는 하루에 몇 번씩이나 같은 흥행물을 되풀이해서 상연하는 것을 뜻하는 말이지만, 여기서는 적은 자본금을 빨리 회전시켜 이익을 보는 소공업을 가리킨다.

45 Miriam S. Farley, "Pigmy Factories", *Far Eastern Survey*, VI, 1937, p. 2에 인용된 우에다上田 교수의 주장.(원주)

46　나리킨成金. '분수에 맞지 않게 갑자기 많은 돈을 번 사람'(벼락부자)을 뜻하는 일본말.

47　아시아의 맹주가 되어 이른바 동아협동체라든가 대동아공영권을 구성하고 나아가 세계를 지배하고자 했던 군국주의 일본의 팽창적 야심을 가리킨다.

48　이 대목에서 베네딕트는 지나치게 자신 있는 어조로 단정한다. 하지만 예컨대 한국에도 '분수에 맞게 살라'는 도덕률이 있다. 그러니까 일본의 '알맞은 자리'라는 도덕률은 다른 나라에 전혀 없는 것이 아니라, 다만 구속력이 일본만큼 강력하거나 획일적이지 않다고 말하는 편이 더 사실에 가까울 것이다.

제5장
과거와 세켄에 빚진 채무자들[1]

흔히 쓰는 영어로 '과거를 상속받은 자'라는 말이 있다. 두 차례의 세계 대전과 한 차례의 심각한 경제 위기로 우리의 자신감이 좀 약해지기는 했지만, 그런 변화로 과거에 빚을 졌다는 우리의 느낌이 더 증대되지는 않았다. 그러나 동양의 나라들은 정반대다. 그들은 과거에 빚을 진 사람들이기 때문이다. 서구인들이 조상 숭배라고 부르는 것 가운데 많은 부분은 사실 숭배라고 볼 수도 없으며, 또 그 대상도 완전히 조상들만을 향해 있지는 않다. 다시 말해 서양의 조상 숭배는 우리가 지나간 모든 것에 크게 빚지고 있다는 사실을 인정하는 의례적인 승인에 불과하다. 게다가 동양인들이 볼 때 사람은 과거에 대해서만 빚을 지고 있는 것이 아니다. 날마다 다른 사람들과 접촉하는 가운데 그는 현재에 대해서도 계속 빚을 지게 마련이다. 인간의 일상적인 결정과 행동은 이런 채무감에서 나온다는 것이다. 이것이야말로 동양적 행동 양식의 근본적인 출발점이다. 왜냐하면 한 인간이 이토록 소중히 양육되고 교육을 받아 행복하게 지낼 수 있는 것, 혹은 이 세상에 태어나게 된 단순한 사실까지도 모두 세켄[2] 덕택이기 때문이다. 그런데 서구인들은 세켄에 대한 이와 같은 부채를 극단적으로 경시한다. 그래서 일본인들은 우리의 행동 동기가 충분치 못하며 부적절하다고 느낀다. 미국에서는 흔히 누구한테도 빚진 것이 없다고 말하기를 좋아하지만, 일본에서 덕이 있는 사람이라면 결코 그렇게 말해서는 안 된다. 일본인은 결코 과거를 경시하지 않기 때문이다. 일본에서 말하는 의義의 기준은 조상과 동시대인들을 포함하는 거대한 상호 부채의 네트워크 속에서 자신의 자리를 인식하느냐 아니냐에 달렸다.

동서양의 이와 같은 극단적인 차이를 말로 표현하기는 쉽다. 하지만 그것이 생활에서 어떤 차이를 만들어내는지를 알기는 매우 어렵다. 이 점에서 일본을 이해하지 못한다면, 우리는 전쟁 중 우리가 경험한 그들의 극단적인 자기 희생이라든가 또는 우리로서는 화를 낼 필요가 없을 듯한 경우에도 일본인들이 곧잘 화를 내는 이유를 알 수 없을 것이다. 남에게 빚을 지고 있는 사람은 극도로 화를 잘 내는 법인데, 일본인이야말로 이 점을 증명한다. 이 채무는 또한 일본인에게 여러 가지 무거운 책임감을 느끼게 한다.

중국어에도 일본어에도 영어의 '오블리게이션obligation(의무)'에 상당하는 단어들이 많이 있다. 하지만 그 단어들은 영어의 '오블리게이션'과 완전히 일치하지는 않는다. 그것들이 내포하는 특수한 의미를 문자 그대로 영어로 번역하기란 거의 불가능하다. 왜냐하면 우리는 그 단어들이 표현하는 관념들에 낯설기 때문이다. 그럼에도 크건 작건 어떤 사람이 지고 있는 모든 채무를 일컫는 영어의 '오블리게이션'에 해당하는 일본말로 '온恩'이라는 단어를 들 수 있다. 일본어 어법상 온은 '오블리게이션'과 '로열티loyalty(忠)'에서부터 '카인드니스kindness(親切)'와 '러브love(愛)'에 이르는 여러 말로 영역될 수 있지만, 그 어떤 것도 본래 뜻을 제대로 전달하지 못한다. 예컨대 만일 온이 정말로 '러브'나 '오블리게이션'을 의미하는 것이라면, 일본인은 어린아이에게도 온이라는 말을 사용할 수 있을 것이다. 그러나 일본인은 어린아이에게는 절대 온이라는 말을 쓰지 않는다. 또한 그것은 '로열티'를 의미하지도 않는다. '로열티'에 해당하는 일본어가 몇 가지 있지만, 그것들은 결코 온과 동의어가 아니다.

온의 여러 가지 어법 전체를 통해 보건대, 그것은 어떤 사람이 최대한 짊어질 수 있는 부담, 채무, 무거운 짐을 의미한다. 온은 어디까지나 상급자에게 받는 것이다. 그러니까 상급자가 아니거나 또는 최소한 자신과 동등하지 않은 사람에게 온을 받는 행위는 일본인에게 불쾌한 열등감을 주게 된다. 요컨대 일본인이 "나는 누구누구에게서 온을 입었다"라고 말하는 것은 "나는 누구누구에게 채무의 부담을 지고 있다"는 것을 의미한다. 따라서 그들은 이런 채권자나 은혜 베푼 사람을 '온진恩人'이라고 부른다.

그런데 '온을 잊지 않는 일'이 순전히 보은적 헌신의 분출인 경우도 있을 수 있다. 이러한 의미로 온이라는 말을 사용하는 사례로서, 일본의 초등학교 2학년 교과서에 실려 있는 '온을 잊지 말자'는 제목의 짧은 이야기를 들 수 있다. 그것은 아이들 도덕 교과서에 나오는 다음과 같은 일화다.

하치는 예쁜 강아지입니다. 태어나자마자 곧바로 낯선 사람 손에 넘어가 마치 그 집 아이처럼 귀여움을 받았습니다. 때문에 허약했던 강아지가 건강해졌습니다. 그리하여 주인이 매일 아침 직장에 나갈 때마다 전차 정거장까지 따라나갔고, 저녁에 돌아올 때도 다시 정거장으로 주인을 마중 나갔습니다. 그런데 어느 날 주인이 세상을 떠났습니다. 하치는 이 사실을 모르는지 날마다 주인을 찾아다녔습니다. 늘 정거장에 나가 전차가 도착할 때마다 쏟아져 나오는 많은 사람들 속에서 주인이 있나 없나 찾았습니다. 이렇게 날이 가고 달이 갔습니다. 1년이 지나고 2년이 지나고 3년이 지나고 10년이 지났어도 사람들은 여전히 자기 주인을 찾고 있는 늙은 하치의 모습을 날마다 정거장 앞에서 볼 수 있었습니다.[3]

이 짧은 이야기는 애정이라고 표현할 수밖에 없는 충성심을 교훈으로 전해준다. 예컨대 어머니를 극진히 돌보는 아들은 어머니에게 받은 온을 잊지 않는 사람이라고 말할 수 있다. 이는 그가 어머니에게 마치 하치가 주인에게 품었던 것과 같은 순수한 헌신적 애정을 가지고 있다는 것을 의미한다. 하지만 이때의 온이라는 용어는 특별히 그의 애정만을 가리키는 말이 아니다. 그것은 그의 어머니가 갓난아이 적에 그를 위해 해준 모든 일, 그가 소년이었을 때 어머니가 베풀어준 모든 희생, 성인이 된 후에도 그를 도와주었던 어머니의 모든 보살핌, 단지 어머니가 존재한다는 사실만으로도 그가 어머니에게 지고 있는 모든 빚 따위를 가리키는 말이기도 하다. 거기에는 그가 받은 모든 빚을 갚아야만 한다는 의미가 내포되어 있다. 따라서 온에는 애정이라는 의미가 들어가 있기도 하지만, 일차적인 의미는 빚이라 할 수 있다. 이에 비해 미국인은 애정이라든가 사랑이라는 것은 의무의 구속을 받지 않은 채 자유롭게 주어지는 어떤 것이라고 생각한다.

온이 이와 같은 맥락에서 항상 무한한 헌신이라는 의미로 쓰일 때가 있다. 가장 우선적이며 가장 큰 채무로서의 온, 즉 '천황의 온皇恩'에 대해 사용되는 경우가 그것이다. 사람들은 천황에 대한 채무라 할 수 있는 이 황은을 무한한 감사로 받아들인다. 일본인은 조국과 자신의 인생과 신변의 크고 작은 일들이 잘될 때마다 항상 황은을 입고 있다고 느낀다. 일본의 모든 역사를 통틀어 사람들이 은혜를 입고 있다고 여겨온 궁극의 생존 인물은 항상 그 지역 최고의 상급자였다. 이 최상급자는 시대에 따라 지방영주, 봉건영주, 쇼군 등으로 바뀌었으며, 오늘날에는 천황이 바로 그런 인물이 되어 있다. 하지만 최상급자가 누구냐 하는 문제보다 더 중요한 의의를 지니는 것은, '받은 온을 잊지 않는다'는 일본적 관습이 몇 세기에 걸쳐 일본인들을 지배해왔다는 사실일 것이다.

근대 일본은 모든 수단을 동원해 이런 감정이 천황에게 집중되도록 만들었다. 게다가 일본 특유의 생활 양식에 대한 그들의 지나친 집착이 황은에 대한 감정을 더욱 증대시켰다. 그리하여 전쟁 중 전선의 군인들에게 천황의 이름으로 분배된 담배 한 개비조차 그들에게 황은을 각인시켰으며, 출격에 앞서 병사들에게 하사된 술 한 모금 또한 그들에게는 더 큰 황은으로 받아들여졌다. 일본인은, 가미카제 조종사는 누구나 황은에 보답한다는 생각으로 출격했으며, 태평양의 어떤 섬을 지키기 위해 한 사람도 남김없이 옥쇄한 부대의 병사들 또한 모두 천황에 대한 그들의 무한한 온을 갚은 것이라고 한다.

일본인은 천황보다 신분이 낮은 사람에게서도 온을 입는다. 예컨대 부모에게 받은 온이 있다. 이런 온이야말로 저 유명한 동양적 효행의 기초가 된다. 동양에서 부모가 아이들에게 매우 권위적이고 중요한 지위를 차지하는 이유는 바로 이 부모의 온 때문이다. 부모의 온은 아이들이 부모에게 빚을 지고 있기 때문에 그것을 갚기 위해 노력해야 하는 부채라는 말로 표현된다. 따라서 아이들은 부모에게 순종하도록 애써야만 한다. 독일 또한 부모가 아이들에게 권위를 가진 나라다. 하지만 독일의 경우는 일본과 달리 부모가 아이들에게 순종을 요구하고 강요하기 위해 애써야 한다. 일본인은 동양적인 효행을 매우 현실주의적으로 해석한다. 그래서 일본에는 부모에게 받은 온과 관련해 "자식을 길러봐야 부모의 은혜를 안다"[4]는 속담이 있다. 즉 이때 부모의 온이라는 것은 부모에게 받은 현실적이고 일상적인 보살핌과 수고를 가리키는 말이 된다.

일본인은 조상 숭배의 대상을 아직도 기억에 남아 있는 최근의 가까운 조상만으로 한정하는데, 이 점은 일본인으로 하여금 유년시대에 현실적으로 무엇인가 그 조상들에게 신세를 졌다는 사실을 한층 절실히 느끼게 한다. 물론 어떤 문화권에서든 누구나 한때는 양친의 보살핌이 없으면 살아갈 수 없는 무력한 어린아이였고, 성인이 되기까지 상당 기간 동안 의식주를 제공받는다는 점은 너무도 자명한 사실이다. 그런데 일본인은 미국인이 이런 사실을 너무 경시한다고 느낀다. 그리하여 일본의 어느 문필가는 다음과 같이 말한 적도 있다. "미국에서 부모에 대한 온을 잊어버리지 말라는 말은 기껏해야 부모에게 잘해드리라는 것을 의미할 뿐이다." 어느 누구도 자기 자식들에 대한 온[5]을 베풀지 않은 채 내버려둘 수 없음은 말할 나위 없다. 하지만 자식들에 대한 일본인의 헌신적인 보살핌은 일찍이 자신이 무력했던 어린 시절에 부모에게 받은 온의 빚을 갚는 일로 여겨진다. 다시 말해 일본인은 부모가 자신을 키워준 것과 마찬가지로 자녀들을 잘 양육함으로써 자기 부모에 대한 온의 일부를 갚는 것이라고 생각한다. 즉 자식에 대한 의무는 '부모에 대한 온'에 포함되어 있는 것에 불과하다는 말이다. 나아가 일본인들은 스승과 주인에게도 특별한 온을 느낀다. 즉 스승이나 주인은 모두 자신이 무사히 세상살이를 할 수 있도록 도와준 은인이기 때문에, 장래 언젠가 그들이 어려워졌을 때 무엇이든 부탁하면 들어주어야 하고 또한 그들이 죽은 후에는 그들의 자녀들까지도 보살펴주어야만 한다. 사람은 의무를 이행하기 위해서라면 어떤 일이라도 해야 하며, 시간이 지났다고 해서 그 빚이 탕감되지는 않는다. 오히려 해가 갈수록 빚은 더 커진다. 왜냐하면 거기에도 일종의 이자가 붙기 때문이다.[6]

　이처럼 어떤 사람에게서 온을 받는다는 것은 매우 무겁고 중대한 일이 아닐 수 없다. 일본인들이 잘 쓰는 표현에서도 나타나듯이, "사람은 받은 온의 만 분의 일도 갚을 수 없다"는 것이다. 그것은 정말 대단한 짐이다. 이런 '온의 위력'은 개인적으로 좋든 싫든 무조건 우선시되어야 하는 것으로 간주된다. 그런데 이와 같은 채무의 윤리가 원활하게 작동되려면 각자가 스스로에 대해 큰 빚을 진 자로 여길 수 있어야만 한다. 그것도 각자가 지고 있는 의무를 이행하는 데 별 불쾌감이나 반감을 느끼지 않은 채 말이다. 우리는 앞에서 일본의 계층적 위계질서가 얼마나 철저하게 조직되어 있는가를 살펴본 바 있다. 그런 계층적 위계질서에 수반되는 관습들이 충실하게 지켜지고 있기 때문에, 일본인은 서양인들이 상상할 수 없을 정도로 온이라는 도덕적 채무를 명예롭게 여겨 존중할 수 있다.

이런 채무의 윤리는 상급자가 선의의 사람일 경우 더 용이하게 이루어진다. 일본어에는 상급자가 아랫사람들에게 '자애로운' 자로서 깊이 신뢰받았다는 사실을 보여주는 흥미로운 증거가 있다. 가령 '아이愛'라는 일본어는 영어의 '러브love'에 해당되는 말이다. 지난 세기의 선교사들이 그리스도교의 '러브'에 대한 번역어로 쓸 수 있는 유일한 일본어라고 생각한 것은 바로 이 '아이'라는 단어였다. 그래서 선교사들은 이 말을 인간에 대한 신의 사랑 또는 신에 대한 인간의 사랑을 의미하는 단어로서 일본어판 성경 번역에 사용했다. 그런데 일본어 '아이'는 본래 아랫사람들에 대한 상급자의 사랑을 의미하는 말이었다. 서구인들은 그것을 '가부장적 온정주의'라고 여기기 십상이겠지만, 일본어의 어법에는 그 이상의 의미가 담겨 있다. 엄밀히 말하면 일본어 '아이'는 애정affection을 뜻하는 단어였다. 현대 일본에서도 '아이'는 여전히 위에서 밑으로의 내리사랑이라는 의미에서 사용된다. 하지만 한편으로 어쩌면 그리스도교적 어법의 영향으로 인해, 그리고 다른 한편으로는 분명 카스트적 차별을 타파하고자 하는 정부의 노력으로 인해, 오늘날 일본에서 '아이'는 대등한 사람 사이의 사랑을 나타낼 때도 쓰일 수 있게 되었다.

이와 같은 여러 문화적 요인으로 인해 온에 대한 무거운 부담이 어느 정도 완화된 측면이 있기는 하지만 일본에서 감정을 상하는 일 없이 온을 '입는'다면 그것은 행복한 경우라 할 수 있다. 일본인들은 우연히라도 다른 사람에게 온을 받음으로써 그것에 대해 감사해야 하고 또 되갚아야 하는 부담을 지는 것을 좋아하지 않는다. 때문에 그들은 항상 "남에게 온을 입힌다"[7]는 표현을 하는데, 이 표현에 가장 가까운 영어 번역은 "남에게 무엇을 강요하다"가 될 것이다. 그런데 미국에서 '강요하다imposing'라는 말은 타인에게서 무언가를 요구하는 것인 데 반해, 일본에서 그 표현은 타인에게 무언가를 주는 것 또는 친절을 베푸는 것을 의미한다.[8]

비교적 관계가 먼 사람에게 뜻밖의 은혜를 입는 것은 일본인에게 가장 큰 불쾌감을 느끼게 하는 일이다. 이에 비해 일본인은 이웃 사람이라든가 혹은 예부터 정해진 계층적 관계에 있어 온을 입는 일에 대해서는 그 번거로움을 알면서도 기꺼이 받아들인다. 하지만 상대가 그저 알고 지내는 정도의 지인이거나 혹은 자신과 거의 대등한 사람일 경우에 온을 입는 일에 대해서는 매우 불안하게 생각한다. 요컨대 일본인은 온이 초래할 이런저런 결과에 휩쓸리지 않도록 되도록이면 피하고 싶어 한다. 예를 들어 일본의 거리에서 무슨 사고가 일어났을 때 거기에 모인 군중이 수수방관하는 것은 단지 자발성이 결여되어서가 아니다. 이는 경찰이 아닌 사사로운 사람이 제멋대로 참견을 하면 그 행위가 당사자에게 온을 입히는 것이라고 여기기 때문이다. 메이지 이전에는 가장 널리 알려진 법령 가운데 하나로 "싸움이나 말다툼이 났을 때 불필요하게 참견해서는 안 된다"는 법규[9]가 있었다. 그럴 때 명백한 권한도 없이 다른 사람을 돕는 자는 무언가 부당한 이익을 취하려는 게 아닌가 하는 의심을 받기 십상이다. 게다가 어떤 도움을 주면 그것을 받는 자가 결국 큰 채무를 안게 될 것임을 알고 있는 터에, 일본인은 그 좋은 기회를 이용하기보다는 오히려 남을 돕는 일에 매우 신중을 기하게 된다. 특히 비공식적인 상황에서 일본인들은 온에 휘말리지 않도록 극도로 조심한다.[10]

이제까지 아무런 관계가 없던 사람에게서는 고작 담배 한 개비를 얻어 피워도 마음이 편치 않은 것이 일본인이다. 그런 경우 흔히 고마움을 표현하는 정중한 화법으로 '기노도쿠'[11]라는 표현이 있다. 이와 관련해 한번은 어떤 일본인이 내게 다음과 같이 설명한 적이 있다. "그럴 때는 너무 불쾌하다고 확실히 말해버리는 편이 오히려 견디기 쉬운 일입니다. 이때까지 그 사람을 위해 무엇 하나 해주고자 생각한 적이 없기 때문에 그런 사람에게 온을 입게 되면 수치를 느끼기 때문이지요." 그래서 '기노도쿠'라는 말은 때로는 담배를 얻어 피워서 '감사합니다Thank you'라는 뜻으로, 때로는 은혜를 입어서 '미안합니다I am sorry'라는 뜻으로, 또 때로는 이처럼 과분한 대우를 받아서 '부끄럽고 면목 없습니다I feel like a hell'라는 뜻의 영어로 번역되기도 한다. 사실 '기노도쿠'라는 일본어는 이상의 모든 의미를 포함하면서 동시에 그 어느 것과도 딱 맞아떨어지지 않는다.

일본어에는 온을 받음으로써 느끼는 불편한 마음을 표현할 때 쓰는 '감사하다'는 뜻의 여러 화법이 있다. 그 중 일반적으로 대도시 백화점에서 많이 쓰는 '아리가토有難う'라는 표현이 있는데, 이 말이 그 중 뜻이 애매하지 않다. 그것을 문자 그대로 풀면 '이는 있기 어려운 일입니다'를 뜻한다. 이때의 '있기 어려운 일'이란 손님이 물건을 사주는 것을 크고도 드문 은혜로 생각한다는 의미다. 이 말은 일종의 인사말이다. 그래서 선물을 받았을 때라든가 그 밖에도 수없이 많은 경우에 두루 쓰인다. '감사합니다'를 뜻하는 이와 비슷한 다른 말들도 모두 '기노도쿠'처럼 은혜를 받아 마음이 불편하고 곤란하다는 심정을 표현한다.

이를테면 자기 상점을 경영하는 가게 주인들은 문자 그대로 해석한다면 '이것은 끝나지 않았습니다'라는 뜻의 '스미마센濟みません'이라는 말을 고객에게 쓰곤 한다. 즉 이 말은 "나는 당신에게 온을 입었습니다. 그런데 현대 경제체제 하에서 나는 당신에게 입은 온을 갚을 길이 없습니다. 나는 이런 처지인 것을 유감스럽게 생각합니다'라는 의미다.

이 '스미마센'을 영어로 옮기면 '고맙습니다Thank you' 나 '감사합니다I am grateful' 또는 '미안합니다I am sorry' 나 '죄송합니다I apologize'가 된다. 예를 들면 거리를 거닐다가 바람이 불어 날아가버린 모자를 누군가 쫓아가서 주워준 경우 일본인들이 다른 감사의 표현보다 흔히 즐겨 쓰는 것이 이 말이다. 상대방이 모자를 돌려줄 때 공손한 태도를 보이려면 그것을 받으면서 내심 얼마나 마음이 불편하고 괴로운지 드러내 보여야 한다는 것이다. "생면부지의 사람한테 온을 입었는데, 내 쪽에서 한 번도 온을 베풀 기회가 없었던 거죠. 그게 나를 죄스럽게 만들지만,[12] 사과를 하면 마음이 좀 편해집니다. 아마 일본에서 '감사합니다' 대신에 가장 많이 쓰이는 말이 '스미마센'일 겁니다. 이는 자기가 상대방에게 온을 받았음을 인정하면서, 모자를 돌려받는 행위로 모든 게 끝나는 것이 아니라는 뉘앙스를 담은 말이지요. 그렇지만 우린 서로 모르는 사람이니, 내가 뭘 할 수 있겠어요?"

이 밖에도 다른 사람에게 은혜를 입었을 때 일본인 쪽에서 감사의 뜻을 더욱 강하게 나타내는 말로 '가타지케나이ゕたじけない'라는 표현이 있다. 이 말은 '모욕' 혹은 '면목 없음'이라는 뉘앙스를 내포한다. 즉 '나는 모욕을 당했다'는 의미와 '나는 감사한다'는 의미가 동시에 들어가 있다. 일본어 사전의 풀이에 의하면, 이 말은 그런 은혜를 받을 가치가 없는 자신이 너무 과분한 은혜를 입은 까닭에 창피스럽고 모욕적이라는 것을 뜻한다. 그러니까 이 말은 자신이 온을 받음으로써 느끼는 치욕감을 분명하게 인정하는 표현인 것이다. 그런데 뒤에 다시 언급하겠지만 바로 이런 치욕, 즉 '하지恥'는 일본인들이 가장 싫어하는 것이다. 어쨌거나 '나는 모욕을 당했다'는 뜻의 '가타지케나이'는 고객을 깍듯이 모시는 전통적인 상점에서 지금도 흔히 쓰이는 말이라고 한다. 또한 그것은 손님 쪽에서 외상을 달 때 쓰는 말이기도 하다. 나아가 그것은 메이지 시대 이전의 소설에서도 자주 등장하는 표현이다. 예컨대 궁중에서 일하는 하층 계급의 아름다운 소녀가 영주의 첩으로 발탁되면 그녀는 영주에게 '가타지케나이'라고 말한다. 이는 "저같이 미천한 소녀에게 이런 과분한 온을 주시니 망극할 따름이옵니다. 영주님의 자애로우신 은혜에 두려울 따름이옵니다"라는 뜻을

내포하는 말이다. 뿐만 아니라 결투를 한 사무라이가 관헌에서 무죄로 풀려나오게 되었을 때에도 '가타지케나이'라고 말한다. 이 경우는 "이런 온을 입다니 면목이 없소이다. 이렇게 미천한 처지에 놓이게 된 것은 내 본래의 의도가 아니라서, 그저 유감스러울 따름입니다. 어쨌거나 정중하게 감사하고 싶소이다"라는 뉘앙스가 담겼다.

이 같은 모든 표현은 다른 어떤 일반적인 설명보다도 '온의 위력'을 잘 말해준다. 그러니까 일본인들은 끊임없이 모순된 양가감정 사이에서 온을 받아들이는 것이다. 하나의 구조로 공인되고 고정되어버린 관계에서는 흔히 이런 큰 채무감이 사람들로 하여금 오로지 전심전력을 다해 은혜를 갚도록 촉진하는 자극제로서 작용한다. 그럼에도 채무자가 된다는 것은 매우 불쾌한 일이며 그래서 쉽게 화를 내게 만들기도 한다. 일본의 유명한 소설가 나쓰메 소세키夏目漱石의 《도련님坊っちゃん》이라는 널리 알려진 소설은 이런 경우 일본인들이 얼마나 쉬이 성마르게 되는지를 생생하게 묘사한다.

소설의 주인공 '도련님'은 시골의 한 작은 읍에서 처음으로 교편을 잡게 된 도쿄 출신 청년이다. 그는 머잖아 자기가 대부분의 다른 동료 교사들을 경멸한다는 것을 깨닫고는 그들과 별로 어울리지 않게 된다. 그러나 그가 괜찮게 생각한, 별명이 고슴도치인 젊은 교사가 한 명 있었다. 그리하여 새로 사귀게 된 이 교사와 함께 다니던 어느 날 그가 도련님에게 빙수 한 그릇을 사주었다. 그 빙수의 값은 1전 5리, 즉 1센트의 5분의 1 정도밖에 되지 않았다. 그 후 얼마 안 되어 다른 교사가 도련님에게 고슴도치 녀석이 너를 안 좋게 말하더라고 일러 주었다. 이 말썽쟁이의 고자질을 그대로 믿은 도련님은 이내 고슴도치에게 받은 온 때문에 매우 불편한 심기를 느끼게 되었다.

아무리 빙수 같은 사소한 것이라 해도 그런 녀석에게 온을 입다니 내 체면이 말이 아니군. 1전이건 5리건 그런 온을 입고 있는 한 편안히 죽을 수도 없어… 거절도 하지 않고 누군가의 온을 받았다는 사실은 실은 상대방을 높이는 너그러운 처사였는데 말이지. 나는 내가 먹은 빙수값은 자신이 내겠다고 우기는 대신에 온을 받고 고마워했잖아. 그건 돈으로는 살 수 없는 답례였어. 난 지위도 없고 관직도 없지만 독립적인 인간이야. 그런 독립적인 인간으로서 온을 입어준 나의 호의는 설사 그 대가로 그에게서 백만 엔을 받는다 한들 그보다 훨씬 더 값진 행위가 아니었던가. 고슴도치에게 1전 5리를 쓰게 한 대신 백만 엔보다도 더 값비싼 내 사의謝意를 주어 버리다니.

다음날 도련님은 고슴도치의 책상 위에 1전 5리를 내동댕이쳤다. 빙수값에 대한 온을 벗어버리기 위해서였다. 그래야만 그가 전해들은 고슴도치의 모욕적인 언사를 처리할 수 있기 때문이었다. 어쩌면 주먹다짐으로 이어질지도 모르지만, 더는 친구 사이에 존재하지 않게 되어버린 온부터 먼저 없애버려야만 했다.

이처럼 사소한 일에 대한 일본인들의 신경과민이나 상처받기 쉬운 기질은 미국에서라면 청소년 범죄 기록이라든가 신경증 환자의 병력 기록에서나 찾아볼 수 있다.[13] 하지만 일본에서는 그것이 미덕이다. 물론 그렇게 극단적인 행동을 하는 자는 많지 않으며, 대부분의 사람들은 관대하다고 생각하는 일본인도 있을 것이다. 한편 일본 평론가들은 《도련님》을 "신경질적이고 수정처럼 순수한 정의의 사도"라고 평한다. 작가인 나쓰메 소세키 또한 도련님과 자신을 동일시한다. 사실 비평가들도 항상 도련님이 작자 자신의 초상화라는 점을 인정한다. 요컨대 이 소설은 일본인들이 고귀하게 여기는 덕에 관한 이야기라 할 수 있다. 즉 온을 입은 주인공이 자신의 사의謝意가 백만 엔 이상의 가치가 있다고 생각해 거기에 알맞은 행위를 함으로써 비로소 채무자 위치에서 벗어날 수 있다는 것을 이야기한다. 그는 오직 '고귀한 인간'에게서만 온을 받을 가치가 있다고 여긴다.

도련님은 화를 내면서 고슴도치에 대한 온과 늙은 유모에게서 오랫동안 받아왔던 온을 비교한다. 이 노파는 그를 맹목적으로 사랑하면서, 나머지 가족은 아무도 그의 진가를 모른다고 생각한다. 그래서 곧잘 과자나 색연필 따위의 조그만 선물을 그에게 살짝 갖다 주곤 했다. 한번은 3엔이나 되는 큰돈을 준 적도 있다. "나에 대한 노파의 끊임없는 관심은 나로 하여금 뼛속까지 오싹하게 만들 정도였다." 이때 그는 유모에게 3엔을 받음으로써 '모욕'당했지만, 그것을 빌린 돈이라고 여기면서 받아들였다. 하지만 그때 이후로 몇 년이 지났지만 아직까지 갚지 않고 있다. 이는 그가 고슴도치에게서 받은 온에 대해 느끼는 감정과 비교하면서 독백하듯이, "나는 그녀를 나의 분신처럼 생각한다"는 이유에서였다.

이 말은 온에 대한 일본인의 반응을 이해하는 실마리가 된다. 아무리 복잡한 감정이 수반된다 하더라도 '온진'이 실제로 자기 자신인 한, 일본인은 안심하고 온을 입는다. 이를테면 그 온진이 '나'의 계층적 위계질서 속에 일정한 위치를 점하는 사람이거나, 혹은 바람 부는 날에 모자를 집어 준 사례처럼 나 자신도 아마 그렇게 했으리라 상상되는 경우라든가, 혹은 나를 숭배하는 사람일 경우가 이에 해당된다. 만일 이런 조건에 해당되지 않는다면, 그 온은 참기 어려운 고통이 된다. 일본에서는 자신에게 지운 온의 부채가 아무리 사소한 것일지라도 그것을 불쾌하게 느끼고 화를 내는 것이 미덕으로 치부된다.

일본인이라면 누구나 아는 사실이지만, 어떤 상황에서든 온을 너무 무겁게 생각하면 문제가 어려워지기 마련이다. 이와 관련해 최근에 나온 어떤 일본 잡지의 '상담 코너'에 좋은 사례가 실려 있다. 그 코너는 《도쿄 정신분석잡지東京精神分析雜誌》의 인기 기사거리로서, 미국 잡지의 '실연 상담'에 해당된다고 할 수 있다. 제법 나이 든 남자가 다음과 같은 상담 편지를 보냈는데, 이에 대한 조언은 프로이트적인 것과는 완전히 무관하며 철저히 일본적이었다.

저는 아들 셋에 딸 하나를 둔 아버지입니다. 아내는 16년 전에 세상을 떠났고요. 아이들이 불쌍해서 저는 재혼을 하지 않았는데, 아이들은 그것을 저의 미덕이라고 생각했습니다. 지금은 자식들이 모두 결혼을 했습니다. 8년 전 아들이 결혼했을 때, 저는 자식들과 좀 떨어진 곳으로 이사를 했습니다. 말씀드리기 좀 뭐하지만, 저는 3년 전부터 어떤 밤거리 여자술집에 계약되어 있는 창부와 관계를 가져왔습니다. 저는 그녀의 신세타령을 듣고 불쌍하다는 생각이 들었습니다. 그래서 약간의 돈을 들여 몸값을 갚아주고 제 집에 데리고 와서 예의범절을 가르쳐 가정부로 있게 했습니다. 그녀는 책임감이 강하고 감탄할 정도로 절약하는 생활을 합니다. 그런데 제 아들들과 며느리, 딸과 사위가 이 사실을 알고는 저를 완전히 남 대하듯 합니다. 그렇다고 자식들을 책망할 생각은 없습니다. 모두 제 잘못이기 때문입니다.

그러던 어느 날 그녀의 부모에게서, 그녀도 이제 결혼할 나이가 되었으니 돌려보내주었으면 하는 편지가 왔습니다. 아마 그들은 전후 사정을 잘 몰랐던 모양입니다. 해서 저는 그녀의 부모를 찾아뵙고 사정을 털어놓았습니다. 그들은 무척 가난하지만 딸을 미끼로 돈을 뺏으려는 그런 사람들은 아닙니다. 그들은 딸이 죽은 셈 칠 터이니 그녀를 이제까지처럼 데리고 살아도 괜찮다고 약속했습니다. 그녀 자신은 제가 죽을 때까지 제 곁에 있고 싶어 합니다. 하지만 두 사람의 나이가 아버지와 딸같이 차이가 나고 해서 때로는 그녀를 고향에 돌려보낼까 하는 생각도 듭니다. 한데 제 자식들은 그녀가 재산을 탐낸다고 생각합니다.

제게는 오랜 지병이 있어 이제 1, 2년밖에는 살지 못할 것 같습니다. 어찌하면 좋을지 조언을 부탁합니다. 끝으로 한 가지만 더 말하고 싶습니다. 그녀가 이전에 한번 '밤거리 여자'가 된 것은 불우한 환경 때문이었습니다. 그녀는 본성이 선량하며 그녀의 부모도 결코 돈을 뜯어내려는 사람들이 아닙니다.

일본인 상담의사는 이에 대해 노인이 자식들에게 너무 무거운 온을 입힌 전형적인 케이스라 보고 다음과 같은 조언을 내놓았다.

보내주신 사연은 늘상 있는 일입니다. (중략) 제 조언을 드리기 전에 먼저 선생님의 편지에서 받은 느낌부터 말씀드리고자 합니다. 편지 내용으로 보건대 선생님은 제게서 선생님이 원하시는 대로 회답을 받고 싶어 하시는 것 같습니다만, 그 점에서 저는 약간 반감을 느낍니다. 선생님께서 오랫동안 독신생활을 견뎌오신 점에는 경의를 표합니다. 하지만 선생님은 그럼으로써 자식들에게 온을 베푼 것으로 여겨 현재의 행동을 정당화하려고 그것을 이용하고 있습니다. 저는 이 점이 좀 마음에 걸립니다. 물론 그렇다고 해서 선생님이 교활한 사람이라는 말은 아닙니다. 다만 선생님은 대단히 의지가 약한 분인 것 같습니다. 선생님이 만일 혼자서 지내기 어려웠다면, 여자를 얻어 같이 살아야겠다는 점을 자식들에게 분명히 설명하는 편이 더 좋았을 것입니다. 독신생활을 계속해왔다는 사실로써 자식들에게 온을 베푸는 척하지 말았어야 했습니다. 선생님께서 그 온을 너무 지나치게 강조했기 때문에 여자 문제와 관련해 당연히 자식들의 반대에 부딪히게 된 것입니다. 어쨌든 인간의 성욕은 없앨 수가 없기 때문에, 선생님도 성욕이 일어나는 것은 어찌할 수 없습니다. 그러나 다른 한편 인간은 욕망을 극복하고자 노력하기도 합니다. 선생님의 자식들도 분명 선생님이 그렇게 하리라고 여겨

왔을 것입니다. 그들은 선생님이 그들의 머릿속에 그리던 이상적인 아버지에 어울리는 생활을 하리라 기대했기 때문입니다. 그런데 그런 기대가 배반당했습니다. 저는 그런 자식들의 마음을 잘 알 수 있습니다. 물론 그들 쪽이 이기적입니다. 자식들은 결혼해서 성적 만족을 얻고 있으면서도 아버지에 대해서는 그걸 거부하는데, 이는 자기만 아는 이기적인 행동입니다. 선생님도 그렇게 생각하시겠지요. 그러나 자식들은 그렇게 생각하지 않습니다. 이 두 가지 생각은 아무래도 접점을 찾기가 어려울 듯싶습니다.

선생님은 그 여자나 그녀의 부모가 선량한 인간이라고 말합니다. 하지만 그것은 다만 선생님 생각일 뿐입니다. 잘 아시는 것처럼 인간의 선악이라는 것은 환경과 상황에 따라 달라집니다. 지금 현재 어떤 이득을 요구하지 않는다고 해서 '선량한 인간'이라고 단정할 수는 없지요. 오히려 저는 자기 딸을 죽을 날이 가까운 노인의 첩으로 있도록 놓아두는 그녀의 부모가 바보라고 생각합니다. 아마 조만간 그들은 첩이라는 자기 딸의 처지를 이용해서 얼마간의 돈이나 혹은 이익을 요구하려 할 것입니다. 그런 일이 없으리라고 생각하는 것은 선생님의 망상에 지나지 않습니다.

자식들이 볼 때 그녀의 부모가 재산을 노리지 않나 걱정하는 것도 무리가 아닙니다. 저 또한 선생님의 자식들과 전적으로 같은 생각입니다. 그녀는 젊기 때문에 그런 생각이 없을지 모르지만, 그녀의 부모는 분명 그런 속셈이 있는 게 틀림없습니다.

여기서 선생님이 취할 만한 길은 두 가지입니다. 첫째, '완전한 인간'(완전히 완성되어 무엇 하나 못할 것이 없는 사람)으로서 그녀와 관계를 끊고 깨끗이 정리하십시오. 하지만 이는 선생님한테는 불가능한 일이겠지요. 아마도 선생님의 인정이 그걸 허락하지 않을 테니까요. 그렇다면 둘째, (체면이나 겉치레 따위는 모두 버리고) '평범한 사람'으로 돌아가십시오. 그리고 선생님을 이상적인 인간이라고 생각하는 자식들의 환상을 깨뜨려버리십시오. 재산에 대해서는 빨리 유언장을 만들어 그녀의 몫과 자식들 몫을 정해 놓으십시오.

결론적으로 말씀드립니다. 편지의 필적에서도 알 수 있었지만, 선생님은 나이가 연로하셔서 점점 어린아이처럼 되어간다는 사실을 기억하십시오. 선생님의 생각은 이성적이라기보다는 오히려 감정적입니다. 선생님은 그녀를 시궁창에서 구해주고 싶다고 말씀하셨지만, 실은 어머니 대용으로 그녀를 원할 따름입니다. 어린아이는 어머니가 없으면 살아갈 수 없으니까요. 따라서 저는 선생님께 두 번째 길을 택하라고 권합니다.

이 편지는 온에 관해 여러 가지 사실을 말해준다. 설령 자기 자식이라 할지라도 사람이 일단 누군가에게 너무 무거운 온을 입히게 되면, 중간에 행동 방침을 바꾸고자 할 때 상당한 위험부담을 각오하지 않으면 안 된다. 그는 그로 인해 고통을 당하리라는 사실을 알아야 한다. 나아가 자식에게 온을 베풀려고 아무리 큰 희생을 치렀다 해도, 그것을 이용해서 훗날 자신의 목적을 성취하기 위한 수단으로 삼는 것은 용서할 수 없는 일이다. 즉 '현재의 행동을 정당화하려고' 온을 이용하는 것은 잘못이다. 그러니까 자식들이 분개하는 것도 '당연하다'는 말이다. 아버지가 최초의 방침을 지키지 못했기 때문에 그들은 '배반당했다'고 느끼는 것이다. 아버지의 보호가 필요했던 시기에 자식들을 위해 아버지가 완전히 한몸을 희생해서 할 일을 다했으니까 이제는 장성한 자식들이 특별히 자기 문제를 걱정해주리라 생각한다면 그건 바보스러운 착각이다. 자식들은 그저 온을 입었다는 사실만을 의식한다. 그러니 "그들이 반대하는 것은 당연한 일"이라는 말이다.

하지만 미국인들은 이런 식으로 문제를 바라보지 않는다. 우리는 어머니를 여읜 자식들을 위해 한몸을 바친 아버지는 당연히 만년에 자식들의 따뜻한 보살핌을 받을 자격이 있다고 생각한다. 또한 우리는 일본인처럼 자식들이 반대하는 것이 당연하다고는 생각하지 않는다. 그러나 일본인들이 이해하는 대로 이 문제를 바라보자면, 그것을 금전상의 거래라고 생각하면 될 것이다. 금전적 거래의 경우라면 미국에서도 일본인에 비견될 만한 태도를 찾아볼 수 있기 때문이다. 예컨대 정식으로 계약을 맺고 자식에게 돈을 빌려준 다음 이자까지 정확하게 계산하면서 그 계약을 충실하게 지키도록 요구하는 아버지가 있다면, 우리는 틀림없이 그런 아버지를 향해 '자식들이 반대하는 것은 당연한 일'이라고 말할 것이다. 즉 앞의 사례를 금전적 거래의 문제라는 측면에서 본다면, 우리는 담배 한 개비를 받은 인간이 솔직하게 고맙다고 말하는 대신 '하지' 운운하는 이유를 알 수 있다는 말이다.

　우리는 일본인들이 어떤 사람한테 온을 입을 때 왜 화를 내는지도 이해할 수 있다. 혹은 적어도 우리는 도련님이 보잘것없는 빙수 한 그릇의 채무를 그처럼 지나치게 중시한 이유를 이해할 만한 실마리 정도는 찾아낼 수 있다. 물론 미국인들은 빙수 가게에서 누구한테 신세를 진다든지, 어머니를 잃은 자식들에 대한 아버지의 장년에 걸친 헌신이라든지, '하치'처럼 충실한 개의 헌신 따위를 금전적 거래의 경우와 같은 척도로 재는 것에 익숙하지 않다. 하지만 일본인들은 그렇게 한다. 미국에서 사랑, 친절, 관용 등의 덕목은 어떤 부대조건이 따르지 않기 때문에 가치 있는 것으로 존중받지만, 일본에서 그것은 반드시 부대조건을 수반하기 마련이다. 다시 말해 그런 온을 받은 사람은 빚진 채무자가 된다.[14] 이와 관련해 일본인들이 흔히 말하는 속담이 있다. "온을 받으려면 더할 나위 없이 너그러운 마음을 타고 나지 않으면 안 된다."

주

1 이 장에서는 주로 온恩 개념에 대한 논의가 전개된다. 베네딕트는 이 5장과 이어지는 6장에서, 일본 사회에서의 지배종속 관계가 자기에게 주어진 온에 대한 온가에시恩返し(보은)의 의무로 구성된다는 점, 이때 온가에시의 의무는 무한한 의무라는 점, 바로 그와 같은 의무의 무한성에 의해 종속 관계가 생긴다는 점을 시사한다. 이런 지적은 일본의 사회구조를 이해하는 중요한 관건이라 할 수 있다. 여기서 특히 주목할 것은, 베네딕트가 온 그 자체는 덕으로 보지 않으며 오직 온가에시만을 덕목으로 이해한다는 점이다. 일본에서의 온 개념은 우리와 겹치면서도 미묘하고 중요한 차이가 있으므로 이하에서는 일본어 그대로 '온'이라고 번역했다.

2 이하에서는 베네딕트가 말하는 'the World'를 일본인들의 특유한 어법에 따라 '세켄世間'이라고 번역했다. 사회학자 아베 긴야阿部謹也는, 세켄이란 구미에는 없는 일본 특유의 생활 형태 혹은 사람과 사람을 잇는 유대 관계를 가리킨다고 말한다. 그것은 '사회society'와는 뉘앙스가 다르며, 사회보다 더 범위가 좁으면서도 일본인 전체가 깊이 관련되어 있는 인간관계의 틀에 가깝다. 회사, 관공서, 대학, 취미 활동, 동아리, 동창회, 학회 등 모든 집단과 조직이 이런 세켄을 구성한다. 일본인은 누구나 이런 세켄 속에서 자기 자신보다도 세켄을 중히 여기며 살아가고, 그 세켄 속에서는 눈에 띄지 않게 겸손한 태도로 말과 행동을 조심하는 것이 무엇보다 강조된다. 그래서 일본인은 흔히 전체 의견과 다른 자신의 의견을 표현하는 데는 소극적이 되기 쉽다. 또한 세켄을 사는 사람들은 세켄 바깥의 현상에는 그다지 관심이 없으며, 오로지 그들의 세켄 속에서 오늘을 어떻게 살까 하는 생각이 더 지배적이 된다. 그 결과 일본 사회에서는 한 사람의 개체가 개성적인 개인으로 살아가기가 매우 어렵다. 부모들은 마음이 내키든 안 내키든 '세켄'의 관습에 맞추어 아이를 교육해야만 하며, 모든 인간관계가 이 세켄을 중심으로 형성된다. 아베는 이런 문제점을 지적하면서 세켄 속에 유폐되어 있던 개인을 해방시켜야 하며 '개인'이 '세켄'에서 자립해야 한다고 주장한다. 아베 긴야, 이언숙 옮김, 《일본인에게 역사란 무엇인가 : '세켄世間 개념을 중심으로》, 길, 2005 ; 阿部謹也, 《世間とは何か》, 講談社現代新書, 1995 참조. 하지만 베네딕트가 말하는 'the World'(세상)에 이와 같은 '세켄'의 미묘한 뉘앙스가 충분히 담겨 있는 것으로 보이지는 않는다.

3 1935년 12월에 발간된 《심상소학교 수신尋常小學校修身》 권2가 이 예화의 출처다. 《국화와 칼》의 일본어판《菊と刀》(長谷川松治譯, 社會思想社, 1972), 116쪽 역주.

4 일본어 표현은 "子を持って知る親の恩"이라고 한다.

5 베네딕트는 '온'을 채무라든가 의무로만 보기 때문에 시종일관 '누구누구에 대한 온on to anyone'이라는 표현을 쓰는데, 이는 일본인이 볼 때 좀 어색하다는 지적이 있다. 예컨대 '자식들에 대한 온'이라는 표현은 일본어 어법에 없다는 것이다. 일본어판《菊と刀》, 118~119쪽 역주.

6 이상에서 베네딕트는 천황의 온, 쇼군의 온, 주군의 온, 조상의 온, 부모의 온, 세켄(세상)의 온 등 다양한 형태의 온을 사례로 든다. 그러나 소에다 요시다는 베네딕트가 일본인의 도덕규범 중에 온 개념을 첫 번째로 들었다는 점은 평가할 만하지만, 온 개념의 역사적 형성 과정에 비추어볼 때 그녀의 이해가 충분치 못하다는 점을 지적한다. 이와 관련해 사쿠라이櫻井壓太郎의 《온과 기리: 사회학적 연구恩と義理 : 社會學的研究》(アサヒ社, 1961)에 의하면 온 개념에는 세 가지 원천이 있다. 원시적 온 개념, 불교적 온 개념, 사무라이 계급의 온 개념이 그것이다. 그러니까 증여에 관한 고대적 관습으로서의 원시적 온 개념이 먼저 있었고, 거기에 '삼보三寶의 온'과 같은 불교적 온 개념이 덧붙여지고, 그 위에 봉건 사회 지배 계급의 관념으로서 사무라이 계급의 온 개념이 형성되었다는 것이다. 이 밖에 근세의 대중적 유교 운동인 석문심학石門心學에서는 가미神의 온, 하늘의 온, 부모의 온, 천지만물 일체의 온, 일체중생의 온, 국왕의 온, 조상의 온, 주인의 온, 스승의 온 등을 들기도 한다.

7 일본어로는 "人に恩を着せる"라고 한다.

8 베네딕트는 '남에게 온을 입히는' 측면을 일본적 온 개념의 특이한 요소로 파악한다. 그러니까 본문에서 베네딕트가 누누이 강조하듯이, 온 개념에는 감사의 표현뿐만 아니라 마음이 편치 않은 감정이 동시에 들어가 있다는 것이다.

9 1635년 도쿠가와 가문의 가신들을 통제하기 위해 발포된 '쇼시핫토諸侍法度' 23개 조문 가운데 "싸움과 말다툼을 하지 말라고 이미 엄격히 금한 바 있다. 만약 그런 일이 있을 때 가담하면 싸운 당사자들보다 더 큰 벌을 받을 것이다. 싸움이나 말다툼이 났을 때는 아무도 그곳에 모이지 말라"는 조문이 들어가 있다. 그 후 1683년에 발포된 '부케쇼핫토武家諸法度'에는 본래 다이묘들만을 대상으로 했던 것을 더욱 확대해 전술한 '쇼시핫토' 중 일부 조항을 포함시켰는데, "싸움에 간섭하지 말라"는 법규도 그 가운데 들어가게 되었다. 참고로 전국시대 이후 법제화된 것으로 "싸움한 자는 그 시비에 상관없이 쌍방 모두를 처벌한다"는 이른바 '겐카료세이바이喧嘩兩成敗'라

는 법규도 있었다.

10 일본에는 "무리가 지나가면 도리가 숨는다無理が通れば道理が引っ込む"는 말이 있다. 대다수의 일본인들은 무리한 일이 벌어지면 묵묵히 그걸 바라보는 경향이 있다. 2005년 〈전차남〉이라는 드라마(영화, 만화)가 인기를 끌었던 것도, 혹은 2001년 도쿄 신오쿠보 역에서 취객을 구하려다 죽은 이수현의 사연이 일본인들을 감동시킨 것도 이런 사회적 분위기를 배경으로 한다. 앞의 역주 9번에서 언급된 법규에서도 엿볼 수 있듯이 일본에서는 옳든 그르든 남의 일에 끼어드는 것을 꺼리는 풍토가 뿌리 깊다. 베네딕트는 이런 풍토를 '온'과 '기리' 관념으로 풀어 말한다. 그것은 온과 기리의 그림자라 할 만하다. 이런 그림자와 관련해 가와시마는 《국화와 칼》이 "일본인의 추한 모습을 적나라하게 백일하에 드러낸 책"이라고까지 평한 적이 있다. 川島武宜,〈評價と批判〉, 263쪽.

11 기노도쿠氣の毒. 여기서 '기노도쿠'란 문자 그대로 풀면 '독이 있는 감정'을 뜻하는 말로, 통상 '폐를 끼쳐 미안하게 생각한다'는 의미로 사용된다.

12 영어 원문은 여기서 'feel guilty'라는 번역어를 쓰고 있는데, 엄밀히 말해 'guilty(죄의식)'라는 용어는 적절하지 못하다. 일본인의 도덕체계에 서구 유대 그리스도교 문화권에서 말하는 죄의식의 요소는 들어가 있지 않기 때문이다.

13 일본인의 국민성을 미국 불량청소년의 기록이나 신경증 환자와 비교하는 이 대목은 《국화와 칼》이 당시 유행했던 편협한 연구에서 어떤 영향을 받았는지 잘 보여준다.

14 베네딕트는 온을 기본적으로 자기에게 돈을 빌려준 당사자에게 갚아야 할 빚, 즉 변제 의무가 수반되는 빚으로 이해한다. 그러나 온 개념에는 자신이 누군가(특정 개인, 불특정 다수, 세켄, 사회 등)에게서 받은 온을 그 직접적인 당사자가 아닌 다른 누군가에게 돌려준다는 관념도 내포되어 있다. 또한 온이란 베푸는 온施恩, 받는 온受恩, 온을 아는 것知恩, 온을 갚는 것報恩 등의 개념들이 모두 포함되어 있는 다의적인 개념이다. 이에 비해 베네딕트는 주로 받는 온(온을 입은 자)의 처지에서 온을 설명하고, 그 결과 갚아야만 하는 하나의 의무로서 온 개념을 강조한다. 하지만 온을 의무나 책무라는 식으로 말하는 것에 대해 일본인은 매우 위화감을 느낀다. 물론 온과 의무 관념은 서로 겹치는 부분도 있지만, 의무의 영역과 겹치지 않는 온의 부분(가령 감사하는 마음)도 있기 때문이다. 副田義也, 《日本文化試論 : ベネディクト〈菊と刀〉を讀む》, 144~148쪽.

제6장

'만 분의 일'의 온가에시'

온은 '빚'이기 때문에 갚아야만 한다. 그러나 일본에서 온을 갚는다는 뜻의 '온가에시恩返し'는 온과 완전히 별개의 범주에 속한 것으로 간주된다. 서구의 윤리학이라든가 또는 '오블리게이션obligation(의무/은의)'이나 '듀티duty(의무/임무)' 같은 중립적인 단어에 있어 우리는 온과 온가에시라는 두 개의 범주를 혼동한다. 일본인들은 이처럼 두 범주가 명확히 구분되지 않는 우리의 도덕을 이상하게 여긴다. 이는 마치 우리가 금전 거래에서 언어상 '채무자'와 '채권자'를 구별하지 않는 어떤 부족의 경제 거래에 대해 이상한 느낌을 갖는 것과 같다. 요컨대 일본인에게 온이라고 불리는 중요하고도 결코 소멸되지 않는 채무는, 일련의 다양한 용어로 칭해지는 적극적이고도 지체할 수 없는 온가에시의 의무와 완전히 다른 것으로 받아들여진다. 즉 이때 온가에시는 덕목이지만 채무로서의 온은 덕목으로 간주되지 않는다. 그러니까 일본에서 덕이란 어떤 사람이 적극적으로 보답 행위에 몸을 바칠 때 시작된다는 말이다.

이와 같은 일본인의 덕 관념을 우리의 경제 거래에 빗대어보면서 그 배후에도 미국에서의 재산 거래와 마찬가지로 채무를 이행하지 않는 데 대한 여러 가지 제재가 있음을 염두에 둔다면, 미국인으로서는 이해가 쉬울 것이다. 미국에서는 계약서가 강력한 구속력을 가지며, 누구든 자기 것이 아닌 물건을 슬쩍 가져간 경우에는 전혀 정상이 참작되지 않는다. 또한 은행에서 빌린 돈의 변제 여부를 기분에 따라 정한다는 것은 있을 수 없는 일이다. 나아가 채무자는 최초에 빌린 원금뿐만 아니라 거기에 대한 이자까지 당연히 지불해야 한다고 생각한다. 하지만 미국에서 애국심이라든가 가족에 대한 사랑은 이런 것과는 전혀 다른 것으로 간주된다. 우리는 사랑이란 어디까지나 마음의 문제이며, 어떤 약속도 없이 자유롭게 주어지는 것이야말로 최상의 사랑이라고 생각한다. 또한 자국의 이익을 다른 무엇보다도 중시한다는 의미에서의 애국심은, 미국이 적국의 무력 공격을 받지 않는 한, 오히려 공상적인 것 혹은 잘못을 저지르기 쉬운 인간 본성과 절대 양립될 수 없는 것으로 간주된다.[2]

그런데 일본인의 기본적 가정에 의하면, 모든 사람은 태어남과 동시에 자동적으로 큰 채무를 지게 된다. 우리 미국인들은 이런 관념을 가지고 있지 않지만, 누구든 사람이라면 빈궁한 부모를 불쌍히 여겨 도와주어야 하고, 아내를 때려서는 안 되며, 자식들을 잘 부양해야만 한다고 생각한다. 그러나 이런 일들은 금전적인 부채처럼 양적으로 계산되지는 않으며 또한 사업상의 성공처럼 돈으로 보상받는 것도 아니다. 이에 비해 일본에서는 이런 일들이 마치 미국에서의 경제적 지불 능력과 유사한 것으로 간주된다. 그러니까 일본에서 채무(온) 관념의 배후에 깔린 강제력은 미국에서 청구서나 저당이자 지불 의무의 배후에 있는 강제력만큼이나 강력하다는 말이다. 그것은 비단 선전포고 상황이라든가 부모가 중병에 걸렸을 때와 같은 위급시에만 해당되는 일은 아니다. 그것은 뉴욕 주 가난한 농부가 저당 잡힌 채무 때문에 겪는 고통이라든가 혹은 주식을 팔자마자 주가가 상승할 때 그것을 바라보는 월스트리트 재계 인사의 괴로움처럼 항상 일본인을 따라다니는 그림자 같은 것이다.

일본인의 의무 및 반대 의무 일람표

1 온: 수동적으로 입는 의무. 어떤 사람이 '온을 받는다'거나 혹은 '온을 입는다'고 말한다. 즉 온이란 그것을 수동적으로 받는 사람의 관점에서 볼 때의 의무를 가리키며, 다음과 같은 여러 종류의 온이 있다.

- 고온皇恩=천황에게 받은 온.
- 오야노온親の恩=부모에게 받은 온.
- 누시노온主の恩=주군에게 받은 온.
- 시노온師の恩=스승에게 받은 온.
- 이 밖에 살아가면서 접하는 모든 사람에게 받은 온.

  * 이때 어떤 사람에게 온을 준 자는 모두 그 사람의 '온진'이 된다.

2 온의 반대 의무: 누군가에게 온을 입은 자는 그 온진에게 '부채를 갚아야만' 하는 반대 의무를 가지게 된다. 이는 적극적인 갚음(온가에시) 관점에서 본 의무를 가리키며, 다음과 같이 크게 두 종류가 있다.

① 기무義務: 아무리 노력해도 결코 모두 갚을 수 없으며, 또한 시간적으로 한계가 없는 의무로서 다음 세 가지로 구분된다.

- 충=천황, 법률, 일본국에 대한 의무.
- 효=부모 또는 조상에 대한 의무. 자손에 대한 의무까지도 암암리에 함축.
- 닌무任務=주어진 일에 대한 의무.[3]

② 기리義理 : 자기가 받은 온과 같은 수량만큼만 갚으면 되고 또한 시간적으로도 제한된 부채를 가리키며, 다음 두 가지가 있다.

- 세켄에 대한 기리 : 주군에 대한 의무, 가까운 친척에 대한 의무, 타인에 대한 의무 및 타인에게서 받은 온(가령 타인에게서 돈이나 호의를 받았거나 또는 어떤 일에 도움이나 협조를 받았을 때 발생하는 온), 먼 친척(숙부나 숙모 혹은 조카)에 대한 의무(특별히 이들로부터 온을 받았기 때문이 아니라 공통의 조상에게서 함께 온을 받았다는 의미에서 기인하는 의무) 등이 있다.
- 자기 이름에 대한 기리 : 이는 독일어의 '명예die Ehre'에 해당하는 일본식 개념으로서, 타인에게 모욕이나 비난을 받았을 때 그 오명을 '씻어내야만 하는' 의무, 즉 보복이라든가 복수의 의무(이런 복수는 불법적인 공격으로 여기지 않는다)[4], 자신의 실패라든가 전문적인 일에 대한 무지를 인정하려 들지 않는 의무, 일본인으로서의 예절을 다할 의무(가령 모든 예의범절을 지키고, 분수와 신분에 알맞은 생활을 해야만 하며, 함부로 감정을 드러내서는 안 된다는 따위의 의무) 등이 있다.

일본인은 분량과 기한이 무제한적인 온가에시와, 받은 만큼만 갚고 기한도 제한적인 온가에시를 각기 다른 규칙을 가진 별개의 범주로 구분한다. 이때 채무에 대한 끝이 없는 온가에시를 '기무義務'라고 한다. 이런 기무에 대해 일본인은 "받은 온의 만 분의 일도 결코 다 갚을 수 없다"고 말한다. 여기서 기무는 천황에 대한 온가에시인 충과 부모에 대한 온가에시인 효라는 두 종류의 의무를 총칭하는 말이다. 기무에 속한 이 두 가지 의무는 모두 강제적인 것이어서 그 누구도 피할 수 없는 숙명과 같다. 예컨대 일본의 초등 교육은 '기무 교육'이라고 하는데, 이는 참으로 적절한 명칭이다. '기무'라는 용어만큼 '필수적'이라는 의미를 나타내는 말은 달리 없기 때문이다. 살아가면서 생기는 우발적인 사건들로 인해 기무의 세부적 내용이 다소 수정될 수는 있겠지만, 본래 기무란 모든 사람에게 자동적으로 주어지는 것이며 일체의 우연성을 초월하는 것으로 여겨진다.

다시 말해 이 두 가지 기무는 모두 무조건적이다. 일본은 이와 같은 기무의 덕목을 절대화함으로써 국가에 대한 의무와 효행이라는 본래의 중국적 개념에서 멀리 떨어져나왔다. 7세기 이래 중국의 윤리체계가 일본에 지속적으로 수용되었으며, 충과 효 또한 본래 중국어에서 비롯된 일본어다. 그런데 중국인은 이런 덕목을 무조건적인 것이라고 생각하지 않았다. 중국은 충성과 효성의 조건으로서 그 충효보다 상위에 있는 또 하나의 덕목을 상정하기 때문이다. 중국어로 '런仁'이라고 칭해지는 덕목이 그것이다. 영어로는 '자애' 혹은 '박애'라고 번역될 수 있는데, 이 말은 서양인들에게 일체의 바람직한 인간관계를 의미한다. 예컨대 부모에게는 인이 있어야 한다. 지배자도 인을 갖추지 못하면 피지배자들이 반란을 일으킬 수 있다. 인은 충성의 기초가 되는 조건이다. 왜냐하면 천자의 제위를 유지하거나 혹은 관료가 관직을 유지하는 것도 다 인을 베풂으로써 비로소 가능한 일이기 때문이다. 요컨대 중국인의 윤리체계는 이와 같은 인으로써 모든 인간관계의 시금석을 삼는다.

그런데 일본에서는 이 인이라는 중국적 윤리체계의 전제가 전혀 받아들여지지 않았다. 이와 관련해 탁월한 일본인 학자 아사카와 간이치[5]는 중세 중국과 일본의 차이를 다음과 같이 언급한다. "이런 중국의 윤리체계는 일본의 천황제와 잘 맞지 않았음에 분명하다. 따라서 그것은 학설로서도 일본에 그대로 받아들여졌던 적이 한 번도 없었다."[6] 사실 중국의 윤리체계에서 높은 지위를 차지했던 인은 일본에서는 윤리체계 바깥으로 추방되어버리고 말았다. 인을 일본어로는 '진仁'이라고 발음하는데, '진을 행한다'라든가 혹은 그 변형인 '진기仁義를 행한다'는 것은 일본의 상류층 사이에서조차 결코 덕목으로 요구된 적이 없었다. 그것은 일본인의 윤리체계로부터 완전히 추방되어버렸기 때문에, 일본에서 '진기를 행한다'는 말은 어떤 일이 법의 범위 바깥에서 행해지는 것을 의미하게 되었다. 가령 자선사업에 기부를 하거나 범죄인에게 자비를 베푸는 것은 참으로 훌륭한 일이다. 하지만 일본에서 그것은 단연코 의무의 범위를 넘어선 지나친 덕행일 뿐이다. 다시 말해 그런 '진기'의 행위는 그것을 행한 사람에게 본래 요구되었던 행위가 아님을 의미한다.

뿐만 아니라 '진기를 행한다'는 말은 '법의 범위 바깥'이라는 말 그대로의 의미, 즉 무법자 사이의 덕목을 가리킬 때 쓰기도 했다. 도쿠가와 시대에 습격과 살인을 일삼은 무법자들이 있었는데, 그들은 칼 두 자루를 차고 허세를 부리던 사무라이들과는 달리 긴 칼 한 자루만 차고 다녔다. 바로 이런 무법자들 사이의 의리를 가리킬 때 흔히 '진기를 행한다'는 말을 썼다. 가령 어떤 무법자가 다른 패거리 무법자에게 가서 숨겨달라고 부탁할 경우, 그런 부탁을 받은 자는 의뢰자의 패거리들에게 장래 복수를 당하지 않으려고 도피처를 제공해야 했다. 그것이 진기를 행하는 일이다.

현대 일본의 어법에서 '진기를 행한다'는 말은 그 지위가 더욱 저하되어, 때로 처벌해야 할 행위의 하나로 말해지기도 한다. 예컨대 일본의 신문들은 이렇게 논한다. "일반 노동자들이 아직도 진기를 행하는데, 이를 처벌해야 한다. 경찰은 일본 구석구석에서 성행하는 진기 행위를 금지해야 한다." 물론 이런 신문기사에서 말하는 '진기'란 공갈단이나 야쿠자의 세계에서 성행하는 '깡패들 사이의 의리'를 가리키는 말이다. 특히 현대 일본에서는 소규모 직업 소개업자가 19세기 말에서 20세기 초에 걸쳐 마치 미국 항구에서의 이탈리아인 직업 소개업자들처럼 미숙련 노동자들과 불법적인 관계를 맺고 이들을 도급으로 어떤 사업장에 취업시켜 자기 배를 채울 때도 '진기를 행한다'는 표현을 쓴다. '인'이라는 중국적 개념의 타락은 여기서 극에 달했다고 할 수 있다.[7]

이처럼 일본인은 중국의 윤리체계에서 가장 중요한 덕목인 '인'을 완전히 다르게 해석해 그 지위를 저하시키고 말았다. 그 결과 일본에서 효의 기무는 무조건적인 것이 되어버렸다.[8] 때문에 효는 가령 부모의 악덕이나 부정을 보더라도 못 본 체하면서 효행을 이행해야만 하는 그런 의무가 되고 말았다. 이와 같은 효의 기무는 천황에 대한 의무와 충돌할 경우에만 폐기될 수 있으며, 부모가 존경할 가치가 없는 인간이라든가 자신의 행복을 깨뜨린다는 이유만으로는 절대로 버릴 수 없다고 여겼다.

현대 일본 영화 가운데 한 어머니가 어느 마을의 학교 교사로 있는 결혼한 아들의 돈을 훔치는 장면이 나온다. 이 돈은 그 교사가 어떤 어린 여학생을 구제하기 위해 마을 사람들에게서 모금한 돈이었다. 그 여학생의 부모는 흉년으로 굶어 죽게 생기자 자기 딸을 사창가에 팔아넘기려 하고 있었다. 그런데 교사의 어머니는 상당한 요릿집을 경영해서 조금도 돈에 궁색하지 않았는데도 아들에게서 이 돈을 훔친다. 아들은 돈을 훔친 자가 자기 어머니라는 사실을 알지만 자신이 그 책임을 뒤집어쓴다. 그러자 진상을 알게 된 그의 아내는 돈을 잃어버린 데 대한 모든 책임을 진다는 유서를 남긴 채 어린아이와 함께 물에 빠져 자살한다. 이윽고 이 사건이 세상에 알려지지만, 그 비극적인 이야기에서 어머니에 대해서는 아무런 문제도 제기되지 않는다. 그리고 효행을 다한 아들은 앞으로도 같은 시련을 견딜 수 있는 강한 인간이 되려고 혼자서 홋카이도로 출발한다.

일본인은 이런 아들을 덕이 있는 주인공이라고 여긴다. 하지만 나는 이 모든 비극에 책임을 져야 할 사람은 다름 아닌 도둑질한 어머니라고 생각한다. 이와 같은 미국적인 견해에 대해 나의 한 일본인 동료는 맹렬히 반대했다. 그는 "때때로 효가 다른 덕목과 충돌할 경우도 있다. 만일 이 영화의 주인공이 더 현명했더라면, 자기 명예를 손상시키지 않은 채 서로 모순되는 덕목들을 융화시킬 수 있는 길을 찾아낼 수 있었을지도 모른다. 그러나 만일 그가 마음속으로라도 자기 어머니를 비난했다면, 그의 명예는 아예 거론조차 할 수 없게 되었을 것이다"라고 말했다.

영화뿐만 아니라 일본 소설이라든가 실생활에서도 결혼한 뒤에 무거운 효행의 의무를 지게 되는 청년의 사례를 얼마든지 찾아볼 수 있다. 현대적인 사고방식을 가진 일부 사람들을 제외하고는 양가에서 부모가 며느리를 선택할 때는 의당 중개인의 소개를 통하는 것이 관례다. 그러니까 좋은 며느리를 선택하는 데 결정권을 가진 것은 당사자인 아들이 아니라 그가 속한 가문인 셈이다. 이는 단순히 결혼과 금전상 거래가 연관되어 있기 때문만은 아니다. 며느리는 그 집의 계보에 편입되어 아들을 낳아 가계를 영속시키는 사람이기 때문이다. 이때 흔히 중매인은 우연히 만난 것처럼 꾸며 당사자인 젊은 남녀가 양가 부모와 함께 만날 기회를 만들어주는데, 거기서 젊은 남녀는 서로 말을 주고받지 않는다. 때로 부모는 자식에게 정략결혼을 시키기도 한다. 이런 경우 여자의 부모는 경제적 이익을 취하고, 남자의 부모는 명문가와 결합함으로써 이득을 얻는다. 혹은 부모가 여자의 자질이 마음에 들어 며느리로 선택하는 경우도 있다.

어떤 경우든 착한 아들이라면 부모의 온을 갚아야 하기 때문에 부모의 결정에 이의를 제기할 수 없다. 결혼 후에도 그가 갚아야 할 보은의 의무는 여전히 남아 있다. 특히 아들이 가계 상속자일 경우에는 부모와 함께 생활하게 된다. 그런데 이렇게 같이 살게 되면, 다 알다시피 시어머니와 며느리 사이가 나빠지기 십상이다. 시어머니는 사사건건 며느리를 괴롭히고 때로는 친정으로 쫓아버리기도 한다. 심지어 아들이 아내와 금실이 좋아 어떻게든 함께 있고 싶어 해도 결혼을 취소해버리기까지 한다. 일본 소설이나 개인사 같은 데서는 흔히 아내의 고통뿐만 아니라 남편의 고통도 강조해서 묘사하는 경향이 있다. 그러다가 결국 남편은 이혼을 요구하는 어머니의 강요에 굴복하고 마는데, 이는 물론 효를 행하기 위해서다.

현재 미국에 사는 현대풍의 어느 일본 부인도 도쿄에 살 때 비슷한 사례를 경험한 적이 있다고 한다. 그녀는 슬퍼하는 젊은 남편을 어쩔 수 없이 뒤로한 채 시어머니에게 쫓겨난 어떤 젊은 부인을 자기 집에 데리고 있었다. 당시 그 부인은 임신 중이었는데, 비탄에 빠진 나머지 병이 들고 말았지만 한 번도 자기 남편을 책망하지 않았다. 그러다가 그 여인은 차츰 곧 태어날 아기에게 마음을 쏟게 되었다. 그런데 아기가 태어나자마자 시어머니는 말없이 순종만 하는 아들을 데리고 와서 그 갓난아이를 넘기라고 요구했다. 물론 그 아기는 남편의 가문에 속해 있었으므로, 시어머니는 별 어려움 없이 아기를 빼앗아 양가[9]에 맡겨 기르게 할 수 있었다.

이처럼 효행에 포함되는 경우는 매우 다양하다. 그 모든 경우가 다 부모에게 받은 채무를 자식이 당연히 갚아야만 하는 보은으로 간주한다. 하지만 미국에서는 그것이 개인의 정당한 행복을 해치는 외부의 간섭으로 여겨진다. 이에 반해 온의 당위성을 받아들이는 일본인들은 그것을 '외부로부터'의 간섭으로 보지 않는다. 전술한 일본의 이야기는 미국에서라면 대단한 어려움 속에서도 참고 견디며 채권자에게 빚을 다 갚는 정직한 사람의 이야기로서 받아들여지기 일쑤이다. 그것은 참으로 고결한 사람, 자신의 인격이 존중받을 만한 권리를 힘써 얻은 사람, 혹은 개인적인 소망을 기꺼이 내던져 희생하는 강한 의지의 소유자라는 것을 몸소 증명한 사람의 이야기가 된다. 하지만 이 같은 소망의 억압이 아무리 덕 있는 행위로 치부된다 하더라도, 그 사람의 가슴속에는 개운치 않은 울분이 남게 마련이다. 따라서 가령 미얀마 속담에서는 사람들이 싫어하는 것들이 흔히 '화재, 홍수, 도둑, 관리, 악인' 따위로 나오는 데 비해, 일본에서는 '지진, 벼락, 가장(아버지)' 등을 들고 있다는 점에 주목할 만하다.

일본에서의 효행 대상은 중국의 경우처럼 몇 세기에 걸친 역대 조상이나 그 조상의 후손에 해당하는 현재의 광범위한 친족을 포괄하지 않는다. 일본의 조상 숭배는 최근의 조상에만 한정되어 있기 때문이다. 일본인은 누구의 무덤인지를 확실히 하려고 매년 묘비의 문자를 고쳐 쓰지만, 지금 살아 있는 사람들의 기억에서 이미 사라져버린 조상의 묘비는 치워버린다. 또한 그런 조상의 위패는 불단에 안치하지도 않는다. 그러니까 일본인은 생생하게 기억할 수 있는 사람 외의 조상에 대한 효행은 별로 중시하지 않는다는 말이다. 그들은 오직 지금 여기에 있는 사람들에게만 집중한다. 일본에 관한 많은 저서들은 추상적인 사색이라든가 혹은 현존하지 않는 사물의 심상을 머릿속에 그려내는 것에 대해 일본인의 흥미가 결여되어 있다는 사실을 지적하곤 한다. 이 점을 입증하는 데도 일본인과 중국인의 효행관 비교가 도움이 될 것이다. 어쨌거나 일본적 효행관의 가장 큰 실제적 의의는 효의 의무를 현재 살아 있는 사람들에게만 한정한다는 점에 있다.

이 점을 더 부연해보자. 중국에서든 일본에서든 효행은 단지 자기 부모나 조상에 대한 존경과 복종뿐만 아니라 그 이상의 것을 의미한다. 서구인들은 자식을 위한 일체의 수고로움을 모성 본능이라든가 혹은 아버지의 책임감에서 비롯된 것으로 생각한다. 하지만 중국인이나 일본인은 그것이 조상에 대한 효성심에서 기인한다고 여긴다. 특히 일본인들은 이 점과 관련해 자신이 부모에게 받은 사랑과 보호를 자기 자식에게 베풂으로써 조상의 은혜를 갚는다고 단언한다. 그래서 일본에는 '자식에 대한 어버이의 의무'를 표현하는 말은 특별히 없으며, 그런 의무는 모두 부모와 조부모에 대한 효에 포함되어 있다.

　효행은 가장의 어깨에 걸린 수많은 책임을 하나하나 이행하는 것, 즉 아이들을 부양하고 자식을 교육하고 재산을 관리할 책임을 지고 보호가 필요한 친척을 도와주고 그 밖의 모든 일상적 일들을 다할 것을 요구한다. 일본에서는 제도적으로 이에家의 범위를 분명하게 한정하기 때문에, 효행을 행할 기무의 대상도 그 수효가 분명하게 한정되어 있다. 가령 자식이 죽은 경우, 가장에게는 효의 의무에 따라 자식의 아내와 그 아들을 부양할 책임이 있다. 또한 가장은 남편과 사별한 딸과 그 자녀들을 맡아서 보살펴주어야만 할 때도 있다. 하지만 과부가 된 조카딸을 맡을 의무는 없다. 그런 조카딸을 맡는 일은 별개의 기무를 행하는 것이 된다. 자기 자식을 양육하고 교육하는 것은 기무다. 그러나 조카를 교육하는 경우는 법률상 정식 양자로 삼는 것이 보통이다. 그렇지 않고 여전히 조카의 신분으로서 그를 교육하는 일은 기무가 아니다.

　일본에서의 효행은 궁핍한 직계 비속에게까지 존경과 사랑으로 원조를 베풀도록 요구하지는 않는다. 그래서 어떤 집에 맡겨진 젊은 과부들은 식은 밥을 먹인다는 뜻의 '찬밥 친척冷飯親戚'이라 불린다. 그녀들은 자신을 부양해주는 사람들이 시키는 대로 해야 하고 자기 신상에 관해 그들이 어떤 결정을 내리면 그대로 따라야만 한다. 그녀들과 그녀들의 아이들은 불쌍한 친척이다. 물론 예외적으로 그녀들이 좋은 대우를 받는 일도 있을 수 있다. 하지만 이는 그 집의 가장에게 그녀들을 잘 대우해야 할 기무가 있기 때문이 아니다. 마찬가지로 형제 사이에서 서로에 대한 의무를 따뜻한 마음으로 수행하는 것도 기무는 아니다. 그래서 형제 사이가 아주 나쁜데도 형이 동생에 대한 기무를 다했다 해서 칭찬받는 경우도 많이 있다.

　한편 시어머니와 며느리 사이에는 늘상 적지 않은 반목이 있게 마련이다. 본래 외부인으로 가정에 들어온 며느리에게는 먼저 시어머니의 살림

방식을 배워 만사를 그 방식에 따라 행해야만 할 의무가 있다. 그런데 많은 경우 시어머니는 사사건건 며느리가 자기 아들의 아내가 될 자격이 없다고 주장하곤 한다. 심한 경우에는 며느리에게 매우 강한 질투심을 품기도 한다. 그러나 "미움받는 며느리가 귀여운 손자를 낳는다"는 일본 속담에서도 엿볼 수 있듯이, 일본의 며느리와 시어머니 사이에도 항상 효가 존재한다. 며느리는 겉으로는 한없이 유순하다. 그런데 그토록 순하고 사랑스러웠던 며느리가 시간이 흘러 세대가 바뀌면 예전의 시어머니처럼 가혹하고 잔소리 심한 시어머니가 된다. 이들은 젊은 시절에는 반항심을 겉으로 드러낼 수 없었다. 하지만 그렇다고 해서 이들이 정말 유순한 사람으로 바뀌는 것은 아니다. 그녀들은 만년이 되어 그간 쌓이고 쌓인 한을 자기 며느리한테 쏟는다. 오늘날 일본의 처녀들은 맏아들이 아닌 사람과 결혼하는 편이 훨씬 좋다는 말을 공공연하게 입에 담는다. 그러면 위세 부리는 시어머니와 같이 살지 않아도 되기 때문이다.

하지만 '효를 다한다'는 것이 반드시 집안에 자애를 실현하는 것이라고는 할 수 없다. 물론 어떤 문화에서는 자애가 가족 도덕률의 중심이 되어 있다. 그러나 일본에서는 그렇지 않다. 어느 일본인 저자는 "일본인은 이에를 대단히 존중한 나머지, 바로 그런 이유로 가족 개개의 성원과 그 상호 간의 가족적 유대는 별로 존중하지 않는다"[10]고 적고 있다. 물론 이 말이 언제나 사실은 아니겠지만, 적어도 일반적인 상황을 말해준다고는 할 수 있다. 중요한 것은 온에 대한 의무 및 그 빚을 갚는 일(보은)에 있으며, 이때 연장자가 중차대한 책임을 진다는 점에 있다. 그리고 그런 연장자의 책임 중에는 필요하다면 아랫사람으로 하여금 반드시 희생을 치르도록 해야 하는 책임도 있다. 이때 아랫사람이 희생을 원치 않는다 해도 어쩔 도리가 없다. 그들은 연장자의 결정에 따라야만 한다. 그렇지 않으면 그들은 기무를 다하지 못한 것이 되기 때문이다.

앞서 언급했듯이, 가족 구성원 간에 나타나는 원한은 일본적 효행과 관련된 한 특징이라 할 수 있다. 그런데 효행과 마찬가지로 기무로 간주되는 또 하나의 중요한 의무, 즉 천황에 대한 충성에는 이런 원한이 전혀 나타나지 않는다. 일본의 정치가들이 천황을 신성한 수장으로 받들면서 세속적 생활에서 격리하고자 했던 것은 실로 타당한 조처였다. 일본에는 모든 국민으로 하여금 반감 없이 국가에 봉사하도록 만드는 국민 통합 수단으로서 천황이 필요했기 때문이다. 하지만 거기서 단순히 천황을 국민의 '아버지'로 삼는 것만으로는 충분치 못했다. 왜냐하면 집안의 '아버지'에 대해 자식들은 모든 의무를 다해서 그 은혜를 갚고자 하지만, 어떤 아버지는 '전혀 존경받을 수 없는 사람'인 경우도 있기 때문이다. 이에 반해 천황은 세속적인 것과는 일체 무관한 신성왕이어야만 했다. 이와 같은 천황에 대한 충절을 가리키는 충忠은 일본 최고의 덕목이다. 그것은 세속적인 것과 접촉함으로써 더럽혀지지 않는, 일종의 환상으로서의 '선량한 대부大父'[11]에게 무아경적인 시선을 보내며 받들어 모시는 것을 뜻한다.[12]

서구 제국을 시찰하고 돌아온 메이지 초기의 정치가들은, 서구 여러 나라의 역사는 모두 통치자와 인민의 투쟁을 통해 형성되었는데 그것은 일본 정신에 부합되지 않는다고 적고 있다. 그리하여 그들은 귀국 후에 만든 헌법[13]에다 천황은 '신성불가침' 존재로서 내각 장관들의 어떤 행위에도 책임을 지지 않는다는 내용의 조항을 삽입했다. 요컨대 천황은 책임 있는 국가원수로서가 아니라 일본 국민 통합의 최고 상징으로서 필요한 존재였다. 사실 천황은 거의 700여 년간 실권을 지닌 통치자가 아니었기 때문에, 종래처럼 천황을 역사의 무대 뒤편에 머물러 있게 하기란 그리 어려운 일이 아니었다. 그보다 메이지의 정치가들이 해결해야만 했던 문제는, 모든 일본인으로 하여금 마음으로부터 무조건적이며 최고의 덕목인 충을 천황에게 바치도록 만드는 데 있었다.

봉건시대의 일본에서 충은 세속적 수장인 쇼군에 대한 의무였다. 메이지의 정치가들은 쇼군이 지배했던 긴 역사에서 이제 일본의 정신적 통일이라는 그들의 목적을 이루기 위해 새로운 상황에서 무엇을 해야 할지 배웠다. 과거 몇 세기 동안 쇼군은 대원수와 최고 행정관을 겸했다. 따라서 모든 사람이 쇼군에게 충을 바쳐야 하는데도 종종 쇼군의 지배권에 대항해 쇼군의 생명을 앗으려는 음모가 되풀이되었다. 쇼군에 대한 충성은 때로 봉건영주에 대한 기무와 모순되기도 했다. 더구나 높은 차원에서의 쇼군에 대한 충성은 낮은 차원에서의 영주에 대한 충성에 비해 강제력을 갖지 못했다. 어쨌든 영주에 대한 충성은 직접 얼굴과 얼굴을 맞대는 주종관계의 인연을 토대로 한 것이었다. 이에 비해 쇼군에 대한 충성이 추상적인 것으로 느껴졌다 해도 전혀 무리가 아니었을 것이다. 그래서 전란시대의 번신藩臣들은 쇼군을 몰아내고 자신의 봉건영주를 옹립하려고 싸웠다.

메이지 유신의 선각자와 지도자 들은 구중 구름 속에 깊숙이 은거하던 천황, 따라서 각자가 원하는 바에 따라 그 모습을 이상화할 수 있었던 천황에게 충을 바쳐야 한다는 구호를 내걸고 한 세기에 걸쳐 도쿠가와 막부와 싸웠다. 메이지 유신은 이와 같은 존왕파의 승리에 의해 이루어졌다. 요컨대 1866년은 쇼군에서 상징적 천황에게로 충의 대상이 바뀐 해였다. 때문에 메이지 유신을 '복고'라고 이름 붙인 데는 충분한 이유가 있었다고 말할 수 있다. 그때 천황은 종래와 마찬가지로 그림자처럼 뒤에 물러선 채 실질적인 정치 지도자들에게 권력을 부여했다. 그러니까 천황이 직접 정부나 군대를 지휘하면서 일일이 정치 방침의 지령을 내린 것은 아니었다. 지난 시대처럼 조언자들이 변함없이 정무를 담당했다. 물론 그 조언자들로는 이전보다 훨씬 뛰어난 인물들이 뽑혔다. 하지만 무엇보다 큰 변화는 정신적 영역에서 일어났다. 즉 메이지 유신에 의해 비로소 충이라는 것이 최고 사제이자 일본의 통일성과 영원성을 상징하는 신성왕으로서의 천황에 대해 모든 사람들이 갚아야 하는 의무로 관념되기에 이른 것이다.

이처럼 충성의 대상이 쉽게 천황에게 옮겨질 수 있었던 데는, 황실을 태양의 여신 아마테라스天照大神의 후예로 보는 옛 민간 신화가 큰 도움이 되었음은 말할 나위 없다. 그러나 이 같은 신화적인 신성성의 주장은 서구인들이 생각하는 것만큼 일본인들에게 중요한 것은 아니었다. 예컨대 그런 주장을 부정했던 일본의 지식 계급이라 할지라도 천황에게 충성하는 것에는 의문을 품지 않았으며, 천황이 신의 후예라는 것을 정말로 믿었던 일반 대중도 서구인들과는 다른 방식으로 신을 이해했다. 즉 신을 뜻하는 일본어 '가미神'를 영어로 번역하면 'god'이지만, 문자 그대로의 의미는 '머리', 즉 계층적 위계질서의 정점을 가리킨다.[14] 일본인은 서구인과는 달리 인간과 신 사이에 큰 차이를 두지 않는다. 일본인은 누구든 죽으면 가미가 된다고 여기기 때문이다. 사실 봉건시대 일본에서 충은 계층적 위계질서의 우두머리에게 바쳐졌는데, 그들은 전혀 신적 자격을 가지고 있지 않았다.

충성의 대상이 천황에게로 전이되는 데 더 중요한 역할을 했던 것은, 일본 역사의 모든 시기에 걸쳐 단 하나의 동일한 황실이 끊기지 않은 채 계속 황위를 계승해왔다는 사실이었다. 이에 대해 서구인들이 "황실의 변함없는 계승이란 기만에 지나지 않는다. 왜냐하면 황위 계승의 규칙이 영국이나 독일과는 일치하지 않기 때문이다"라고 이의를 제기한들 별 의미가 없다. 일본에는 일본대로의 규칙이 있었기 때문이다. 그 규칙에 의하면 황통은 만세일계 萬世一系[15]다. 일본은 유사 이래 36개의 왕조가 교체된 중국과는 달랐다. 일본은 지금까지 여러 역사적 변천을 거쳐왔지만, 그 어떤 변혁에서도 결코 사회 조직이 지리멸렬하게 파괴된 일이 없이 항상 변하지 않는 형태를 유지해온 나라였다.

메이지 유신 이전의 백여 년 동안 반反 도쿠가와 세력이 이용했던 것은 천황이 신의 후예라는 주장이 아니라 바로 이런 '만세일계' 설이었다. 그들은 계층적 위계질서의 정점에 위치한 자에게 돌아가야 할 충을 오직 천황에게만 바쳐야 한다고 강조했다. 그들은 천황을 국민의 최고 사제로 받들었지만, 그렇다고 해서 이는 천황이 반드시 신이어야만 한다는 것을 의미하지는 않았다. 요컨대 만세일계설이야말로 천황이 여신의 후예라는 사실보다 더 중요했다.

근대 일본에서는 충을 개인적인 덕목으로 만들어 특히 그것을 천황 한 사람에게만 향하도록 하려고 여러 가지 노력을 했다.[16] 메이지 유신 후 최초의 천황은 걸출한 위엄을 갖춘 인물로서, 그는 자신의 긴 통치 기간 중에 어렵지 않게 스스로의 몸을 신민臣民들에 대한 국체國體의 상징으로 만들어냈다. 그는 드물게 대중 앞에 모습을 나타냈는데, 그런 때는 불경스러움을 피하려고 온갖 숭배 장치가 준비된 가운데 등장했다. 그러면 수많은 군중은 쥐죽은 듯 숨을 죽이며 그 앞에 머리를 숙였다. 그들은 감히 눈을 들어 그를 바라보려 하지 않았다. 어디든 높은 곳에서 천황을 내려다볼 수 없도록 2층 이상의 창에는 셔터가 내려졌다. 천황이 높은 지위에 있는 조언자들과 만나는 경우에도 지극히 위계적인 특성이 드러난다. 예컨대 천황이 그 위정자를 불러들인다고는 말하지 않았다. 소수의 특별한 권한이 부여된 고위급 인물들만이 '배알'의 은총을 입었다. 또한 논쟁의 대상이 된 정치 문제에 관해 조칙이 내려지는 일은 없었다. 조칙은 도덕과 절약과 검소에 관한 것이라든가 혹은 어떤 문제가 결정되었음을 나타내는 표식으로, 국민을 안심시키려는 의도에서 발표되었다. 그가 임종 자리에 누우면 일본 전체가 하나의 거대한 사원으로 변하고, 국민은 그의 쾌유를 비는 경건한 기도를 올리곤 했다.

이처럼 천황은 여러 방법을 통해 국내의 정쟁이 조금도 미치지 않는 곳에 위치한 상징이 되어 있었다. 미국에서 성조기에 대한 충성이 일체의 정당 정치를 초월한 영역에 놓여 있는 것과 같이, 일본의 천황은 '침범될 수 없는 존재'였다. 우리 미국인들은 인간에 대해서라면 그러한 일이 전혀 온당치 못하다고 여겨질 만큼 성조기를 정중하게 다룬다. 이에 비해 일본인들은 더할 나위 없는 상징성을 지닌 인간을 철저하게 활용했다. 국민은 천황을 극진히 공경하고, 천황은 거기에 응답했다. 그들은 천황이 '국민을 염려하고 있다'는 것을 알면 황송해서 눈물을 흘렸다. 그들은 '폐하의 마음을 편안케 하려고' 온몸을 던져 희생했다. 일본처럼 완전히 개인과 개인의 유대감에 토대를 둔 문화에서 천황은 국기 따위가 감히 미칠 수 없는 충성의 상징이었다. 만일 훈련 중인 교사가 조국애를 인간 최고의 의무라고 말한다면 그는 낙제였다. 그는 천황에 대한 보은이야말로 최고의 의무라고 말해야만 했다.

충은 신하와 천황의 관계에 이중적 체계를 부여한다. 첫째, 아래에서 위로의 방향에 있어 신하는 중간자를 거치지 않고 직접 천황을 우러러본다. 즉 그는 자신의 행동에 의해 직접 개인적으로 '폐하의 마음을 편안케' 해드리는 데 신명을 바친다. 둘째, 그러나 위에서 아래로의 방향에 있어 신하가 천황의 명령을 받을 경우, 그 명령은 신하와 천황 사이에 있는 여러 중간자의 손을 거쳐 중계된다. 그리하여 "이것은 천황의 명령이다"라는 표현은 충을 환기하는 표현이 되었다. 이 표현에는 아마도 다른 어떤 근대 국가도 환기할 수 없는 강한 강제력이 있었다. 가령 로리Hillis Lory는, 한 번은 일본 군대의 평상시 훈련에서 어떤 사관이 자기 허가 없이는 수통의 물을 마셔서는 안 된다는 명령을 내린 후 연대를 인솔해 행군한 적이 있었다고 서술한다. 이 훈련의 중점은 극한 상황에서 중간 휴식도 없이 40, 50마일을 계속 강행군할 수 있도록 하는 데 있었다. 이날 갈증과 피로로 낙오자가 20명 나왔고 그 중 5명이나 사망했다. 그런데 사망한 병사의 수통을 조사해보니 전혀 손을 대지 않은 채로 있었다. "사관이 그런 명령을 내린 것이다. 그리고 사관의 명령은 곧 천황의 명령이었다."[17]

한편 일반 행정의 영역에서 충은 죽음과 관련된 행정에서부터 납세에 이르는 모든 의무를 포함한다. 세무관과 경찰관 및 지방 징병관 등은 신민이 바치는 충의 매개기관이었다. 일본인의 관점에서 보건대 법률에 복종하는 것은 그들의 최고 의무인 황은을 갚는 일로 간주되었다. 이 점만큼이나 미국의 관습과 뚜렷한 대조를 보여주는 사례는 다시없을 것이다. 미국에서는 거리의 정지신호라든가 소득세 등에 대한 법률에 이르기까지 어떤 새 법률이 나올 때마다 그것이 개인의 자유에 대한 간섭이라며 온 나라가 분개한다. 연방 법규의 경우는 더더욱 이중으로 의문시된다. 그것은 각 주의 입법권에 대한 간섭을 내포하기 때문이다. 연방 법규에 대해 미국인들은 워싱턴 관료들이 국민에게 일방적으로 강요하는 것이라고 느끼곤 한다. 그리하여 많은 시민은 이런 법률을 아무리 반대해도 자신의 자존심을 지키는 데는 미흡하다고 생각한다.

그런데 이런 이유로 일본인은 미국인을 준법정신이 결여된 국민이라고 판단한다. 반대로 미국인은 일본인을 민주주의 관념이 결여된 굴종적인 국민이라고 판단한다. 여기서 양국 국민의 자존심은 각각 다른 태도와 결부되어 있다고 말하는 편이 더 사실에 가까울 것이다. 즉 미국인의 관점이 자신의 일은 자신이 처리한다는 태도에 의존한다면, 일본인의 관점은 자신이 은혜를 받았다고 생각되는 사람에게 은혜를 갚아야 한다는 태도에 의존한다. 이 두 가지 태도 모두에는 난점이 있다. 미국의 난점은 어떤 법률이 국가 전체에 이익이 되는 경우라 할지라도 국민의 승인을 얻기가 어려울 수 있다는 점이다. 그리고 일본의 난점은 무엇보다 한 사람의 생애 전체를 덮어버릴 만큼 큰 부채를 지고 살아간다는 것이 실로 너무나 무거운 짐이라는 점에 있다. 때문에 일본인은 모두 법률의 범위 안에서 생활하면서도 자신에게 요구되는 것을 회피하는 방법을 궁리하기 십상이다. 또한 그들은 미국인이라면 결코 칭찬하지 않을 폭력이나 직접적 행동 또는 개인적 복수를 칭찬하게 된다. 하지만 이런 유보 조건이나 혹은 그 밖의 여러 유보 조건이 강조되더라도 충이 아직도 일본인들 위에 군림하면서 큰 지배력을 지닌다는 사실만은 의심의 여지가 없다.

　1945년 8월 14일 일본이 항복했을 때, 세계는 이와 같은 충이 정말 믿을 수 없을 정도로 큰 힘을 발휘하는 것을 목격했다. 일본에 관한 경험과 지식을 가진 많은 서구인들은 일본이 항복한다는 것은 있을 수 없는 일이라고 생각했다. 그들은 아시아 대륙과 태평양 여러 섬 곳곳에 산재한 일본군이 순순히 무기를 내려놓으리라고 보는 것은 안이한 생각이라고 주장했다. 일본군의 대부분은 아직 국지적 패배를 당하지 않았고, 그들은 나름대로 전쟁 목적의 정당성을 확신했다. 또한 일본 본토의 여러 섬에도 최후까지 완강하게 항전할 군인들로 가득 차 있었다. 따라서 점령군은 소부대로 구성될 수밖에 없는 전위부대가 함포 사격의 사정권을 넘어서 진격할 경우에는 모두 살육당할 위험이 있었다. 전쟁 중의 일본인은 어떤 대담한 일이라도 태연히 해치우지 않았던가! 그들은 호전적인 국민이다.

　하지만 일본을 이런 식으로 분석했던 미국인은 미처 충을 계산에 넣지 않았다. 천황이 입을 열자 전쟁은 끝났다. 물론 천황의 목소리가 방송되기 전에 완강한 반대자들이 황궁 주위에 비상선을 쳐서 종전 선언을 저지하려 했다. 하지만 그 선언이 일단 방송으로 나간 후에는 모든 사람이 그것에 승복했다. 만주나 자바의 현지 사령관도, 일본에 있던 도조東條도, 누구 하나 천황의 뜻을 거역하려 하지 않았다. 우리 부대가 비행장에 착륙했을 때는 정중하게 맞아주었다. 어떤 외국인 기자가 서술한 바와 같이, 아침에는 소총을 겨누면서 착륙했지만 점심때는 총을 치워버렸고 저녁때는 이미 장신구를 사러 외출할 정도였다. 일본인은 이제 평화의 길을 따름으로써 '천황의 마음을 편안케' 했다. 일주일 전까지만 해도 천황의 마음을 편안케 해드리기 위해서라면 죽창만으로도 적을 격퇴하고자 온몸을 바치겠노라고 했던 그들이었다.

이런 태도에는 조금도 이상한 점이 없다. 그것을 뜻밖이라고 느낀 것은 인간의 행위를 좌우하는 감정이 얼마나 다양한지를 인정할 수 없었던 서구인들뿐이었다. 서양의 혹자는 일본이 사실상 절멸하는 것 외에 다른 길은 없다고 단언했다. 또 혹자는 일본이 나라를 구할 유일한 길은 자유주의자들이 권력을 잡아 정부를 쓰러뜨리는 것뿐이라고 주장하기도 했다. 어떤 견해든 국민 전체가 지지하는 총력전으로 전쟁을 수행하는 서구 나라에서라면 이치가 통했으리라. 하지만 이들의 견해는 틀렸다. 그런 견해들은 일본이 서구와 동일한 행동 방침에 따를 것이라는 잘못된 전제에서 나왔기 때문이다.

몇 달이 지나 평온하게 점령이 이루어진 다음에도 몇몇 서구의 예언자들은 일본에서 서구와 같은 혁명이 일어나지 않았다든가, 또는 "일본인은 패전한 사실을 인식하고 있지 않다"는 이유로 모든 것이 실패했다고 생각했다. 하지만 이는 정당한 것과 알맞은 것에 대해 서구인들이 가지고 있는 표준에 입각한 서구식 사회철학에 지나지 않는다. 그것은 서구인의 관점에서 보면 훌륭한 사회철학이지만, 일본은 결코 서구가 아니다. 예컨대 일본은 서구 여러 나라에서의 마지막 방법인 혁명을 이용하지 않았다. 일본은 또한 적국의 점령군에게 불복종 사보타주를 하지도 않았다. 그보다 일본은 고유의 강점이라 할 만한 능력, 즉 아직 전투력이 분쇄되지 않았는데도 무조건 항복을 수락한다는 막대한 대가를 천황에 대한 '충'으로써 스스로에게 요구하는 능력을 사용했다. 일본인의 관점에서 보면 이는 분명 막대한 대가임에 틀림없었지만, 그 대신 일본인은 무엇보다 높이 평가받을 만한 것을 손에 넣었다. 다시 말해 일본인은 비록 그것이 항복 명령이기는 했지만 명령을 내린 것은 천황이었다고 말할 수 있는 권리를 획득했다. 패전에 임해서도 최고의 법은 여전히 '충'이었다.

주

1 이 장에서는 일본인이 생각하는 '온가에시repayment'(온을 갚는 것)의 의미와 유형 및 특히 일본인의 효와 충 관념에 대해 상세히 논급한다. 종래 한국판 《국화와 칼》에서는 이 '온가에시'를 '보은報恩'이라고 번역했다. 하지만 엄밀히 말해 일본인들의 '온을 갚는다'는 개념은 한국인이 생각하는 '보은'의 이미지와 일치하지 않는 측면이 많으므로 이하에서는 'repayment' 혹은 'repaying'을 '보은'에 해당하는 일본어 그대로 '온가에시'라고 옮겼다.
2 미국인에게 애국심은 절대시되지 않는다는 뜻.
3 가와시마는, 이처럼 베네딕트가 '주어진 일에 대한 의무'를 온가에시의 의무로 설명하는 것은 이해하기 어렵다고 지적한다. 온이란 일이 아니라 사람에 대한 의무와 관련된 개념이기 때문이다. 川島武宜,〈評價と批判〉, 日本民族學協會編,《民族學研究》第14卷第4號(特集 ルース・ベネディクト〈菊と刀〉の與えるもの), 1950, 267쪽.
4 또한 가와시마는 베네딕트가 복수의 의무를 온가에시에 포함시킨 것에 대해서도 이의를 제기한다. 복수의 의무는 결코 타인에게서 받은 온에 대한 의무라고 할 수 없다는 것이다. 川島武宜,〈評價と批判〉, 같은 글.
5 아사카와 간이치朝河貫一(1873~1948). 예일대 교수를 지낸 역사학자. 일본 및 유럽의 봉건제도 연구로 유명하다.
6 Kanichi Asakawa, *Documents of Iriki*, 1929, p. 380, n. 19.(원주) 여기서 *Documents of Iriki*는 가고시마 현 사츠마 군 이리키의 옛 성주 이리키인 씨에 관한 문서인 《이리키인몬죠入來狻院文書》로, 예일대 교수인 아사카와가 일본 무가법제의 성격 및 변천을 예증하고자 편집 출간한 자료를 가리킨다.
7 그러나 일본인이 '진仁을 안다'는 표현을 쓸 때, 그것은 중국어의 용법과 다소 가깝다. 가령 일본 불교는 사람들에게 '진을 알라'고 권하는데, 이때의 '진'은 자비심 깊은 박애를 의미한다. 하지만 모든 일본어 사전의 설명에 의하면, '진을 안다'는 것은 행위적 개념이라기보다는 오히려 이상적 인간을 지칭할 때 쓰는 표현이다.(원주)
8 중국에서는 인仁의 덕목이 효의 조건인 데 반해 일본에서는 그렇지 않다는 뜻. 그러니까 베네딕트는 일본에서 효란 부모가 부덕하든 부정을 저질렀든 상관없이 자식이 이행해야만 하는 절대적 덕목이라고 말한다. 그러나 소에다 요시야는 다음 두 가지

점에서 이런 주장은 수정되어야 한다고 지적한다. 첫째, 중국의 효가 일본에 들어온 후 인의 조건을 상실한 결과 '무조건적인 효' 관념이 생겨난 것이라는 베네딕트의 설명은 오류다. 다시 말해 중국의 '무조건적인 효'가 그대로 일본에 들어온 것일 뿐이다. 둘째, 일본에는 이런 무조건적인 효와, 부모의 온에 조건 지어진 효라는 두 가지 형태의 효가 있다. 副田義也,《日本文化試論：ベネディクト〈菊と刀〉を讀む》, 174~175쪽.

9 양가養家. 아이나 환자를 맡아 키워주는 집.
10 K. Nohara, *The True Face of Japan*, London, 1936, p. 45.(원주)
11 천황을 가리키는 비유. 저자는 이를 대문자 'Good Father'로 표기한다.
12 근대 일본의 통치 시스템을 보면 천황에 의한 직접 통치라기보다는 천황의 '신성불가침'한 권위를 전면에 내세우면서 본문에서 베네딕트가 '각하'라고 표현한 엘리트 정치가 및 군인들이 효율적인 통치를 했다. 이 점에서 베네딕트가 이중 통치체제의 일익을 담당하는 '신성왕' 개념으로써 천황을 규정한 것은 통찰력 있는 이해로 보인다. 천황과 '신성왕' 개념의 관계에 대해서는 이미 제3장 101~102쪽에서도 언급된 바 있는데, 이와 관련해 베네딕트는《일본인의 행동 패턴》에서 폴리네시아 제도의 '말하는 수장'(세속적 통치자)과 쌍을 이루는 '신성한 수장'에 대해 다음과 같이 말하기도 한다. "이러한 태평양 제도 특유의 신성왕 관념은 중국 대륙을 중심으로 하는 아시아 세계와 일본을 나누는 하나의 경계선이 되는데, 메이지의 최고 사령부는 이 점을 최대한 이용한 것이다. 외부에 모습을 드러내지 않는 천황, 천황을 면회할 수 있는 사람과 면회할 수 없는 사람이라는 기준에 의해 나뉜 정부 내의 계층적 위계질서라든가, 베일 너머로 천황이 발포한〈군인칙유〉와〈교육칙어〉등은 모두 최고 사령부가 문화로서 관습화하고 고정한 것이며, 그것은 바로 효율적인 통치라는 그들의 목적에 합치되었다."(역주자에 의한 윤문) 루스 베네딕트,《일본인의 행동 패턴》, 96~97쪽. 세계 여러 문화의 신성왕 관념에 대해서는 프레이저, 박규태 옮김,《황금가지》1, 을유문화사, 2005, 특히 제7장 참조.
13 1889년 2월 11일에 발포한 이른바 '대일본제국 헌법'을 가리킨다. '메이지 헌법'이라고도 한다.
14 일본어 '가미'에는 '윗사람上'이라는 뜻도 있다.
15 중국이나 조선과는 달리 일본에서는 천황가의 혈통이 한 번도 바뀌지 않은 채 이어져 내려왔다는 뜻. 영어 표현은 "the succession had been unbroken from ages eternal"로 되어 있다.

16 충은 본래 주군 및 번에 대한 사무라이 계급의 행위규범이었으며 농민이나 정인町人(상공인)과는 무관한 것이었는데, 메이지 시대 이래 모든 사람에게 해당되는 개인적 덕목으로서의 천황에 대한 충이 되었다는 뜻.

17 Hillis Lory, *Japan's Military Masters*, 1943, p. 40.(원주)

제7장

'기리보다 쓰라린 것은 없다'[1]

일본인이 잘 쓰는 말에 "기리義理보다 쓰라린 것은 없다"는 표현이 있다. 사람은 모름지기 기무義務를 갚아야 하듯이 기리를 갚아야 한다. 그런데 기리는 기무와는 다른 종류의 의무다. 영어에는 이에 해당하는 말이 없다. 기리는 인류학자들이 세계 여러 문화권에서 발견한 갖가지 별스런 도덕적 의무의 범주 중에서도 가장 진귀한 범주에 속한다. 그것은 특히 일본적인 범주라 할 수 있다.[2] 일본은 중국과 공유하는 덕목인 '충'이라든가 '효'와 같은 개념을 상당 부분 변형했지만, 그럼에도 그것들은 아시아 여러 나라의 도덕적 명령과 어느 정도 유사성을 내포하고 있다. 하지만 기리는 일본이 중국 유교에서 채용한 개념이 아니며,[3] 그렇다고 아시아 불교에서 받아들인 것도 아니다. 그것은 일본 특유의 범주다. 이런 기리를 고려하지 않은 채 일본인의 행동 양식을 이해하기란 거의 불가능할 정도다. 일본인들은 누구나 어떤 행위의 동기라든가 명성 또는 인간관계의 갖가지 딜레마에 관해 이야기할 때마다 반드시 기리를 언급하곤 한다.

서양인의 눈에 비치는 기리에는 이전에 받았던 친절에 대한 답례로부터 복수의 의무에 이르기까지, 서로 이질적인 여러 가지 잡다한 의무(제6장 '일본인의 의무 및 반대 의무 일람표' 참조)가 복잡하게 포함되어 있다. 그러니 일본인들이 지금까지 서구인에게 기리의 의미를 일일이 설명하려 들지 않은 것도 무리는 아니다.[4] 그들의 일본어 사전에서조차 기리라는 말에 합당한 정의를 내리고 있지 않기 때문이다.[5] 어떤 일본어 사전의 설명에 의하면 기리는, "올바른 도리, 사람이 좇아야만 하는 길, 세상에 대한 변명 때문에 본의 아니게 하는 일" 따위로 나와 있다. 서구인들이 이런 설명만으로 기리가 어떤 것인지를 이해하기란 어려울 것이다. 하지만 적어도 '본의 아니게'[6]라는 말에서 기리라는 것이 기무와는 다르다는 점을 알 수는 있다.

기무란 어떤 사람에게 그것이 아무리 어려운 요구라 해도 반드시 수행해야만 하는 것으로써, 가까운 혈육과 조국과 생활 양식 및 애국심의 상징인 천황에 대해 지는 의무를 가리킨다. 그것은 출생과 동시에 주어지는 강력한 고삐 같은 것이기 때문에 누구나 당연히 수행해야만 한다. 이런 기무에 따르기 위한 복종의 행위는 그것이 아무리 마음에 내키지 않는 일이라 해도 결코 '본의 아니게' 하는 일이라고 정의될 수는 없다. 이에 반해 '기리를 갚는' 데는 내키지 않는 일들이 많다. 기리의 세계에서는 채무자로서 겪는 여러 가지 곤란함이 극한에 달한다.[7]

한편 기리는 전혀 다른 두 종류로 구분된다. '세켄世間에 대한 기리'[8]와 '자기 이름에 대한 기리'[9]가 그것이다. 이 중 '세켄에 대한 기리', 즉 흔히 '기리를 갚는다'고 할 때의 기리는 동년배에게 받은 온恩을 갚아야 할 의무를 가리킨다. 한편 '자기 이름에 대한 기리'는 대체로 독일인들이 말하는 '명예die Ehre'와 유사한 것으로, 자신의 이름과 명성이 비난받아 더럽혀지지 않도록 하는 의무다. 기무는 태어나자마자 주어지는 친숙한 의무 수행으로 느껴지는 데 비해, '세켄에 대한 기리'는 대충 계약 관계의 이행[10]에 가까운 것이라고 볼 수 있다. 따라서 기리가 법률상 가족에 대해 지는 일체의 의무를 포함한다고 하면, 기무는 직계가족에 대한 일체의 의무를 포함한다. 그리하여 일본에서 법률상의 아버지는 '기리의 아버지(의부)'로, 법률상의 어머니는 '기리의 어머니(의모)'로, 그리고 법률상의 형제자매는 각각 '기리의 형제'라든가 '기리의 자매'라고 불린다. 기리를 갖다 붙이는 이런 호칭은 배우자의 혈족 및 자기 혈족의 배우자에게도 사용된다. 일본에서의 결혼은 가문과 가문 사이의 계약이므로, 평생 동안 상대방 가문에게 그런 계약의 의무를 수행하는 것을 곧 '기리를 다하는 것'으로 여긴다. 이때 그런 계약을 맺은 세대의 어버이에 대한 기리가 가장 무겁다.

그 중에서도 가장 무거운 것은 시어머니에 대한 며느리의 기리다. 신부는 자기 생가가 아닌 다른 집에 가서 살아야 하기 때문이다. 한편 장인과 장모에 대한 남편의 의무는 며느리와는 다르긴 하지만 그래도 역시 부담스러운 것으로 여긴다. 왜냐하면 남편은 장인이나 장모가 곤궁할 때 돈을 빌려준다든가 그 밖에도 계약 관념에 따른 여러 가지 책임을 다해야 하기 때문이다. 어떤 일본인은 "장성한 아들이 자기 어머니를 위해 이런저런 일을 하는 것은 어머니를 사랑하기 때문이므로 그것을 기리라고 할 수 없다. 마음속에서 우러나와 하는 일은 기리가 아니다"라고 말했다. 그런 경우가 아니라도 일본인들은 법률상의 가족에 대한 의무를 매우 신경 써서 수행한다. 이는 어떤 희생을 치르더라도 '기리를 모르는 인간'이라는 무서운 비난을 피하기 위한 것이다.

법률상의 가족에 대한 이와 같은 의무를 일본인들이 어떻게 느끼는가는 '데릴사위'의 경우 매우 분명하게 엿볼 수 있다. 아들이 없는 집안에서는 부모가 그 집안의 대를 이으려고[11] 데릴사위를 얻는다. 그 데릴사위는 생가의 호적에서 이름이 말소되고 대신 장인의 성을 쓰게 된다. 그는 처갓집에 들어가서 장인과 장모에게 '기리 안에서義理上' 복종해야만 한다. 그는 죽어서까지도 처갓집 묘지에 묻힌다. 이 모든 것은 여자가 결혼해서 남편의 집안사람이 되는 것과 똑같다. 그런데 데릴사위를 맞아들이는 이유가 단순히 집안에 아들이 없는 경우에만 한정되지는 않는다. 때로 그것은 쌍방의 이익을 위한 거래로서 이루어지기도 한다. 이른바 '정략결혼'이 그것이다. 예컨대 가난하지만 가문이 좋은 여자가 있다고 하자. 그러면 남자는 지참금을 가지고 그 여자 집안에 데릴사위로 들어간다. 그는 그 대가로 계층적 위계제에서 지위 상승을 꾀한다. 혹은 여자 집에 돈이 많아 사위를 공부시킬 능력이 있는 경우, 남자는 그 혜택을 입는 대신 자기 생가를 떠나 처가에 입적한다. 아니면 여자의 아버지가 장차 자기가 운영하는 점포나 회사의 공동 경영자로서 데릴사위를 들이는 경우도 있다.

어떤 경우든 데릴사위의 기리는 특히 무겁다. 왜냐하면 일본에서는 자기 성씨를 바꾸어 다른 집 호적에 입적한다는 것을 매우 중대한 일로 여기기 때문이다. 봉건시대 일본에서는 만일 전쟁 중에 의부와 친아버지가 적이 되어 싸우는 상황에 처한 자가 있다면, 그는 설령 친아버지를 죽이는 결과가 초래된다 하더라도 의부 편에 서서 싸움으로써 자신이 새로운 가문의 일원이라는 점을 입증해야만 했다. 근대 일본에서는 데릴사위를 들이는 '정략결혼' 또한 강력한 기리의 강제력에 입각해 일본인이 상상할 수 있는 가장 무거운 구속력을 지녔다. 그것은 데릴사위를 오직 장인이 경영하는 사업이나 가문의 번창을 위해 살아야만 하는 운명으로 옭아맸다. 특히 메이지 시대에는 이런 일이 양쪽 가문 모두에게 유리한 경우가 많았다. 하지만 그만큼 데릴사위가 되는 것에 대한 거부감은 매우 컸다. 그리하여 일본에는 "쌀 세 홉만 있어도 데릴사위가 되지 말라"는 말이 있을 정도다. 일본인은 바로 '기리 때문에' 그런 거부감이 있다고 말한다. 만일 미국에 이와 유사한 관습이 있다면, 아마도 미국인들은 '남자 구실을 못하기 때문'에 데릴사위가 되는 것을 거부한다고 말할 것이다. 하지만 일본인들은 그런 식으로 말하지 않는다. 어쨌든 기리는 지극히 괴로운 일이고 '본의 아닌 일'이다. 그래서 '기리 때문에'라는 표현은 일본인에게 모든 번거로운 관계를 나타낼 때 적합한 말로 쓰인다.

물론 법률상의 가족에 대한 의무만이 기리의 전부는 아니다. 숙부와 숙모라든가 조카들에 대한 의무도 마찬가지로 기리의 범주에 속한다. 일본에서는 이처럼 비교적 가까운 친척에 대한 의무를 '효'와 동일한 계열로 취급하지 않는다. 이 점은 일본의 가족 관계가 중국과 구별되는 큰 차이 가운데 하나라 할 수 있다. 중국에서는 먼 친척들까지도 포함해 수많은 친척들이 공동 재원을 마련해 필요할 때마다 각자 몫을 분배받는다. 하지만 일본의 경우 친척은 다만 '기리상', 다시 말하면 '계약상' 친척일 뿐이다. 일본인은 흔히 자신을 도와준 친척에게 정작 자신은 이전에 한 번도 개인적으로 은혜를 베푼 일이 없다는 사실을 지적하곤 한다. 그러니까 일본에서 친척을 도와주는 것은 그들이 자신과 공통된 조상에게 받은 '온'을 갚는 일로 여긴다. 자기 아이들을 보살피는 이유 또한 이와 동일한 동기에서이지만, 그런 자녀 양육의 의무는 '기리'가 아니라 '기무'에 속한다. 이에 반해 비록 동기는 동일하다 할지라도 비교적 인연이 먼 친척을 도와주는 일은 '기리'로 간주된다. 이런 경우 일본인은 법률상의 가족을 도와줄 때처럼 '나는 기리에 걸려들었다'고 말한다.

대다수 일본인이 법률상 가족 관계보다 더 중시하는 전통적인 기리는 영주나 전우에 대한 가신의 기리다. 그것은 명예를 생명으로 삼는 인간이 그의 상전 및 동료에게 짊어지는 충절이다. 일본의 수많은 전통적 문예 작품에서도 이런 기리의 의무를 칭송한다. 그것은 사무라이의 덕목과 동일시되었다. 아직 도쿠가와 이에야스가 국내적 통일을 이루기 전의 옛 일본에서 그것은 때로 당시의 쇼군에 대한 의무인 충보다 더 크고 소중한 덕으로 생각되었다.

12세기에 어떤 다이묘가 반反쇼군파 다이묘 한 사람을 보호하고 있었다. 이에 미나모토 쇼군이 그에게 숨겨놓은 다이묘를 내놓으라고 요구했다. 그때 그 다이묘가 쇼군 앞으로 쓴 편지가 지금까지도 전해진다. 그는 자신의 기리가 비난받은 일을 심히 분하게 여겨 설령 '충'의 명예에 어긋나더라도 기리를 배반할 수는 없다고 거절했다. 이 대목에서 그는 다음과 같이 적는다. "공적인 일은 제게는 어떻게 할 수 없는 일입니다. 그러나 명예를 존중하는 사무라이들 간의 기리는 영원한 진리입니다." 그러니까 사무라이들 간의 기리는 쇼군의 권력을 초월한다는 것이다. 그는 '존경하는 친구에 대한 신의를 배신하는 것'을 거절했다.[12] 옛 사무라이들의 이와 같은 뛰어난 덕목인 기리에 대해서는 지금도 일본 국내에 널리 알려져 있으며, 노能와 가부키 또는 가구라神樂 등으로 윤색된 수많은 역사 서사물 속에 등장한다.

그 가운데 가장 널리 알려진 서사물로 13세기의 영웅 벤케이[13] 이야기를 들 수 있다. 벤케이는 본래 뛰어난 무적의 로닌浪人, 즉 주군 없이 자신의 재능과 힘만으로 살아가는 사무라이였다. 그는 어느 사찰에 몸을 피해 있으면서 승려들을 벌벌 떨게 했다. 이때 그는 옷차림에 드는 비용을 마련하려고 지나가는 사무라이들을 닥치는 대로 베어 죽이고 그들의 칼을 빼앗았다. 그러던 중 벤케이는 가냘프면서도 맵시 있게 차려입은 한 귀공자와 싸우게 된다. 그런데 그의 눈에 한낱 애송이로만 보였던 이 귀공자는 만만치 않은 호적수였다. 마침내 벤케이는 이 귀공자가 쇼군의 지위를 찾고자 하는 미나모토 가문의 자손이라는 사실을 알게 된다. 그 귀공자야말로 바로 일본인들이 사랑해 마지않는 영웅 미나모토노 요시쓰네[14]였다. 벤케이는 그에게 열과 성을 다해 기리를 바치고 그를 위해 수많은 공훈을 세웠다.

하지만 결국 그들은 압도적인 적의 세력에 밀려 종자들과 함께 쫓기게 된다. 일행은 절의 건립을 위해 일본 전역을 순례하는 수도승으로 변장한다. 요시쓰네 또한 발각되지 않도록 수도승 복장을 했으며, 벤케이는 이들의 우두머리 모습으로 차려입었다. 일행은 도중에 적이 파견한 감시대를 만난다. 이때 벤케이는 사원 건립을 위한 가짜 기부자 명부를 꺼내어 읽는 시늉을 한다. 감시대는 이들을 통과시키려 하다가, 비천한 차림이긴 하나 아무래도 숨길 수 없는 요시쓰네의 귀족적인 기품을 보고는 의심을 품어 다시 일행을 불러 세운다. 그러자 벤케이는 재빨리 요시쓰네의 혐의를 완벽하게 불식시킬 방법을 취한다. 즉 아주 사소한 이유를 들어 요시쓰네에게 모진 욕을 하면서 뺨을 때린 것이다. 이에 감시대는 완전히 속아 넘어간다. 만일 이 수도승이 진짜 요시쓰네라면 가신으로서 감히 그를 때릴 수는 없기 때문이다. 그런 행위는 도저히 있을 수 없는 기리의 위반 행위다. 결국 벤케이의 불경한 행위가 일행의 생명을 구한 셈이다. 일행이 안전한 지역에 이르자마자 벤케이는 요시쓰네의 발 앞에 몸을 던지며 자신을 죽여달라고 청한다. 하지만 요시쓰네는 인자하게 그를 용서한다.

이처럼 기리가 마음속에서 우러나온 것이었고 전혀 혐오감에 더럽혀지지 않았던 시대의 옛 이야기는 현대 일본이 꿈꾸는 황금시대의 백일몽이라 할 수 있다. 그런 이야기들은 오늘날 일본인에게 당시의 기리가 조금도 '본의 아닌 것'이 없었다는 점을 말해준다. 만일 기리가 충과 충돌하면 사람들은 충에 어긋나는 한이 있더라도 당당히 기리에 충실하고자 했다. 당시의 기리는 온갖 봉건적 장식으로 치장된, 주군에게 사랑받는 직접적인 관계였다. 즉 '기리를 안다'는 것은 생애를 바쳐 주군에게 충절을 다 바친다는 것을 뜻했으며, 주군은 그것에 대한 보답으로 가신들을 보살펴주었다. 그리하여 '기리를 갚는다'는 것은 자신을 보살펴준 주군에게 생명까지 바친다는 것을 뜻했다.[15]

물론 이와 같은 기리 관념은 환상에 지나지 않는다. 봉건시대 일본의 역사는 전투 중인 상대방의 다이묘에게 매수당해 주군에 대한 충성을 배반한 가신들이 많았음을 여실히 보여주기 때문이다. 그뿐만이 아니다. 다음 장에서도 다시 언급하겠지만, 주군이 가신에게 어떤 치욕을 가했을 때 가신은 관례에 따라 봉직을 버리는 경우가 다반사였고 나아가 아예 적과 손을 잡는 일조차 종종 있었다. 일본인은 죽음을 마다 않는 충절에 대해서뿐만 아니라 복수의 주제도 마찬가지로 열렬히 찬미한다. 충절과 복수, 이 두 가지는 모두 기리로 간주되었다. 즉 충절은 주군에 대한 기리였고 모욕에 대한 복수는 자기 이름에 대한 기리였다. 일본에서 이 두 가지는 동일한 동전의 양면이었다.

그럼에도 옛 충성담들은 오늘날 일본인들의 재미있는 백일몽이 되어 있다. 오늘날 일본에서 '기리를 갚는다'는 것은 이미 자신의 주군에 대한 충성이 아니라, 온갖 종류의 사람들에 대한 온갖 종류의 의무를 이행하는 일로 간주되기 때문이다. 현대 일본인들은 세상 여론의 압력에 의해서 자신의 의지에 반해 싫으면서도 어쩔 수 없이 기리를 행하지 않을 수 없다. 그래서 오늘날 일본에서는 다음과 같은 말들이 상투어처럼 되어 있다. "나는 다만 기리 때문에 이 결혼을 받아들였다" "다만 기리 때문에 그를 채용하지 않을 수 없다" "나는 오로지 기리 때문에 저 사람과 만나지 않으면 안 된다" 등등. 이처럼 일본인은 끊임없이 "기리에 얽매여 있다"고 말하는데, 일영 사전에는 이 표현이 "할 수 없이 그것을 해야만 한다I am obliged to it"라고 번역되어 있다. 또한 일본인은 "그는 기리로써 내게 강요했다"든가 "그는 기리로써 나를 몰아세웠다"고 말한다. 이런 표현은 누군가가 그 말을 하는 사람에게 "이전에 이런저런 온을 베풀었으니 당연히 그 온을 갚아야 한다"고 말하면서 그가 원치 않거나 또는 내켜하지 않는 일을 무리하게 강요하는 것을 의미한다.[16]

그리하여 농촌에서든 작은 상점의 거래에서든 혹은 재벌들의 상층 사회에서든 일본의 내각에서든 사람들은 언제나 기리로써 강요당하고 기리에 의해 압력을 받는다. 때로는 구혼자가 장래 장인이 될 사람에게 예부터 맺어온 양가 사이의 관계나 거래를 들먹이면서 기리를 앞세우는 일도 있다. 또는 어떤 사람이 농민의 토지를 손에 넣으려고 그런 수법을 쓰기도 한다. 어떤 경우든 기리에 몰린 사람은 어쩔 수 없이 그것을 들어주지 않을 수 없다고 느낀다. 그런 사람은 "내가 나의 온진恩人의 편을 들지 않는다면 나는 세상으로부터 기리를 모르는 인간이라는 비난을 받게 될 것이다"라고 말한다. 이와 같은 표현은 '본의 아니게' 혹은 일영 사전의 번역처럼 '다만 체면 때문에for mere decency's sake'[17] 기리를 행한다는 뜻을 함축한다.

기리의 규칙은 엄밀히 말하면 '어떻게 해서든 지켜야만 하는 되갚음'에 있다. 그것은 모세의 십계명 같은 일련의 도덕 규칙과는 다르다. 기리를 강요받은 자는 경우에 따라 정의를 무시할 수도 있기 때문이다. 예컨대 일본인은 때로 "나는 기리 때문에 의를 지킬 수 없었다"고 말한다. 또한 기리의 규칙은 이웃을 자신처럼 사랑하라는 사랑의 윤리와도 아무 관계가 없다. 일본인은 사람들이 진심에서 우러나와 자발적으로 관대한 행위를 할 것을 요구하지 않는다. 사람이 기리를 지켜야만 하는 까닭은 "만일 그렇게 하지 않으면 세상 사람들에게 '기리를 모르는 인간'이라는 비난을 받게 될 것이며, 사람들 앞에서 수치를 당하게 될 것"이라고 여기기 때문이다. 다시 말해 기리를 지키는 까닭은 세상 소문이 무섭기 때문이다. 그래서 세켄에 대한 기리는 종종 영어로 '여론에 따르는 것'이라고 번역되기도 한다. 이와 관련해 일영 사전은 "세상 사람들은 기리를 지키는 것 이외의 다른 행동 방식을 승인하지 않을 것People will not accept any other course of action"이라는 설명을 붙인다.[18]

이와 같은 '기리의 세계'에 대한 일본인들의 태도는 미국인들이 빌린 돈을 갚는 것에 대해 가진 생각과 비교해보면 이해하기가 쉽다. 미국인들은 다른 사람에게 편지나 선물을 받는다든지 혹은 도움이 되는 말을 들었다고 해서 그것을 이자 지불이라든가 은행에서 빌린 돈을 갚아야 할 경우처럼 반드시 갚아야만 하는 은혜로 생각하지는 않는다. 미국에서는 금전상 거래에서 변제 불능의 경우 파산선고라는 혹독한 형벌을 받게 된다. 그러나 일본인은 어떤 사람이 기리를 갚을 수 없을 때 파산했다고 여긴다. 나아가 살아가면서 접하는 모든 관계는 반드시 이런저런 기리를 초래한다고 생각한다. 하지만 미국에서 그런 것들은 기리와는 일절 무관하며, 그저 가벼운 기분으로 하는 사소한 말이나 행동을 하나하나 장부에 기록해두는 정도로만 여길 따름이다. 즉 미국인에게 그것은 복잡한 세상에서 항상 방심하지 않은 채 걸어 다녀야 한다는 것을 의미할 뿐이다.

세켄에 대한 기리라는 일본인의 관념과 빌린 돈을 갚는 것에 대한 미국인의 관념 사이에는 이와 같은 '파산' 관념 외에도 대비되는 측면이 또 하나 있다. 즉 일본인은 기리를 갚을 때 정확히 같은 분량만큼만 갚으면 된다고 생각한다. 이 점에서 기리는 기무와 확연하게 구별된다. 기무의 경우는 아무리 애써도 완전하게 갚을 수 없는 의무다. 그러나 기리는 그렇게 무한정한 의무가 아니다. 미국인은 그런 식의 무한한 온가에시는 어떤 사람이 받은 본래의 온에 비하면 터무니없이 균형을 잃고 있다고 생각한다. 하지만 일본인은 그렇게 생각하지 않는다. 또한 미국인은 일본의 모든 가정이 매년 두 차례씩 6개월 전에 받은 선물의 보답으로 무언가를 다시 보내준다든가, 혹은 가정부의 고향집에서 그녀를 가정부로 채용해준 데 대한 사례로 여러 가지 물건을 보내준다든가 하는 선물 관습을 이상하게 생각한다. 그런데 일본에서는 이때 상대편에게서 받은 선물보다 더 큰 답례 선물을 보내는 것이 금기시된다. 미국식으로 말하면 '거저 생긴 값비싼 것'을 누구한테 선물로 주는 일조차 일본에서는 결코 명예가 될 수 없다. 또한 일본에서는 선물과 관련해 "피라미 받은 것을 도미(큰 생선)로 갚는다"는 말은 가장 심한 욕이 된다. 기리를 갚는 경우도 마찬가지다.[19]

그리하여 일본에서는 어떤 노력이든 물건이든 간에 서로 주고받는 복잡한 관계는 항상 기록으로 남기곤 한다. 마을에서는 촌장이라든가 협동노동work-party[20]에 참여하는 일원, 또는 가정집이나 개인이 이런 기록을 보관한다. 한편 장례식에는 조의금을 가지고 가는 것이 관습화되어 있다. 그 밖에 친척들은 만장輓章에 쓰는 알록달록한 천을 가져가는 경우도 있다. 이웃 사람들은 장례일을 도우려고 모이는데, 여자들은 부엌일을 하고 남자들은 무덤을 판다든가 관을 짜는 일을 돕는다. 스에무라須惠村에서는 촌장이 이런 일들이 낱낱이 기록된 장부를 관리한다. 그 장부에는 초상집에서 볼 때 매우 중요한 기록들이 적혀 있다. 즉 그 기록들을 보면 동네 사람들에게서 어떤 부조를 받았는지를 알 수 있기 때문이다. 뿐만 아니라 거기에는 다른 집에서 초상을 치를 경우에 갚아야만 할 상대의 명부가 기록되어 있기도 하다. 물론 이런 것들은 장기적으로 갚아야 할 상호 의무라 할 수 있다. 이에 비해 마을의 장례식이나 여러 축하연 때에는 단기적으로 갚아야 할 상호 교환도 행해진다. 가령 관 짜기를 도와준 사람은 식사를 대접받는데, 그들은 그런 식대의 일부에 해당하는 약간의 쌀을 상가에 가져간다. 그런 쌀 부조 또한 마을 장부에 기록된다. 축하연의 경우에도 대개의 경우 손님들은 술잔치를 위해 약간의 술을 지참한다. 그것이 생일잔치건 장례식이건 또는 모내기나 가옥 건축일이건 친목회건 어떤 경우든지 기리의 교환은 장래의 변제에 대비해 항상 상세하게 기록된다.

나아가 일본인들은 기리와 관련해 서구적 채무 변제의 경우와 유사한 또 다른 관례를 가지고 있다. 그것은 만일 기한보다 늦게 갚게 되면 마치 이자가 느는 것처럼 그 변제 의무가 커진다는 점이다. 예컨대 엑스타인G. Eckstein 박사는 노구치 히데요[21]의 전기 자료를 수집하기 위해 일본에 가는 경비를 후원해준 어떤 일본 제조업자와의 관계에서 이 같은 일을 경험했다고 말한다. 엑스타인 박사는 전기를 쓰려고 미국에 돌아와 완성된 원고를 일본에 보냈다. 그런데 일본 쪽에서는 잘 받았다는 연락이나 편지도 없었다. 이에 그는 책 속에 무언가 일본인의 기분을 상하게 만든 내용이 들어 있지는 않았는지 걱정되었다. 그래서 몇 번이나 편지를 보냈지만 여전히 답장이 오지 않았다. 그렇게 몇 년이 흐른 뒤 그 제조업자한테서 박사에게 전화가 왔다. 그는 미국에 와 있었던 것이다. 그리고 얼마 후 그는 일본 벚나무 몇십 그루를 가지고 엑스타인 박사의 집을 방문했다. 그 선물은 정말 대단한 것이었다. 그는 오랫동안 답례를 못했기 때문에 당연히 대단한 선물을 하지 않을 수 없었다. 그 일본인은 엑스타인 박사에게 "당신은 분명 제가 빨리 답례하기를 바라시지 않았을 겁니다"라고 말했다.

기리에 얽매인 인간은 시간이 흐르면서 더욱 커진 부채의 변제를 강요받는다. 가령 어떤 사람이 한 상인에게 도움을 청했다. 그 사람은 상인의 소년 시절 스승의 조카였기 때문이다. 그가 젊었을 때는 그 교사에게 기리를 갚을 길이 없었기 때문에 그때부터 지금까지 세월이 많이 지나면서 갚아야 할 기리의 부채도 점점 불어났다. 그래서 이 상인은 '세켄에 대한 기리'로 '본의 아니게' 그 부채를 지불하지 않으면 안 되었다.[22]

주

1 이 장과 다음 장(제8장)에서는 계층적 위계질서에 바탕을 둔 일본 특유의 기리 관념이 상세하게 다루어진다. 주된 주장과 내용을 요약하면 이렇다. 베네딕트에 의하면 일본의 계층질서는 수직적인 상하 관계와 수평적인 평등 관계(대등 관계)로 이루어져 있다. 이때 그녀는 상하 관계를 기무로, 평등 관계를 기리로 보면서, 양자 모두를 '온'의 반대 개념으로 파악한다. 기무는 아무리 노력해도 다 갚을 수 없는 것이고 시간적으로도 한계가 없지만, 기리는 자기가 받은 온만큼만 갚으면 되고 시간적으로도 한정되어 있다. 기리에는 (1)주군에 대한 의무와 먼 친척에 대한 의무가 주된 내용을 이루는 '세켄에 대한 기리'와 (2)프러시아의 '명예'에 해당하는 '이름에 대한 기리', 두 종류가 있다. 이 중 '이름에 대한 기리'는 다른 사람한테 모욕이라든가 실패에 대한 비난을 받았을 때 그 오명을 씻을 의무(복수 또는 보복 의무, 자신의 실패를 인정하지 않을 의무, 예절을 지킬 의무)가 주된 내용이다. 한편 '세켄에 대한 기리'는 계약 관계의 이행이라 할 수 있다.

　　이런 기리의 규범은 엄밀히 말해 어떻게 해서든 갚지 않으면 안 될 변제 규칙이다. 일본인이 기리를 행하는 것은 만일 그렇게 하지 않으면 사람들에게서 기리를 모르는 인간이라고 비난받아 수치를 당하게 되리라 여기기 때문이다. 여기서는 진심으로 자발적이고 관대한 행위를 하는 것이 요구되지 않는다. 이런 기리는 빌린 돈을 변제하는 것에 관한 미국인의 관념과 아주 비슷하다. 단, 미국의 경우는 갚지 못하는 불능 상태를 파산으로 여겨 형벌을 가하지만, 일본의 경우는 기리를 갚지 못할 때 파산으로 간주한다. 하지만 양자는 공통적으로 같은 분량만큼만 갚으면 된다. 또한 미국의 경우 변제가 늦어지면 이자가 붙듯이, 일본의 기리 또한 늦게 갚으면 그만큼 더 기리의 의무가 커진다는 공통점이 있다. 이때 '세켄에 대한 기리'는 '어쩔 수 없이, 본의 아니게' 하는 것인 데 반해, '이름에 대한 기리'는 마음 속에서 우러나오는 것이다.

2 이처럼 기리를 일본 문화만의 특수한 범주로 보는 베네딕트의 주장에 대해 가와시마와 소에다는 다음과 같은 근거로 의문을 제기한다. 첫째, 기리의 내용 중 일부와 유사한 관념이나 행태를 미개 문화 및 현대 구미 문화에서도 찾아볼 수 있다. 다시 말해 기리의 내용은 통문화적 성격을 내포한다. 가령 가와시마는 공동체가 존재하

는 한, 기리라는 말이 없더라도 기리라는 현상은 어디나 존재한다고 보면서 기리의 보편성을 강조한다. 둘째, 소에다는, 베네딕트의 기리 이해는 일본적 국민성의 특수성이 과장되기 십상이었던 시대의 선입견에서 많은 영향을 받았다고 주장한다. 川島武宜, 〈義理〉, 《思想》, 1951년 9월호 ; 副田義也, 《日本文化試論：ベネディクト〈菊と刀〉を讀む》, 201쪽 참조.

3 그러나 이런 베네딕트의 이해와는 달리, 슈즈이 켄지守隨憲治는 기리가 맹자가 제창한 '의義'를 직접 계승한 형식이라고 주장한다. 다만 양자는 맹자의 '의'가 정의라든가 도의와 같은 일반성과 포괄성을 가지는 데 비해, 기리는 '구체성'이 풍부한 개념이라는 점에서 차이가 있다. 이런 관점에서 그는 기리를 "도 혹은 마코토誠라는 명목名目을 가장 구체적인 대인 관계의 성질에서 하나하나의 조리로서 해설한 것"이라고 정의한다. 守隨憲治, 《義理》, 甲鳥書林, 1941, 13쪽. 이런 이해는 일본학자에 의한 기리 연구에서 매우 이례적이고 독창적인 견해지만, 그가 말하는 기리가 중국과 일본의 유교적 '의리義理'를 가리키는 것인지 아니면 일본의 생활자들의 '기리' 내지는 일본 문학 작품에 나오는 '기리'를 가리키는 것인지는 분명치 않다.

4 베네딕트는 일본인들이 지금까지 서양인에게 기리의 의미를 설명하고자 시도한 적이 없었다고 하지만 사실은 그렇지 않다. 가령 니토베 이나조는 영문 저서 《무사도 : 일본 정신*Bushido : The Soul of Japan*》 제3장에서 상당히 일목요연하게 기리에 대한 설명을 시도한다. 니토베 이나조, 권만규 외 옮김, 《일본의 무사도》, 생각의나무, 2006(개정판), 제3장 참조.

5 그러나 일본 사전의 기리 항목이 베네딕트의 말처럼 그렇게 요령 없는 것만은 아니다. 가령 《대일본국어사전大日本國語辭典》(1939년 수정판)에서는 기리를 "(1)올바른 도리, 사람이 행해야만 하는 정의 (2)교제상 이행해야만 하는 길. 타인에 대한 자기 자신自家의 면목 (3)이유, 의미, 자구의 내용 (4)혈족 이외의 사람이 혈족처럼 맺어진 관계"로 규정한다. 한편 《대한화사전大漢和辭典》에는 "(1)올바른 도리 (2)이유, 의미, 의의 (3)타인에 대한 자기 자신의 체면 (4)혈연자와 같은 관계에 있는 사이"라고 나오며, 이 중 (1)과 (2)에 관해서는 중국 고전의 사례가 나오지만 나머지는 사례가 나오지 않는다. (3)과 (4)는 일본에서 생겨난 새로운 의미이기 때문이다. 요컨대 '올바른 도리'라든가 '이유, 의미, 의의' 등은 본래 중국에서 유래한 기리의 의미고, '타인에 대한 자신의 면목'이라든가 '본래는 혈연자가 아니지만 혈연자와 같은 관계에 있는 사이' 등은 일본에서 생겨난 기리의 의미임을 알 수 있다. 源了圓, 《義理》, 三省堂, 1996, 7~9쪽. 그러니까 베네딕트가 앞에서 "기리는 일본이 중국

유교에서 채용한 개념이 아니"라고 이해한 대목은 절반은 맞지만(기리의 의미가 일본에 들어와 변용되었으므로) 절반은 틀린 말이다.

6 베네딕트는 내키지 않아도 '본의 아니게' 해야만 하는 것이 기리고, 내키든 내키지 않든 상관없이 무조건 해야만 하는 것이 기무라고 구분한다. 그러나 기리와 기무의 경계가 그렇게 명확히 구분될 수 있는지는 의문이다. 설령 '본의 아니게' 하는 것으로서의 기리를 인정한다 해도, 그것은 기리의 한 측면에 불과하다. 요컨대 베네딕트는 기리와 기무의 경계가 반드시 분명하게 구분될 수 있는 것은 아니며, 근대 이후 일본인에게 기리는 원초 형태, 세속 형태, 타락 형태의 세 가지가 모두 병렬적으로 존재하게 되었다는 점을 간과했다. 副田義也, 《日本文化試論: ベネディクト〈菊と刀〉を讀む》, 202쪽 참조.

7 '기무'와 '기리'의 차이가 무엇이냐에 관해서는 일본인들 사이에서조차 생각이 제각각이다. 그러나 적어도 기무와 기리가 구별된다는 점만큼은 분명해 보인다. 가령 현대 일본 사회의 통속적인 밸런타인데이 관습만 보아도 이 점을 알 수 있다. 즉 오늘날 일본인들은 '기무 초콜릿'이라든가 '기리 초콜릿' 하는 식으로 밸런타인데이에 여성이 남성에게 건네주는 초콜릿을 구별하기도 한다. 이때 '기무 초콜릿'은 '기리 초콜릿'보다 몇 배나 비싸다. 아마도 '기무'가 '기리'보다 더 무조건적인 것이라는 관념 때문일까? 가장 값싼 경우는 '기리 초콜릿' 하나에 500엔 정도가 일반적인데, 설문 조사에 의하면 일인당 모두 합쳐 천 엔에서 5천 엔 정도 예산을 들여 '기리 초콜릿'을 구입한다는 여성들이 가장 많다. '기리 초콜릿'은 주로 직장 내 여성들이 동료 남성들에게 주는 경우가 일반적이다. 이에 대한 사회적 공방도 적지 않은데, 《아에라》가 조사한 2007년 통계에 의하면, 현재 '기리 초콜릿'을 준다는 여성과 주지 않는다는 여성의 비율은 대체로 반반으로 비슷하게 나온다. 어쨌거나 이와 같은 밸런타인데이 관습에서도 엿볼 수 있듯이, 일본인에게 '기리'라든가 '기무' 관념은 매우 뿌리 깊은 구속력을 지닌 듯하다. 角田奈穗子, 〈瀨戶際の義理チョコ 最後の攻防〉, 《AERA》 2007년 2월 12일자 참조.

8 베네딕트가 말하는 '세켄에 대한 기리'를 일본인 연구자들의 논의에 비추어보면, '타자에 대한 배려로서의 기리'와 '호의에 대한 보답으로서의 기리'를 종합적으로 절충한 것에 가깝다. 가령 시모데下出隼吉는, "기리란 갑이 을에게 모종의 행동을 할 때, 자기 자신뿐만 아니라 을의 처지도 고려하고 혹은 자기와 을 및 그 밖의 제3자도 고려해 행동하는 것을 말한다. 단지 자신만을 고려하고 타인은 고려하지 않은 채 행하는 것은 도리가 아니(不條理)다"라고 하여 '타자에 대한 배려로서의 기리'를

주장했다. 한편 사쿠라이櫻井壓太郞는, 기리는 정인町人(상인과 직인)들의 평등한 인간관계에 입각해 성립된 것으로 상하 관계에서 성립되는 '온'과 구별된다고 주장한다. 이때 그는 포틀래치(미개 사회의 증여의례) 관습과 기리를 동일시하면서, 기리를 "어떤 자가 다른 자에게 물건을 증여할 때, 그것을 받은 자는 동일한 가치의 것 혹은 그 이상의 가치가 있는 물건을 되돌려주지 않으면 안 된다"는 의식, 즉 '호의에 대한 보답'으로서 파악했다. 下出隼吉,〈義理に關する一考察〉,《下出隼吉遺稿》, 下出民義, 1932; 櫻井壓太郞,《恩と義理:社會學的硏究》, アサヒ社, 1961 참조.

9 베네딕트가 말하는 '이름에 대한 기리'를 일본인 연구자들의 논의에 비추어보면, '이지(고집)로서의 기리' 혹은 '면목(체면)으로서의 기리'에 상응한다고 볼 수 있다. 역주 15번 참조.

10 그러나 모든 기리가 다 계약 관계에 기초한 것은 아니다. 가령 상대방의 호의를 갚는 기리, 신뢰에 부응하는 기리, 교제의 기리 등에는 계약 관계 이외의 요소가 포함되어 있다. 副田義也,《日本文化試論:ベネディクト〈菊と刀〉を讀む》, 202쪽 참조.

11 여기서 '대를 잇는다'는 것은 '가업을 계승함으로써 이에家의 영속성을 유지한다'는 의미로, 우리나라의 '혈통을 잇는다'는 것과는 아주 다른 개념이다.

12 히메오카 츠토무姬岡勤는 기리를 (1)호의에 대한 보답으로서의 기리 (2)'계약'에 대한 성실성으로서의 기리(이로부터 '약속의 기리' 및 '말의 기리'가 파생) (3)신뢰에 대한 호응으로서의 기리 (4)도의로서의 기리라는 네 가지 범주로 나눈다. 姬岡勤,〈義理の觀念とその社會的基盤〉,《年報 社會學硏究》제1집, 1944 참조. 본문 대목은 이 중 (3)에 해당한다고 볼 수 있는데, 베네딕트는 이 '신뢰에 대한 호응으로서의 기리'를 크게 '이름에 대한 기리'의 범주에 포함시켜 이해한다.

13 벤케이弁慶(?~1189). 미나모토노 요시쓰네를 섬겼던 가마쿠라 초기의 무사. 주군 요시쓰네가 몰락하자 끝까지 그를 섬기다 죽는다.

14 미나모토노 요시쓰네源義經(1159~1189). 헤이안 말기의 무장. 형 요리토모賴朝와 함께 군사를 일으켜 적군을 섬멸했으나 후에 형의 노여움을 사서 전국을 유랑하다 죽는다.

15 이와 관련해 '이지'(고집)라는 일본어 어법에 주목할 필요가 있다. 일본에서 처음으로 연구자가 기리라는 말을 다룬 것은 1917년 쓰다 소키치津田左右吉의《문학에 나타난 우리 국민 사상의 연구文學に現はれたる我が國民思想の硏究》(洛陽堂, 1916~1921)에서다. 거기서 쓰다는 "이지를 다른 말로 기리라고도 한다. 기리와 이지는 같은 동전의 양면이다. 주관적으로 말하면 이지고 객관적으로 보면 기리다. 죽

어야만 할 때 죽는 것은 죽는 자의 심정에서 말하면 이지지만, 죽어야만 한다는 사회규범에서 말하면 기리가 된다"고 적고 있다. 《津田左右吉全集》 제3권, 岩波書店, 1963~1966, 327쪽.

16 그러나 사이가쿠라든가 치카마츠 등 일본 근세의 문학 작품들에는, 기리를 부담스러운 의무로 보는 이런 현대적인 관념과는 전혀 뉘앙스가 다른 기리 관념이 많이 등장한다.

17 후쿠바福場保州는, 기리에는 '대외적·공리적 염려念慮', 즉 (1)자기 체면을 유지하려는 마음 (2)타인에게 자기 체면을 비난받고 싶지 않아 하는 마음, 또한 비난받는 것을 의식하고 싶지 않아 하는 마음 (3)자기가 타인을 더럽힌다든지 타인에게 더럽다고 여겨지고 싶지 않은 마음이 내포되어 있다. 여기서의 '체면'이란 '프라이드를 지닌 자아의식'으로 쓰다 소키치가 말하는 '이지'(고집)와 뜻이 통한다. 福場保州, 〈義理に就いての一, 二の考察〉, 《社會學雜誌》 37, 1927, 33~50쪽 참조.

18 이상에서 베네딕트는 일본인의 도덕적 의무 안에 '기리'라는 특별한 범주가 있음을 지적하면서 그런 도덕적 의무가 의무자의 자발적이고 주체적인 의사에 의해서가 아니라 전적으로 외적인 강제(세켄에 대한 기리) 때문에 하는 수 없이 행해지는 것이라고 기술한다. 가와시마는 한편으로 이런 설명은 지극히 타당하며 그런 의무가 일본에서 종종 '기리'라고 불리는 것도 사실이라고 인정하면서, 다른 한편 '기리'라고 불리는 것 모두가 외적인 강제에 의해 행해지는 것은 아니라고 비판한다. 川島武宜, 〈評價と批判〉, 日本民族學協會編, 《民族學研究》 제14卷 제4號(特集 ルース·ベネディクト 〈菊と刀〉の與えるもの), 1950, 267쪽.

19 같은 분량만큼만 선물을 주고받으며 한도를 넘는 선물에 대해서는 대단히 불쾌해하는 이런 기리 관념이 생긴 이유는 무엇일까? 베네딕트는 '신분 계층적 사회구조'를 기리 성립의 절대 조건으로 보는 관점에 서 있다. 그렇다면 인도 사회에서는 왜 기리 관념이 생기지 않았을까 하는 의문이 생긴다. 이와 관련해 나카네 치에中根千枝는 일본 사회에도 빈부 차와 신분 차가 있었지만, 일상생활에서 교제하는 범위의 격차가 그다지 크지 않았다고 말한다. 그래서 예부터 일본 사회에선 특별한 재해 등을 제외하면 일상생활 중 누군가한테 (지나친) 호의를 받는 것을 수치로 여기는 프라이드가 있었고, 또한 호의에 대한 보답을 하지 않는 사람을 한 사람의 독립적인 사회 구성원으로 인정하지 않는 풍토가 있었다. 그 결과 남의 호의에 대해 지나칠 정도로 민감하게 반응하는 기리 관념이 일본에 뿌리내리게 되었다는 말이다. 中根千枝, 〈義理人情の普遍性と特殊性〉, 《Energy》 제5권 제2호, 1968 참조.

20 여기서 'work-party'는 일본어 '유이結い'의 번역어인 듯싶다. '유이'란 우리나라의 '두레'처럼 주로 농촌 지역에서 모내기나 관혼상제 같은 때 서로 노동을 품앗이하기 위해 결합된 집단을 가리킨다.
21 노구치 히데요野口英世(1876~1928). 일본이 낳은 세계적 세균학자.
22 베네딕트는 이상과 같은 기리론을 전개한 후 별도로 제9장에서 '닌죠人情'론을 펼친다. 그러나 아루가 기자에몬은, 일본 사회 특유의 구조상 기리는 단독으로 기능하지 않으며 항상 '기리와 닌죠'라는 쌍개념으로 기능한다고 말한다. 이때 기리가 공公事(오야케고토)이라면 닌죠는 사私事(와타쿠시고토)에 해당한다. 이런 '기리와 닌죠', 즉 '공과 사'는 통상 일컬어지는 봉건적인 사회규범이 아니라 고대에서 오늘날까지 일본 사회를 관통하는 생활규범이다. 그것은 이에 제도에서 부락 조직, 봉건 사회의 주종 관계, 상가 조직 및 근대의 기업 조직과 국가 조직에 이르기까지 폭넓게 구현되어 있다. 거기서 각 조직(집단)은 공이며, 조직에 속한 개인은 사에 상응한다.

그런데 일본에서 공은 집단 그 자체를 가리키는 동시에 집단의 대표자를 가리키기도 한다. 양자가 혼동되는 것이다. 가령 이에의 친자 관계에 있어 부친이라든가 무사도의 주종 관계에 있어 주인은 해당 집단의 대표자이며 그 공의 체현자이기도 하다. 따라서 이와 같은 공은 개인을 넘어선 공공public을 의미하지 않는다. 때문에 개개의 집단 및 그때그때의 관계에 따라 상이하고 다양한 공이 존재하며, 하위의 공은 상위의 공에 의해 지배되는 상위 우선의 사회 조직이 출현한다. 이런 사회 조직에 있어 어떤 조직에 속하는 개인은 그 조직(공)을 위해, 어떤 조직의 대표자(사)는 더욱 상위의 조직(공)을 위해 자신의 사를 버려야만 한다. 그 결과 일본 사회에서는 기리가 닌죠보다 우선시되는 경향이 강하다는 것이다. 有賀喜左衛門, 〈公と私：義理と人情〉, 《有賀喜左衛門著作集》4, 未來社, 2000.

이와 같은 아루가의 견해를 비판적으로 수용한 미나모토 료엔源了圓은, 기리와 닌죠는 별개의 개념이 아니라 '기리닌죠 복합체'로서 기능한다고 말한다. 즉 기리와 닌죠는 동일한 성질을 가지는 쌍개념으로서 '기리닌죠'를 하나의 개념으로 사용할 수 있다는 말이다. 이때의 '기리닌죠'는 '정적情的이고 인성적personal인 인간관계에서 성립하는 일종의 인륜 혹은 마음의 양태'를 가리킨다. 따라서 기리와 닌죠를 단순히 '공과 사'로 일반화하기는 어렵다는 것이다. 나아가 미나모토는 기리를 제재력과 구속력을 지닌 사회규범 및 습속을 가리키는 '차가운 기리'와 전술한 '기리닌죠'를 의미하는 '따뜻한 기리'로 구분하기도 한다. 源了圓, 《義理と人情》, 中公新書, 1969, 특히 24~27쪽 참조. 베네딕트가 논한 기리는 이 중 '차가운 기리'에 속한다고 볼 수 있다. 거기서는 기리와 닌죠가 통상 대립적인 갈등 개념으로 나타남으로써 '기리와 닌죠의 딜레마'를 초래하기 십상이다. 그러니까 베네딕트가 기리(의무와 규범의 세계)와 닌죠(욕망과 감정의 세계)를 별개의 개념으로 이해하여 각기 다른 장을 할애한 것도 무리가 아닐 것이다.

제8장

오명 씻어내기

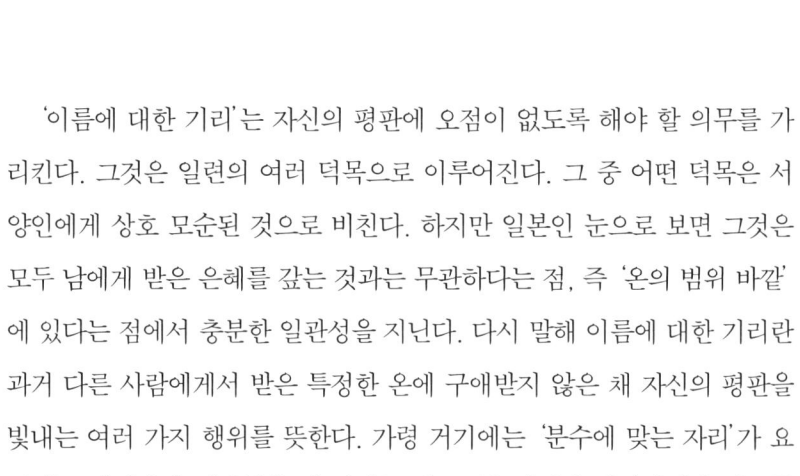

'이름에 대한 기리'는 자신의 평판에 오점이 없도록 해야 할 의무를 가리킨다. 그것은 일련의 여러 덕목으로 이루어진다. 그 중 어떤 덕목은 서양인에게 상호 모순된 것으로 비친다. 하지만 일본인 눈으로 보면 그것은 모두 남에게 받은 은혜를 갚는 것과는 무관하다는 점, 즉 '온의 범위 바깥'에 있다는 점에서 충분한 일관성을 지닌다. 다시 말해 이름에 대한 기리란 과거 다른 사람에게서 받은 특정한 온에 구애받지 않은 채 자신의 평판을 빛내는 여러 가지 행위를 뜻한다. 가령 거기에는 '분수에 맞는 자리'가 요구하는 이런저런 예절들을 잘 지키는 것, 고통 앞에서 태연자약한 태도를 보이는 것, 전문 직업이나 전문적 기능에 있어 자신의 명성을 옹호하는 것 등이 포함되어 있다.

이뿐만 아니라 이름에 대한 기리에는 비난이라든가 모욕을 제거하는 행위도 내포되어 있다. 타인의 비난은 자신의 명예에 어두운 그림자를 드리우는 것이기 때문에 어떻게 해서든 벗어버려야 한다. 이를 위해 명예훼손자에게 복수를 가해야 할 경우도 있고 혹은 자살하는 경우도 있다. 그 밖에 이 양극단 사이에서 취할 만한 여러 가지 행동 방침이 있다. 어쨌거나 일본인은 자신의 명예가 훼손당하는 것을 그저 가볍게 얼굴을 찡그리는 정도로 끝내지는 않는다.

그런데 정작 일본인은, 이 책에서 '이름에 대한 기리'라고 부르는 것에 대한 특정 어법을 가지고 있지 않다.[1] 그들은 단지 '온의 범위 바깥에 있는 기리'라고 말할 따름이다. 이것이 바로 기리를 분류하는 그들의 기준이 된다. 그러니까 일본인은 세켄에 대한 기리는 친절을 갚아야 할 의무고 이름에 대한 기리는 주로 복수의 의무라는 식으로 단순하게 기리를 구별하지는 않는다는 말이다. 일본인은 서구 여러 나라의 언어가 이 양자를 감사와 복수라는 전혀 상반된 범주로 구분한다[2]는 사실을 잘 납득하지 못한다. 하지만 타인의 친절에 대해 감사의 반응을 하는 행위와 마찬가지로 타인의 경멸이라든가 악의에 반발하는 행위 또한 덕목의 범주에 들어갈 수는 없는 것일까?

일본에서는 그렇다. 다시 말해 일본인은 복수 또한 하나의 덕목이라고 생각한다. 훌륭한 사람은 그가 받은 은혜만큼이나 모욕도 강렬하게 느낀다. 은혜든 모욕이든 그것을 되갚아주는 것을 도덕적으로 훌륭한 행위라고 여기는 것이다. 그리하여 일본인은 서구인처럼 이 두 가지를 구별해서 모욕은 침해 행위고 은혜는 그렇지 않다는 식으로 말하지 않는다. 그들이 보기에 어떤 행위가 침해의 행위로 간주되는 것은 오직 그 행위가 '기리의 세계' 바깥에서 행해지는 경우에만 한정된다. 사람이 기리를 지키고 오명을 씻어내는 한, 그것은 결코 침해의 죄를 범하는 것이 아니다. 그것은 단지 빚을 갚기 위해 셈을 치르는 것일 뿐이기 때문이다. 그래서 일본인들은 모욕이나 비난 혹은 패배에 대해 복수를 하지 않거나 혹은 그것을 씻어내지 않은 상태를 '세상이 거꾸로 뒤집힌 상태'라고 말한다. 훌륭한 인간이라면 그렇게 전복되어 있는 세상을 다시 균형 상태로 되돌려놓고자 노력해야 한다. 그러니까 복수는 덕행이며, 인간의 본질적인 취약성에 의한 피할 수 없는 악덕이 결코 아니라는 말이다.

물론 유럽 역사상 어떤 시기에는 이와 같은 이름에 대한 기리와 유사한 관념이 일본에서처럼 언어적으로 감사나 충성과 연결되어 있다는 점에서 그것이 서구인의 덕목으로 간주되던 적이 있었다. 이는 특히 르네상스 시대의 이탈리아에서 널리 성행했다. 뿐만 아니라 이름에 대한 기리 관념은 스페인 전성시대의 이른바 '스페인의 용기el valor Español'라든가 독일의 '명예die Ehre'와도 많은 공통점을 지닌다. 또한 불과 백여 년 전 유럽에서 행해지던 결투 관습에도 그 밑바탕에는 이와 대단히 비슷한 동기가 잠재되어 있었다. 이때 일본이든 유럽이든 자기 명예에 가해진 오점을 씻어 내는 행위가 높은 덕목으로 간주되던 곳에서는 어디서든 그런 덕목의 핵심은 항상 그것이 일체의 물질적 이득을 초월한다는 점에 있다. 이를테면 어떤 사람이 자신의 '명예'를 위해 재산과 가족과 자기 생명까지도 희생하면 할수록 그는 덕이 높은 사람으로 칭송받았다. 이 점은 덕이란 무엇이냐 하는 정의의 일부를 구성했고, 또한 유럽 국가들이 항상 제창한 '정신적' 가치의 토대가 되었다.

　이와 같은 명예의 덕목은 큰 물질적 손실을 가져다주었음에 분명하다. 따라서 이해득실 면에서 보면 이는 대체로 시인하기 어려운 덕목이었을 것이다. 이런 명예 관념은 미국인들에게 종종 나타나는 극단적인 경쟁이나 노골적인 적대감과는 매우 다르다. 미국에서는 정치적 혹은 경제적 거래에서 절충이나 타협은 얼마든지 가능하지만, 어떤 물질적 이익을 획득하거나 유지하려 할 때는 종종 전쟁으로 이어지는 경우가 많다. 미국에서 이름에 대한 기리의 범주에 들어갈 만한 명예의 다툼이 일어난 사례를 들면, 기껏해야 켄터키 주 산촌민들 간의 반목 사건처럼 극히 예외적인 경우에 한정된다.

　그러나 이름에 대한 기리 및 그 기리에 수반되는 온갖 적의와 조심스러운 기다림은 결코 아시아 대륙만의 특유한 덕목은 아니다. 그러니까 그것은 흔히 말해지는 동양적인 것은 아니라는 말이다. 중국인이나 타이인 혹은 인도인에게는 그런 덕목이 없기 때문이다. 예컨대 중국인들은 모욕이나 비난에 대해 일본인처럼 신경과민이 되는 사람은 '소인小人', 즉 도덕적으로 보잘것없는 인간이라고 생각한다. 말하자면 중국에서는 그것이 일본에서처럼 고결한 이상의 일부를 이루고 있지 않다. 중국인들은 모욕을 갚으려고 어떤 사람이 아무 이유 없이 휘두르는 불법적 폭력을 정당화할 수 없다고 생각한다. 그들은 모욕을 갚는 데 그처럼 신경을 곤두세우는 것을 오히려 조롱거리로 여긴다. 또한 그들은 남한테 나쁜 말을 들었을 때 신에게 맹세하면서 그 비난이 잘못되었음을 증명하고자 애쓰지도 않는다. 타이인에게서도 일본인들처럼 모욕에 민감하게 반응하는 모습은 전혀 찾아볼 수 없다. 그들도 중국인들처럼 비방자를 우롱하기를 좋아하기는 하지만, 그렇다고 해서 자신의 명예가 공격받았다고 생각하지는 않는다. 그들은 "상대가 비인간적이라는 것을 폭로하는 제일 좋은 방법은 상대방에게 져주는 것이다"라고 말한다.

그런데 일본에서 이름에 대한 기리가 가지는 전체적인 의의는 그 속에 포함되어 있는 여러 가지 비공격적인 덕목들을 모두 고려하지 않으면 도저히 이해하기 어렵다. 복수는 이름에 대한 기리가 때때로 요구하는 하나의 덕목에 불과하다. 이름에 대한 기리 속에는 복수 외에도 조용하고 감추어진 많은 행동 양식이 포함되어 있다. 가령 체면을 소중히 여기는 일본인에게 흔히 요구되는 스토이시즘stoicism, 즉 절제와 자제도 이름에 대한 기리의 일부분을 이룬다. 예컨대 여자는 아이를 낳을 때 큰 소리를 내서는 안 되며, 남자는 고통이나 위험에 직면할 때 초연해야만 한다. 홍수가 마을을 덮쳤을 때에도 체면을 중시하는 일본인들은 최소한의 필수품만을 챙긴 채 고지대로 피난을 간다. 거기서는 아비규환이나 우왕좌왕하는 낭패스런 기색을 찾아볼 수 없다. 추분 무렵 태풍이 엄습할 때도 일본인들에게는 이런 자제가 요구된다.

자제의 덕목은, 설령 완전하게 그런 태도를 취할 수 없는 경우가 있다 하더라도, 일본인이 지닌 자존심의 일부가 된다. 이에 비해 미국인의 자존심은 자제를 요구하지 않는다고 보는 것이 일본인들의 생각이다. 이와 같은 일본인의 자제심은 '신분이 높아질수록 그만큼 책임도 무거워지는 경향noblesse oblige'이 있다. 따라서 봉건시대에는 서민들보다 사무라이 계급에게 더 많은 자제와 절제가 요구되었다. 하지만 이 덕목은 비록 사무라이만큼 엄격하지는 않다 하더라도 모든 계급에게 요구된 생활 원리였다. 사무라이에게 육체적 고통에 대한 극단적인 초탈이 요구되었다면, 서민들 또한 극단적인 순종으로 무기를 지닌 사무라이의 공격을 감수해야만 했기 때문이다.

사무라이의 스토이시즘에 관해서는 유명한 일화들이 많이 전해진다. 그들은 굶주림에 굴복하지 말 것을 요구받았다. 이는 굳이 언급할 필요가 없을 정도로 당연시되었다. 그들은 먹을 것이 없어 굶주릴 때에도 마치 지금 식사를 끝낸 듯한 시늉을 해야 한다고 명령받았다. 그래서 이런 때 그들은 이쑤시개로 이를 쑤셨다고 한다. "어린 새는 먹이를 찾아 울지만, 사무라이는 이쑤시개를 물고 있다"는 속담이 여기서 나왔다. 이번 태평양전쟁에서는 일본 군대 내에서 바로 이 속담이 병사들에 대한 격언이 되기도 했다.

또한 사무라이는 고통에 져서도 안 된다. 고통에 대한 일본인의 태도는 나폴레옹에게 "다쳤냐고요? 아닙니다, 폐하. 저는 지금 죽어갑니다"라고 대답한 어느 소년병의 대답과 비슷한 것이었다. 사무라이는 죽음에 이르기까지 조금도 고통의 표정을 보여서는 안 되며, 눈 한번 깜박이지 않은 채 고통을 참아내야만 한다. 이와 관련해 1899년에 세상을 떠난 가츠[3] 백작에 대한 일화가 널리 알려져 있다. 그는 어렸을 때 개에게 물려 불알이

찢어진 적이 있다. 그는 사무라이 가문에서 태어났지만 그의 집안은 구걸을 할 만큼 너무나 가난했다. 하지만 의사가 수술하는 동안 그의 아버지는 그의 코앞에 칼을 뽑아 들고 "한마디라도 우는 소리를 내면 사무라이로서 부끄럽지 않게 널 죽이겠다"고 말했다.

나아가 이름에 대한 기리는 신분에 맞는 생활을 해야 한다고 요구한다. 만일 이와 같은 기리의 의무를 지키지 못하면 스스로를 존중할 그의 권리는 박탈되고 만다. 도쿠가와 시대에는 각자가 몸에 걸치고 소유하는 것 또는 사용하는 모든 것을 일일이 규정한 사치금지법[4]이 있었는데, 일본인들은 이것을 자기 자존심의 일부로서 받아들일 것을 요구받았다. 이에 비해 미국인이라면 세습적인 계층 지위에 따라 사소한 것까지 일일이 규정하는 그런 법률에 큰 충격을 받을 것이다. 미국에서 자존심이란 자기 지위를 향상시키는 것과 밀접한 관계가 있기 때문이다. 따라서 엄격하게 고정된 절제령은 미국 사회의 근본 자체를 부정하는 것이 된다. 어떤 계급의 백성은 어린아이에게 이런저런 인형을 사주어야 하고, 어떤 계급의 백성은 다른 인형을 사주어야 한다고 규정한 도쿠가와 시대의 법률은 미국인들을 소름 끼치게 만든다.

하지만 미국에서는 다른 규정에 의거해 일본의 경우와 똑같은 결과를 얻는다. 가령 우리는 공장 주인의 아이는 전기열차 세트를 갖고 놀고 소작농의 아이는 수수깡으로 만든 인형에 만족하는 것을 비판 없이 승인한다. 우리는 각자 소득의 차이를 인정하고 그 차이를 당연시한다. 많은 월급을 받는 것도 미국적 자존체계의 일부를 구성한다. 그러니까 계급이 아닌 소득에 따라 아이들 인형의 종류가 제한된다 해도 그것은 결코 우리의 도덕관념에 위배되지 않는다. 부자가 자기 아이에게 고급 인형을 사준다 해서 조금도 이상할 것이 없다. 하지만 일본에서는 부자가 되는 것은 의심을 받지만, 알맞은 위치를 지키는 것은 훌륭하다고 칭송받는다. 일본에서는 오늘날까지 부자는 물론 가난한 사람들도 계층적 위계제의 관습을 유지함으로써 그들의 자존심을 지키고 있다.

이는 미국인에게서는 찾아보기 힘든 덕목이다. 프랑스인 토크빌은 1830년대에 펴낸 전술한 책에서 이 점을 지적한다. 18세기에 프랑스에서 태어난 토크빌은 평등의 원칙에 입각해 있는 미국에게 관대한 논평을 가하면서도, 그 자신이 귀족제적 생활을 잘 알았고 또한 사랑했다. 이런 그는, 미국은 여러 가지 훌륭한 미덕을 지니고 있지만 진정한 존엄성이 결여되어 있다고 말한다. "진정한 존엄성이란 항상 너무 높지도 너무 낮지도 않은 위치, 자신에게 알맞은 자리를 차지하는 데서 나온다. 따라서 이것은 왕이든 백성이든 누구에게나 가능한 일이다." 이렇게 말하는 토크빌이라면 아마도 계급적 차별에 대해 그 자체로는 결코 굴욕적이지 않다고 생각한 일본인들의 태도를 누구보다 잘 이해했을 것이다.

여러 민족의 문화가 객관적으로 연구되는 오늘날에는 '진정한 존엄성'이란 민족에 따라 그 내용이 다르다는 점, 즉 각 민족마다 무엇이 굴욕인가를 나름대로 규정한다는 점이 인정된다. 지금 미국인들 중에는 일본인으로 하여금 자존심을 되찾도록 하려면 어떻게 해서든 미국식 평등주의의 원칙을 채용하도록 만들어야 한다고 주장하는 사람들이 있다. 그러나 그런 주장은 자민족중심주의의 오류를 범하고 있다. 만일 이 주장대로 그들이 일본인들로 하여금 자존심을 갖도록 하는 것을 원한다면, 먼저 일본인의 자존심이 어디에 뿌리를 두고 있는지를 살펴보아야 할 것이다. 우리는 일찍이 토크빌이 인정한 것처럼 이와 같은 귀족제적 '진정한 존엄성'이 근대 세계에서 소멸되어간다는 사실, 그리고 그것보다 더 위대하다고 우리가 믿는 또 다른 존엄성이 그 자리를 차지해간다는 사실을 인정할 수 있다. 일본에서도 장차 반드시 그렇게 될 것이다. 하지만 중요한 것은 일본이 오늘날 우리의 기초 위에서가 아니라 일본 자신의 기초 위에서 자존심을 재건해야 한다는 점이다. 일본은 그것을 일본 나름대로의 방법으로 순화해나가야 할 것이다.

이름에 대한 기리는 알맞은 지위에 대한 채무 외에도 다양한 채무의 수행을 포함한다. 가령 일본에서는 어떤 사람이 돈을 빌릴 때 이름에 대한 기리를 저당 잡히는 수가 있다. 즉 20, 30년 전만 해도 채무증서에는 흔히 "만일 돈을 갚지 못하면 사람들 앞에서 조롱당해도 좋다"는 문구가 들어가 있었다. 물론 실제로는 돈을 갚을 수 없는 경우라 해도 이 문구 그대로 조롱거리가 되는 일은 없었다. 일본에는 공개적으로 누군가를 웃음거리로 만드는 관습이 없었기 때문이다. 그러나 빚을 갚아야 할 기한인 설날이 다가오는데도 빚을 갚을 여력이 없는 채무자가 '자기 이름을 더럽히지 않기' 위해 자살하는 일은 더러 있었다. 오늘날에도 섣달 그믐에는 자기 명예를 지키려고 그런 극단적인 수단을 택하는 사람들이 끊이지 않고 나온다.

모든 종류의 직업적인 채무에도 이름에 대한 기리가 수반된다. 특별한 사정으로 누군가가 모든 사람의 주목을 받거나 혹은 많은 사람들의 비난을 받게 되는 경우에 일본인은 때때로 엄청난 요구를 할 때가 있다. 예컨대 일본에서는 학교에서 화재가 발생해 교실에 걸렸던 천황 사진이 몽땅 타버렸다는 이유만으로 자살한 교장들이 많다. 화재에 대한 책임이 전혀 없었는데도 말이다. 게다가 천황 사진을 구해내려고 불타는 학교 건물로 뛰어들었다가 타 죽은 교사들도 많았다. 이들은 죽음으로써 자기 이름에 대한 기리뿐만 아니라 천황에 대한 충忠이 얼마나 중요한 것인지를 입증했다. 나아가 〈교육칙어〉[5]나 〈군인칙유〉[6]를 읽다가 중간에 잘못 읽자 자살함으로써 오명을 씻은 사람에 대한 널리 알려진 이야기가 전해진다. 또한 히로히토[7] 천황 치세에서 우연히 자식 이름을 히로히토라고 지었다가(일본에서는 천황의 이름을 함부로 입에 담아서는 안 된다) 그 아이와 함께 자결한 사람도 있었다.

한편 일본에서는 전문가의 경우 이름에 대한 기리가 특히 엄격하다. 미국에서 전문가 하면 고도의 전문적 능력을 가진 사람으로 이해된다. 하지만 일본인들에게 전문가의 이름에 대한 기리는 반드시 그런 것과 관계된 것만은 아니다. 가령 교사는 "나는 교사로서 이름에 대한 기리 때문에라도 그것을 모른다고 말할 수 없다"고 한다. 이 말은 만일 개구리가 무슨 종에 속하는지를 그가 모르더라도 아는 체해야만 한다는 것을 의미한다. 몇 년간 배운 지식으로 영어를 가르치는 교사는 누가 자신의 틀린 점을 정정하려는 것을 인정하지 못한다. '교사로서의 이름에 대한 기리'가 가리키는 것은 바로 이와 같은 자기 방어 태도다. 마찬가지로 실업가는 실업가로서의 이름에 대한 기리 때문에 자산이 고갈되어 위기에 빠져 있다든가 혹은 자기 회사를 위해 세운 계획이 실패했다는 사실을 남에게 알리려 하지 않는다. 또한 외교관은 외교관으로서의 이름에 대한 기리 때문에 자신이 세운 외교 방침의 실패를 인정하지 못한다. 이상의 사례에서 우리는 기리의 모든 용법에 있어 어떤 인간과 그가 하는 일이 극단적으로 동일시된다는 공통점을 엿볼 수 있다. 때문에 일본에서는 어떤 사람의 행위나 능력에 대한 비판이 곧 그 인간 자체에 대한 비판으로 받아들여지기 십상이다.

물론 미국에서도 실패라든가 무능함이라는 오명에 대한 일본인들의 이와 같은 반응과 똑같은 태도를 가끔 발견할 수 있다. 우리는 다른 사람에게 나쁜 말을 들으면 미친 듯이 화를 내는 사람이 있다는 것을 잘 안다. 그렇기는 해도 우리 미국인은 일본인처럼 자기 방어에만 급급한 일은 거의 없다. 만일 개구리가 어떤 종에 속한 것인지를 모르는 미국인 교사가 있다고 하자. 그는 자신의 무지를 감추고 싶다는 유혹에 빠질 수도 있다. 하지만 그의 본심은 아는 체하기보다는 정직하게 모른다고 말하는 편이 더 훌륭한 태도라고 생각한다. 마찬가지로 실업가는 전에 시도한 계획이 만족스럽지 못하다면 다시 새로운 지시를 내리면 된다고 생각한다. 그는 지금까지 자신이 해온 일들이 옳았다고 말하지 않으면 자존심을 지킬 수 없다고는 생각하지 않는다. 또한 자기 잘못을 인정한다 해도 사표를 낸다든지 은퇴해야 한다고 생각하지도 않는다. 이에 반해 일본인들은 자기 방어 태도가 뿌리 깊다. 그래서 어떤 사람 면전에 대고 그가 직업상 과오를 범했다는 말을 하지 않는 것이 일반적인 예의며 또한 현명한 사람의 태도라고 여긴다.

이와 같은 신경과민은 경쟁에 진 경우에 특히 현저하게 나타난다. 가령 취업전선에서 자기가 떨어지고 딴 사람이 채용된다든가 혹은 시험 경쟁에서 패한 경우, 패자는 그런 실패 때문에 '하지恥를 느낀다.'[8] 그런 하지는 분발을 유도하는 강한 자극이 될 수도 있지만, 대개는 아주 의기소침하게 만드는 원인이 되기 십상이다. 그럴 때 패자는 자신감을 잃고 우울증에 빠진다든지 분노를 느낀다든지 혹은 동시에 이 두 가지 상태에 빠지곤 한다. 그럴 경우 자신이 아무리 노력해도 소용없다. 여기서 우리는 특히 일본에서의 경쟁이 미국적 생활구조에서와 같은 바람직한 사회적 효과를 거두지 못한다는 점을 인식할 필요가 있다.

우리는 경쟁을 '좋은 일'로 생각하고 거기에 크게 의지한다. 심리 테스트를 해보면 경쟁이 미국인들을 자극해 최선의 노력을 경주하도록 만든다는 사실을 보여준다. 그런 자극이 작업 능력을 더 높이는 것이다. 그래서 어떤 사람이 혼자 일을 할 때는 경쟁자가 있을 때보다 능률이 떨어진다. 그런데 일본에서의 심리 테스트 결과는 그 반대로 나타난다. 이는 특히 소년기가 끝난 후에 현저하다. 일본 어린이들은 경쟁을 장난처럼 생각하고 대수롭지 않게 여기기 때문이다. 하지만 청년이나 성인의 경우에는 경쟁자가 있으면 작업 능률이 더 뚝 떨어진다. 혼자서 할 때는 비교적 진척이 빠르고 실수도 적었던 사람이 경쟁 상대와 함께하면 속도도 느려지고 실수도 많아진다. 반면 그들은 타인이 아니라 바로 자기 자신의 기록에 비추어 어떤 성과를 측정할 때 가장 좋은 성적을 올렸다.

이 심리 테스트를 실시했던 몇몇 일본인 학자들은 경쟁 상태에 놓일 때 그처럼 성적이 나쁘게 나오는 이유를 정확히 분석한다. 이들은, 문제를 경쟁으로 해결하려 하면 일본인들은 질지도 모른다는 생각에 완전히 마음을 빼앗겨 일이 손에 잡히지 않게 되기 때문이라고 설명한다. 그들은 너무도 민감하게 경쟁이란 것을 자신에 대한 외부에서의 공격으로 여긴다. 그래서 일본인들은 자신의 일에 전념하는 대신 자신과 공격자의 관계에 주의력을 빼앗기고 만다.[9]

이런 심리 테스트에 참가한 학생들은 실패할 경우에 받게 될 치욕감에 가장 큰 영향을 받는 경향이 많았다. 교사나 사업가가 각각 전문가로서의 이름에 대한 기리에 따라 행동하듯이, 그들은 학생으로서의 이름에 대한 기리에 자극받아 행동한다. 시합에 진 학생 팀은 그 실패의 '하지'[10] 때문에 상당히 극단적인 행동 양식을 보였다. 예컨대 보트 선수는 노를 내동댕이치고 보트에 탄 채로 분해서 울어댔고, 야구시합에 진 팀 또한 한덩어리가 되어 엉엉 울었다. 미국에서라면 우리는 그런 행동을 좋지 않은 패자의 태도라고 말할 것이다. 우리의 에티켓으로는 패자는 의당 상대가 더 강한 팀이기 때문에 진 것이라고 승복할 것이 기대된다. 그러니까 패자는 승자와 악수를 나누는 것이 우리의 에티켓이다. 우리는 지는 것이 아무리 싫다 하더라도 패배했다고 엉엉 울거나 소리 지르는 사람을 경멸한다.

일본인들은 예부터 늘 무언가 교묘한 방법을 궁리해 직접적인 경쟁을 피하고자 애써왔다. 그리하여 일본에서는 초등학교에서부터 미국인들이 상상할 수 없을 만큼 경쟁 기회를 최소한도로 억제한다. 일본의 교사들은 학생들로 하여금 남과 비교하기보다는 각자가 자기 자신의 성적을 더 향상시키도록 가르쳐야 한다는 지침을 받는다. 사실 일본 초등학교에서는 학생들을 낙제시키지 않는다. 처음에 같이 입학한 아동들은 초등학교의 모든 교육 과정을 함께 밟은 후 다같이 함께 졸업한다. 성적 통지표에 표시되는 학생들의 순위는 학업 성적이 아니라 품행을 기준으로 작성된다. 그러다가 중학교 입학시험의 경우처럼 도저히 경쟁을 피할 수 없을 때 아이들은 엄청난 스트레스를 받게 마련이다. 때문에 불합격 사실을 안 후 자살을 시도하는 소년들이 많이 나온다. 일본의 교사라면 누구든 그런 이야기를 잘 안다.

이처럼 직접적인 경쟁을 최소한도로 억제하려는 노력은 일본인 생활의 모든 영역에서 나타난다. 친구나 동료와의 경쟁을 통해 좋은 성적을 올리는 것이 미국의 규칙이라면, 이에 비해 온(溫)에 입각한 일본인의 윤리에서는 경쟁을 허용할 여지가 매우 적다. 각 계급이 준수해야 하는 규칙을 세밀하게 규정한 일본의 계층적 위계질서가 직접적인 경쟁을 최소한도로 억제하기 때문이다. 일본의 가족제도 또한 직접적인 경쟁을 최소한도로 제한한다. 일본에서는 제도적으로 아버지와 아들 사이가 미국처럼 경쟁 관계에 놓여 있지 않기 때문이다. 일본의 부자간은 서로 배척하는 일은 있지만 경쟁하는 일은 없다. 그래서 일본인은 미국인 가정에서 아버지와 자식이 자동차를 사용하려고 다투거나 혹은 경쟁적으로 어머니나 아내의 주의를 끌고자 노력하는 것을 보고 크게 놀라워한다.

일본에서는 모든 영역에 걸쳐 중재제도가 마련되어 있는데, 이는 서로 경쟁하는 두 사람이 직접 얼굴을 맞대지 않도록 막는 좋은 방법 가운데 하나다. 일본인은 실패를 할 경우 치욕감을 느끼기 쉬운데, 이런 경우 언제나 중재자가 필요하다. 일본에서 중재자는 혼담이나 구직 및 퇴직 혹은 이런저런 일상적 업무 처리 등 수많은 경우에 알선 책임을 맡는다. 이때 중재자는 당사자 쌍방에게 상대방의 의향을 전한다. 결혼과 같은 중대사의 경우에는 쌍방이 각기 자기 측 중재자를 내세운다. 그러면 이 중재자들끼리 세밀한 부분까지 절충을 끝낸 후에 각각 자기 측에 보고한다. 이처럼 간접적으로 일을 처리함에 따라, 당사자들은 직접 대면할 경우에 발생할 여러 곤란한 문제, 가령 이름에 대한 기리 때문에 화를 내지 않을 수 없는 요구라든가 비난 같은 것을 겪지 않은 채 모르고 지나가게 된다. 중재자는 중재자대로 이와 같은 공적인 중재 능력을 발휘함으로써 신망을 얻으며, 중재가 성공적으로 이루어지면 사회적 존경도 받는다. 중재자는 원만한 협상을 위해 자기의 모든 것을 바치기 때문에 중재자를 낀 경우는 그렇지 않은 경우보다 일이 훨씬 부드럽게 풀릴 가능성이 많다. 이런 식으로 중재자는 취직을 부탁하는 사람을 위해 고용자의 의향을 알아내기도 하고 혹은 퇴직하고자 하는 피고용자의 의사를 고용자에게 전달하는 역할을 하기도 한다.

이 밖에도 일본에서는 이름에 대한 기리에 문제가 될 만한 상황, 즉 수치감을 유발하는 사태가 생기지 않도록 온갖 종류의 예의범절이 규정되어 있다. 문제를 최소화하는 이런 규정들은 직접적 경쟁의 경우뿐만 아니라 그보다 훨씬 더 넓은 범위에 걸쳐 마련되어 있다. 이를테면 일본인은 주인이 손님을 맞이할 때 좋은 옷으로 갈아입고 일정한 의식과 더불어 반갑게 접대해야 한다고 생각한다. 가령 농부의 집을 방문한 손님은 그 농부가 작업복을 입은 채로 있으면 잠시 기다려야만 한다. 농부는 농부대로 알맞은 옷으로 갈아입고 알맞은 예의를 차리기까지는 손님을 아는 체도 하지 않는다. 심지어 손님이 기다리고 있는 방에서 옷을 갈아입을 때에도 그렇게 한다. 그러니까 알맞은 옷차림을 하기 전까지 손님은 그 장소에 있지 않은 것으로 간주된다.

또한 일본 시골에서는 가족들이 모두 잠들고 처녀가 침상에 든 뒤인 깊은 밤에 동네 총각이 처녀를 방문하는 풍습이 있다.[11] 그러면 처녀는 총각의 요구를 들어주기도 하고 거절하기도 하는데, 이때 총각은 수건 같은 것으로 얼굴을 가림으로써 설사 거절을 당하더라도 다음날 수치를 느끼지 않도록 한다. 이와 같은 변장은 처녀에게 누구인지 발각되지 않도록 하기 위한 것이 아니다. 그것은 타조가 모래에 머리를 처박는 속임수처럼, 치욕을 당할지도 모를 사람의 정체가 드러남으로써 궁지에 빠지는 상황을 사전 방지하려는 수단에 지나지 않는다.

일본에서는 어떠한 계획이건 확실히 성공하기 전까지는 될 수 있는 한 다른 사람들에게 그 계획이 알려지지 않도록 세심하게 일정한 예절을 지켜야 한다. 예컨대 결혼 중매인의 임무 가운데 하나로 혼약이 이루어지기 전에 예비 신랑과 신부가 될 두 사람을 대면시키는 일이 있다. 이때 그는 그것이 우연한 대면처럼 여겨지도록 모든 수단을 강구한다. 왜냐하면 공개적으로 대면시켰다가 만약 파혼이라도 되면 한쪽 집안 혹은 양쪽 집안의 명예를 손상시키는 것이 되기 때문이다. 그렇게 해서 젊은 남녀가 만나는 자리에는 양가 부모들도 함께하며, 이때 중매인은 호스트 역할을 한다. 이런 만남을 주선하는 가장 편리한 방법은 연중 행사인 국화 전시회라든가 벚꽃놀이 또는 이름난 공원이나 유원지에서 일행이 우연히 만난 것처럼 꾸미는 것이다.

일본인은 이상과 같은 방법이나 그 밖의 여러 가지 방법을 강구함으로써 실패로 인한 치욕감을 미연에 방지하고자 애쓴다. 그들은 모욕을 받게 되면 그 오명을 씻어낼 의무가 있음을 힘주어 강조한다. 하지만 실제로는 되도록이면 모욕감을 느끼는 기회가 최소화되는 방향으로 일을 처리하는 것이다. 이는 일본과 마찬가지로 오명 씻어내기를 강조하는 태평양 제도의 많은 부족들과 비교할 때 현저하게 다른 차이점이다.

가령 뉴기니 및 멜라네시아의 원예를 생업으로 하는 여러 미개민족 사이에서는 화를 낼 수밖에 없는 모욕을 주고받는 것이 부족 또는 개인의 행동을 촉발하는 원동력으로 작용한다. 부족 축제도 이런 원동력이 발동되지 않으면 열릴 수 없다. 이때 모욕을 주는 방식은 이렇다. 어떤 마을이 다른 마을을 향해 "너희는 가난하기 때문에 겨우 열 명의 손님도 대접할 수 없다. 너희는 구두쇠이기 때문에 토란이나 야자열매를 따로 감춰둔다. 너희 지도자는 바보이기 때문에 무슨 수를 써도 잔치를 열 수 없다"며 온갖 욕을 퍼붓는다. 그러면 이런 모욕을 받은 마을에서는 호화스러운 과시와 환대로 참석자 전원을 압도함으로써 그 오명을 씻는다. 혼담이나 경제적 거래도 이와 동일한 방법으로 이루어진다. 마찬가지로 싸움을 할 때도 활시위에 화살을 재기 전에 서로 끔찍한 욕을 퍼붓는다. 그들은 정말 사소한 일에도 사투를 벌일 것처럼 서로를 모욕한다. 이런 모욕이 강력한 행동의 동기가 되며, 그런 동기를 부여받은 부족은 종종 큰 활력을 보여준다.

그 어떤 연구자도 이런 부족들을 예의 바른 민족이라고 언급한 적이 없다. 그러나 일본인은 그 반대로 예의 바른 민족의 모범이라고 말해진다. 그들의 지극히 예의 바른 행동은 일본에서 오명을 씻어낼 기회가 얼마나 극단적으로 제한되어 있는가를 평가하는 척도가 된다. 그들은 모욕이 불러일으키는 분노를 더없는 성공의 자극제로 삼지만, 그것이 필요한 상황을 극도로 제한한다. 즉 오명을 씻어낼 만한 기회는 아주 특별한 경우라든가 혹은 오명을 제거할 수 있는 전통적 수단이 어떤 힘에 의해 방해받고 좌절된 경우에만 일어난다. 이와 같은 자극의 이용이 과거 극동에서 일본의 지배적 지위 획득 및 최근 10년간에 걸친 영미와의 전쟁 정책에 공헌했으리라는 것은 의심할 바 없는 사실이다. 그러나 모욕에 대한 일본인의 민감성과 치열한 복수심을 설명하는 서양인들의 주장은 그 대부분이 일본보다는 무슨 일에나 모욕을 이용하는 뉴기니 부족들의 경우에 더 잘 들어맞는다. 따라서 이번 패전 이후 일본이 취할 행동에 관한 서구인들의 예측이 거의 빗나간 까닭은 일본에서 이름에 대한 기리에 대해 가해지는 특수한 제한을 고려하지 않았기 때문이라고 말할 수 있다.

일본인은 분명 예의 바른 국민이긴 하지만, 그렇다고 해서 우리는 비방에 대한 그들의 민감성을 경시해서는 안 된다. 미국인은 매우 가벼운 마음으로 서로 욕을 하곤 한다. 그것은 일종의 게임 같은 것이다. 때문에 우리로서는 일본인이 왜 아무것도 아닌 말을 그처럼 심각하게 받아들이는지 이해하기 어렵다.

일본인 화가 마키노 요시오[12]가 영어로 써서 미국에서 출판한 자서전에서는 그가 '조소嘲笑'라고 해석한 사건에 대한 지극히 일본인다운 반응이 생생하게 묘사된다. 이 책을 쓸 때 그는 이미 성년기 대부분을 미국과 유럽에서 보낸 뒤였지만, 그럼에도 그는 자신이 마치 고향인 아이치 현 시골 마을의 그 사건 현장에 있는 것처럼 강렬하고 생생한 느낌을 그대로 지니고 있었다. 그는 상당한 신분인 지주의 막내아들로 태어나 유복한 가정에서 더없는 사랑을 받으며 어린 시절을 보냈다. 하지만 겨우 유년기가 지났을 무렵에 어머니가 세상을 떠났으며, 그 후 얼마 지나지 않아 아버지는 파산을 당해 부채를 갚으려고 재산을 몽땅 팔아버렸다. 이로 인해 일가는 뿔뿔이 흩어지게 되었고, 마키노에게는 자신의 야심을 실현해줄 만한 돈이 한 푼도 없었다. 그런데 그의 야망 중에 하나는 영어를 배우는 것이었다. 그리하여 그는 부근의 미션스쿨에 몸을 의탁하고 영어를 배우려고 수위 일을 했다. 열여덟 살이 되었을 때 그때까지 고작 두어 군데 인근 마을 외에는 나가본 적이 없었던 그는 미국에 갈 결심을 했다.

나는 누구보다도 가장 신뢰하던 선교사 한 분을 찾아갔다. 나는 그 선교사에게 미국에 가고 싶다는 뜻을 털어놓았다. 아마도 어떤 유익한 정보를 얻을 수 있으리라 기대했을 것이다. 그런데 너무나 실망스럽게도 그 선교사는 "뭐야? 너 따위가 미국에 가고 싶다고?" 하면서 소리를 질렀다. 선교사의 부인도 그 자리에 같이 있었는데, 둘이서 같이 나를 '조소'했다! 순간 내 머릿속에 있는 피가 전부 발끝까지 내려가는 듯이 느껴졌다! 나는

2, 3초 동안 잠자코 그 자리에 서 있다가, 인사도 하지 않은 채 내 방으로 돌아와버렸다. 나는 '이제 만사 끝이구나'라고 나 자신에게 말했다.

그 다음날 아침에 나는 그 집에서 도망쳐 나왔다. 여기에 그 이유를 써두고 싶다. 나는 늘 이 세상에서 가장 큰 죄는 '불성실'이라고 믿었다. 그리고 조소처럼 불성실한 것은 다시없다고 여겼다! 나는 언제나 상대방의 분노를 용서한다. 곧잘 화를 내는 것이 인간의 본성이라고 생각하기 때문이다. 누가 내게 거짓말을 한 경우에도 대체로 용서해준다. 인간이란 참으로 취약한 존재고 곤란한 경우에 처하면 마음을 굳게 가질 수 없어서 누구나 곧잘 거짓말하기 십상이기 때문이다. 나는 또한 누가 나에 대해 근거 없는 소문을 퍼뜨린다든가 험담을 하는 경우에도 용서한다. 다른 사람이 자기 말을 잘 믿어주면 누구든 남에 대한 소문이나 험담 유혹에 쉽사리 빠질 수 있기 때문이다. 심지어 살인자라 해도 사정에 따라서는 용서할 수 있다. 하지만 조소만큼은 전혀 변명의 여지가 없다. 왜냐하면 고의적인 불성실이 아니고서야 죄 없는 인간을 조소할 수는 없는 일이기 때문이다.

나는 당신들에게 내 나름대로 살인자와 조소자라는 단어의 정의를 말해주고 싶다. 즉 살인자가 타인의 '육체'를 살해한 인간이라면, 조소자는 타인의 '영혼soul'과 마음heart을 살해한 인간이라고 말이다. 영혼과 마음은 육체보다 훨씬 더 귀한 것이다. 그러므로 조소야말로 가장 큰 죄다. 실제로 그 선교사 부부는 내 '영혼'과 '마음'을 살해하려 들었다. 그로 인해 나는 마음에 엄청난 상처를 입었다. 그때 내 마음은 "왜 '너 따위가'라고 말하는가?"라고 외쳤다.[13]

그리하여 그 다음날 아침 그는 자기 물건을 몽땅 보따리에 싸가지고 그곳을 떠났다. 그 선교사는 돈 한 푼 없는 시골 소년이 화가가 되려고 미국에 가고 싶다는 말에 불신의 태도를 취했다. 그러자 소년은 자신이 '살해당했다'고 느꼈다. 이로 인해 그의 이름에 대한 기리에 오점이 찍히고 말았다. 그 오명은 소년이 미국행이라는 목적을 수행하지 않고서는 도저히 지워질 수 없었다. 즉 선교사에게 '조소'를 받은 이상, 그곳을 떠나서 혼자서도 훌륭하게 미국에 갈 능력이 있음을 보여주는 것 말고 그에게는 다른 방도가 없었다. 그런데 여기서 그는 '불성실insincerity'이라는 영어 단어로써 선교사를 비난하지만, 우리에게는 이 말이 이상한 느낌으로 읽힌다. 선교사의 놀람은 우리가 그 단어를 이해하고 있는 의미에서는 완전히 '성실한sincere' 것으로 생각되기 때문이다. 그러나 마키노는 이 말을 일본적인 의미에서 쓰고 있다. 일본인은 그다지 상대방에게 싸움을 걸 생각도 없으면서 남을 업신여기는 사람을 성실하지 못한 인간이라고 생각한다. 그런 조소는 무례한 것이며 '불성실'의 증거라는 것이다.

　마키노는 "살인자라도 사정에 따라서는 용서해줄 수 있다. 그러나 조소만큼은 아무 변명의 여지가 없다"고 말한다. 조소만큼은 용서할 수 없는 이상, 모욕에 대한 유일하게 가능한 반응은 복수다. 마키노는 결국 미국에 감으로써 그 오명을 씻었다. 일본에서는 전통적으로 복수가 모욕이나 패배를 당했을 경우 '바람직한 대응'으로 높게 자리매김되어왔다. 서구 독자를 상대로 책을 쓰는 일본인은 종종 생생한 비유를 써서 복수에 대한 일본인의 태도를 묘사한다. 예컨대 가장 박애심이 많았던 일본인 가운데 한 사람이었던 니토베 이나조[14]는 1900년에 펴낸 한 책에서 다음과 같이 적고 있다. "복수에는 무언가 우리의 정의감을 만족시켜주는 것이 있다. 우리의 복수 관념은 마치 수학적 능력처럼 엄밀한 것으로서, 방정식의 두 항 모두가 만족되지 않는 한 우리는 무언가 못 다한 듯한 느낌을 지울 수 없다."[15] 또한 오카쿠라 요시사부로[16]는 《일본의 생활과 사상》이라는 저서에서 다음과 같이 복수를 일본 특유의 관습으로 서술한다.

일본인이 지닌 이른바 심리적 특성의 대부분은 깨끗한 것을 좋아하는 태도 및 그것과 상보적 관계에 있는 태도, 즉 불결한 것을 싫어하는 성향에 기인한다. 참으로 그렇게밖에는 달리 설명할 길이 없다. 실제로 우리는 가문의 명예라든가 국가적 긍지 등에 가해진 모욕에 대해, 그것을 변명 같은 것으로 완전히 씻어낼 수 없고 본래대로 깨끗해지거나 치유될 수 없는 오점 혹은 상처로 여기도록 길들여져왔다. 일본의 사적 혹은 공적인 생활에서 매우 빈번하게 찾아볼 수 있는 여러 유형의 복수들은 그저 깨끗한 것을 좋아하는 결벽증적 국민의 아침 목욕 같은 것이라고 생각할 수도 있다.[17]

여기에 이어 그는 다시 "그리하여 일본인은 활짝 핀 벚꽃처럼 상큼하고 아름답게 보이는 깨끗한 생활, 더러움이 없는 생활을 한다"라고 적고 있다. 그러니까 '아침 목욕'이란 다른 사람이 당신에게 던진 흙탕물을 씻어내는 행위를 가리키며, 당신은 조금이라도 흙탕물이 묻어 있는 동안에는 결코 훌륭한 인간이 될 수 없다는 말이다. 일본에는 스스로 모욕을 받았다고 생각하지 않는 한 그 누구도 모욕받는 일은 없다는 사실, 즉 모욕이란 '당사자에게서 나오는 것'일 뿐이고 다른 사람에게 받는 것이 아니라는 사실을 가르치는 윤리가 없다.

일본의 전통은 끊임없이 사람들에게 이와 같은 '아침 목욕'으로서의 복수라는 이상을 내세워왔다. 가령 널리 알려진 《추신구라忠臣藏》[18]라는 역사물은 일본에서 복수와 관련된 무수한 사건이나 영웅담 가운데 가장 인기 있는 이야기다. 그런 복수담들은 학교 교과서에 실려 읽혔고 극장에서 연극으로 상연되거나 현대 영화로도 거듭 제작되었으며 통속 출판물로 간행되는 등, 오늘날 살아 있는 일본 문화의 일부분이 되어 있다.

대부분의 복수담은 우연한 실패에 대한 일본인의 과민 반응을 이야기한다. 예컨대 이런 식이다. 어느 다이묘가 세 명의 가신들에게 어떤 명검의 제작자를 알아맞혀보라고 했는데, 세 가신들의 의견은 제각각이었다. 이에 그 분야의 전문가를 불러옴으로써 그 칼의 제작자가 무라마사村正임이 밝혀졌다. 세 가신 중에 이를 알아맞힌 사람은 나고야 산자名古屋山三뿐이었다. 그러자 감정을 잘못한 다른 두 가신은 그것을 모욕으로 느끼고 나고야 산자의 목숨을 노리기 시작했다. 그리하여 한 가신이 잠들어 있는 산자의 집을 습격해 산자의 칼로 그를 찔렀다. 이때 산자는 가까스로 목숨만은 건졌지만, 산자를 습격한 가신은 그 후에도 복수를 위해 전력을 다한다. 결국 그는 산자를 죽이고 자신의 기리를 만족시켰다.

　이 밖에 자기 주군이 받은 모욕에 대한 복수의 필요성을 강조하는 이야기도 있다. 일본의 윤리에서 기리는 모름지기 가신이란 자기 주군이 죽을 때까지 충성해야만 한다는 것을 의미하는 동시에, 가신이 주군에게 모욕당했다고 느끼게 되면 갑자기 그 충성심이 터무니없는 증오로 일변할 수도 있다는 것을 의미하기도 한다. 도쿠가와 막부의 초대 쇼군이었던 도쿠가와 이에야스에 관해 전해오는 이야기 가운데 그 좋은 예가 있다. 한번은 이에야스의 가신 한 사람이 자신에 대해 이에야스가 "그자는 생선가시가 목에 걸려 죽을 놈"이라고 말했다는 사실을 전해들었다. 그에게 이는 도저히 참을 수 없는 말이었다. 목에 생선가시가 걸려 죽다니, 그렇게 품위 없이 죽을 것이라는 말은 사무라이의 체면을 확 깎아내리는 모욕으로 받아들여졌다. 이에 그 가신은 자신이 받은 모욕을 평생 동안, 아니 죽어서도 잊지 말자고 맹세했다. 당시 이에야스는 새로운 수도인 에도에서 국내 통일 사업을 진행 중이었던 터라, 아직 적을 완전히 소탕하지 못한 상태였다. 이런 상황에서 그 가신은 적의 영주들과 내통해 에도에 불을 질러 이에야스를 태워 죽일 것을 제안했다. 그럼으로써 그는 자신의 기리를 만족시키고, 이에야스에 대한 복수도 이룰 수 있으리라 생각한 것이다. 이로 보건대 일본적 충성에 대한 서구인의 논의들은 대부분 공론에 지나지 않는다. 그것들은 기리라는 덕목이 단지 충성뿐만 아니라 경우에 따라서는 배반을 명하는 덕목이기도 하다는 점을 간과하기 때문이다. 서구 속담에 "매를 맞은 사람이 모반한다"는 말이 있지만, 일본에서는 모욕을 당한 사람도 마찬가지로 모반을 기도할 수 있다.

일본 역사물에 나오는 이 두 가지 주제, 즉 자신이 실패한 경우 성공한 자에게 복수한다는 주제와 설령 상대가 자기 주군이라 하더라도 모욕을 가한 자에게는 복수한다는 주제는 일본 문학에서 가장 잘 알려진 상투적 주제로 여러 가지 양상으로 서술된다. 그런데 현대의 신변잡기나 소설들 및 실제 사건들을 조사해보면, 일본인들은 역사물에서는 복수를 크게 찬양하지만, 실제로 복수가 행해지는 경우는 오늘날 서구 여러 나라와 비슷하거나 아니면 그보다 더 적게 나타난다. 물론 그렇다고 해서 이것이 명예에 관한 일본인의 강박 관념이 약해졌다는 것을 의미하지는 않는다. 오히려 그것은 실패나 모욕에 대한 반응이 공격적이 아닌 방어적인 경우가 점점 많아지게 되었음을 뜻할 따름이다.

일본인들은 여전히 치욕에 대해 매우 민감하지만, 그것 때문에 싸우려 들기보다는 행동을 자제하는 경우가 점점 더 많아지고 있다. 근대적 법률이 시행되지 않았던 메이지 이전 시대만 해도 복수를 목적으로 직접 공격을 가할 가능성이 많았다. 하지만 법질서가 강화되고 이전보다 훨씬 상호의존적이 된 경제생활을 영위하게 된 오늘날, 복수는 은밀한 것이 되거나 혹은 그것을 자기 가슴속에만 묻어두는 경향이 많아졌다. 물론 몰래 원수를 골탕 먹임으로써 은밀히 복수하는 경우도 있다. 원수에게 똥을 먹였다는 옛이야기처럼 말이다. 이 이야기의 주인공은 원수에게 들키지 않도록 교묘한 방법으로 좋은 음식에 똥을 넣어 대접하고 상대가 알아차렸는지를 살폈는데, 손님은 아무 눈치도 채지 못했다. 하지만 이런 종류의 은밀한 공격도 오늘날에 와서는 드물어졌다. 오히려 그런 공격을 자기 자신에게 향하도록 하는 경우가 더 많다. 이처럼 공격의 화살을 자기 안으로 향하게 하는 데는 두 가지 선택지가 있다. 즉 '불가능해 보이는 일'의 실현을 위해 자신을 독려하는 자극제로서 치욕을 이용하든가, 아니면 치욕감으로 인해 완전히 마음을 상하든가 둘 가운데 하나다.

일본인은 실패나 비방 혹은 배척에 쉽게 상처받는다. 따라서 타인을 괴롭히기보다는 너무도 쉽게 자기 자신을 괴롭히는 일이 많다. 최근 몇십 년 동안 나온 일본 소설을 보면, 교양 있는 일본인이 종종 자아를 상실한 채 분노를 폭발시킨다든가 반대로 극단적인 우울증에 빠져들기도 하는 모습이 거듭 묘사되어 나온다. 이런 소설의 주요 등장인물들은 쉬이 권태를 느낀다. 그들은 매일매일의 생활과 가정과 도시와 시골에 싫증이 나 있다. 그런데 이는 마음속에 담은 위대한 목표에 비해 일체의 다른 노력들이 시시하게 보이는 상태, 즉 저 높은 이상 세계에 도달하고자 할 때 흔히 느끼게 되는 권태가 아니다. 다시 말해 그것은 현실과 이상의 너무 큰 차이에서 생기는 권태가 아니다. 어쨌거나 일본인은 중대한 사명을 꿈꾸면서 이런 권태를 잊게 된다. 이루어야 할 그 사명감의 목표가 아무리 멀리 떨어져 있다 할지라도 그들은 완전히 권태를 잊어버린다.

이와 같은 일본인 특유의 권태는 과도하게 상처받기 쉬운 국민 공통의 질병이라 할 수 있다. 그들은 자신이 배척받지나 않을까 하는 두려움을 자기 내부로 돌려 스스로를 괴롭힌다. 일본 소설에 묘사되어 나오는 권태는 러시아 소설의 그것과는 아주 다른 심적 상태다. 러시아 소설에서 주인공이 경험하는 여러 권태는 현실 세계와 이상 세계의 큰 차이가 그 배경을 이루며, 그것은 우리에게도 어느 정도 친근한 권태다. 이와 관련해 조지 샌섬[19]은 일본인에게는 현실과 이상의 대립에 관한 감각이 결여되어 있다고 쓴 적이 있다. 여기서 그는 일본적 권태의 본질이 아닌, 일본인이 어떤 철학을 가지고 있고 인생에 대해 어떤 태도를 가지고 있는가를 말하고자 했다. 분명 서양인의 근본적 관념과 대조를 이루는 이런 차이점은 여기서 문제 삼는 특수한 경우를 넘어서서 훨씬 더 광범위한 영역에 걸쳐 있는데, 그것은 일본인이 자칫 빠지기 쉬운 우울증과 특히 밀접한 관계가 있다.

일본인은 러시아인과 함께 소설 속에서 곧잘 권태를 묘사하기 좋아하는 국민인데, 이 점은 미국인과 뚜렷한 대조를 보인다. 미국의 소설가들은 그런 주제를 다루는 일이 별로 없다. 그들은 작중 인물의 불행을 성격적 결함이나 무자비한 세상의 풍파 때문이라고 생각해 그 원인을 추구한다. 따라서 순수한 권태를 묘사하는 경우는 극히 드물다. 그 대신 미국 소설가들은 어떤 사람이 주위와 잘 어울리지 못하는 것을 표현할 때 상세하게 그 원인을 설명함으로써, 독자로 하여금 주인공의 성격적 결함이나 사회질서 속에 존재하는 사회악에 대해 도덕적 비판을 가하도록 유도한다.

물론 일본에도 도시에서의 비참한 경제적 문제라든가 고기잡이 배 위에서 벌어지는 무서운 사건 따위를 고발하는 프롤레타리아 소설이 있기는 하다. 하지만 어떤 저자가 말하듯이, 일본의 성격소설은 사람들의 감정이 마치 바람에 날리는 독가스처럼 치솟아오르는 그런 세계를 폭로한다. 즉 일본의 경우는 작중 인물이든 작가든 어두운 구름의 원인을 추구하려고 주변 사실들을 분석하거나 주인공의 경력을 분석할 필요성을 인정하지 않는다. 그런 것들은 변덕스럽게 나타났다가는 곧 사라지며, 등장인물들은 쉽게 상처받는다. 그들은 옛이야기의 주인공이 적에게 가했던 공격을 자기 내면으로 돌린다. 그리하여 그들의 우울은 어떤 뚜렷한 원인이 없는 것처럼 생각된다. 우울의 원인으로 어떤 사건을 지목하는 경우도 있으나, 그 사건은 단순한 상징에 지나지 않는다는 기묘한 인상을 남긴다.

현대 일본인이 자기 자신에게 가하는 가장 극단적인 공격 행위는 자살이다. 그들의 신조에 따르면, 자살은 만일 적절한 방법으로 행해지기만 한다면 자신의 오명을 씻어주며 사후 명예를 회복시켜줄 수 있다. 이에 반해 미국에서는 자살을 죄악시하면서 그것을 절망에 대한 자포자기적인 굴복으로 치부한다. 하지만 자살을 존중하는 일본인에게 그것은 명확한 목적을 지니고 행해지는 훌륭한 행위가 된다. 경우에 따라 자살은 이름에 대한 기리에 있어 당연히 선택할 수밖에 없는 가장 훌륭한 행동 방식으로 간주된다. 가령 설날에 빚을 갚지 못해 자살하는 채무자, 어떤 불운한 사건에 책임을 지고 자살하는 관리, 끝내 이루지 못할 사랑을 동반자살[20]로 성취하려는 연인, 정부의 대對중국전 지연 정책에 죽음으로써 항의하는 과격한 애국지사 등은 모두 시험에 낙제한 학생이나 포로 되기를 거부하는 병사와 마찬가지로 자기 자신에게 최후의 폭력을 가하는 것이다.

물론 이런 자살이 일본에서 새로운 경향이라고 지적하는 일본인 저자들도 더러 있다. 쉽게 단정할 수는 없지만, 통계는 최근의 연구자들이 자살 빈도수를 과대시하는 경향이 있다는 점을 보여준다. 사실 지난 세기의 덴마크나 나치 이전의 독일은, 일본의 어느 시대보다도 자살자 수가 많았다. 그럼에도 다만 한 가지, 일본인이 자살이란 주제를 애호한다는 점은 확실하다. 미국인들이 범죄 사건을 크게 떠들어대듯이 일본인들은 자살 사건을 크게 떠들어대고, 미국인들이 범죄 사건에서 대리 경험의 쾌감을 느끼듯이 일본인들은 자살에서 그런 대리 쾌감을 느낀다. 일본인들은 살인 사건보다도 자살, 즉 자기 자신을 죽이는 사건을 더 화제에 올리기 좋아한다. 베이컨[21]의 말을 빌리면, 그들은 제일 좋아하는 '중대 사건'으로 자살을 꼽는다. 그것은 다른 데서는 충족되지 않는 어떤 요구를 충족시켜 주는 듯싶다.

현대 일본의 자살은 봉건시대의 역사물에 나오는 자살보다 더 자학적이다. 역사물 속의 사무라이는 명예롭지 못한 처형을 피함으로써 몸을 지키기 위해 공적 명령에 의해 스스로 목숨을 끊는다. 이는 서구에서 적국 군인이 교수형보다는 총살을 원하고 혹은 적에게 사로잡힐 경우 당연히 받을 것으로 예상되는 고문을 면하려고 자살하는 것과 같다. 또한 사무라이에게 '하라키리腹切(할복)'가 허락되는 것은 죄를 추궁당해 명예를 실추당한 프로이센 장교에게 때때로 비밀리에 권총 자살이 허락되는 것과 같다. 프로이센 장교의 경우, 당국자는 그 장교가 명예를 지킬 방법이 이것밖에 없다고 판단되면 그의 거실 테이블 위에 위스키 한 병과 권총을 놓아둔다. 일본의 사무라이도 마찬가지여서, 명예를 지키려고 스스로 목숨을 끊는 것은 단지 수단의 선택에 지나지 않았다. 봉건시대에 자살은 피할 수 없는 운명이었다.

그런데 근대에 이르러 자살은 죽음의 선택이라는 문제가 되었다. 이제 사람들은 누군가 다른 사람을 살해하는 대신 그 폭력을 종종 자기 자신에게 가한다. 봉건시대에는 용기와 결단의 최후 표명이었던 자살 행위가 오늘날에는 스스로 선택하는 자기 파멸로 간주된다. 최근 50, 60년간 일본인은 '세상이 뒤집혀졌다'고 느낄 때, '방정식의 두 항'이 맞지 않는다고 느낄 때, 또한 더러움을 씻어내려고 '아침 목욕'이 필요하다고 느낄 때마다 타인을 해치는 대신 스스로를 해치는 일이 점점 더 많아졌다. 승리를 자기 것으로 만들려는 최후 수단으로 행해지는 자살(이것은 봉건시대뿐만 아니라 현대에도 있다)까지도 이런 방향으로 변해왔다.

도쿠가와 시대에 막부의 고문관이었던 쇼군의 늙은 스승이 고문관 일동과 쇼군직 대행자 앞에서 옷을 걷어 맨살을 드러낸 채 언제든지 하라키리를 할 자세로 시위했다는 이야기가 있다. 그는 하루 종일 이와 같은 자살 위협을 계속함으로써 결국 자신이 추천한 후보자에게 쇼군직을 계승시키는 데 성공했다. 이렇게 목적을 관철했기 때문에 그는 자살하지 않았다. 서양식으로 말하면, 이 쇼군의 스승은 반대파를 협박한 것이다. 그런데 오늘날 이처럼 항의를 위한 자살은 협상이 아니라 자기 주장에 대한 순교적 행위로 간주된다. 그것은 어떤 목적의 달성에 실패한 뒤라든가 또는 이미 체결된 협정, 이를테면 해군군축조약에 반대한 자로서 이름을 후세에 남기려고 행해진다. 그것은 자살의 위협이라기보다는 실제로 결행함으로써 여론에 영향을 미치려고 연출된다.

이름에 대한 기리가 위협을 받을 경우 이와 같은 자살처럼 자기 자신에게 공격을 가하는 경향이 점차 강해지고 있지만, 그렇다고 해서 언제나 반드시 자살이라는 극단적 수단만을 취하는 것은 아니다. 이를테면 내면을 향한 공격이 그저 교육받은 계급의 일반적 풍조였던 일본인 특유의 권태라든가 우울 혹은 무기력을 자아내는 데만 머무를 수도 있다. 이런 풍조가 왜 교양 있는 계층 사이에 널리 퍼졌는지에 대해서는 충분한 사회학적 이유가 있다. 즉 근대 일본에서는 지식 계급이 과잉 배출되었는데, 이들은 일본의 계층적 위계질서 안에서 매우 불안정한 위치를 차지하게 되었다. 때문에 그들 중에 자신의 야망을 만족시킬 수 있는 자는 극소수에 지나지 않았다. 더욱이 1930년대에는 당국이 인텔리 계급을 '위험 인물'로 의심하고 감시함으로써 그들은 이중으로 마음을 상하게 되었다. 일본의 지식인들은 그들의 좌절이 일본의 서구화가 초래한 혼란에서 온 것이라고 했지만, 그런 설명은 별로 설득력이 없어 보인다.

열렬한 헌신에서 극단적인 권태로 변하는 것은 일본인 특유의 변덕스런 기질이라 할 수 있다. 그러니까 근대 일본의 수많은 지식인들이 심리적 난파 상태에 빠진 현상은 일본의 전통적인 방식에 따른 것이다. 1930년대 중반에 그들 대다수가 그런 상태에서 벗어날 수 있었던 방법 또한 전통적인 것이었다. 즉 그들은 국가주의적 목표를 세움으로써 공격 목표를 내부에서 다시금 외부로 향하게 했다. 외국에 대한 전체주의적 침략을 통해 그들은 다시금 '자신을 발견'할 수 있었다. 그들은 불쾌한 기분에서 벗어나 자기 속에 새롭게 큰 힘을 느꼈다. 그들은 개인적인 관계에서는 그렇지 못했지만, 정복민족으로서는 그렇게 될 수 있다고 믿었다.

그런데 이번 전쟁의 결과 그와 같은 신념이 잘못된 것으로 입증된 오늘날, 일본에서는 다시금 무기력이 큰 심리적 위협으로 대두된다. 그들은 의도야 어떠하든 이런 기분을 쉽사리 극복할 수가 없다. 그것은 대단히 뿌리가 깊기 때문이다. 이와 관련해 도쿄의 한 일본인은 다음과 같이 말하기도 했다. "더는 폭격을 받을 일이 없으니 정말 안심이다. 그런데 전쟁이 끝나니 모든 목적이 사라지고 말았다. 그래서 모두가 어리둥절해하고 있고 아무것도 할 일이 없어진 듯하다. 나도 그렇고 아내도 그렇고 국민 전체가 마치 입원 환자와 같다. 우리는 모두 무슨 일이든 일이 손에 잡히지 않고 그저 멍하니 지낼 뿐이다. 사람들은 정부의 전후 처리나 구제사업이 지지부진하다고 불평을 늘어놓지만, 나는 그 이유가 관리들도 모두 우리와 같은 기분에 빠져 있기 때문이라고 생각한다." 이 일본인의 허탈감은 해방 후 프랑스에서 나타났던 것과 같은 종류의 위험한 상태라 할 수 있다. 한편 독일의 경우는 항복 후 처음 6, 7개월간은 그런 문제가 없었다. 그러나 일본에서는 문제가 되고 있다.

미국인은 이와 같은 일본인의 반응을 충분히 이해할 수 있다. 그런데 우리가 정말로 믿을 수 없는 것은, 이런 태도와 더불어 일본인들이 전승국에 대단한 친밀감을 보여준다는 점이다. 종전과 동시에 일본인들은 매우 호의적으로 패전에 의한 일체의 결과를 받아들이고 있었다. 그들은 미국인을 따뜻한 인사와 웃음으로 맞아들였고 손을 흔들며 환영했다. 그들은 침울하지도 분노하지도 않았다. 항복을 선포한 천황의 조서에 나오는 표현을 빌리면, "감당할 수 없는 어려움을 감당하고, 참을 수 없는 어려움을 참는" 것이었다. 그렇다면 어찌하여 그들은 국내를 정리하는 일에 힘쓰려 하지 않는가? 점령 하에서 그들에게는 그런 일을 할 기회가 부여되어 있었다. 왜냐하면 일본의 모든 마을을 외국 군대가 점령하는 것이 아니었으며, 행정권은 여전히 그들 손에 남아 있었기 때문이다. 그런데도 그들은 해야 할 일을 제쳐두고 연합군에게 환영의 뜻을 표하려고 웃고 손을 흔드는 일에만 전념하는 듯이 보였다. 그러나 이 국민들이야말로 메이지 초년에 국가 재건의 여러 가지 기적을 성취했으며, 1930년대에 그토록 정력적으로 군사적 침략의 준비를 갖춘 후 태평양 섬들마다 진격해 용맹하게 싸운 바로 그 장본인이었다.

사실 일본인들은 그때에 비해 조금도 변하지 않았다. 다만 그들은 일본인다운 반응을 보여주었을 따름이다. 맹렬한 노력과 단순한 답보 상태인 무기력 사이를 그때그때 기분에 따라서 왔다 갔다 하는 것이 일본인의 본성이기 때문이다. 지금 일본인들은 패전국으로서의 명예를 옹호하는 데 모든 뜻을 모은다. 그리하여 연합국에 우호적인 태도를 보임으로써 그런 목적을 이룰 수 있다고 여긴다. 그 필연적 귀결로서, 대부분의 일본인들은 무엇이든 연합군이 하는 대로 내맡기는 태도를 보임으로써 그런 목적을 가장 안전하게 달성할 수 있다고 생각했다. 따라서 "무엇을 해도 안 될 것이니 잠시 걸음을 멈추고 형세를 관망하는 것이 제일"이라는 생각을 가지기 십상이다. 이렇게 해서 무기력이 점점 더 확산되어갔다.

그러나 일본인은 결코 무기력을 좋아하지 않는다. "무기력에서 탈출하자"라든가 "사람들을 무기력에서 탈출시키자"는 말은 일본에서 끊임없이 쓰이는 상투적인 생활 구호로서, 전시에도 라디오 방송 진행자들이 자주 입에 올린 말이었다. 그들은 나름대로의 방법으로 무기력과 싸운다. 1946년 봄 일본 신문들은 "세계의 눈이 우리를 주목하는데" 아직도 폭격으로 인한 수라장을 정리하지 못한 채 아무런 공익사업에도 착수하지 못하는 상황이 얼마나 일본의 체면을 손상시키는 일인가를 끊임없이 논했다. 또한 집 없는 가족들이 밤에 정거장에 모여 잠을 자는 부끄러운 모습을 미국인 눈앞에 드러내는 것을 비난하기도 했다. 일본인에게는 이처럼 명예심에 호소하는 비판이 가장 설득력을 가진다. 나아가 그들은 장래 다시 한번 하나의 국가로서 국제연합 안에서 중요한 위치를 획득하기 위해 최대의 노력을 경주할 수 있게 되기를 원하고 있다. 이 또한 명예를 회복하기 위한 노력으로써, 다만 그 지향성이 새로운 방향으로 바뀐 것에 불과하다. 만일 장래에 강대국 간의 평화가 실현된다면 일본은 이런 자존심 회복의 길을 걸을 수 있을 것이다.

일본인에게 영원불멸의 목표는 명예다. 이를 위해서는 타인에게 존경받는 것이 필수다. 이와 같은 목적에 도달하고자 사용하는 수단은 그때그때 사정에 따라 취할 수도 있고 버릴 수도 있는 도구일 뿐이다. 일본인은 상황이 바뀌면 재빨리 태도를 바꾸며, 그것을 서구인처럼 도덕의 문제라고 생각하지 않기 때문이다. 이에 비해 우리는 '원칙'을 강조하고 이념적 문제와 관련된 신념을 중시한다. 우리는 설령 싸움에 진다 하더라도 여전히 계속해서 이전과 같은 생각을 지니고 있다. 그래서 전쟁에 패한 유럽인들은 어느 나라에서든 집단적인 지하 운동을 계속했다. 하지만 소수의 완강한 저항자를 제외한다면, 대부분의 일본인들은 미 점령군에게 불복종 운동을 하거나 지하 운동을 할 필요성을 인정하지 않았다. 그들은 낡은 원칙을 고수할 도덕적 필요성을 느끼지 않기 때문이다.

그리하여 점령 초기부터 미국인들은 혼자서 만원열차를 타고 일본 벽촌을 여행하더라도 아무 위험도 느끼지 못했으며, 오히려 이제까지 국가주의에 단련되어 있던 관리들에게서 정중하고 예의 바른 환대를 받았다. 아직까지 한 번도 우리에게 복수가 행해진 적은 없었다. 미국인 지프가 마을을 지나면 길가마다 어린애들이 나란히 서서 "헬로" "굿바이" 하고 소리 지른다. 혼자서 손을 흔들 수 없는 갓난아이의 경우에는 어머니가 아이의 손을 쥐고 미군에게 흔들어주었다.

패전 후 일본인의 이와 같은 갑작스런 전향은 미국인으로서는 아무래도 액면 그대로 받아들이기 어렵다. 우리로서는 도저히 할 수 없는 일이다. 그것은 수용소에 있던 일본인 포로들의 태도 변화보다도 더 이해하기 어려웠다. 포로들은 스스로가 일본인으로서는 죽은 자라고 여겼다. 이런 포로들에 대해 우리는 '죽은' 거나 진배없는 인간이라면 무슨 일이든 할 수 있으리라 판단했다.

그런데 일본통 서구인들 가운데 이와 같은 포로들의 표면적 성격 변화와 똑같은 전향이 패전 후의 일본에서도 일어나리라고 예측한 자는 거의 없었다. 그들 대부분은 일본은 '승리 아니면 패배'밖에 모르는 나라며, 따라서 패전은 일본인의 눈에 필사적인 폭력적 저항으로써 집요하게 복수해야만 할 모욕으로 비칠 것이라고 믿었다. 또 어떤 이는 그 국민성을 고려하건대 일본인은 어떤 강화 조건도 수락하지 않을 것이라고 확신했다. 요컨대 이들 일본 연구자들은 기리를 제대로 이해하지 못했다. 그들은 명예를 획득하는 여러 가지 방법 가운데 일본인이 단 한 가지 수단, 즉 복수와 공격이라는 두드러진 전통적 수단만을 선택하리라 생각했다. 그들은 일본인이 또 다른 방침을 취할 수도 있다는 점을 고려하지 못했다.

다시 말해 이들 일본 연구자들은 일본인의 공격 윤리와 유럽인의 공격 윤리를 혼동했던 것이다. 유럽인들은 어떤 개인이나 국가가 싸우는 경우에 먼저 자신들이 내세운 주장이 영원히 옳을 것이라는 확신을 가지고 가슴속에 축적된 증오나 도덕적 격분에서 힘을 얻어야 한다고 생각한다. 이에 반해 일본인들은 침략의 근거를 다른 데서 구한다. 그들은 언제나 세계의 모든 사람에게 존경받기를 원한다. 이때 그들은 서양 대국이 존경을 받는 것은 무력 때문이라고 여겼고, 그런 대국에 필적하는 나라가 되기 위한 방침을 취했다. 그들은 자원이 부족하고 기술도 형편없었기 때문에 잔인하고 악랄하기가 '헤롯 왕을 뺨칠 정도out-Herod Herod'[22]였다. 그런데 그들은 비상한 노력을 경주했는데도 실패했다. 이는 그들에게 결국 침략이란 명예를 위한 길이 아니라는 점을 깨닫게 해주었다. 본래 기리는 공격적인 행위뿐만 아니라 상호 존중의 준수를 동시에 내포하는 개념이었는데, 이제 그들은 패전에 임해 전자에서 후자로, 즉 침략 행위에서 상호 존중 준수로 방향을 틀게 되었다. 거기에는 분명 자신에게 심리적 폭력을 가한다는 의식은 조금도 나타나지 않았다. 지금도 그들의 목표는 여전히 명예를 획득하는 데 있는 것으로 보인다.

일본은 역사상 다른 많은 경우에도 이와 동일한 태도를 보여왔다. 그것은 항상 서구인을 당혹하게 만드는 일이었다. 오랜 기간에 걸친 일본의 봉건적 아집이 종말을 고하고 근대 일본의 막이 오르기 시작한 1862년에 리처드슨Richardson이라는 영국인이 사츠마에서 살해되는 사건이 일어났다.[23] 사츠마 번은 양이攘夷 운동의 온상으로서, 사츠마의 사무라이는 일본 내에서 가장 거만하고 호전적인 것으로 알려져 있었다. 이에 대한 보복으로 영국은 원정군을 파견해 사츠마의 중요한 항구인 가고시마鹿兒島를 포격했다. 일본은 도쿠가와 시대를 통해 계속 화기를 제작해왔지만, 그것은 구식 포르투갈 대포를 모방한 것이었다. 따라서 사츠마는 영국 군함의 상대가 되지 못했다. 그런데 이 폭격은 의외의 결과를 초래했다. 사츠마 번은 영국에 대한 영원한 복수를 맹세하는 대신, 오히려 영국과의 우호를 청했다. 그들이 적이 강대하다는 것을 알고 적의 가르침을 받고자 했기 때문이다. 그리하여 사츠마 번은 1862년에 영국과 통상 관계를 맺고 이어서 다음해에는 번 내에 학교를 설립하기도 했다. 이와 관련해 당시 어떤 일본인은 다음과 같이 쓰고 있다. "이 학교에서는 서양의 신비로운 과학과 지식을 가르쳤다. (중략) 나마무기生麥 사건을 계기로 영국과의 우호 관계가 더욱 돈독해졌다."[24] 여기서 나마무기 사건이란 사츠마 번에 대한 보복으로 영국이 가고시마에 포격을 가한 사건을 가리킨다.[25]

이런 사츠마 번의 경우가 유일한 사례는 아니었다. 가장 호전적이고 맹렬한 외국인 혐오가 사츠마 못지않았던 또 하나의 번으로 조슈 번[26]을 들 수 있는데, 이 두 번은 지도적으로 왕정복고의 기운을 조성한 당사자였다. 그런데 공적 권력을 갖지 못했던 조정은 1863년 5월 11일을 기해 쇼군이 일본 국토에서 모든 서양 오랑캐를 몰아내야 한다는 칙명을 내렸다. 쇼군의 막부는 이를 무시했다. 하지만 조슈 번은 칙명에 따라, 인근 연해를 항해하면서 시모노세키 해협을 통과하는 서구 상선에게 요새에서 포화를 퍼부었다. 당시 일본의 대포와 탄약은 정말 초보적인 것이었으므로 외국 배가 피해를 입지는 않았으나, 서구 제국은 즉시 조슈 번을 응징하려고 연합함대를 보내 쉽게 요새를 분쇄하고 말았다. 이 사건 역시 사츠마 번의 경우와 마찬가지로 기묘한 결과를 초래했다. 즉 서구 제국이 조슈 번에게 300만 달러의 배상금을 요구했는데도 그것이 받아들여졌다. 이와 같은 사츠마 사건과 조슈 사건에 관해 노먼은 다음과 같이 적는다. "양이의 선봉이었던 이들 번이 보인 태도의 배후에 어떤 복잡한 동기가 숨어 있다 한들, 그들의 행동이 보여준 냉철한 현실주의에는 경의를 표하지 않을 수 없다."[27]

상황 변화에 재빨리 적응하는 이런 현실주의는 일본인이 중시하는 이름에 대한 기리의 밝은 면이라 할 수 있다. 비유컨대 기리에는 달月과 마찬가지로 밝은 면과 어두운 면이 있다. 가령 일본으로 하여금 미국인 배척 법안을 만들게 했고 해군군축조약을 크나큰 국가적 치욕으로 느끼게 하는가 하면 급기야 저 불행한 전쟁 계획으로 내몰았던 것은 기리의 어두운 면이었다. 한편 일본으로 하여금 1945년 패전에 따른 여러 결과를 호의적으로 받아들일 수 있게 한 것은 기리의 밝은 면이었다고 할 만하다. 여기서도 일본은 변함없이 일본 특유의 방법으로 행동하고 있음을 알 수 있다.

근대 일본의 저술가나 평론가 들은 여러 가지 기리의 의무 중에서 특정한 것만 선택해서 그것을 '무사도武士道(부시도)'라 하여 문자 그대로 '사무라이의 길'이라고 서구인에게 소개했다. 그런데 이 명칭은 몇 가지 이유에서 오해를 초래할 위험이 있다. 즉 무사도라는 명칭은 근대에 처음 나타난 공인된 용어로서, 그 배후에는 '기리에 몰려서'라든가 '단지 기리 때문에' 또는 '기리를 위해 최선을 다한다'는 표현에 내포된 뿌리 깊은 일본 민족의 감정이 담겨 있지 않다. 또한 그것은 기리의 복잡성과 다양한 뜻을 포괄하지 못한다. 그것은 평론가들의 창작에 불과하다. 게다가 그것이 국가주의자와 군국주의자의 슬로건이 됨으로써 지도자들이 신망을 잃음에 따라 무사도의 개념 또한 불신을 입게 되었다. 그렇다고 해서 이는 결코 일본인들이 이후 '기리를 안다'는 것을 그만두게 되었다는 뜻이 아니다. 사실 오늘날처럼 서구인들에게 일본적 기리의 의미를 이해한다는 것이 중요한 때는 다시없다.

무사도와 사무라이를 동일시해온 우리의 태도 또한 오해의 근원이었다. 기리는 모든 계급에 공통된 덕목이다. 즉 일본의 다른 모든 의무나 규율과 마찬가지로 기리는 신분이 높아질수록 '더욱 무거워'지기는 하지만, 신분의 높고 낮음에 관계없이 모든 계층에 요구되는 덕목이라는 말이다. 일본인들은 최소한 사무라이야말로 누구보다도 무거운 기리를 지고 있다고 생각한다. 일본인 이외의 관찰자는 이와 정반대로 기리는 일반 서민들에게 가장 큰 희생을 요구한다고 생각하기 쉽다. 왜냐하면 외국인에게는 기리를 지킴으로써 얻는 보답이 서민 쪽에 더 적다고 비치기 때문이다. 일본인들은 자신이 속한 세계에서 존경을 받으면 그것으로 충분한 보답이 된다고 여긴다. 그래서 '기리를 모르는 인간'은 오늘날 일본에서도 여전히 '비열한 놈'으로 간주된다. 그런 사람은 친구들에게 경멸받고 배제당하기 일쑤다.

주

1 '이름에 대한 기리'라는 표현은 베네딕트가 만들어낸 조어로, 일본어 표현에는 이에 해당하는 어법이 없다.
2 즉 서구에서 감사의 행위는 덕목이지만 복수의 행위는 덕목이 아니라는 뜻.
3 가츠 가이슈勝海舟(1823~1899). 1860년, 1년 전 미국과 체결한 미일수호통상조약의 비준서를 워싱턴에서 교환하기 위해 사절단이 승선한 간린마루咸臨丸 호 함장으로 태평양을 건너 최초로 미국에 항해. 귀국 후 해군 조련소를 설립했으며, 1868년에는 막부 측 대표로 사이고 다카모리와 협상해 에도 성 무혈입성을 이루었다.
4 사치 풍조가 널리 퍼졌던 겐로쿠元祿 시대(1688~1704)에 이를 규제하기 위해 막부가 시행한 엄격한 사치금지령을 가리킨다.
5 〈교육칙어敎育勅語〉. 1890년 메이지 천황의 이름으로 국민 도덕의 근원과 국민 교육의 기본 이념을 명시한 칙어.
6 〈군인칙유軍人勅諭〉. 1882년 메이지 천황이 육해군 장병들에게 하사한 군대 정신 교육에 관한 칙유.
7 히로히토裕仁. 쇼와昭和 천황(재위 1926~1989)의 이름.
8 여기서의 '하지'는 '창피스럽다'는 뜻에 가깝다.
9 이에 관해서는 Ladislas, *The Japanese : Character and Morale*(등사판) 참조. 이는 국민 사기진작위원회Committee for National Morale(9 East 89th Street, New York City 소재)를 위해 작성된 것이다.(원주)
10 여기서의 '하지'는 '치욕감'에 가깝다.
11 이런 풍습은 뿌리가 깊다. 가령 고대 일본에서는 귀족들 사이에서 남자가 아내가 사는 처가를 방문해 부부생활을 하는 츠마도이콘妻方婚이 행해지기도 했다.
12 마키노 요시오牧野義雄(1874~1956). 영국에서 활동한 미술가. 24세 때 도미해 4년간 미술을 공부한 후, 런던으로 가서 주로 잿빛 런던 풍경을 즐겨 그렸다. 저서 《런던의 빛깔Color of London》은 그를 일약 유명인사로 만들었다. 2차 세계대전 발발 직전 일본에 귀국해 가마쿠라에서 86세로 사망.
13 Yoshio Makino, *When I was a Child*, 1912, pp. 159~160.(원주)
14 니토베 이나조新渡戶稻造(1862~1933). 사상가·농학자. 미국과 독일에 유학한 후

귀국해 대만총독부 기사技師와 도쿄대학 교수 등 역임. 국제연맹 사무국 차장으로 활약하면서 국제 평화를 주장하기도 했다.

15 Inazo Nitobe, *Bushido : The Soul of Japan*, 1900, p. 83.(원주)
16 오카쿠라 요시사브로岡倉由三郞(1868~1936). 영어학자. 릿쿄대학 교수 역임.
17 Yoshisaburo Okakura, *The Life and Thought of Japan*, London, 1913, p. 17.(원주)
18 제10장 269쪽 이하 참조.
19 조지 샌섬George Sansom(1883~1965). 일본학에 정통한 영국의 외교관. 일본에서 외교관으로 근무하면서 일본의 언어와 역사를 연구했다.
20 이런 정사情死를 일본에서는 신쥬心中라 한다. 본래 '신쥬'란 상대방에 대한 기리를 지키는 것, 혹은 연인 사이에서 사랑의 진실을 상대방에게 보여주는 증거를 뜻하는 말. 연인 사이뿐만 아니라 더 확대되어 부모 자식 간 등 일반적으로 두 사람 이상이 함께 자살할 때도 이 말을 쓴다.
21 Alice Mabel Bacon(1858~1918). 이 대목은 그녀가 장기간 일본에 체류하면서 쓴 에세이 《일본 여성과 부인들Japanese Girls and Woman》(Boston and New York : Houghton, Mifflin and Company, 1891)에서 인용한 듯.
22 유대왕 헤롯의 포학한 통치 방식을 빗댄 이 영문 관용어는 셰익스피어의 《햄릿》에 나오는 표현이다.
23 이는 나마무기生麥 사건을 가리키는데, 나마무기는 요코하마 시에 있던 지명이다. 저자는 아마도 이 사건으로 인해 일어난 사츠마 번과 영국 간의 사츠에이薩英전쟁을 연상해 나마무기가 사츠마에 있다고 착각했던 것 같다. 서구에서 나마무기 사건은 그때 살해당한 영국인의 이름을 따서 '리처드슨 사건Richardson Affair'으로 부르기도 한다.
24 Herbert Norman, *Japan's Emergence as a Modern State*, pp. 44~45 및 n. 85.(원주)
25 여기서도 저자는 사실 관계의 오류를 범한다. 저자는 나마무기 사건과 사츠에이전쟁을 혼동하고 있다.
26 조슈長州 번. 현재 야마구치 현 서부 및 북부에 해당하는 옛 지명.
27 Norman, *Ibid.*, p. 45.(원주)

제9장

닌죠의 세계[1]

일본의 도덕률은 의무에 대한 극단적인 변제와 철저한 자기 부정을 요구한다. 거기서 개인적 욕망은 인간의 가슴속에서 제거되어야만 할 죄악으로 낙인찍히기 십상이다. 가령 전통적인 불교의 가르침에서처럼 말이다. 그럼에도 일본의 도덕률이 그처럼 관대하게 오관의 쾌락을 허용하고 있는 이중성은 의외라는 느낌을 준다. 일본은 세계 유수의 불교 국가 가운데 하나지만, 이처럼 쾌락을 승인하는 윤리는 고타마 붓다 및 불교 경전의 가르침과 두드러진 대조를 보여준다. 실제로 일본인들은 자기 욕망의 만족을 비난하지 않는다. 그들은 분명 청교도적이지 않다. 그들은 육체적 쾌락을 좋은 것, 함양할 만한 것이라고 생각하기 때문이다. 이처럼 일본에서는 쾌락 추구가 가치 있는 것으로 존중받는다. 하지만 쾌락은 그 적절한 자리에만 있어야 한다. 그것이 인생의 중대한 영역을 침해하거나 침입하도록 놓아두어서는 안 된다.

이와 같은 도덕률은 일본인의 생활을 매우 긴장된 상태에 있게 만든다. 힌두교도라면 일본인처럼 관능적 쾌락을 용인하면 당연히 그렇게 되리라는 사실을 미국인보다 훨씬 쉽게 이해할 것이다. 하지만 미국인은 쾌락과 관련된 사항을 일부러 배워야 하는 것이라고는 생각하지 않는다. 사람은 관능적 쾌락에의 탐닉을 거부할 수 있다. 하지만 그것은 이미 아는 유혹을 거부하는 것일 따름이다. 미국에서는 그렇게 여긴다. 그런데 일본에서는 의무와 마찬가지로 쾌락에 대해서도 배워야 한다고 여긴다. 이에 비해 세계의 많은 문화권에서 쾌락 그 자체를 가르치는 일은 별로 없다. 따라서 대개는 사람들이 쉽사리 자기 희생이 필요한 의무에 헌신할 수 있다. 또한 남녀 간의 육체적 접촉조차 때로는 극도로 제한되어 있어서 가정생활의 원만한 진행에 거의 아무런 위협을 주지 않는 경우가 많다. 그러니까 대부분의 문화권에서 가정생활은 남녀 간의 애정과는 전혀 다른 기초 위에 놓여 있다는 말이다. 그런데 일본인은 애써 육체적 쾌락을 배운 다음, 엄숙한 생활 영역에서만은 쾌락에 빠지면 안 된다는 도덕률을 설정함으로써 인생을 곤란한 것으로 만든다. 그들은 마치 예술처럼 육체적 쾌락을 연마하고 나서 쾌락의 맛을 충분히 알게 되면 의무를 위해 그것을 희생한다.

일본인이 가장 즐기는 소박한 육체적 쾌락의 하나는 온욕이다. 일본에서는 아무리 가난한 농부나 천한 하인이라도 부유한 귀족과 마찬가지로 매일 저녁 뜨거운 탕에 몸을 담그는 것이 하나의 일과다. 가장 흔한 욕조는 나무로 만든 통인데, 그 밑에다 숯불을 지펴 물이 섭씨 43도 내지 그 이상의 온도를 유지하도록 한다. 일본인은 욕조에 들어가기 전에 몸을 깨끗이 씻는다. 그런 다음 욕조에 들어가 따뜻함과 휴식의 즐거움에 몸을 맡긴다. 그들은 욕조 안에서 태아처럼 두 무릎을 세운 자세로 앉아 턱까지 더운물에 잠기도록 한다. 일본인이 매일 목욕을 하는 것은 미국인과 마찬가지로 청결 때문이기도 하지만, 이와 동시에 목욕에 수동적 탐닉의 예술이라는 가치를 부여하기 때문이기도 하다. 이는 다른 나라의 목욕 습관에서는 유례를 찾아보기 어렵다. 일본인들은 이런 가치 부여가 나이를 먹음에 따라 점점 더 증가한다고 말한다.

물을 데우는 데 드는 경비와 노력을 절감하려고 여러 방법이 고안되고 있으나, 어쨌든 일본인은 날마다 목욕을 하지 않고는 배겨날 수가 없다. 도시나 시가지에는 수영장 같은 커다란 공중목욕탕이 있어 그곳에 가서 목욕을 하면서 우연히 만난 옆사람들과 잡담을 나눈다. 농촌에서는 이웃 여자들이 모여 안마당에서 목욕물을 데운 후 가족들이 교대로 차례차례 가정용 욕조에 들어간다. 일본인은 목욕하는 동안에는 남이 보아도 조금도 부끄러워하지 않는다. 상류 가정의 가족들은 언제나 엄격한 순번에 따라 가정용 욕조에 들어간다. 예컨대 손님이 가장 먼저 들어가고 그 다음에 할아버지, 아버지, 장남 이하로 차차 내려가서 마지막으로 그 집에서 가장 지위가 낮은 하인이 들어간다. 그들은 새우처럼 새빨개져서 탕에서 나온다. 그러고는 가족이 모두 모여 하루 중 가장 느긋한 저녁 식사 전의 한때를 즐긴다.

이처럼 일본에서 온욕은 매우 소중한 쾌락으로 여겨져왔다. 한편 '자기단련'을 위한 냉수욕 습관도 있다. 그것은 전통적으로 매우 엄격하게 지켜져왔다. 이 습관은 흔히 '간게이코'[2] 또는 '미즈고리'[3]라는 말로 불렸으며, 전통적인 형태와는 좀 다르기는 하지만 오늘날까지도 행해진다. 옛날에는 동트기 전에 나가서 살을 에는 듯이 차가운 골짜기 폭포수 아래 앉아 미즈고리를 행했다. 난방이 없는 일본 가정에서는 추운 겨울밤에 얼음처럼 찬 냉수를 몸에 끼얹는 것만으로도 예사롭지 않은 고행이었을 것이다. 퍼시벌 로웰Percival Lowell은 1890년대에 행해졌던 이 습관에 대해 다음과 같이 기술한다. "치료 혹은 예언의 특별한 능력을 얻고자 하는 사람들이 취침 전에 미즈고리를 하고 '신들이 목욕을 하는' 새벽 2시에 일어나 또 그것을 행했다. 그러고는 아침, 정오, 일몰 때 같은 일을 되풀이했다. 그렇다고 해서 이들이 그런 수련을 통해 승려나 신관이 되려는 것은 아니었다."[4]

한편 새벽의 고행은 그저 열심히 어떤 악기를 연습하거나 어떤 세속적인 직업을 준비할 목적으로 사람들이 즐겨 사용하는 수단이기도 했다. 또한 단순히 자기 단련을 위해 혹한에 몸을 노출시키는 경우도 있다. 이는 특히 습자 공부를 하는 어린아이들에게 바람직하다고 여겼다. 아이들은 손가락이 얼어 동상에 걸리는 한이 있더라도 그 연습 기간을 마쳐야만 했다. 현대 일본의 초등학교에서도 겨우내 난방을 하지 않는데, 이는 아이들 신체를 단련하고 장래 인생의 갖가지 난관에 견뎌낼 수 있게 한다 하여 매우 좋은 일로 치부된다. 하지만 서구인이 보기에는 그런 효과보다도 아이들의 그칠 줄 모르는 감기와 콧물이 더 인상적이었으리라.

수면 또한 일본인이 탐닉하는 즐거움이다. 그것은 일본인의 가장 완성된 기술 가운데 하나다. 그들은 우리로서는 도저히 잠들 수 없을 것 같은 상황에서도 어떤 자세로든 너끈히 잘 잔다. 이 점은 서구의 많은 일본 연구자들을 놀라게 한다. 미국인은 불면과 정신적 긴장을 거의 동의어로 생각한다. 우리의 기준으로 보건대 일본인의 성격은 매우 심한 긴장으로 가득 차 있다. 그런데도 그들에게 숙면은 그리 힘든 일이 아니다. 게다가 그들은 밤에 일찍 잠자리에 든다. 동양 여러 나라 중에서 이렇게 빨리 잠자리에 드는 국민은 달리 찾아볼 수 없을 것이다. 사람들은 모두 해가 지면 곧 잠자리에 드는데, 이는 다음날을 위해 에너지를 저장한다는 우리 식 사고방식에 의한 것이 아니다. 일본인들은 그런 계산은 하지 않는다.

일본인에 대해 잘 아는 어느 서구인은 다음과 같이 적는다. "일본에 가면 오늘 밤의 잠과 휴식으로 내일을 준비하는 것이 의무라는 생각을 버려야 한다. 피로 회복이나 휴식 내지 재충전 따위의 문제와 수면은 별개라고 생각해야 한다." 일본에서 잠은 노동과 마찬가지로 "우리가 생명이나 죽음에 관해 이미 아는 사실들과는 완전히 무관하게 독립적인 것"으로 간주된다.[5] 미국인은 잠이 체력을 유지하기 위한 것이라고 생각하는 데 익숙하다. 그래서 우리들 대다수는 아침에 눈을 뜨면 어젯밤에 몇 시간이나 잤는지를 계산하곤 한다. 잠을 잔 시간으로 그날 얼마만큼 에너지를 소비하고 어느 정도 능률을 올릴 수 있을지 가늠하는 것이다. 하지만 수면에 대한 일본인의 생각은 다르다. 그들은 잠을 즐긴다. 그들은 방해하는 것이 없으면 아무 때고 즐겨 잠을 잔다.

그들은 또한 가차 없이 잠을 희생시키기도 한다. 시험 준비를 하는 학생은 푹 자는 것이 시험 보는 데 유리하다는 생각에 구애받지 않은 채 밤낮을 가리지 않고 계속해서 공부만 한다. 또한 군대 교육에서는 훈련을 위해 완전히 잠을 희생해야 한다고 가르친다. 1934~1935년 일본 육군에 소속되어 있던 해럴드 다우드Harold Doud 대령은 데지마手島 대위와의 대화를 다음과 같이 전한다. "평시 훈련 중에 그 부대는 두 차례에 걸친 10분간의 휴식 혹은 소강상태를 이용한 짧은 시간 동안 잠깐 눈을 붙이는 것 외에는 일절 잠을 자지 않은 채 이틀 밤 사흘 낮을 계속 행군했다. 병사들은 때때로 걸으면서 잠을 잤다. 어느 젊은 소위는 아주 깊이 잠들어버려 길가에 쌓아놓은 목재 더미에 정면으로 부딪혀 큰 웃음거리가 되기도 했다." 이 부대가 가까스로 병영에 당도한 후에도 병사들은 모두 보초 근무나 순찰 부서에 배치되었다. 누구에게도 잠을 잘 기회가 주어지지 않았다. 그때 나는 "어째서 병사 중 일부만이라도 잠을 자게 해주지 않습니까?"라고 물었다. 그러자 대위는 "천만에요, 그럴 필요는 없습니다. 놈들은 가르쳐주지 않아도 잠을 잘 잡니다. 필요한 것은 잠을 자지 않는 훈련을 하는 데 있습니다"라고 대답했다. 이 이야기는 간결하나마 잠에 대한 일본인의 견해를 잘 보여준다.

먹는 것 또한 온욕이나 수면과 마찬가지로 큰 즐거움이다. 그것은 마음껏 누리는 향락적인 휴식인 동시에 자기 단련을 위해 부과되는 하나의 훈련이기도 하다. 여가의 의례로서 일본인들은 잇따라 여러 메뉴가 나오는 코스요리를 즐긴다. 이때 한 번에 나오는 요리는 티스푼 하나 정도의 적은 분량이다. 요리는 맛뿐만 아니라 외관으로도 즐긴다. 하지만 그 외의 경우는 훈련이라는 점이 크게 강조된다. 이와 관련해 엑스타인Eckstein은 일본 농민의 말을 인용해 "조반조분早飯早糞이 일본인의 최고 덕목 가운데 하나가 되어 있다"[6]고 말한다. "식사는 중요한 행위로 간주되지 않는다. (중략) 식사는 생명을 유지하기 위해 필요한 것이다. 그러므로 되도록 빨리 먹어야 한다. 아이들, 특히 사내아이는 유럽 아이들처럼 천천히 먹으라는 충고 대신 되도록 빨리 먹으라는 독촉을 받는다."[7] 불교 사찰에서 훈련 중인 승려들은 식사 전 감사기도에서 음식은 바로 약이라는 점을 상기하도록 염원한다. 이는 단련 중인 인간은 음식을 즐거움으로 여기는 대신 최소한의 필수품으로 생각하라는 것을 뜻한다.

일본인의 생각에 따르면, 먹고 싶은 것을 참고 단식하는 것은 얼마나 '단련'이 잘되어 있는가를 알 수 있게 해주는 탁월한 감별법이다. 따뜻함을 멀리하고 수면을 줄이는 것과 마찬가지로, 단식 또한 고난을 참으며 사무라이처럼 '굶주리면서도 이쑤시개를 입에 물 수 있다'는 것을 보여줄 만한 좋은 기회다. 단식의 시련을 견딜 수만 있다면, 체력은 칼로리나 비타민의 결핍에 의해 저하되기는커녕 오히려 정신의 승리로 말미암아 높아지게 된다. 일본인은 미국인이 자명하게 여기는 영양과 체력의 일대일대응 관계를 인정하지 않는다. 때문에 전시 도쿄 방송국은 방공호에 피난 중인 사람들에게 체조가 굶주린 사람들의 체력과 기운을 회복시켜준다는 따위의 방송을 내보낼 수 있었다.

로맨틱한 연애도 일본인이 널리 애호하는 '닌죠人情'다. 그것은 일본인의 결혼 형태와 가족에 대한 의무에 반하는 것인데도 완전히 일본적인 것이 되어버렸다. 일본 소설은 낭만적 연애를 많이 다루는데, 프랑스 문학의 경우와 마찬가지로 기혼자가 주요 등장인물이다. 정사情事는 일본인들이 즐겨 읽고 또 즐겨 화제에 올리는 테마다. 12세기의 《겐지모노가타리》[8]는 세계 어느 나라가 내놓은 위대한 소설에도 뒤지지 않는 걸출한 낭만적 연애소설이다. 봉건시대의 다이묘나 사무라이들의 연애 이야기도 이와 마찬가지로 낭만적인 것이 많았다. 낭만적 연애는 현대 소설에서도 중요한 테마를 이룬다. 이 점에서 일본 문학은 중국 문학과는 매우 다르다. 중국인은 낭만적 연애나 성적 향락을 조심스럽게 다루는 편이다. 그렇게 함으로써 그들은 많은 골치 아픈 문제들을 피한다. 따라서 중국인의 가정생활은 매우 평온무사하다.

물론 이 점에 관해 미국인은 중국인보다도 일본인 쪽을 더 잘 이해할 수 있다. 하지만 그 이해는 극히 표피적인 것이어서 별로 도움이 되지 않는다. 우리에게는 일본인이 성적 향락에 대해 가지고 있지 않은 여러 가지 금기가 있다. 우리는 성적 향락에 매우 엄격한 태도를 보이지만, 일본인은 그런 영역을 별로 시끄럽게 따지지 않는다. 일본인은 여타의 '닌죠'와 마찬가지로 성性에 대해서도 그것이 인생에서 낮은 위치를 점하는 한 아무 지장이 없다고 생각한다. '닌죠' 자체에는 조금도 나쁜 점이 없다. 따라서 성적 향락에 대해 이러쿵저러쿵 까다롭게 말할 필요가 조금도 없다는 것이다. 오늘날에도 영국인이나 미국인은 일본인이 소중히 여기는 몇몇 그림책들을 외설적이라고 여기거나 게이샤나 유녀가 살던 요시와라[9]를 매우 음산한 장소로 생각하는데, 일본인들은 지금도 이 점을 문제 삼는다. 서구 제국과의 접촉이 막 시작된 근대 초기에 일본인들은 이와 같은 외국인의 비평에 매우 민감해서 자신들의 관습을 서구적 표준에 맞추고자 여러 가지 법률을 제정한 바 있다. 하지만 아무리 법률로 단속해도 서구와의 문화적 차이를 극복하기란 쉽지 않았다.

교양 있는 일본인이라면 자신에게는 아무렇지도 않은 사항이 서구인의 눈에는 부도덕과 외설로 비친다는 사실을 잘 안다. 전술했듯이 일본인은 '닌죠'가 인생의 중대한 영역을 침범해서는 안 된다고 생각한다. 그런데 그들은 이런 신조와 서구인의 관습적인 태도 사이에 넘을 수 없는 거리가 있다는 사실은 그다지 뚜렷하게 의식하고 있지 않다. 바로 이 점이야말로 우리로 하여금 연애나 성적 향락에 관한 일본인의 태도를 이해하기 어렵게 만드는 주된 원인이다. 일본인은 아내에 속하는 영역과 성적 향락에 속하는 영역 사이에 울타리를 쳐서 양자를 명확하게 구별한다.[10] 일본에서 이 두 영역은 모두 다 공공연히 인정된다. 양자의 구별은 미국인의 생활에서처럼 한쪽은 세상 사람들에게 공공연히 드러내놓고 다른 한쪽은 남의 눈을 피해 은밀히 발을 들여놓는 식의 구별이 아니다. 그보다 양자는, 한쪽이 주요한 인간적 의무의 세계에 속하는 데 반해, 다른 한쪽은 사소한 기분 전환의 세계에 속한다는 식으로 구별된다. 이처럼 저마다의 영역에 '알맞은 자리'를 정해두는 습관은 가정 내에서의 이상적인 아버지뿐만 아니라 플레이보이 같은 한량에게도 마찬가지로 해당된다. 그들은 모두 이 두 영역을 별개의 세계로 본다.

일본인은 우리 미국인처럼 연애love와 결혼이 하나라는 이상을 내걸지 않는다. 우리는 배우자 선택의 기초라는 점에서만 연애를 인정한다. 때문에 '연애 중'이라는 것이 곧 우리에게는 가장 훌륭한 결혼의 이유가 된다. 결혼 후 남편이 다른 여자에게 육체적으로 끌린다는 것은 아내를 모욕하는 일이다. 왜냐하면 그것은 당연히 아내의 소유로 돌아가야 할 것을 다른 사람에게 주는 꼴이기 때문이다. 그러나 일본인은 이 점을 달리 생각한다. 배우자 선택에 즈음해 일본인 청년은 부모의 선택에 따라 맹목적으로 결혼한다. 그는 아내와의 관계에서 매우 완고한 형식을 지켜야 한다. 화목한 가정생활 속에서조차 아이들은 부모의 성애 표현을 보기 힘들다. 어떤 잡지에서 현대의 한 일본인은 이렇게 말한다. "이 나라에서는 결혼의 진짜 목적이 아이를 낳고 그럼으로써 이에家의 생명을 존속시키는 데 있다고 여긴다. 그 밖의 목적은 모두 결혼의 참된 의미를 왜곡하는 데 일조할 뿐이다."

하지만 이는 결코 일본의 남성이 그런 가정적인 생활에만 신경 쓰고 한눈팔지 않는다는 것을 뜻하는 것이 아니다. 만일 여유가 있다면 일본 남성은 정부를 가진다. 단, 그 정부를 가족의 일원으로 맞아들이지 않는다는 점에서 일본은 중국과 크게 다르다. 만일 일본 남성이 정부를 가족의 일원으로 맞아들인다면, 그것은 구별해야만 하는 두 개의 영역을 혼동하는 행위가 된다. 이때의 정부는 음악과 무용과 안마 등 남자를 즐겁게 해줄 만한 갖가지 기예를 충분히 익힌 '게이샤'인 경우도 있고 혹은 창부일 경우도 있다. 어떤 경우건 남자는 여자가 고용되어 있는 가게 주인과 계약을 맺는다. 이 계약은 그 여자가 버림받는 것을 방지하며 또한 여자에게 금전상 대가를 보증한다. 이렇게 해서 계약이 성립되면 남자는 여자에게 따로 살림을 차려준다. 물론 예외는 있다. 즉 여자에게 아이가 딸려 있고 남자가 그 아이를 자기 자식과 함께 양육하기를 원하는 경우에 한해 여자를 자기 집안에 맞아들이기도 한다. 그런데 이때 여자는 첩으로서가 아니라 하나의 여종으로 취급된다. 또한 그녀의 아이는 남자의 본처를 '어머니'라고 불러야 한다. 그 아이와 친어머니와의 관계는 인정되지 않는다. 이와 같은 일본적인 남녀 관계는 중국에서 전통적 관습으로 굳어진 일부다처제와는 완전히 성격이 다르다. 이처럼 일본인은 공간적으로도 가족에 대한 의무와 '닌죠'를 구별한다.

물론 이런 정부를 가질 만한 여유가 있는 자는 상류층 남성에게 한정되어 있다. 하지만 대개의 남자들은 한두 번쯤은 게이샤나 창부와 즐긴 경험이 있다. 그런 유흥은 매우 공공연하게 행해진다. 이때 아내가 밤에 놀러 나가는 남편의 옷차림을 챙겨주는 일도 있다. 또 남편이 놀아난 창부 집에서 아내한테 청구서를 보내는 경우도 있는데, 그러면 아내는 마치 당연하다는 듯이 외상값을 지불한다. 이런 일로 아내가 고통받거나 고민에 빠질 수도 있지만, 그것은 어디까지나 그녀 자신의 문제일 뿐이다. 남자가 창부한테 가는 것보다는 게이샤 집에 가는 것이 돈이 훨씬 많이 든다. 그러나 게이샤 집에 갈 경우, 하룻밤 유흥을 위해 지불하는 돈에는 게이샤를 성행위 상대로 하는 대가는 포함되어 있지 않다. 그러니까 남자는 다만 아름답게 옷을 차려입고 예법과 격식을 갖춘 게이샤에게 접대받는 즐거움을 누릴 따름이다. 게이샤는 이런 접대 역을 수행하려고 철저히 훈련받는다. 남자가 특정한 게이샤와 친해지려면 그 게이샤의 기둥서방 격인 후견인이 되어 그녀를 정부로 삼는다는 계약을 맺거나, 혹은 그 자신의 매력으로 여자 마음을 사로잡아 그녀 스스로 몸을 맡기도록 유도해야 한다. 그렇다고 해서 게이샤와 함께 지내는 하룻밤의 유흥에 애정 행위가 없는 것은 결코 아니다. 게이샤의 무용, 경쾌하고 재치 있는 대화술, 노래와 몸짓 등은 매우 전통적이고 운치 있다. 그녀는 상류층 부인들도 표현할 수 없는 것들을 교묘하고 은밀하게 나타내도록 주도면밀하게 계산된 솜씨를 뽐낸다. 그것들은 '닌죠의 세계'에 속한 것으로, '효孝의 세계'에 염증이 나고 지친 남자들에게 위안을 준다. 물론 도락에 빠져들 위험도 없지는 않다. 어쨌거나 이 두 가지 세계는 서로 다른 영역에 속한다.

한편 창부는 공인받은 유곽에 산다. 게이샤와 저녁 한때를 즐긴 후 다시 생각이 있으면 창부를 찾아가는 남자도 있다. 창부 쪽이 돈이 적게 들기 때문에 지갑이 가벼운 남자는 게이샤와 노는 것을 단념한 채 창부와 노는 것에 만족해야만 한다. 유곽 문밖에는 창부들 사진이 붙어 있다. 남자들은 남의 눈에 띄는 곳에서 아무렇지도 않게 오랫동안 그 사진들을 비교해본 후 상대를 선택하는 것이 보통이다. 일본에서 창부들은 사회적으로 높은 지위를 인정받는 게이샤들과는 비교할 수 없을 만큼 신분이 낮고 천하다. 그녀들은 대개 돈 때문에 팔려온 가난한 집안의 딸들로, 게이샤처럼 기예를 교육받지는 않는다. 예전에 일본이 아직 서구인들의 비난을 알지 못하고 따라서 구습이 폐지되지 않았던 무렵에는, 창부들 스스로 사람들 눈에 띄는 장소에 앉아서 '인간 상품'을 선택하는 손님들에게 그 무감동한 얼굴을 드러내놓고 있었다. 지금은 사진으로 대체되어 있지만 말이다.

어떤 남자가 한 창부를 선택하고 그 창부집과 계약을 맺은 기둥서방이 되어 여자를 정부로 삼아서 독립시키면, 그 여자는 계약 조건에 의해 보호를 받는다. 그러나 하녀라든가 여점원의 경우는 따로 계약을 맺지 않은 채 첩이 되기도 한다. 이처럼 '자유의사에 의한 첩'은 가장 무방비 상태에 놓인 여자들이다. 대개는 상대방 남자와 연애로 맺어진 관계지만, 그녀들은 모든 공인된 의무 세계의 바깥쪽에 놓여 있다. 미국에 사는 일본인들은 연인에게 버림받아 '갓난아이를 무릎에 끌어안고' 비탄에 빠진 젊은 여자의 이야기나 시를 읽으면, 그런 사생아의 어머니들을 '자유의사에 의한 첩'과 동일시한다.

동성애의 도락 또한 전통적인 '닌죠'의 일부분을 이룬다. 구시대 일본에서 동성애는 사무라이나 승려처럼 높은 지위에 있는 사람들의 공인된 즐거움이었다. 메이지 시대에 들어와 일본이 서구인의 비판에 신경을 쓰게 되면서 많은 관습을 법률로 금지했을 때, 이런 동성애 관습도 법률로 처벌받도록 규정되었다. 그럼에도 오늘날까지 이 관습은 여전히 도덕적으로 심하게 비난받을 만한 일이 아닌 '닌죠'에 속한 것으로 치부된다. 다만 그것이 적당한 자리에 머물게 하고 가정을 유지하는 데 방해가 되지만 않으면 된다. 따라서 남자나 여자가 서구인들이 말하는 의미에서의 동성애자가 될 위험은 거의 생각할 수 없다. 물론 일본에는 직업적으로 남자 게이샤(남창)가 되는 경우도 있다. 하지만 일본인은 특히 미국에서 성인 남자가 동성애에서 수동적 역할을 한다는 데 놀라움을 느낀다. 일본의 성인 남자는 대개 소년을 수동적인 동성애 상대로 선택하며, 성인이 수동적인 역할을 한다는 것은 자기 위신을 떨어뜨리는 일이라고 여기기 때문이다. 일본인은 나름대로 해도 좋은 일과 그렇지 않은 일 사이에 경계선을 긋고 자중하는데, 그 경계선은 우리가 생각하는 경계선과는 다르다.

또한 일본인은 자위의 쾌락도 부도덕한 것으로 생각하지 않는다. 사실 자위 목적을 위해 일본인만큼 그렇게 많은 도구를 고안해낸 국민은 다시 없을 것이다. 이 분야에서도 일본인은 외국인의 비난을 피하고자 자위도구 중 너무 공공연히 행해지던 것들을 금지했다. 하지만 일본인은 자위도구들을 결코 나쁜 것이라고 생각하지 않는다. 자위 행위를 비난하는 서구인의 강경한 태도(미국보다 유럽이 더 강경하다)는 성인이 되기 전부터 우리의 의식에 깊이 새겨진다. 그래서 소년들은 그런 짓을 하면 미친다든가 대머리가 된다는 말을 듣는다. 서구인은 유년 시절에 어머니에게 엄중한 감시를 받는다. 만일 자위의 죄를 범하면 어머니는 그것을 크게 문제 삼아 처벌을 가하기도 한다. 이에 반해 일본의 어린아이나 소년들은 그런 일을 겪지 않는다. 따라서 일본인은 어른이 된 후에도 자위에 대해 우리 같은 태도를 보이지 않는다. 요컨대 자위는 일본인들이 조금도 죄악이라고 느끼지 않는 향락이라 할 수 있다. 그들은 예의 바르고 질서 잡힌 생활 속에서 자위가 차지하는 지위를 낮게 할당함으로써 그것이 충분히 통제될 수 있다고 생각한다.

술에 취하는 것도 일본에서는 용서받을 수 있는 '닌죠' 가운데 하나다. 일본인은 미국인의 절대 금주 서약을 서구적인 기이한 풍습 가운데 하나로 이해한다. 그들은 또한 투표를 통해 해당 지역 일대에 금주령을 포고하는 우리의 지방 운동을 이상하게 생각한다. 일본인은 음주를 정상적인 인간이 누릴 수 있는 당연한 쾌락으로 여기기 때문이다. 하지만 일본에서 음주는 낮은 수준의 기분 전환에 속한 것이기 때문에 제대로 된 인간치고 술에 푹 빠지는 자는 아마도 없을 것으로 여긴다. 그들의 사고방식으로는 상습적인 동성애자가 될 염려가 없는 것과 마찬가지로 상습적인 술고래가 될 우려도 없다. 사실 자기 자신도 어쩌지 못하는 통제 불능의 술고래가 일본에서 사회 문제가 된 적은 없다. 음주 행위는 유쾌한 기분 전환으로, 그 가족은 물론 일반인조차 술에 취한 사람을 혐오스럽게 생각하지 않는다. 일본인은 술에 취하더라도 난폭한 행동을 하지는 않는다. 아무도 술 취한 아버지가 자기 자식을 때릴 거라고는 생각하지 않는다. 일본에서는 술에 취해 유쾌하게 떠들고 춤추는 것이 보통이며, 모두 예복이나 예절 같은 엄격한 격식에 구애받지 않은 채 편안하게 즐긴다.[11] 도시의 술자리에서도 사람들은 서로 상대방 무릎 위에 앉기를 좋아한다. 전통적이고 완고한 일본인은 음주와 식사를 확연하게 구별한다. 술이 나오는 마을 잔치에서 누군가 밥을 먹기 시작하면 이는 그 사람이 더는 술을 마시지 않겠다는 것을 의미한다. 그런 사람은 다른 '세계'에 발을 들여놓은 것이다. 이처럼 일본인은 두 개의 '세계'를 확실하게 구별한다. 집에서도 식후에 술을 마시는 일은 있지만 술과 밥을 동시에 먹는 일은 없다. 차례차례 어느 한쪽의 즐거움에만 전념한다.[12]

이상과 같은 일본인의 '닌죠'관은 몇 가지 중요한 결과를 수반한다. 그것은 육체와 정신이라는 두 개의 힘이 각각의 영역에서 패권을 획득하고자 끊임없이 싸운다고 생각하는 서구인의 사고방식을 근본적으로 뒤엎는다. 일본인의 사고방식에서 육체는 악이 아니기 때문이다. 또한 되도록이면 육체의 쾌락을 즐기는 것도 죄가 되지 않는다. 정신과 육체는 우주에 대립하는 양대 세력이 아니라는 말이다. 일본인은 이런 신조를 논리적으로 밀고 나가 세계는 선과 악의 싸움터가 아니라는 결론까지 도달한다. 이와 관련해 조지 샌섬은 다음과 같이 말한다. "일본인은 역사의 어느 시대에서건 이와 같은 악의 문제를 인식하는 능력이 결여되어 있거나 혹은 악의 문제와 정면으로 부딪치지 않도록 회피하는 태도를 어느 정도 유지해왔다고 생각된다."[13] 사실 일본인은 악의 문제를 인생관의 문제로 받아들이기를 내내 거부해왔다. 그들은 인간에게 두 가지 영혼이 있다고 믿는데,

그것은 서로 싸우는 선의 충동과 악의 충동이 아니다. '온화한 영혼'과 '거친 영혼'이 그것으로,[14] 모든 인간의 생애 및 모든 나라의 역사에는 때로는 '온화해야' 할 경우와 때로는 '거칠어야' 할 경우가 있다고 여긴다. 그러니까 '거친 영혼'은 지옥에 떨어지고 '온화한 영혼'은 천국에 간다는 식으로 정해져 있지 않다. 이 두 개의 영혼은 각각 상이한 자리에서 요청되는 영혼이며, 모두가 하나의 필연이자 선으로 간주된다.

심지어 일본의 신들조차 뚜렷하게 선악의 속성을 함께 겸비한다. 일본인에게 가장 인기 있는 신은 태양의 여신 아마테라스의 남동생인 스사노오素戔嗚尊라는 용맹하고 거친 신이다. 그런데 서구의 신화에서라면 이 신은 누이에 대한 난폭하기 그지없는 행동으로 인해 아마도 악마로 간주되기 십상일 것이다. 일본 신화에 따르면, 어느 날 아마테라스는 스사노오가 자기한테 다가오자 그의 접근 동기를 의심하며 바깥으로 내쫓으려 한다. 그러자 스사노오는 난폭한 행동을 일삼다가 아마테라스가 시종들과 함께 추수 감사의식[15]을 집행하던 연회장에 똥을 뿌려댔다. 또한 논두렁길을 다 무너뜨리기도 했는데, 이는 매우 심각한 범죄에 해당되는 행위였다. 이런 난폭한 행동 가운데 가장 흉악한 죄(서구인이 가장 이해할 수 없는 죄)는 아마도 그가 아마테라스의 방[16] 지붕에 구멍을 내고 거기다 '가죽 벗긴' 얼룩말을 거꾸로 던져 넣은 사건일 것이다. 스사노오는 이 모든 횡포로 인해 신들의 재판에서 무거운 징벌을 받아 결국 '암흑의 나라'[17]로 추방당하고 만다. 그럼에도 스사노오는 여전히 일본의 판테온(만신전)[18] 가운데 가장 인기 있는 스타 신으로, 나름대로 상당한 숭배를 받는다. 물론 이런 신격은 세계 여러 민족의 신화에서도 흔히 찾아볼 수 있다. 하지만 더욱 고차원적인 윤리적 종교들에서는 그런 신들이 모두 배제된다. 선과 악의 우주적 투쟁이라는 철학을 토대로 삼는 이 종교들에서는 초자연적인 존재를 흑과 백처럼 완전히 다른 두 그룹으로 나누기 때문이다.

일본인은 악과 싸우는 것이 곧 덕德이라는 관념을 언제나 극명하게 부정해왔다. 일본의 사상가나 종교가 들이 몇 세기 동안 끊임없이 주장해온 것처럼, 악과 싸운다는 도덕률은 과연 일본에는 잘 맞지 않는다. 그들은 이 점이야말로 일본인의 도덕적 우수성을 입증하는 것이라고 목청을 높여 말한다. 그들은, 중국인은 '런仁', 즉 공정하고도 자애로운 행동을 절대적 기준으로 삼으면서 이 기준에 따라 모든 인간과 모든 행위를 판단할 수밖에 없었다고 주장한다. 거기서는 '런'의 기준에 미치지 못하면 결함이 있는 것으로 간주된다. 그런데 18세기 일본의 탁월한 신도 연구자였던 모토오리 노리나가[19]는 "그런 중국의 도덕률은 중국인에게 무언가 부족했기 때문에 만들어진 것이다. 즉 그것은 인위적 수단으로 제재를 가해야만 했던 중국인들에게 딱 들어맞는 도덕률이었다"[20]고 말한다. 일본 근대의 불교가나 국가주의 지도자들도 이와 동일한 논조로 글을 쓰거나 강연을 했다. 그들은, 일본에서는 누구든 태어날 때부터 선하며 신뢰할 수 있기 때문에 자기 자신의 나쁜 반쪽과 싸울 필요가 없다고 말한다. 그러니까 다만 마음의 창문을 깨끗하게 하고 그때그때 상황에 따라 알맞은 행위를 하기만 하면 된다. 설령 '더럽혀졌다' 하더라도 그 더러움은 쉽게 씻길 수 있으며 그러면 인간의 본질인 선이 다시 빛나기 시작할 것이다.

인간이란 누구나 부처가 될 가능성을 가지고 있으며 도덕률은 경전이 아니라 깨달음을 얻은 청정무구한 자기 마음속에 존재한다고 설하는 불교철학은 다른 어떤 나라보다도 일본에서 가장 철저하게 전개되었다. 자기 마음속에서 도덕률을 찾아내는 일에 이의를 제기할 수는 없다. 악은 인간의 마음에 본래 갖추어져 있는 것이 아니기 때문이다. 그러니까 일본의 경우는 구약성서 〈시편〉의 저자처럼 "내가 죄악 중에 출생했음이여, 모친이 죄 중에 나를 잉태했나이다"(〈시편〉 51편)라고 부르짖는 신학은 존재하지 않는다. 따라서 그들은 인간 타락의 가르침도 설교하지 않는다. 오히려

'닌죠'는 비난해서는 안 될 축복이라고 일컬어진다. 일본에서는 사상가들도 농민들도 '닌죠'를 비난하지 않는다.[21]

미국인이라면 이런 가르침이 결국 방종과 나쁜 행위의 사상으로 귀결될 것이라고 생각할 법하다. 하지만 일본인들은 앞서 말한 바와 같이 의무 수행을 인생 최고의 임무로 여긴다. 그들은 온恩을 갚는 일이 개인적 욕망이나 쾌락의 희생을 수반한다는 점을 충분히 안다. 그러니까 행복 추구를 인생의 중대한 목표로 삼는 사상은 일본인들에게 놀랄 만큼 부도덕한 가르침으로 이해된다. 행복은 사람이 그것에 탐닉할 수 있을 때에만 탐닉해 기분을 전환하면 되는 그런 것일 뿐이며, 그것을 과장해 국가나 가정을 판단하는 기준으로 삼는다는 것은 상상도 할 수 없는 일이다. 그들은 충이라든가 기리의 의무를 수행하기 위해 많은 고통을 겪어야 한다는 점을 처음부터 각오한다. 그런 고통은 인생을 곤란하게 만들지만, 그들은 그 모든 것을 견뎌낼 마음의 준비가 되어 있다. 그들은 온갖 쾌락을 나쁘다고 생각하지는 않지만, 필요하다면 모든 쾌락을 단념할 자세를 갖추었다. 이를 위해서는 강한 의지가 필요하며, 바로 그런 강인함이야말로 일본인들이 가장 칭송하는 미덕이 된다.

일본의 소설이나 연극이 '해피엔드'로 끝나는 경우가 극히 드물다는 사실은 이와 같은 태도와 잘 어울린다. 이에 비해 미국의 일반 관중은 해피엔드의 결말을 열망한다. 그들은 극중 인물이 덕행의 보답을 받기를 원하며, 그 후 언제까지라도 행복하게 살 것이라고 믿고 싶어 한다. 물론 그들이 어떤 드라마의 결말을 보고 울 때도 있다. 하지만 이는 가령 주인공의 성격에 어떤 결함이 있거나 혹은 주인공이 사악한 사회질서에 희생되었을 경우에만 그렇다. 어쨌든 미국에서는 주인공의 행복한 결말이 훨씬 더 관중의 환영을 받는다. 그러나 일본의 관중은 주인공의 운명이 바뀌어 비극적인 최후를 마치고 아름다운 여주인공이 살해되는 것을 지켜보면서 흐느

껴 운다. 그런 줄거리야말로 하루 저녁 오락거리의 클라이맥스를 제공해준다. 사람들은 그런 것을 기대하고 극장에 간다.

현대 일본 영화도 남녀 주인공의 고뇌를 테마로 구성된다. 거기에는 서로 사랑하는 남녀가 연인 관계를 단념해야만 하는 줄거리라든가 사이좋게 살던 부부 중 한쪽이 당연히 수행해야만 하는 의무를 위해 자살한다는 줄거리 따위가 종종 등장한다. 남편의 직업을 잘 이해하고 격려해 배우로서 뛰어난 천부적 소질을 연마시키기 위해 온몸을 바친 아내가 마침내 남편이 성공하기 직전에 새로운 생활에 방해가 되지 않도록 대도시 속으로 몸을 숨기고, 남편이 대성공을 거두는 날 가난 속에서 한마디 불평도 없이 죽어간다는 줄거리도 있다. 그러니까 반드시 해피엔드로 끝날 필요는 없다. 관객들로 하여금 자신을 희생하는 남녀 주인공에 대한 연민과 동정을 불러일으키기만 하면 그것으로 충분히 목적이 달성된다. 주인공의 괴로움은 그들에게 내린 신의 심판이 아니다. 그것은 그들이 모든 희생을 견디면서 자기에게 주어진 의무를 다했다는 것, 남에게 버림을 받거나 병에 걸리거나 심지어 생명을 버리는 한이 있더라도, 어떤 불행이 닥쳐도 올바른 길을 벗어나지 않았다는 것을 말해줄 따름이다.

현대 일본의 전쟁영화 또한 같은 전통을 따른다. 일본의 전쟁영화를 본 미국인들은 종종 이것이야말로 지금까지 본 영화 중에서 가장 뛰어난 반전 홍보물이라고 말하곤 한다. 이는 과연 미국인다운 반응이다. 왜냐하면 그 영화들은 전쟁의 희생과 고통만을 다루기 때문이다. 일본의 전쟁영화는 분열식이라든가 군악대나 함대의 연습이라든가 거포의 자랑스러운 위용 따위를 기세 좋게 그려내지 않는다. 러일전쟁을 다룬 것이든 중일전쟁을 다룬 것이든 집요하게 되풀이되는 장면은 여전히 단조로운 진흙탕 속의 행군, 비참한 전투의 고통, 승패가 정해지지 않는 작전 등이다. 마지막 장면은 승리도 아니고 '만세萬歲(반자이)'를 외치며 돌격하는 장면도 아니다. 그것은 신기할 것 하나 없는 먼지투성이의 중국 어느 도시에 있는 숙영지의 정경이라든가 또는 세 차례에 걸친 전쟁의 생존자로 저마다 장애인, 절름발이, 장님이 된 일본인 부자 삼대를 비춰준다. 아니면 병사가 전사한 후, 후방에 있는 가족이 남편이자 일가의 생활을 지탱해왔던 그의 죽음을 애도하고 용기를 내어 어떻게든 그 없이도 살아가는 모습을 보여주기도 한다. 거기서는 영미식 '카발케이드'풍 영화[22]의 박진감 넘치는 배경은 조금도 찾아볼 수 없다. 상이군인의 갱생이라는 테마를 극화하는 일 따위도 없다. 그것은 고사하고라도 그들이 싸우고 있는 전쟁의 목적조차 말하지 않는다. 일본인 관중에게는 화면에 나오는 인물들이 모두 전력을 다해 온을 갚기만 하면 그것으로 족하다. 일본의 전쟁영화는 바로 그렇기 때문에 군국주의자들의 선전도구가 될 수 있었다. 이런 영화의 후원자들은 일본 관중이 그것을 보아도 결코 반전 사상에 빠지지 않을 것이라는 사실을 잘 알았다.[23]

주

1 이 장에서 베네딕트는 수면, 식사, 성과 결혼, 남자다움, 음주, 선악관 등에 관한 일본인의 습관을 사례로 들면서 기묘하고 이상한 일본인의 이미지를 부각시킨다. 그러나 이는 일본인을 폄하하려는 의도와는 전혀 무관하다. 오히려 그것은 이해하기 힘든 대상을 가장 잘 이해할 수 있도록 만들기 위한 하나의 전략이다. 이 점과 관련해 미국의 인류학자 기어츠C. Geertz는 《작품과 생애 : 저자로서의 인류학자》라는 책의 한 장을 베네딕트에 할애하면서, 《국화와 칼》의 위대한 독자성과 영향력의 기초는 그녀가 기묘한 사람들이 사는 기묘한 세계를 중화시킴으로써 일본과 일본인의 신비를 해석하려는 것이 아니라 반대로 그것을 강조해 해석하려는 데 있다고 적는다. '자신들이 잘 아는 사실'에 빗대어 '그들은 이렇게 다를 것이라고 상상한다'는 식의 비교를 극단적으로 밀고 나간 것이 《국화와 칼》이라는 말이다. 그런데 베네딕트가 앞의 제3장에서 미국의 해군 제독이 폭격된 전함을 구한 공적으로 훈장을 수여받은 것에 대해 일본인들이 쉽사리 믿지 않는 반면, 제8장에서 미국인은 일본인이 자살에 의해 삶의 의무를 다한다고 여기는 것을 믿기 어려워한다고 말하면서 일본과 미국의 문화적 차이를 설명해나가는 동안, 어느새 일본인은 점차 이상하고 무궤도적인 존재가 아닌 것처럼 보이게 된다. 아니, 오히려 반대로 미국인이야말로 이상한 존재로 보이게 된다. 그리하여 《국화와 칼》의 서두에서 이제까지 미국이 싸운 적 가운데 가장 성질을 달리하는 상대였던 일본이 책의 서술이 진행되는 과정에서 점차 이제까지 이긴 적 가운데 가장 잘 이해할 수 있는 존재로 변해버린다는 것이다. 기어츠는 이런 《국화와 칼》의 의의를 '구미 문화의 탈구축화'라는 한마디로 요약한다. C. Geertz, *Works and Lives: The Anthropologist as Author*, Stanford University Press, 1988 참조.
2 간게이코寒稽古. 한겨울에 추위를 견디면서 무술 또는 음악 훈련을 하는 것.
3 미즈고리水垢離. 그냥 '고리垢離'라고도 한다. 신불에게 기원하려고 냉수욕으로 몸을 깨끗이 하는 목욕재계를 가리킨다.
4 Percival Lowell, *Occult Japan*, 1895, pp. 106~121.(원주)
5 Petrie Watson, *The Future of Japan*, 1907.(원주)
6 G. Eckstein, *In Peace Japan Breeds War*, 1943, p. 153.(원주)

7 K. Nohara, *The True Face of Japan*, London, 1936, p. 140.(원주)
8 《겐지모노가타리源氏物語》. 11세기 초 헤이안 중기의 뇨보女房(궁중의 여성 관료)이자 소설가인 무라사키 시키부紫式部(연대 미상)가 가나로 쓴 전54권짜리 장편소설. 많은 일본인은 일본 고전문학의 최고봉으로 일컬어져온 이 《겐지모노가타리》야말로 세계 최초의 본격 장편소설이라는 자부심을 가지고 있다. 외국에서도 널리 번역되어 읽히는 이 작품은 오늘날 일본의 대표적 전통 예능인 가부키라든가 노능能를 비롯해 가극, 연극, 영화, TV 드라마, 만화 등 다양한 장르를 통해 끊임없이 재생산된다.
9 요시와라吉原. 에도(지금의 도쿄)의 고급 유곽촌. 1617년 막부가, 곳곳에 산재해 있던 유곽을 니혼바시日本橋 근방에 모아놓음으로써 시작되었으며, 그 후 화재로 센조쿠로 옮겨 신요시와라新吉原라 했다. 전성기에는 3천~5천여 명의 유녀들이 있었다고 한다.
10 이하에서 베네딕트는 '아내에 속한 영역'과 '성적 향락에 속한 영역'으로 구별되는 일본인의 성 윤리에 관해 비교적 상세히 기술한다. 그런데 소에다 요시야는, 이런 '아내에 속한 영역(결혼생활)에 있어서의 성 윤리=이에의 윤리'와 '성적 향락에 속한 영역에 있어서의 성 윤리=이키의 윤리' 가운데, 베네딕트는 전자에 대해서는 잘 이해했지만 후자에 대해서는 이해가 부족했다고 지적한다. 다시 말해 베네딕트는 일본인의 이중적인 성 윤리를 충분히 이해하지 못했으며, 또한 일본인의 성의식을 역사적·구조적으로 파악하지 못했다고 말한다. 가령 그녀는 일본인의 성에 대한 향락주의적 경향과 메이지 이후 권력에 의해 국민들에게 부과된 성 윤리 규범을 고찰하면서 후자가 일본인의 국민성이라고 보았지만, 그것이 근대에 들어와 만들어진 전근대적 규범이라는 점은 인식하지 못했다. 또한 그녀는 일본 촌락 사회에서 생성된 농민들의 성 윤리 규범과, 도시생활자들 사이에 생성된 '이키'의 성 윤리 규범에 대해서도 잘 알지 못했다. 副田義也, 《日本文化試論:ベネディクト〈菊と刀〉を讀む》, 新曜社, 1993, 246~267쪽 참조.
11 특히 에도 시대 사무라이들의 예복을 가미시모上下라고 하는데, 술자리에서는 겉에 걸치는 이 정장을 벗고 편안한 옷차림과 자세로 술을 마셔도 무방하다는 뜻.
12 '닌죠'에 대한 이상의 기술에서 베네딕트는 일본 불교에서 현세적 쾌락에 대한 부정이 그다지 나타나지 않는다는 점, 일본의 도덕률이 오관의 쾌락에 매우 관대하다는 점은 의외라는 듯이 적는다. 이는 일본의 도덕이 '극단적일 만큼 의무의 변제를 강조하고 철저한 자기 포기를 요구'하는 것과 모순되기 때문이라는 것이다. 이와 같은

모순된 비일관성에 대한 베네딕트의 이해와 관련해, 가와시마는 그것을 저자의 오해라고 보면서, 그런 오해는 베네딕트가 일본의 (모순 관계에 있는 두 개의 사회규범 체계 및 신분 계층과 연관된 이원적인) 도덕 원리를 하나의 동일 평면 위에서 추상적으로 보았기 때문에 생긴 것이라고 비판한다. 이 점을 제대로 이해하려면 역사적인 이해가 필요하다는 것이다. 예컨대 일본의 도덕체계에서 철저한 자기 포기는 봉건제도에 특유한 도덕인 데 반해, 일반 민중(농민, 상인, 직인)은 사무라이 계층에 비해 아직 봉건 도덕체계 속에 덜 편입됨으로써 몸, 쾌락, 닌죠를 긍정했다는 것이 가와시마의 반론이다. 川島武宜, 〈評價と批判〉, 日本民族學協會編, 《民族學研究》第14卷第4號(特集 ルース・ベネディクト〈菊と刀〉の與えるもの), 1950, 267쪽. 하지만 두 가지 측면에서 이런 가와시마의 비판은 설득력이 떨어지는 것으로 보인다. 첫째, 베네딕트는 본문 이하에서와 같이 일본 도덕체계에 내포된 모순된 비일관성을 일본인의 선악관과 연관시키는 데 초점을 맞춘다. 그런 관심의 지향성에서 보자면 '이원적인 도덕 원리를 하나의 동일 평면 위에서 추상적으로 보는' 관점을 피하기 어렵다. 둘째, 일본 사상사의 흐름을 보면, 일반 민중뿐만 아니라 불교, 유교, 신도 등 지식인들의 사상에서도 몸, 쾌락, 욕망에 대한 긍정이 매우 두드러지게 나타난다.

13 George Sansom, *Japan: A Short Cultural History*, 1931, p. 51.(원주) 여기서 베네딕트는 "일본인에게 악의 문제를 인식하는 능력이 결여되어 있다"는 조지 샌섬의 편향된 이해에 다소 무비판적으로 편승하는 듯이 보인다.

14 일본 신도에서 온화한 영혼은 '니기타마和魂'라 하고 거친 영혼은 '아라타마荒魂'라 한다.

15 니이나메사이新嘗祭라고 한다. 일본에서는 대대로 천황이 매년 음력 11월 중에 햇곡식을 신에게 바치는 제사를 집전해왔다. 오늘날에는 매년 11월 23일을 '근로 감사의 날'이라 하여 국가경축일로 삼는다.

16 일본 신화에서 이 방은 아마테라스가 베틀로 신에게 바칠 옷神衣을 짜는 '이미하타야齋服屋'로 나온다. 아마테라스가 이미하타야에서 신의를 짤 때 스사노오가 지붕을 뜯어내고 그곳으로 가죽 벗긴 말을 던졌는데, 그 결과에 대해 《고사기》와 《일본서기》는 각각 다음과 같이 상이한 이야기를 전한다: (1)아마테라스의 시녀인 '아마노하타오리메天の服織女'가 놀란 나머지 베틀 북에 음부가 찔려 죽는다(《古事記》). (2) 아마테라스 자신이 베틀 북에 찔려 상처를 입는다(《日本書紀》本文). (3)와카히루메가 베틀에서 떨어져 베틀 북에 찔려 상처를 입고 죽는다(《日本書紀》一書1).

17 '네노쿠니根國'라고 한다.
18 일본의 판테온을 '야오요로즈노카미가미八百万の神神'라 하는데, 이는 일본 신들이 무수히 많다는 것을 뜻하는 말이다.
19 모토오리 노리나가本居宣長(1730~1801). 에도 중기의 국학자. 이른바 국학 4인방 가운데 한 명.
20 이 구절의 정확한 출처를 확인하기는 어렵지만, "(중국인이) 저 도道라는 것을 만들어내어 사물을 바로잡으려 한 것은 본래부터 (중국에는) 도가 올바르지 못했기 때문이다"(《古事記傳》)라든가 "저 중국 등지에서는 본래 사람들의 심성이 악하고 난잡한 일이 많아서 그것을 막기 위해 모든 것을 엄하게 규정한 것이다"(《古事記傳》) 등, 이와 유사한 내용의 언급이 노리나가의 저술 중에 수없이 많이 나온다.
21 이상에서 베네딕트는 선과 악을 분명하게 구분하는 그리스도교의 선악관과 대조적인 것으로 일본인의 선악관을 묘사한다. 하지만 세부적으로 보면 일본인의 선악관은 매우 다양한 형태로 나타난다. 가령 일본 불교 최대의 교단인 정토진종淨土眞宗 창시자 신란親鸞(1173~1262)은 유명한 '악인정기'(惡人正機 혹은 惡人正因)설을 통해 "선한 사람도 왕생을 할 수 있는데 하물며 악한 사람이야 말할 나위 있겠는가?"(《歎異抄》)라고 물으면서 그리스도교의 경우와 흡사한 어조로 근본 악에 대한 실존적인 자각과 절대타력 및 믿음에 의한 구원을 강조한다.

이에 비해 고학古學이라 불리는 일본적 유학의 창시자인 이토 진사이伊藤仁齋(1627~1705)는 《동자문童子問》에서 "무릇 천지간은 일체 일리一理뿐이다. 정靜은 없고 동動만 있으며, 악은 없고 선만 있을 따름이다. 대저 정이란 동의 멈춤이고 악이란 선의 변종과 매한가지다. 선이란 생生에 속하고 악은 사死에 속한다. 선악이란 상대적 개념이며 양자가 독립적으로 따로 생겨난 것은 아니다. 생生의 자리에서 보면 선과 악은 하나이기 때문이다"라 하여, 선악을 '생生일원론' 관점에서 이해했다. 즉 생의 자리에서 보면 선만 있으며 악은 없고, 악이란 그저 선의 일종일 뿐이라는 것이다. 이런 관점은 일본 신종교의 선악관과 상통하는 면이 있다.

일본 신종교의 교리에서는 일반적으로 우주 혹은 가미神와 동일시되는 '근원적 생명'이라 할 만한 신앙 대상이 중요시된다. 종교학자들은 이런 세계관을 '근원적 생명'과의 조화를 추구하는 '생명주의적 세계관'이라고 부르기도 한다. 그와 같은 생명주의적 세계관에 의하면, 선이란 우주에 생명력(활력)이 가득 차 있어 전체가 조화를 이루는 상태를 가리키며, 이에 반해 악이란 생명의 부정, 즉 우주 만물이 활력과 조화를 잃어버림으로써 생성력이 쇠약해지고 그 결과 '근원적 생명'의 발현과 개화가 저해되는 상태를 지칭한다. 그러니까 본래 악이란 존재하지 않으며, 쇠퇴한 생명력과 상실한 조화를 회복하기만 하면 모든 악은 저절로 사라지게 된다는 것이다. 그런데 이런 관점에는 현실적으로 존재하는 악의 실체성을 간과할 위험성이 내포되어 있다.

이에 비해 에도 시대의 개성적인 사상가 안도 쇼에키安藤昌益(1703~1762)는 어느 정도 악의 실체성을 인정하는 관점에서 다음과 같은 선악 일원론을 내세웠다. "선은 악의 상대적인 명칭이며, 악은 선의 상대적인 이름이다. 그러므로 악이 없으면 선도 없고, 선이 없으면 악도 없게 된다. 이처럼 선한 것과 악한 것은 하나며, 선한 마음과 악한 마음도 하나다. (중략) 선 안에 악이 있으니 이를 '선악'이라 하며, 악 속에 선이 있으니 이를 '악선'이라 한다. 이 네 가지, 곧 선, 악, 선악, 악선은 하나다."(《稿本·自然眞營道》)

일본 국학을 집대성한 모토오리 노리나가本居宣長(1730~1801)의 선악관 또한 안도 쇼에키와 마찬가지로 상대주의적 선악관에 기초하지만, 도덕과는 무관한 선악 관념에 입각해 이를테면 '선악의 피안'으로부터 인간과 세계를 이해하고자 했다. 가령 노리나가는, "하늘과 땅 사이의 모든 것은 선한 것이든 악한 것이든 가미神의 마음에서 생겨난 것"(《石上私淑言》)으로, 이때 가미는 "선한 가미도 있고 악한 가미도 있어 (중략) 하나의 기준으로 규정하기 어렵다"(《くず花》)고 말한다. 다시 말해 가미란 유교의 성인이나 그리스도교의 하느님과는 달리 전적으로 선한 존재는 아니며, 세상의 모든 악은 그런 가미에게서 비롯되었다. 그러니까 세계와 인생은 한 편의 '꼭두각시 인형극'이고 그 연극무대 위의 춤추는 인간들은 '선하든 악하든' 가미와 천황과 윗사람에게 무조건 복종하며 살아야만 한다는 것이 노리나가의 생각이었다.

한편 옴진리교 신자들은 "본래 악이란 없다"라는 악의 역설을 한번 뒤집어 "현대 세계는 악마의 에너지, 즉 큰 악이 지배한다"는 종말론(그리스도교적 종말론과 유사한)을 내세우면서 "큰 악을 작은 악으로 없앤다"는 역설, 또는 "악을 철저화하면 선이 된다"는 역설에 기대어 마침내 1995년 도쿄 지하철에 사린 독가스를 살포하는 무차별적인 폭력을 노출시켰다. 요컨대 일본인의 선악관은 매우 다양하고 복합적인 측면을 내포하기에 베네딕트처럼 단순히 그리스도교적 선악관과 대조적인 것으로만 이해할 수는 없다.

22 '카발케이드Cavalcade'는 기마대 행렬 혹은 사건의 진전을 뜻하는 말인데, 베네딕트가 말하는 '카발케이드'풍 영화란 아마도 스케일이 크고 웅장한 배경을 보여주는

영화를 가리키는 듯싶다.

23 이상에서 베네딕트는 '닌죠'를 주로 '쾌락을 추구하는 감각적인 인간 본성human feeling'이라는 측면에서 이해한다. 그런 닌죠관은 내용상 틀렸다고는 말할 수 없지만, 일본인의 닌죠 관념에 내포된 미묘한 뉘앙스를 포착하는 데는 그리 성공적이지 못한 것으로 보인다. 가령 베네딕트는 '기리와 닌죠 복합체'를 말할 때의 '닌죠'라든가 모토오리 노리나가가 말하는 '마음(고코로)으로서의 닌죠' 등과 같은 중요한 측면을 간과했다.

제10장

덕의 딜레마[1]

　일본인의 인생관은 충, 효, 기리, 진, 닌죠 등의 개념에 그대로 잘 나타나 있다. 그들은 '인간의 모든 의무'가 마치 지도 위의 여러 지역처럼 명확하게 구별된 몇 개의 부분으로 나뉘어 있다고 생각한다. 즉 그들은 인생이 '충의 세계' '효의 세계' '기리의 세계' '진의 세계' '닌죠의 세계' 및 그 밖의 많은 세계들로 이루어져 있다고 여긴다. 이때 각각의 세계는 저마다 특유하고 세밀하게 규정된 법을 가지고 있다. 그리고 사람들은 다른 사람을 완전한 인격의 소유자로 판단하기보다는 '효를 모른다'든지 '기리를 모른다'와 같은 말로 규정한다. 그들은 미국인처럼 어떤 사람을 부정하다고 비난하는 대신, 그 사람이 해야 할 의무를 완전히 수행하지 않은 점을 분명하게 지적한다. 또한 어떤 사람이 이기적이라든가 불친절하다고 비난하는 대신, 그 사람이 위반한 법도의 특정 영역을 명시한다.

　일본인은 미국인처럼 어떤 절대적인 지상명령이나 황금률[2]에 호소하지 않는다. 어떤 행위의 승인은 그것이 행해지는 세계와 상대적인 관계에서 이루어진다고 보기 때문이다.[3] 예컨대 일본인은 '효를 위해' 행동할 때와 단순히 '기리를 위해' 혹은 '진의 영역에서' 행동할 때 완전히 다른 사람처럼(적어도 서구인에게는 그렇게 비친다) 행동한다. 또한 일본의 법도는 각각의 세계에서 그 '세계' 속의 조건이 바뀌면 그에 따라 아주 다른 행동을 요구한다. 가령 주군에 대한 가신의 기리는 주군이 가신을 모욕하지 않는 한 최고도의 충성을 요구하지만, 일단 가신이 모욕을 받게 되면 모반을 일으켜도 아무 상관이 없다. 1945년 8월까지 충의 가치관은 일본 국민에게 최후의 한 사람까지 적에게 항전할 것을 요구했다. 그러나 천황이 라디오 방송을 통해 일본의 항복을 고함으로써 충의 요구 내용이 변하자, 일본인은 그때까지와는 정반대로 외국인에게 협력하는 태도를 보였다.

이는 서구인들에게 도저히 이해하기 어려운 점이다. 우리의 경험대로라면, '인간은 그 성격에 맞게' 행동한다. 우리는 충실한지 아닌지 혹은 협조적인지 아닌지 등으로 양과 염소를 구별한다.[4] 우리는 사람들에게 라벨을 붙여서 분류하며, 그들이 다음에 행할 행동이 이전에 행한 행동과 같을 것이라고 예측한다. 인간은 씀씀이가 좋든지 인색하든지, 자진해서 협력하든지 의심이 많든지, 보수주의자든지 자유주의자든지 그 어느 한쪽에 속하기 마련이다. 우리는 사람들이 어느 특정한 정치적 이데올로기를 믿고 그것과 반대되는 이데올로기는 저항할 것이라고 예측한다. 유럽에서 우리가 겪은 전쟁 경험에 비추어보건대, 거기에는 협력파와 저항파가 있었는데 우리는 유럽에서의 전승일 이후 협력파에 속했던 사람들이 그 태도를 바꾸리라고는 생각하지 않았다. 그리고 이런 추측은 옳았다. 미국 내의 정쟁에서도 우리는 이를테면 뉴딜파와 반뉴딜파가 있음을 인정하며, 이 두 파는 상황이 바뀐다 해도 여전히 각 파 특유의 방식으로 행동하리라 판단한다. 물론 개인 차원에서는 반대파 쪽으로 옮겨가는 경우가 있을 수 있다. 가령 무신론자가 가톨릭 신자가 된다든지, '공산주의자'가 보수주의자가 되기도 한다. 하지만 그런 전향에는 거기에 맞는 새로운 인격이 형성된 것으로 간주된다.

이처럼 일관성 있는 서구인의 행동 신념이 항상 사실에 의해 뒷받침된다고는 할 수 없지만, 최소한 그것은 환상이 아니다. 미개와 문명을 막론하고 대다수 문화권에서 사람들은 자기들이 저마다 특정한 종류의 인간으로서 행동한다고 여긴다. 만일 그들이 권력에 관심이 있다면, 타인이 자기 의사에 복종하는 정도를 기준으로 실패와 성공을 측정할 것이다. 또한 다른 사람에게 사랑받는 것에 관심이 있다면, 인간적 접촉이 없는 상태에서는 그런 희망을 이룰 수 없을 것이다. 사람들은 자기가 매우 올바른 인간이라든지, '예술가적 기질'을 가지고 있다든지, 혹은 가정에 충실한 선남선녀라는 식으로 생각할 것이다. 요컨대 사람들은 일반적으로 자기 성격에 어떤 '형태(게슈탈트)'[5]를 부여한다. 그것이 인간생활에 질서를 만들어낸다.

그런데 일본인은 정신적 고통을 수반하지 않고서도 하나의 행동에서 다른 행동으로 쉬이 전환한다. 서구인은 이 점을 좀처럼 이해하지 못한다. 우리의 경험에는 그와 같은 극단적인 가능성이 존재하지 않기 때문이다. 이에 비해 일본인의 생활에서는 모순(우리에게는 그렇게밖에 생각되지 않는다)이 그들의 인생관에 깊이 뿌리내리고 있다. 마치 우리의 인생관에 획일성이 뿌리내리고 있듯이 말이다. 이와 관련해 서구인이 특히 주목할 만한 점은, 일본인의 생활에서 엄격히 구별되는 여러 '세계'의 목록에 '악의 세계'가 들어가 있지 않다는 사실이다. 그렇다고 해서 일본인이 악한 행위의 존재를 인정하지 않는다는 말은 아니다. 일본인은 다만 인생을 선의 힘과 악의 힘이 싸우는 무대로 보지 않을 뿐이다. 그들은 인생을 한 편의 연극으로 본다. 거기서 일본인은 어떤 하나의 '세계'와 다른 '세계' 혹은 어떤 하나의 행동 방침과 다른 행동 방침이 요구하는 것을 동시에 유심히 바라봄으로써 균형을 잡고자 애쓴다. 각각의 세계와 각각의 행동 방침은 그 자체로는 선이다. 그러니까 만일 모든 사람이 참다운 본능에 따르기만 한다면 모두가 선인이 될 것이라는 식이다.

전술했듯이 일본인은 중국의 도덕적 가르침에 대해서조차, 그것은 중국인이 그런 도덕이 필요한 국민임을 입증하는 것일 뿐이라고 생각했다. 이는 곧 중국인의 열등성을 보여주는 증거라는 것이다. 일본인은 이에 반해 자기들한테는 생활 전체를 지배하는 윤리적 계율이 전혀 불필요하다고 말한다. 앞서 인용한 조지 샌섬의 말을 빌리면, "그들은 악의 문제와 정면으로 대결하려 들지 않는다." 일본인의 이와 같은 견해에 의하면, 악의 행위는 굳이 추상적이고 우주적인 원리가 아니더라도 충분히 설명할 수 있다. 각자의 영혼은 본래 새 칼이 그렇듯이 덕의 빛을 발한다. 다만 갈고 닦지 않아 녹이 슬 수는 있다. 이와 관련해 일본인들은 '자기 자신의 몸에서 나온 녹은 칼의 녹과 마찬가지로 좋지 않다고 말하곤 한다. 그래서 사람은 칼과 마찬가지로 자신의 인격이 녹슬지 않도록 조심해야만 한다. 하지만 설사 녹이 슨다 해도 그 녹 밑에는 여전히 빛나는 영혼이 있고 그것을 다시 한번 갈고 닦기만 하면 본래 상태로 돌아갈 수 있다는 것이다.

이와 같은 일본인의 인생관 때문에 서구인들은 일본의 민간설화라든가 소설 혹은 연극의 내용을 이해하기 어렵다. 그것들을 이해하려면 흔히 행해지듯이 그 줄거리를 고쳐 써서 등장인물의 일관된 성격 및 선과 악의 갈등을 선호하는 우리의 요구에 합치되도록 개작해야만 할 것이다. 하지만 일본인이 줄거리를 이해하는 방식은 우리와 다르다. 그들의 비평은 주인공이 '기리와 닌죠' '충과 효' '기리와 기무' 사이의 갈등에 얽혀 있다는 데 주어진다. 가령 주인공이 실패하는 것은 닌죠에 빠져서 기리의 의무를 소홀히 했기 때문이거나, 충의 채무와 효의 채무 모두를 동시에 변제할 수 없었기 때문이라고 말해진다. 혹은 주인공이 기리 때문에 올바른 의를 행할 수 없었다고 평하기도 한다. 말하자면 기리에 몰려 가족을 희생시켰다는 것이다. 이런 식으로 설명되는 갈등 자체는 모두 여전히 구속력을 지닌 두 가지 의무 사이의 갈등이다. 이때의 두 가지 의무는 모두 '선'이다. 거기서 어떤 의무를 선택하느냐 하는 문제는 엄청난 빚을 진 채무자가 직면한 선택과 상통하는 바가 있다. 그런 사람은 급한 빚부터 우선 갚아나가고 다른 빚은 무시할 수밖에 없다. 하지만 빚 하나를 갚았다고 해서 그것으로 다른 빚을 면제받지는 못한다.

이야기 속의 주인공들을 바라보는 이와 같은 일본적 시각을 서구의 시각과 비교할 때 매우 큰 차이가 있다. 우리 이야기의 주인공이 훌륭한 인간으로 평가받는 이유는 그가 선인 쪽에 가담해 악인을 상대로 싸우기 때문이다. 서구에서는 '덕이 승리한다'는 이야기가 인기가 많은데, 그것은 대개 해피엔드로 끝나고 선인은 보답을 받게 된다. 이에 반해 일본인은 주인공이 서로 양립되기 어려운 '세켄에 대한 기리'와 '이름에 대한 기리' 사이에 끼여 마침내 유일한 해결책으로 죽음을 택한다는 따위의 '심각한 사건' 이야기를 끊임없이 선호한다. 다른 문화권에서 그런 내용은 대개 가혹한 운명을 견뎌내어 따르라고 가르치는 식의 이야기 형태를 띠기 마련이다. 하지만 일본에서는 그 반대다. 일본인은 자발적이고 가차 없이 단호한 결의의 이야기를 좋아한다. 그런 이야기의 주인공들은 자기 어깨에 걸린 하나의 의무를 수행하려고 모든 노력을 경주하며, 그 밖의 다른 의무는 경시한다. 그렇지만 마지막에 가서는 그들이 경시했던 '세계'와 화해한다.

일본의 참다운 국민적 서사시라 할 만한 《추신구라》[6]는 세계 문학상 높은 지위를 차지하는 이야기는 아니지만, 그것만큼 일본인의 마음을 강하게 사로잡은 것은 달리 유례를 찾기 힘들다. 일본의 소년들은 누구나 이 이야기의 큰 줄거리뿐만 아니라 세부적인 내용까지도 잘 안다. 이 이야기는 모든 시대에 걸쳐 끊임없이 전해져 내려오면서 되풀이해서 문자로 인쇄되거나 현대의 통속영화로 제작되곤 했다. 거기에 등장하는 47인의 사무라이들의 묘소는 예부터 지금까지 명소가 되어 있고 몇천 만 명이 참배했다. 그 참배객들이 남겨놓고 간 명함으로 무덤 주위가 하얗게 뒤덮이는 일도 있었다고 한다.

이런 《추신구라》의 주제는 주군에 대한 기리가 중심을 이룬다. 일본인의 견해에 따르면, 이 이야기는 기리와 충의 갈등 혹은 기리와 정의의 갈등(물론 궁극적으로는 기리가 정당한 승리를 얻는다), 나아가 '일시적인 기리'와 '무한한 기리' 사이의 갈등[7]을 그린다. 이는 1703년에 실제로 일어났던 역사 이야기인데, 당시 일본은 봉건제도의 전성기였다. 근대 일본인들의 과장된 몽상에 의하면, 그때는 남자란 어디까지나 남자답고 기리에 추호도 거짓이 없던 그런 시대였다. 47인의 사무라이들은 그와 같은 기리를 위해 명성과 아버지와 아내와 누이와 정의 등 모든 것을 희생시킨다. 그러나 최후에 그들은 할복자살[8]을 함으로써 자신의 생명을 충에 바친다.[9]

당시에는 전국의 모든 다이묘들이 정기적으로 쇼군에게 복종과 경의를 표하는 의식이 행해졌는데, 막부는 주군 아사노淺野 영주를 그 의식을 관장하는 두 다이묘 가운데 한 사람으로 임명했다. 그런데 이 두 사람은 모두 시골 다이묘였으므로, 궁정의 신분 높은 다이묘인 기라吉良 영주에게 필요한 예법을 지도받아야 했다. 이때 이 이야기의 주인공이자 아사노 영주의 가신 중 가장 지혜로운 오이시大石가 있었더라면 주군에게 빈틈없이 조언을 해주었을 것이나, 공교롭게도 그는 고향에 출타 중이었다. 한편 아사노 영주는 세상 물정에 어둡고 융통성이 없어서 기라 영주에게 바칠 충분한 '선물'을 생각해내지 못했다. 이에 비해 기라의 지도를 받았던 다른 다이묘의 가신들은 세상 물정에 훤한 자들이어서 돈의 액수를 따지지 않고 기라에게 엄청난 선물을 보냈다. 그리하여 기라 영주는 아사노 영주에게 필요한 예법을 가르쳐주기는커녕 고의로 예법에 어긋나는 복장을 입고 의식에 나오도록 지시했다.

이에 아사노 영주는 기라 영주가 가르쳐준 복장을 한 채 의식에 참가했다. 결국 자신이 모욕당했다는 사실을 알게 된 아사노는 칼을 뽑아 미처 다른 사람들이 말리기도 전에 기라의 이마에 상처를 입혔다. 이처럼 기라의 모욕에 복수하는 것은 명예를 중시하는 인간으로서 당연히 해야 할 행위, 즉 이름에 대한 기리였으나, 쇼군의 성 안에서 칼을 뽑는 것은 충에 반하는 행위였다. 아사노 영주는 이름에 대한 기리에 있어서는 훌륭한 행위를 한 것인데도 '할복' 예법에 따라 자살하는 길 외에는 달리 충과 화해할 방도가 없었다. 마침내 그는 집으로 돌아가 할복 준비를 갖추고 오로지 그의 가장 지혜롭고 충실한 가신인 오이시가 돌아오기만을 기다렸다. 이윽고 귀성한 오이시와 긴 결별의 시선을 교환한 후, 아사노 영주는 예법에 따라 자신의 배를 칼로 찔러 스스로 목숨을 끊었다. 그리하여 충에 어긋나 막부의 책망을 받은 고인의 뒤를 이어받으려는 친척이 한 사람도 없었으므로, 아사노의 영지는 몰수되고 가신들은 주인 없는 로닌浪人이 되고 말았다.

 기리의 의무로 말하자면 아사노 가의 가신들도 주군과 함께 할복할 의무를 지고 있었다. 그런데 이 가신들이 주군에 대한 기리에 따라 아사노가 자기 이름에 대한 기리를 위해 한 것과 마찬가지로 할복자살을 한다면, 그것은 기라가 주군에게 가했던 모욕에 대한 항의를 표명하는 것이 된다. 하지만 오이시는 마음속으로 할복 정도로는 그들의 기리를 표현하기에 너무 부족하고 가치 없는 행위라고 판단했다. 다른 사무라이들이 그의 주군인 아사노 영주를 기라 영주에게서 떼어놓았기 때문에 다하지 못했던 복수를 수행해야만 한다고 여겼기 때문이다. 다시 말해 기라 영주를 죽여야만 하는 것이다. 그러나 그 복수를 성취하려면 불가피하게 충을 위반하지 않으면 안 된다. 기라 영주는 막부와 너무나 긴밀한 관계에 있었으므로, 아사노 가의 가신들이 막부에게 원수 갚는 일을 허락받기란 불가능했기 때문이다. 통상적인 경우라면 복수를 계획하는 일단의 사람들은 그 계획을 막부에 제출하도록 되어 있었다. 거기에는 모월 모일까지 복수를 완료할 것이며, 그 최후 기간을 넘기면 복수를 포기하겠다는 내용이 들어가 있다. 이런 제도 덕택에 운 좋게 츙과 기리를 화해시킬 수 있는 사람들도 간혹 있었다. 그렇지만 오이시는 자신과 동지들에게 그런 길이 열려 있지 않다는 점을 잘 알았다. 그리하여 그는 아사노의 가신이었던 로닌들을 불러 모았다. 하지만 아직은 기라를 칠 계획에 대해 한마디로 하지 않았다. 이때 모여든 로닌들의 수는 300명 이상에 달했다. 1940년도에 일본 학교에서 가르친 내용에 따르면, 이들은 모두 할복하자는 의견에 동의했다고 한다. 그러나 오이시는 이들 모두가 무한한 기리, 즉 '마코토의 기리'(진정한 기리)를 가지고 있지 않다는 사실을, 따라서 그들 모두를 신뢰해 기라에 대한 복수처럼 위험한 일을 함께할 수 없다는 사실을 잘 알았다.

이때 '일시적인 기리'밖에 갖지 않은 인간과 '진정한 기리'를 가진 인간을 구별하려고, 그는 주군 아사노의 재산을 어떻게 분배하면 좋겠는가 하는 문제를 던져보았다. 이는 물론 각자의 가족에게 이익이 되는 일이었다. 하지만 일본인의 관점에서 볼 때 그것은 이미 자결에 동의한 사람들에게는 사실상 어울릴 수 없는 문제였다. 그런데도 재산 분배의 기준에 관한 의견이 로닌들 사이에서 첨예하게 대립되었다. 그 중 가신 가운데 최고의 보수를 받았던 우두머리 집사는 종래의 봉록 액수에 따라 재산을 분배할 것을 주장하는 일파의 지도자가 되었다. 한편 오이시는 전원에게 균등히 분배할 것을 주장하는 일파의 지도자였다. 어쨌거나 이 과정에서 로닌들 중에 누가 '일시적인 기리'를 가진 인간인지가 분명히 가려지자, 오이시는 우두머리 집사의 재산 분할안에 찬성했다. 그리고 승리를 얻은 패거리가 탈퇴해 떨어져나가는 것을 묵인했다. 도망친 우두머리 집사는 '개 같은 사무라이' '기리를 모르는 인간' '신의도 도리도 모르는 인간'이라는 오명을 얻었다. 그리하여 단 47인의 로닌만이 끝까지 남았는데, 오이시는 이들이야말로 자신의 복수 계획을 은밀히 털어놓을 수 있는 '기리의 사람들'이라는 사실을 확신했다. 그래서 오이시를 포함한 47인의 로닌은 신의, 애정, 기무 등 그들의 숙원 달성에 방해가 되는 일체의 것을 배제한다는 서약을 맺었다. 이들은 기리를 최고의 법도로 삼고 손가락을 베어 피로써 맹세했다.

이들의 첫 번째 과제는 기라 영주가 복수 계획을 눈치 채지 못하게 하는 일이었다. 이를 위해 그들은 서로 흩어져서 마치 명예 따위는 잊어버린 사람들인 양 가장했다. 가령 오이시는 아주 저속한 창녀집에 틀어박혀 추악한 싸움질로 나날을 보냈다. 그는 이런 방종한 생활을 핑계 삼아 아내와도 헤어졌다. 이는 법률에 위반된 행위를 하려는 일본인 누구나가 통상 사용하는 수단으로 사람들에게 그 정당성을 인정받고 있었다. 그렇게 함으로써 그의 처자들이 그와 함께 법률적 책임을 추궁당하는 것에서 자유로울 수 있었기 때문이다. 오이시의 아내는 울며 그와 헤어졌지만 그의 아들은 47인의 로닌과 합류했다.

에도의 모든 사람은 이들의 복수에 관해 이러쿵저러쿵 억측을 했다. 47인의 로닌을 존경하던 사람들은 그들이 반드시 기라 영주 살해를 기도할 것이라고 확신했다. 하지만 47인의 로닌들은 그럴 생각이 조금도 없다고 잡아뗐다. 그들은 '기리를 모르는' 사람처럼 행동했다. 이에 그들의 장인들은 사위의 치욕스러운 행동에 분개해 결혼을 취소하고 집에서 쫓아내버렸으며, 친구들도 그들을 조소했다. 어느 날 오이시의 친한 친구가 술에 취해 여자들과 희희낙락하는 오이시를 찾아왔다. 이때 오이시는 그 친구에게조차 주군에 대한 기리를 부정했다. 그는 "뭐라고? 원수를 갚는다고? 다 바보 같은 일이야. 인생이란 모름지기 즐겁게 웃으면서 지내는 것이 제일이야. 술 마시고 노는 것보다 더 좋은 일은 없어"라고 말했다. 하지만 친구는 그의 말을 믿지 않고 오이시의 칼집에서 칼을 뽑아보았다. 아마 오이시의 말과는 달리 칼만은 잘 닦여 있으리라 생각했기 때문이다. 그런데 오이시의 칼은 새빨갛게 녹이 슬어 있었다. 이를 본 친구는 오이시의 말이

본심에서 나온 것이라고 믿지 않을 수 없었다. 그리하여 그는 길거리에서 술에 만취한 오이시에게 공공연히 발길질을 하고 침을 뱉었다.

47인의 로닌 중에는 복수 자금을 마련하려고 자기 처를 창녀로 팔아넘긴 자도 있었다. 이 여자의 오빠 역시 47인의 로닌 가운데 한 사람이었는데, 복수 계획이 누이동생에게 누설되었다는 사실을 알고는 칼로 그녀를 죽이려 했다. 충성의 증거를 보여줌으로써 오이시의 복수 일당에 가담하기 위해서라고 그녀를 설득하면서 말이다. 이 밖에도 어떤 로닌은 의부를 죽였다. 또 다른 로닌은 기라 저택의 내부 정보를 알아내어 적당한 공격 시기를 정하려고 자기 누이동생을 원수인 기라 영주 심복의 첩으로 들어가 살게 했다. 로닌들의 복수가 성공한 후 그녀는 자살했다. 비록 정보를 빼내기 위해서였다 하더라도 기라 영주를 곁에서 섬긴 과오를 죽음으로 씻어내야 했기 때문이다.

눈 내리는 12월 14일 밤, 기라 영주가 베푼 주연에서 경호 사무라이들은 술에 취해 있었다. 로닌들은 방어가 견고한 기라의 저택을 습격해 경호 사무라이들을 베고 곧바로 기라 영주의 침실로 갔다. 거기서 그를 발견하지는 못했으나 침상은 아직 따뜻했다. 로닌들은 그가 저택 어딘가에 숨어 있으리라고 생각했다. 드디어 그들은 숯을 저장하는 창고 안에 누군가 웅크리고 있음을 알아냈다. 한 로닌이 창고 벽 바깥에서 창을 찔러 보았으나 도로 빼낸 창 끝에는 피가 묻어 있지 않았다. 창은 기라의 몸에 박혔으나 창을 도로 빼낼 때 기라가 옷깃으로 피를 닦아냈던 것이다. 하지만 이런 잔꾀도 결국 아무런 소용이 없었고, 로닌들은 그를 끌어냈다. 이때 그는 자기는 기라가 아니고 우두머리 집사에 지나지 않는다고 주장했다. 이에 47인의 로닌 중 한 사람이 아사노 영주가 쇼군의 성에서 기라를 칼로 벤 흉터가 남아 있을 것이라는 사실을 떠올렸다. 그 흉터 자국으로 인해 그는 틀림없는 기라로 밝혀졌다. 로닌들은 그 자리에서 기라에게 즉시 할복할 것을 요구했지만 그는 거절했다. 이는 그가 비겁자라는 사실을 증명하는 것이었다. 그래서 로닌들은 옛 주군 아사노 영주가 할복할 때 쓴 칼로 그의 목을 치고 격식에 따라 목을 깨끗이 닦았다. 그리하여 목적을 달성한 일행은 대오를 갖추어 두 차례 피를 본 칼과 절단된 기라의 목을 가지고 아사노의 묘소로 출발했다.

에도 시중들은 이런 로닌들의 훌륭한 행동을 알고 완전히 열광했다. 로닌들의 의로운 마음을 의심했던 가족과 의부들도 앞을 다투어 로닌들을 포옹하고 경의를 표하려고 달려왔다. 큰 영지를 가진 영주들까지 연도에 나와 그들을 후히 대접했다. 로닌들은 아사노의 묘소 앞에 나아가 기라의 목과 칼 그리고 망군에 대한 봉고문을 바쳤다. 이 봉고문은 지금도 그대로 보존되어 있는데, 그 내용은 다음과 같다.[10]

우리는 오늘 여기에 존령을 뵙기 위해 왔습니다. (중략) 우리는 영주님께서 미처 이루시지 못한 복수를 수행하지 않고는 묘전에 나올 수가 없었습니다. 우리는 일일천추의 마음으로 오늘을 애타게 기다렸습니다. (중략) 우리는 지금 묘전에 기라 영주를 데리고 왔습니다. 이전에 주군께서 애용하시다가 우리에게 맡기셨던 이 칼을 지금 돌려드리겠습니다. 원컨대 이 칼로 다시 원수의 목을 쳐서 영원히 유한을 푸시옵소서. 이상 우리 47인이 삼가 존령께 말씀 올립니다.

그들의 기리는 이것으로 끝났다. 하지만 이제 충을 수행해야만 한다. 그런데 이 양자를 화해시키는 길은 죽음밖에 없다. 그들은 미리 신고하지 않은 채 복수하는 것을 금하는 국법을 어겼기 때문이다. 그렇다고 해서 그들이 충을 배반하려 한 것은 아니었다. 어떻게 해서든 그들은 충의 이름 하에 요구되는 사항을 수행해야만 했다. 막부는 47인의 로닌들에게 할복

제10장 덕의 딜레마　275

을 명했다. 이와 관련해 일본의 초등학교 5학년 국어 독본[11]에는 다음과 같이 적혀 있다.

그들은 주군의 원수를 갚았기 때문에 그 확고한 기리는 영구불멸의 귀감으로 간주될 만한 것이었다. (중략) 그래서 막부는 숙고 끝에 할복을 명했다. 이것이야말로 일석이조의 방책이었다.

이처럼 47인의 로닌들은 스스로 할복함으로써 기리와 기무[12] 모두에 대한 최고의 빚을 지불한 셈이 되었다. 어쨌거나 이 일본의 국민적 서사시는 전하는 바에 따라 다소 내용을 달리한다. 한편 현대 영화에서는 사건의 발단을 뇌물이 아니라 색정이라는 테마로 바꾸어 제작하기도 한다. 즉 기라 영주가 아사노의 부인에게 연정을 호소하는데, 이 현장이 들통난다. 아사노의 부인을 짝사랑했던 기라는 일부러 잘못된 예법을 가르쳐줌으로써 아사노가 수치를 당하게 한다. 이런 식으로 뇌물 사건이 삭제되어 있다. 하지만 기리의 모든 의무에 대해서는 전율을 느낄 만큼 상세히 묘사되어 나온다. "그들은 기리를 위해 아내를 버리고 자식과 헤어졌으며 부모를 죽이기까지 했다."

기무와 기리의 충돌이라는 테마는 이《추신구라》외에도 다른 많은 이야기와 영화의 소재로 등장한다. 그 중 3대 도쿠가와 쇼군의 치세를 배경으로 하는 시대물 영화 하나를 전형적인 사례로 들 수 있다. 이 영화에 나오는 3대 쇼군은 아직 그 기량을 알 수 없는 어린 나이에 쇼군으로 지명되었다. 때문에 그의 쇼군 계승에 관해 막부 신하들 사이에 의견이 나뉘었는데, 그 중 몇몇 다이묘들은 그와 동갑내기인 일족을 옹립하고자 했다. 하지만 결국 쇼군 옹립에 실패하게 된 이 다이묘들 중 한 사람은 3대 쇼군의 뛰어난 정치적 수완에도 넘어가지 않은 채 그 '모욕'을 가슴속 깊이 품고 있었다. 이 다이묘는 때가 오기만을 기다렸고, 마침내 그때가 찾아왔다. 3대 쇼군과 그 몇몇 측근들이 자기 영지를 순찰한다는 통보가 온 것이다. 막부에게 일행을 접대하라는 명을 받은 이 다이묘는 이 기회에 숙원을 풀고 이름에 대한 기리를 수행하고자 했다. 그의 저택은 이미 요새화되어 있지만, 다가올 사건에 대비해 모든 출구를 막아 요새 같은 저택 전체를 봉쇄할 수 있도록 했다. 나아가 벽이나 천장이 쇼군과 그 일행을 향해 무너져내리도록 장치해놓기도 했다. 그의 음모는 착착 실행에 옮겨졌다.

극진한 환대가 펼쳐지는 가운데, 쇼군을 즐겁게 하는 여흥으로써 그는 가신 한 사람으로 하여금 칼춤을 추게 했다. 이 사무라이는 칼춤이 최고조에 달했을 때 쇼군을 찌르도록 명령받았다. 그는 다이묘에 대한 기리 때문에 이런 명령을 거절할 수 없었다. 하지만 그의 충은 쇼군에게 대항하는 것을 금했다. 스크린에 비친 칼춤은 이런 갈등을 남김없이 그려냈다. 그는 해야만 하고 동시에 해서는 안 된다. 칼로 찌르려 했지만 아무래도 찌를 수가 없다. 주군에 대한 기리도, 쇼군에 대한 충도 모두 강력했다. 이런 와중에 그의 춤 솜씨는 점차 흐트러질 수밖에 없었다. 그러자 쇼군 일행은 수상한 낌새를 느끼고 그 자리에서 일어나려 한다. 바로 그 순간, 이제 결사적이 된 다이묘는 건물의 파괴를 명한다. 쇼군은 가까스로 칼춤 추는 자의 칼에서 벗어났지만, 이번에는 무너져내리는 건물 밑에 깔려 죽을 위험에 처한다. 이때 아까 칼춤을 추던 자가 앞장서서 쇼군 일행을 지하 비밀 통로로 안내해 무사히 저택 밖의 광장으로 빠져나가 도망치게 한다. 충이 기리를 이긴 것이다. 이에 쇼군의 대변인이 그에게 사의를 표하고 수훈자로서 일행과 함께 에도로 갈 것을 강력히 권한다. 그러나 그 사무라이는 무너져내리는 건물을 돌아보면서 "그렇게는 할 수 없습니다. 저는 여기에 머물겠습니다. 그것이 저의 기무이며 기리입니다"라고 말한다. 이윽고 쇼군 일행과 헤어진 그는 무너지는 건물 속으로 뛰어들어가 죽고 만다. 그는 죽음으로써 충과 기리 모두를 완수하고자 했다. 죽음 안에서 양자가 화해할 수 있다고 여겼기 때문이다.

전통적인 이야기물에서는 기무와 '닌죠'의 갈등이 중심적 지위를 차지하지 않았지만, 근년에는 그것이 주요 테마의 하나가 되어 있다. 가령 근대 일본의 소설은 사랑과 기무 혹은 기리를 위해 닌죠를 버릴 수밖에 없는 이야기를 묘사한다. 이런 테마가 조심스럽고 소극적으로 취급되기보다는 오히려 크게 부각되는 것이다. 일본의 전쟁영화가 서구인들의 눈에 오히려 절호의 반전 홍보물처럼 비치기 십상이듯이, 이 소설들은 우리에게는 누구든 원하는 대로 살아갈 자유의 확대를 주장하는 호소처럼 생각된다. 소설들을 읽다 보면 확실히 이런 충동의 존재를 알 수 있다. 하지만 그런 소설이나 영화의 줄거리를 논하는 일본인들은 끊임없이 우리와는 다른 의미를 찾아내곤 한다. 우리는 사랑을 한다든지 혹은 어떤 개인적인 소망을 품고 있다는 이유로 주인공을 동정하는 데 비해, 그들은 그런 감정에 방해를 받아 자신의 기무 또는 기리를 수행하지 못했다는 이유로 주인공을 약자라고 비난한다. 서구인의 경우는 무엇보다 먼저 어떤 인습에 반기를 들고 수많은 장애를 극복해 행복을 획득하는 것이야말로 강함의 증거라고 생각한다. 그런데 일본인의 견해에 따르면, 강자란 개인적 행복을 제쳐놓은 채 주어진 기무를 완수하는 인간이다. 그들은 강인한 성격은 반항이 아니라 복종을 통해 증명된다고 생각한다. 따라서 일본인들에게 그런 소설이나 영화의 줄거리는 서구인들 눈에 비친 의미와는 완전히 다른 의미를 가지게 되는 경우가 많다.

일본인은 각자의 생활이라든가 혹은 자기가 아는 사람들의 생활에 대해서도 이와 마찬가지 방식으로 판단을 내린다. 즉 그들은 의무의 법도를 저버리고 개인적 욕망에 마음을 빼앗기는 사람을 약자로 판단한다. 그들은 모든 일을 이런 식으로 판단한다. 그 가운데 서구 윤리와 가장 대비되는 것은 아내에 대한 남편의 태도다. 일본에서 아내는 '효의 세계' 주변에 자리 잡고 있는 데 불과하지만, 부모는 그 중심을 차지한다. 따라서 남편의 의무는 명백하다. 다시 말해 높은 도덕적 품성을 가진 남자라면 효를 따르는 것이 마땅하며, 그래서 만일 어머니가 아내와 이혼하라고 하면 그렇게 한다. 아내를 사랑하고 둘 사이에 아이가 있더라도 그렇게 한다. 그것이 그를 '더 강한' 사람으로 만들어주는 것이라 여긴다. 일본인의 표현에 따르면, "효는 처자를 타인과 동일시할 것을 요구하는 경우가 있다." 이때 처자를 다루는 최선의 경우는 '진仁의 세계'에 속한다. 반대로 최악의 경우 처자는 남편에게 무엇 하나 요구할 수 없다. 결혼생활이 행복하게 영위될 때라도 아내가 여러 가지 의무의 세계에서 중심에 놓이는 일은 없다. 따라서 사람들은 아내와의 관계를 부모나 조국에 대한 감정과 동일한 수준에서 다루어서는 안 된다. 예컨대 1930년대에 어느 저명한 자유주의자가 대중 앞에서 자기는 일본에 돌아와 매우 기쁘게 생각한다고 말하면서 기쁜 이유의 하나로 아내와의 재회를 들었는데, 이로 인해 그는 세인의 악평을 뒤집어쓰게 되었다. 그는 오히려 부모를 만날 수 있어서라든가, 혹은 후지 산을 볼 수 있어서라든가, 아니면 일본의 국가적 사명에 헌신할 수 있게 되어서 기쁘다고 말했어야 했다. 그의 아내는 이런 것들과 동일한 수준에 속하지 않기 때문이다.

그런데 근대 들어 일본인은 종전처럼 다른 수준과 다른 세계를 전혀 관계없는 별개의 것으로 분리해 그들의 도덕률을 방치하는 것을 결코 만족스러워하지 않게 되었다. 즉 이제 충이야말로 가장 최고의 덕목이 된 것이다. 즉 근대의 정치가들은 천황을 정점에 둔 채 쇼군 및 봉건제후들을 배제함으로써 계층제도를 단순화함과 동시에, 마찬가지로 도덕의 영역에서도 하위 덕목들을 모조리 충의 범주 아래에 두어 의무체계를 단순화했다. 그리하여 그들은 일본 전국을 '천황 숭배' 하에 통일했을 뿐만 아니라, 일

제10장 덕의 딜레마 279

본 도덕의 원자론적 상태[13]를 완화 내지 변형하고자 했다. 다시 말해 그들은 충을 완수함으로써 다른 모든 의무를 수행하는 것이 된다고 가르쳤다. 그들은 충을 지도 위의 단순한 일점이 아니라 도덕이라는 아치형 구조물 전체의 초석으로 삼으려 했다.

이런 방침이 가장 권위 있게 표명된 최상의 사례가 바로 메이지 천황이 1882년에 발포한 〈군인칙유〉다. 이 〈군인칙유〉는 〈교육칙어〉와 더불어 일본의 참다운 성전聖典이라 할 수 있다. 일본은 어떤 종교에도 경전을 용인하지 않는다. 가령 신도에는 경전이 아예 없고, 일본 불교의 여러 종파도 교외별전敎外別傳이나 불립문자不立文字 따위를 교의로 삼거나 혹은 경전 대신에 "나무아미타불"이라든가 "남묘호렌게쿄"[14]라는 문구만 되풀이해 외우면 된다고 설한다. 그러니까 오직 메이지 천황의 〈군인칙유〉와 〈교육칙어〉만이 참다운 성전에 해당된다. 그것들은 기침 소리 하나 내지 않는 청중 앞에서 정중한 예법과 신성한 의식에 따라 봉독된다. 그것들은 마치 토라[15]처럼 다루어진다. 즉 봉독 때마다 봉안소에서 꺼내졌다가 청중이 해산한 뒤에 다시 정중히 봉안소에 안치된다. 이런 〈교육칙어〉와 〈군인칙유〉를 봉독하는 임무가 주어진 사람들은 문장 하나라도 잘못 읽으면 책임을 지고 자살하기도 했다. 〈군인칙유〉는 주로 복무 중인 군인들을 위해 하사되었다. 군인들은 그것을 완전히 암기하고 아침마다 10분씩 그 내용을 묵상했다. 그것은 중요한 축일이라든가 신병 입영일, 만기병 제대일 및 기타 이에 준하는 경우에 군인들 앞에서 읽혔다. 나아가 중등학교 전 학생들에게 가르치기도 했다.

〈군인칙유〉는 몇 페이지에 걸친 문서다. 그것은 주의 깊게 몇몇 항목 하에 배열되어 있고 문장은 명료하면서도 정확하다. 그럼에도 그것은 서구인에게는 풀 수 없는 수수께끼만 같다. 서구인에게 〈군인칙유〉의 교훈은 모순된 것으로 여겨지기 때문이다. 거기에는 선과 덕이 참다운 목표로 제시되면서 서구인들도 이해할 수 있는 방식으로 설명되어 있다. 또한 그것은 "공적 의무의 참된 길에서 벗어나 사사로운 관계에 대한 신의를 지키려 하다가" 불명예스럽게 죽은 옛 영웅호걸의 전철을 밟아서는 안 된다고 경고한다. 이는 다소 딱딱한 번역인 데다 일본어 표현 그대로를 문자대로 번역한 것은 아니지만, 적어도 원문의 의도를 잘 전달해준다. 〈군인칙유〉는 이어서 그런 영웅호걸들의 "사례로써 엄중한 경고로 삼아야 할 것"이라고 훈계한다.

이때의 '경고'라는 말은 의무에 관한 일본적 관념을 알지 못하면 이해하기 어렵다. 즉 〈군인칙유〉는 전반적으로 되도록 기리를 가볍게 다루는 반면 충을 강조하려는 정부의 노력을 잘 보여준다. 예컨대 전문을 통해 단 한 번도 기리라는 말이 일본인들이 일상적으로 사용해온 의미로는 나오지 않는다. 〈군인칙유〉는 기리를 말하는 대신 '큰 법Higher Law=충'과 '작은 법Lower Law=사사로운 관계에 대한 신의를 지키는 것'의 구별을 강조한다.[16] 여기서 〈군인칙유〉는 '큰 법'만이 모든 덕목의 충분한 근거가 될 수 있음을 입증하고자 애쓴다. 나아가 〈군인칙유〉는 '기義'란 곧 "기무를 수행하는 것"이라고 말한다. 그리고 충이 충만한 군인은 반드시 '참다운 대용大勇'을 지니게 마련이라고 주장한다. 이때 참다운 대용이란 "평소 사람들과 사귀는 데는 온화함을 제일로 삼아 모든 사람의 존경과 애정을 얻고자 힘쓰는 일"을 가리킨다. 〈군인칙유〉의 논지를 더 따라가보면, 이와 같은 가르침에 따르는 것만으로도 굳이 기리에 호소할 필요 없이 이미 충분한 선이 된다는 것이다. 한편 기무 이외의 여러 가지 의무는 '작은 법'에 해당하며, 따라서 이런 의무를 승인하기에 앞서 매우 신중해야만 한다.

그러므로 사사로운 관계에 있어 그대가 한 말을 지키고 의무를 다하고자 한다면, (중략) 처음부터 그 일을 할 수 있을 것인지 아닌지를 신중히 생각해야 한다. 현명치 못한 의무 관계에 얽히게 되면, 훗날 진퇴유곡의 처지에 빠질 수가 있다. 그러니까 애당초 그대가 한 말을 지키고 의[17]를 견지하기 어렵다는 생각이 든다면, 사사로운 약속을 즉시 포기하는 편이 낫다. 예부터 역경에 압도당한 나머지 자기 이름을 더럽혀 죽은 뒤까지 후세에 오점을 남긴 영웅호걸들의 사례가 수없이 많다. 왜 그랬을까? 그들은 기껏 '작은 법'의 신의를 세우려다 근본을 해쳐 옳고 그름을 분별하지 못했기 때문이다. 혹은 사사로운 관계에 대한 신의를 지키려다 공적 의무의 길에서 벗어났기 때문이다.[18]

〈군인칙유〉에서 충이 기리보다 우선한다는 이상의 모든 가르침은 전술한 바와 같이 기리라는 말을 사용하지 않은 채 쓰여 있다. 그러나 일본인이라면 누구나 "기리 때문에 의를 행할 수 없었다"고 하는 어법을 잘 안다. 〈군인칙유〉는 이를 "그대가 한 말을 지키고 의를 견지하기 어렵다는 생각이 든다면"이라는 표현으로 바꾸어 말하는 것이다. 여기서 〈군인칙유〉는 천황의 권위를 빌려 기리란 '작은 법'에 불과하다는 점을 환기시킴으로써 모름지기 사람은 위와 같은 상황에서라면 기리를 버려야 한다고 설명한다. 이런 〈군인칙유〉의 가르침에 따라 기리를 버린다 해도 그 사람은 '큰 법'을 지킴으로써 여전히 덕 있는 인간으로 간주될 것이기 때문이다.

충을 찬미하는 이 성전(〈군인칙유〉)은 일본에서 매우 중요한 문서다. 하지만 〈군인칙유〉가 우회적이나마 기리를 비난했다 해서 과연 일본인에게 기리의 중요성이 폄하되었을지 쉽게 단정할 수는 없다. 일본인은 종종 자기나 타인의 행위를 설명하고 또 정당화하려고 〈군인칙유〉의 다른 대목, 예컨대 "의란 자기 의무를 다하는 것을 말한다"라든가 "마코토[19]의 마음만 있다면 무슨 일이든지 이룰 수 있다" 따위의 말을 인용하곤 한다. 그러나 사사로운 정과 신의에 기울어지지 않는 편이 적절하다고 생각되는 경우가 자주 있음에도 일본인들이 그런 경고를 입에 담는 일은 드문 것 같다. 그리하여 일본 사회에서는 오늘날에도 기리가 매우 큰 권위를 가진 덕목으로 여겨지며, '기리를 모르는 놈'이라는 말은 가장 심한 비난에 속한다.

어쨌거나 이처럼 '큰 법'(충)을 도입한다 해도 일본의 윤리가 쉽사리 단순화될 수 있는 것은 아니다. 일본인은 선한 행위의 시금석으로 사용할 만한 보편적인 덕을 가지고 있지 않은데, 그들은 오히려 종종 이 점을 자랑스럽게 여겨왔다. 대부분의 문화권에서 개개 인간은 이를테면 선의라든가 검약 혹은 사업의 성공 등 어떤 덕을 달성할 때 자기 자신에게 자부심을 느끼기 마련이다. 그들은 행복, 타인에 대한 영향력, 자유, 사회적 활동 같은 것을 인생의 목적으로 삼는다. 하지만 일본인은 이런 것보다 더 특수한 법도에 따른다. 봉건시대에서든 〈군인칙유〉에서든 일본인이 '큰 법大節'을 거론할 때조차, 그것은 다만 계층적 위계질서에서 상급자에 대한 의무가 하급자에 대한 의무보다 앞선다는 의미에서 말해질 뿐이다. 지금도 일본인은 여전히 특수주의적이다. 서구인의 '큰 법'이 충성에 대한 충성이라면, 이에 반해 일본인의 '큰 법'은 어느 특정 인물이나 특정 주의主義에 대한 충성이라 할 수 있기 때문이다.[20]

근대 일본인은 모든 개개의 '세계'를 지배하는 덕목 한 가지만 들라 하면 통상 '마코토'를 선택하는 경우가 많았다.[21] 가령 오쿠마大隈[22] 백작은 일본의 윤리에 대해 언급하기를, "마코토야말로 규범 가운데 규범이라 할 만한 최고의 가르침이다. 모든 도덕적 교훈의 기초가 이 한마디 말에 들어 있다고 해도 좋을 정도다. 고대 일본어 가운데 유일하게 윤리적 함의를 담은 어휘가 바로 이 '마코토'라는 말이다"라고 했다. 금세기 초엽에 새로운 서구적 개인주의를 구가했던 근대의 소설가들 또한 서구적 신조에 불만을 느끼게 되어 마코토(통상 '마고코로'[23]라고도 한다)를 유일하고 참다운 '교의'로 삼아 찬미하는 데 열의를 보였다.

마코토에 대한 이와 같은 도덕적 강조가 〈군인칙유〉를 밑받침한다. 〈군인칙유〉는 일본 역사의 발단에 관한 언급부터 시작한다. 이는 미국에서라면 워싱턴과 제퍼슨을 비롯한 '국부들'과 관련된 언급에 상당한다. 일본에서 이 부분은 온과 충을 상기시키면서 최고조에 달한다.

> 우리(천황)는 머리고 그대들은 몸이다. 우리는 그대들을 팔다리 삼아 의지한다. 우리가 우리나라를 보호해 우리 조상들에게 받은 온을 갚느냐 못 갚느냐는 그대들이 그대들의 의무를 달성하는 데 달렸다.[24]

이어서 다음과 같은 내용으로 이루어진 5개조의 군율이 기술되어 나온다. 첫째, 제1의 군율은 최고의 덕에 관한 사항이다. 최고의 덕은 충의 의무를 달성하는 것이다. 군인은 아무리 싸움을 잘하더라도 충이 견고하지 않으면 꼭두각시와 다를 바 없다. 또한 충이 없는 군대는 위기에 빠졌을 때 오합지졸이 된다. 그러므로 "여론에 좌우되지 말고 정치에 구애받지 말며 오직 한결같이 자기의 본분인 충절을 지켜야 한다. 의는 산보다도 무겁고 죽음은 새털보다도 가볍다는 것을 기억하라." 둘째, 제2의 군율은 외면적 형식과 행동에 관한 준수 사항이다. 즉 군대에서는 계급에 따라 예의를 바르게 지켜야 한다. "하급자는 상관의 명령을 받드는 것을 곧 직접 짐의 명령을 받드는 것으로 알 것이며" 상급자는 하급자를 친밀하게 다루어야 한다. 셋째, 제3의 군율은 용기에 관한 사항이다. 참된 무용은 "혈기에 날뛰는 난폭한 거동"과는 완전히 반대되는 것으로, "조그만 적이라 하더라도 깔보지 말고 큰 적이라 하더라도 두려워하지 않는" 것이라고 규정된다. "이와 같은 무용을 숭상하는 자는 평소 사람을 대할 때 온화함을 첫째로 하여 사람들의 애정과 존경을 얻고자 노력해야 한다." 넷째, 제4의 군율은 "사사로운 관계에 대한 신의"에 기울어지는 것을 경계해야 한다는 내용이다. 다섯째, 제5의 군율은 검소하고 절약하라는 훈계다. "무릇 검소하지 않으면 유약하고 경박해져 사치스럽고 화려한 것을 좋아하게 됨으로써 마침내 탐욕과 오탁에 빠져 마음까지 한없이 천박해지기 십상이다. 그리하여 절조도 무용도 보람 없이 세인들에게 미움을 받아 따돌림당하기에 이를 것이다. (중략) 이런 악습에 빠질 것이 염려되어 마음이 편치 않아 짐이 다시 이를 훈계하는 바다."

〈군인칙유〉의 마지막 한 구절에서는 이상과 같은 5개조의 가르침을 "천지의 공도公道이자 인류가 마땅히 지켜야 할 도리常經"라고 부른다. 그것이 바로 "짐의 군인들이 갖추어야 할 정신"이라는 것이다. 나아가 상기 5개조의 '정신'은 '마고코로'에 있다고 말한다. "마고코로가 아니라면 아무리 좋은 말과 행동을 한다 해도 모두 겉치레일 뿐이니 무슨 소용이 있겠는가? 마고코로이면 무엇이든 성취할 수 있을 것이다." 그리하여 이 5개조의 가르침이 '행하기 쉽고 지키기 쉬운' 것이라 말한다. 모든 덕목과 의무를 열거한 후 마지막으로 '마고코로'를 든 것은 과연 일본적이다. 일본인은 중국인처럼 일체의 덕이 인애仁愛의 마음에서 비롯된다고는 생각하지 않는다. 오히려 일본의 경우에는 먼저 의무의 법도를 내세운 다음, 마지막으로 몸과 마음과 정신을 다하고 전력투구해 성심껏 그 의무들을 수행해야 한다는 요구사항을 거기에 덧붙인다. 불교의 한 종파인 선종의 가르침에서도 이와 동일한 의미로 마코토至誠에 관해 말한다. 예컨대 스즈키[25]는 탁월한 선禪 개론서에서 다음과 같은 사제 간의 문답을 든다.

> 제자 : 사자는 적을 습격할 때 그것이 토끼든 코끼리든 불문하고 전력을 다합니다. 그 힘이 무엇인지 가르쳐주십시오.
> 스승 : 마코토의 힘이다. 마코토란 자기 자신을 속이지 않는 것不欺, '전 존재를 모두 드러내는 것'이다. 선가에서는 이를 '전체 작용 the

whole being in action'이라 하여 아무것도 유보하지 않고 아무것도 위장해 표현하지 않고 아무것도 헛되게 하지 않는 것을 가리킨다. 이렇게 사는 사람을 금모金毛의 사자라고 말한다. 그런 사람은 용맹과 지성至誠과 전심專心의 상징이다. 그는 신과 같은 사람이다.

이 '마코토'라는 말의 특수한 일본적 의미에 대해서는 앞에서 다른 것을 설명할 때 함께 언급한 바 있다. 마코토의 의미는 영어 어법에서의 '신세러티sincerity(성실)'가 나타내는 의미와는 다르다. 마코토는 '신세러티'에 비해 훨씬 적은 내용을 가지는 동시에 또 훨씬 많은 내용을 가지고 있다. 서구인들은 마코토라는 말이 '신세러티'에 비하면 의미하는 내용이 훨씬 한정되어 있다는 사실을 금방 알아차린다. 그래서 서구인들은 때때로 일본인이 누군가에게 마코토가 없다insincere고 말할 때, 이는 다만 그 사람과 의견이 다르다는 사실을 의미하는 것에 불과하다고 말한다. 이 말은 어느 정도 사실이다. 왜냐하면 일본에서 어떤 사람을 '마코토의 사람'이라고 부를 때, 그것은 그 사람이 '진심으로genuinely' 자신의 마음을 지배하는 사랑이나 미움 혹은 결의나 놀람에 따라 행동하느냐 하는 문제와는 무관하기 때문이다.

미국인들은 가령 "그는 나를 만난 것을 진심으로 기뻐했다He was sincerely glad to see me"라든가 "그는 진심으로 만족했다He was sincerely pleased"와 같은 표현을 종종 쓰는데, 일본어에는 그런 표현 방식이 별로 없다. 반대로 그들은 이런 '신세러티'[26]를 경멸하는 여러 가지 관용구를 가지고 있다. 예컨대 그들은 "저기 봐, 저 개구리는 입을 벌리면 뱃속까지 다 보여"라든지, "석류처럼 입을 벌리면 마음속에 있는 것이 다 보인다"라고 말하면서 비웃는다. 그러니까 일본에서 '감정을 입 밖에 내어 말하는 것'

은 수치다. 그것은 자기를 '속속들이 노출시켜 보여주는' 것이 되기 때문이다. 요컨대 미국에서는 매우 중요한 이 '신세러티'라는 말에 수반되는 연상이 일본의 '마코토'라는 말의 의미 속에는 존재하지 않는다.

앞서 언급한 일본인 소년이 마코토가 없다고 미국인 선교사를 비난했을 때, 가난한 소년이 빈손으로 미국에 간다는 계획에 대해 그 미국인이 '진심으로' 놀라움을 느꼈는지 어땠는지를 생각해보는 따위의 일은 전혀 그 소년의 염두에 없었다.[27] 일본의 정치가들은 늘 그래왔듯이 최근 10년 간에도 미국과 영국을 마코토가 없다고 비난했는데, 마찬가지로 여기서도 그들은 서구 제국이 '진심으로 in reality' 자기들이 느끼는 바에 따라 행동하고 있는가 아닌가에 대해서는 생각조차 하지 않았다. 그들이 영국과 미국을 비난한 것은 양국이 위선자라는 이유에서가 아니었다. 위선자라면 아마 그렇게까지 크게 비난할 필요도 없었을 것이다. 마찬가지로 〈군인칙유〉가 마고코로(마코토)를 '5개조의 정신'이라고 말할 때, 그것은 사람으로 하여금 자기 내부의 소리가 명하는 바에 따라 행동하게 하는 마음의 진실성이야말로 다른 일체의 덕목들을 실효성 있게 만드는 덕이라는 점을 의미하지 않는다. 확실히 그것은 자기의 신념이 다른 사람의 신념과 다를 경우 순수하게 자기 신념에 따라 행동해야 한다고 명령하는 것은 아니다.

그렇지만 '마코토'는 일본에서 몇 가지 적극적인 의미를 가진다. 일본인은 마코토 개념의 윤리적 역할을 매우 중시한다. 따라서 서구인들은 일본인이 이 말을 어떤 의미에서 사용하는지 이해하지 않으면 안 된다. 일본인이 마코토에 대해 품는 근본적인 의미는 전술한 《추신구라》 이야기에 유감없이 나타나 있다. 이 이야기 속의 '마코토'는 기리에 첨가되는 플러스 기호라 할 수 있다. 예컨대 '마코토의 기리'는 '일시적인 기리'에 반대되는 개념으로, 그것은 '영구불멸의 귀감이 되는 기리'다. 오늘날에도 일본인은 "마코토가 그것을 지속시킨다"라고 말한다. 이런 표현 속의 '그것'

이란 문맥에 따르면 일본의 도덕률 속에 포함되는 어떤 계율 또는 '일본 정신'이 요구하는 어떤 태도를 가리킨다.

　전시 일본인 격리 수용소 내에서의 마코토 어법도《추신구라》의 그것과 완전히 같았다. 또한 이는 마코토의 논리가 어디까지 확장될 수 있는지 혹은 그것이 미국에서 쓰이는 '신세러티'라는 단어의 용법과 어떻게 반대 의미가 될 수 있는지를 분명히 보여준다. 일본 편을 드는 이민 1세(일본 태생의 미국 이민자)가 미국 편을 드는 이민 2세에게 끊임없이 퍼부었던 판에 박힌 비난은 2세에게 '마코토가 없다'는 것이었다. 이 말은 2세에게 '일본 정신'(전시 일본에서 공식적으로 정의된 바로서의)을 지속시킬 만한 심적 특질이 없다는 것을 의미했다. 1세는 결코 2세의 친미 태도가 위선적이라고 생각한 것은 아니었다. 그들이 뜻하는 바는 위선적이라는 의미와는 완전히 달랐다. 그 증거로, 2세가 미군에 지원해 순수한 애국심이 명하는 바에 따라 제2의 조국인 미국을 지지한다는 것이 분명해졌을 때에도 1세는 한층 확신을 가지고 2세에 대해 '마코토가 없다'는 비난을 멈추지 않았다는 점을 들 수 있다.

　그러니까 일본인이 '마코토'라는 말을 쓸 때의 근본적인 의미는 일본의 도덕률 및 '일본 정신'에 의해 지도상에 그려진 '길'을 따르는 열성에 있다. 개개의 문맥에서 '마코토'라는 말이 아무리 특수한 의미를 가진다 해도, 그것은 항상 일반적으로 '일본 정신'이라고 인정되는 어떤 측면에 대한 찬미 혹은 덕성의 지도 위에 세워진 공인된 이정표에 대한 찬미라고 해석하면 틀림이 없다.

　이처럼 '마코토'가 미국인이 생각하는 것과 같은 의미를 갖지 않는다는 사실을 이해한다면, 이 말이 모든 일본어 문헌에서 주의해야 할 극히 유용한 말임을 알 수 있다. 왜냐하면 마코토라는 말로 표현되는 사항은 항상 일본인이 실제로 중점을 두는 적극적인 덕목이라고 생각하면 틀림이 없기 때문이다. 여기서 마코토는 세 가지 의미를 가진다. 첫째, 마코토는 사리私利를 추구하지 않는 인간을 칭찬하는 말로서 끊임없이 사용된다. 이 점은 일본인의 윤리가 이윤 추구를 매우 나쁜 일로 생각한다는 측면을 반영한다. 이윤은 그것이 계층제의 당연한 결과가 아닌 경우에는 부당한 착취로 여긴다. 그리고 사람들은 이윤을 얻기 위해 옆길로 새나간 중개인을 돈놀이꾼이라 하여 매우 경멸한다. 그런 인간은 늘 '마코토가 없는 인간'이라는 말을 듣는다.

둘째, 마코토는 언제나 감정에 치우치지 않는 사람을 칭찬하는 말로도 쓰인다. 이는 일본인의 자기 수양 관념을 반영한다. 마코토를 지녔다고 여겨지는 일본인은 싸움을 걸 생각이 없는 사람을 모욕하게 될 만한 위험에는 절대로 다가서지 않는다. 이는 사람이란 행위 그 자체에 대해서는 물론이고 그 행위가 초래하는 결과에 책임을 져야 한다는 일본인의 신조를 반영한다.

셋째, 마코토가 있는 사람만이 '다른 사람들을 이끌 수 있다.' 그는 지도자로서의 수완을 유효하게 활용하고 불필요한 심리적 갈등에서 자유로울 수 있기 때문이다.

마코토라는 말에 내포된 이 세 가지 의미 및 그 밖의 여러 가지 의미는 일본적 윤리의 등질성을 단적으로 보여준다. 즉 이는 인간이란 그저 정해진 법도에 따를 때에만 어떤 실효를 기대할 수 있고 또한 모순이나 갈등을 느끼지 않게 된다는 사실을 반영한다.

이와 같이 일본인이 말하는 마코토에는 여러 가지 의미가 있다. 따라서 이 덕목은 〈군인칙유〉라든가 오쿠마 백작이 말하는 것처럼 그렇게 일원적이고 단순한 윤리가 아니다. 다시 말해 마코토라는 덕목이 그들 도덕의 '기초'를 이루는 것도 아니고, 거기에 '정신'을 부여하는 것도 아니다. 그것은 이를테면 어떤 수에 대해서라도 적절하게 덧붙여 쓰면 그 수를 고차의 거듭제곱으로 만드는 지수와 같은 것이다. 가령 2라는 작은 숫자를 오른쪽 위에 붙이면 9든 159든 b든 x든 전혀 관계없이 제곱수가 된다. 마찬가지로 마코토는 일본인의 도덕 법전에 나오는 어떤 조항이든 고차의 거듭제곱으로 만들어버린다. 요컨대 마코토는 독립적인 덕목이라기보다는 비유컨대 자기 교의에 대한 광신자의 열광과 같은 것이라 할 수 있다.

일본인이 그들의 도덕률에 어떤 수정을 가하고자 노력해왔다 하더라도 그 도덕률은 여전히 원자론적인 것에 머물러 있다.[28] 즉 일본적 덕의 원리는 그 자체로는 선善인 두 가지 상이한 행위 양식 사이의 균형을 유지시켜 왔다. 일본인의 윤리체계는 마치 브리지[29] 게임과 같다. 거기서는 주어진 규칙에 따라 그리고 그 규칙의 범위 내에서 게임하는 자가 좋은 경기자다. 그는 추리 훈련이 되어 있어서 다른 경기자들이 낸 패가 게임 규칙에서 무엇을 의미하는지 충분한 지식을 가지고 따라갈 수 있다. 이 점에서 그는 나쁜 경기자와 구별된다. 우리의 표현에 의하면 그는 '호일Hoyle에 따라서'[30] 게임한다. 이때 그는 각 카드마다 무수한 경우의 수를 고려해야 한다. 일어날 수 있는 모든 우연은 빠짐없이 경기 규칙에 망라되어 있고 점수도 미리 정해져 있다. 거기서는 미국인이 말하는 의미의 선한 의도 따위는 전혀 고려 사항에 들어가 있지 않다.[31]

어느 나라 말이든 어떤 맥락에서 사람들이 자중自重을 잃거나 혹은 획득한다고 말하는지를 알면 그 국민의 인생관을 이해하는 데 많은 도움이 된다. 일본에서 '자신을 존중한다自重'는 것은 항상 스스로가 주의 깊은 경기자라는 것을 뜻한다. 하지만 이는 영어의 용법에서처럼 남에게 아부하지 않는다든지 거짓말을 하지 않는다든지 거짓 증언을 하지 않는다든지 하는, 어떤 훌륭한 행위의 기준에 의식적으로 따른다는 것을 가리키지는 않는다. 일본에서 자중自重(지초)이란 문자 그대로 보면 '묵직한 자아'를 의미한다. 그 반대는 '경박한 자아'다. 그래서 "당신은 자중해야 한다You must respect yourself"고 말하는 것은 "당신은 빈틈없이 어떤 상황에 내포되어 있는 모든 요소를 감안해 결코 남에게 비난을 받거나 혹은 성공의 기회를 놓치는 행동을 해서는 안 된다"는 것을 뜻한다. 그러니까 일본인이 '자신을 존중한다는 것'은 종종 미국에서 이 말이 뜻하는 행동과 정반대 경우를 의미한다. 가령 피고용자가 "나는 자중해야 한다"고 말할 때 그것은 자기의 권리를 주장해야 한다는 뜻이 아니라 자신을 곤란에 빠뜨릴 수 있는 말을 고용자에게 해서는 안 된다는 뜻이다. 일본에서 "당신은 자중해야 한다"는 표현이 정치적으로 쓰이는 경우에도 같은 뜻을 가진다. 그것은 만일 '중책을 맡은 사람'이 무분별하게 '위험 사상'에 빠져드는 일이 있다면 이미 자신을 존중할 수 없다는 것을 의미한다. 거기에는 미국에서처럼 설령 어떤 사상이 위험하다 하더라도 자기 자신을 존중하기만 한다면 스스로의 견해와 양심에 따라 자기 사상을 가져야 한다는 의미는 들어 있지 않다.

"너는 자중해야 한다"는 말은 부모가 청소년기의 자식을 훈계할 때 끊임없이 입에 올리는 말이기도 하다. 그것은 예절을 잘 지키고 타인의 기대에 어긋나지 않도록 행동하는 것을 가리킨다. 예를 들어 여자아이는 다리를 올바른 위치에 두고 몸을 움직이지 않도록, 그리고 사내아이는 심신을 단련하고 남의 안색을 살피는 것을 배우도록 훈계받는다. 이때 부모는 "지금이야말로 너의 장래가 결정되는 중요한 시기이기 때문"이라고 말한다. 부모가 자식에게 "너는 자중하는 사람처럼 행동하지 않았다"고 말할 때, 그것은 자식의 경박한 거동에 대해 예절과 법도에 어긋남을 꾸짖는 말이다. 이는 자식이 자기가 옳다고 생각하는 일을 위해 일어설 용기가 없다고 책망하는 것은 아니다.

채권자에게 빚을 갚지 못한 농부 또한 "나는 자중했어야만 했다"고 말한다. 그러나 이는 자신의 나태라든가 혹은 채권자에게 보인 비굴한 태도를 책망하는 말이 아니다. 그것은 궁지에 빠질 경우를 예상해서 더 조심스럽게 행동했어야 했다는 것을 뜻한다. 이에 비해 사회적 지위가 높은 사람은 "나의 자존심이 이러이러한 것을 요구한다"고 말하는데, 이는 정직이나 청렴 같은 특정한 도덕적 원리에 따라 행동해야 한다는 뜻이 아니고, 자신의 가문과 신분을 충분히 고려하면서 일을 처리해야 한다는 것을 의미한다. 한편 실업가가 자기 회사에 대해 "우리는 자중해야 한다"고 말할 때, 이는 신중에 신중을 기해야 한다는 뜻이다. 또한 복수의 필요성을 강조하는 사람은 "자중해서 복수해야 한다"고 말한다. 하지만 이는 결코 적의 머리 위에 "활활 타오르는 숯불을 쌓는 것"[32]이 아니다. 즉 이는 어떤 도덕적 원칙에 따를 의도가 있다는 뜻이 아니다. 그것은 "나는 기어코 완전히 복수하고야 말 것이다"라는 말과 같아서, 주도면밀하게 계획을 세워 모든 요인을 고려해 복수하겠다는 뜻이다. "자중에 자중을 거듭한다"는 말은 일본어에서 가장 강한 표현에 속한다. 그것은 무한히 조심한다는 뜻이며, 결코 경솔한 결론을 내리지 않는다는 것을 의미한다. 그것은 목표에 도달하기 위해 필요 이상의 노력도 필요 이하의 노력도 소비하지 않도록 여러 가지 방법과 수단을 강구한다는 것을 가리킨다.

이와 같은 여러 가지 자중의 의미는 인생을 세심한 주의력을 가지고 '호일에 따라서', 즉 규칙에 따라서 행동해야 할 세계로 보는 일본인의 인생관과 잘 맞아떨어진다. 그들은 자중이라는 것을 그렇게 정의한다. 따라서 일본에서는 의도가 좋았다는 것만으로 실패를 변명하는 것이 허용되지 않는다. 사소한 일거수일투족이 여러 가지 중대한 결과를 수반하는 것이므로 사람은 그 결과를 면밀히 예상하고 고려해서 행동해야 한다. 남에게 은혜를 베푸는 것은 매우 좋은 일이긴 하지만, 그것이 상대방으로 하여금 '은혜를 뒤집어쓰게 되었다'고 느끼게 하리라는 점을 미리 예견해 조심해야만 한다. 혹은 남을 비판해도 아무 상관이 없지만, 그럼으로써 상대방이 품게 될 모든 원한의 결과를 감당할 각오가 되어 있어야 한다. 앞서 언급한 미국인 선교사가 젊은 일본인 화가에게서 그를 조소했다고 비난받은 경우에, 그 선교사가 자기 말에 특별히 악의가 있었던 것은 아니라고 말해 보았자 아무런 변명도 되지 못한다. 그 선교사는 이를테면 바둑판 위에서 그의 한 수가 어떤 의미를 가지는가를 충분히 고려하지 못했던 것이다. 일본인의 관점에서 보면 그는 조금도 훈련되지 않은 사람일 뿐이다.

이처럼 신중과 자중을 동일시하는 일본인의 행동 방식 속에는 타인의 행동을 통해 알 수 있는 모든 암시에 방심하지 말고 마음을 써야 하며, 타인이 자기 행동을 비판할지도 모른다는 사실을 항상 강하게 의식하라는 의미가 담겨 있다. 그리하여 일본인들은 "세켄[33]에서 뭐라고 시끄럽게 구니까 자중해야 한다"라든가 "만일 세켄이라는 것이 없다면 자중하지 않아도 좋을 텐데"라는 식으로 말한다. 이는 자중이 외면적 강제력에 의거한다는 점을 보여주는 극단적인 표현이다. 그것은 올바른 행동에 수반됨직한 내면적 강제력과는 완전히 무관한 표현이다. 물론 다른 많은 나라들의 통속적인 언어 관행과 마찬가지로 이런 말투도 사실을 과장해서 표현하고 있음이 분명하다.[34]

사실 오늘날 일본인들은 종종 자기 죄과에 대해 서구의 청교도들과 비교해도 결코 뒤지지 않을 만큼 강렬한 반응을 나타내기도 한다. 그렇기는 하지만 역시 앞에 나온 극단적인 표현은 일본인들이 대략 어디에 중점을 두는가를 잘 보여준다. 다시 말해 일본인은 죄의 중대성보다는 '하지恥'의 중대성에 더 무게를 둔다.[35] 상이한 타문화를 다루는 인류학적 연구에서는 하지shame에 입각한 문화와 죄guilt에 입각한 문화를 구별하는 일이 중요시된다. 이때 '죄의 문화'란 도덕의 절대적 기준을 상정하면서 양심의 계발에 의지하는 사회라고 정의할 수 있다. 물론 그런 죄의 문화에서도, 가령 미국에서는 그 자체만 보면 결코 죄가 아니지만 어떤 바보 같은 짓을 저질렀을 때 수치심을 느끼고 상심하게 되는 일도 있을 수 있다. 이를테면 경우에 맞는 복장을 갖추지 않았거나 실언 따위로 인해 매우 번민하는 사람들이 종종 있다. 마찬가지로 하지가 큰 강제력을 가지는 문화에서도 누구든 죄를 범했을 경우에는 번민하게 마련이다. 그 번민은 때로 매우 강렬하다. 게다가 그것은 서구에서처럼 참회나 속죄에 의해 경감될 수도 없다. 서구 그리스도교 문화권에서 죄를 범한 사람은 그 죄를 숨기지 않고 고백함으로써 무거운 짐을 내려놓을 수가 있다. 이 고백이라는 수단은 서구의 세속적 요법에서뿐만 아니라 서로 공통점이 거의 없는 여러 종교 단체도 종종 이용한다. 우리는 그런 고백이 죄지은 사람들의 기분을 가볍게 해준다는 사실을 잘 안다. 하지만 하지의 문화에서는 설사 참회승에게 과오를 고백한다 해도 조금도 마음이 편해지지 않을 것이다. 거기서는 나쁜 행위가 '세상 사람들 앞에 드러나지 않는 한' 고민할 필요가 없으며, 따라서 고백은 도리어 스스로 고민을 자초하는 일로 간주되기 때문이다. 그러므로 하지의 문화에서는 인간에 대해서는 물론이고 신에 대해서조차 고백한다는 습관이 없다. 거기에는 복과 행운을 기원하는 의례는 있지만 속죄의례는 없다.

 참다운 죄의 문화에서는 내면적인 죄의 자각에 의거해 선행을 행한다. 이에 비해 참다운 하지의 문화에서는 외면적 강제력에 의거해 선행을 하는 경향이 많다.[36] 하지는 타인의 비평에 대한 반응이라 할 수 있기 때문이다. 하지의 문화에서 사람들은 남 앞에서 조소받고 거부당하거나 혹은 남 앞이 아니더라도 자신이 조소당했다는 생각이 들 때 하지를 느끼게 된다. 어떤 경우든 하지는 강력한 강제력으로 작용한다. 거기서 사람들은 실제로 그 자리에 타인이 같이 있거나 혹은 적어도 함께 있다고 믿을 경우에 하지를 느끼게 된다. 하지만 자신이 마음속에 그린 이상적인 자아에 걸맞도록 행동하는 것을 명예로 간주하는 서구 문화의 경우에, 사람들은 자신의 비행을 아무도 모른다 해도 죄의식 때문에 고민한다. 그리고 이런 죄책감은 그 죄를 고백함으로써 경감된다.

　미국에 이주한 초기의 청교도들은 일체의 도덕을 죄책감의 기초 위에 두고자 노력했다. 현대 미국의 정신병 의사들이라면 누구나 미국인들의 양심이 얼마나 죄의식에 고민하는가를 잘 안다. 물론 미국에서도 한편으로는 수치심이 점차 무게를 더해가며, 이전만큼 죄를 심각하게 느끼지 않는 경향이 많아지고 있다. 미국에서는 이런 경향을 도덕의 이완으로 해석한다. 그런 해석은 일정 부분 진실을 담고 있다. 우리는 수치심만으로는 도덕의 기초가 될 수 없다고 생각하기 때문이다. 다시 말해 우리는 수치에 수반되는 강렬한 개인적 통한의 감정이 도덕의 기본체계를 이루는 원동력은 될 수 없다고 여긴다.

　이에 반해 일본인은 하지를 도덕의 원동력으로 삼는다. 예컨대 일본에서는 분명하게 정해진 어떤 선행의 도식에 따를 수 없다거나, 여러 가지 의무 사이의 균형을 유지하지 못하거나, 혹은 일어날 수 있는 어떤 우연을 예견할 수 없다거나 할 때 사람들이 하지를 느낀다. 그들은 이런 하지야말로 모든 덕의 근본이라고 말한다. 즉 하지를 느끼기 쉬운 인간이야말로 모든 율법적 선행을 실행하는 사람이라는 것이다. 이때 '하지를 아는 사람'이라는 말은 영어로 때로는 '덕 있는 사람virtuous man'으로 때로는 '명예로운 사람man of honor'으로 번역된다. 서구 윤리에서는 '양심의 결백'이라든가 '신에게 의롭다고 여겨지는 것' 혹은 '죄를 짓지 않는 것'이 큰 권위를 차지한다면, 일본의 윤리에서는 하지가 그에 상당하는 권위를 차지한다. 따라서 일본에서는 그 당연한 논리적 귀결로 사후 세계에서 벌을 받는다는 관념은 존재하지 않는다. 인도 경전에 대한 지식을 가지고 있는 승려를 제외하면, 일본인은 이 세상에서 쌓은 공과에 따라 저 세상에서 다시 태어난다는 사상[37]을 전혀 알지 못한다. 또한 그리스도교 교의를 충분히 이해한 뒤에 그리스도교로 귀의한 사람을 제외하면, 일본인은 사후의 상벌이라든가 천국과 지옥 따위의 교의를 인정하지 않는다.

요컨대 일본인의 생활에서는 여러 덕목 중 하지가 최고 지위를 차지한다. 이는 수치를 심각하게 느끼는 부족이나 국민이 모두 그러하듯이, 각자가 자기 행동에 대한 타인들의 평가에 예민하게 신경 쓴다는 것을 의미한다.[38] 그들은 오로지 타인이 어떤 판단을 내릴 것인지 추측하면서 그 판단을 기준으로 자신의 행동 방침을 정한다. 일본인은 모두가 같은 규칙에 따라 게임을 하면서 서로가 서로를 지지할 때만 쾌활하고 편안하게 행동할 수가 있다. 그들은 그것이 일본의 '사명'을 수행하는 길이라고 느끼는 경우에는 게임에 열중할 수 있다. 그들이 가장 심한 마음의 상처를 받는 것은 일본 특유의 행동 기준이 그대로 통용되지 않는 외국에 그들의 덕목을 적용하려고 시도했을 때였다. 가령 그들은 이른바 '대동아'의 사명이 '선의'에 입각한 것이라 믿었지만 이는 실패로 끝났다. 당시 중국인이나 필리핀인이 그들에게 보인 태도에 대해 많은 일본인들이 느낀 분노는 거짓 없는 감정이었다.

비단 이런 국가주의적 동기가 아니더라도, 유학이라든가 사업상 목적으로 미국에 건너간 일본인들은 일본만큼 도덕이 그렇게 딱딱하게 정해지지 않은 세계에서 생활하면서 그들이 지금까지 받아온 주도면밀한 교육의 '파탄'을 통감할 수밖에 없었다. 그들은 자신들의 덕목이 대외적으로는 부적절하다는 사실을 느꼈다. 이런 일본인들의 문제는 단지 타문화에 적응하기가 곤란하다는 일반적인 문제 이상의 것이다. 그들은 때때로 일본인이 미국 생활에 적응하기가 매우 곤란한 데 비해, 중국인이나 타이인은 그렇지 않다는 점을 지적하곤 한다. 그들 자신이 말하는 일본인 특유의 문제는, 일본인들은 일정한 법도를 지키며 행동하기만 하면 반드시 남이 자기 행동의 미묘한 뉘앙스를 인정해줄 것이 틀림없다는 안도감에 의지해 생활하도록 길들여져왔다는 점이다. 그런데 외국인들이 이런 예절을 일체 무시하는 것을 보고 일본인은 어찌할 바를 모른다. 거기서 그들은 어떻게든 서구인이 일본인의 경우와 마찬가지로 생활의 기준으로 삼는 면밀한 예절을 찾아내고자 애쓴다. 하지만 그런 것이 없다는 사실을 알았을 때, 어떤 일본인은 화가 났다고 말하고 또 어떤 일본인은 깜짝 놀랐다고 말하기도 한다.

미시마三島 여사의 자서전 《나의 좁은 섬나라》[39]는 일본인이 도덕적으로 그렇게 엄하지 않은 문화에서 부딪친 이와 같은 경험을 누구보다도 잘 묘사한다. 그녀는 어떻게든 꼭 미국 대학에 유학하려는 시도를 했고, 마침내 미국 대학의 장학생이 되어 웰즐리대학에 입학하게 되었다. 이때 그녀는 미국인에게 '온'을 입는 것을 반대하는 보수적인 가족을 어렵게 설득해야만 했다. 그녀는 미국 유학 시절에 교수와 학우 들 모두가 매우 친절하게 대해주었다고 적는다. 그러나 이로 인해 그녀는 더욱 괴로움을 느껴야 했다. "일본인 누구나가 그렇듯이, 나 또한 나의 행동에 아무것도 흠잡을 데가 없다고 생각했는데, 그런 자부심이 무참히도 상처받았다. 이 나라에서 대체 어떻게 행동하면 좋을지 도무지 종잡을 수 없는 나 자신에게, 그리고 내가 이때까지 받아온 예절을 비웃는 것 같은 미국적 환경에 분노를 느꼈기 때문이다. 내게는 이 막연하고도 뿌리 깊은 분노의 감정 말고는 이미 아무런 감정도 남지 않게 되었다." 계속해서 그녀는 다음과 같이 적는다. "나는 나 자신이 이 미국에서는 아무 소용도 없는 감각과 감정을 가진, 어느 다른 유성에서 떨어져나온 생물체처럼 느껴졌다. 모든 행동을 얌전하게 하고 모든 말투를 예의 바르게 하도록 배워온 나의 일본식 예절이 이 나라의 환경에서 나를 극도의 신경과민과 자의식 과잉에 빠지게 했다. 미국에서 나는 사회적으로 완전히 눈먼 장님이었다." 그녀가 이런 긴장을 풀고 그녀에 대한 호의를 흔쾌히 받아들이게 되기까지는 2, 3년의 세월이 필요했다. 그 무렵 그녀는 미국인들이 '허물없는 세련됨'으로 생활한다는 결론을 내리게 되었다. "그런데 허물없이 군다는 것은 예의 없는 짓으로서, 그런 행동 방식은 이미 세 살 때 내 마음속에서 압살되어 사라져버렸다."

미시마의 자서전은 미국에서 알게 된 일본 여성들과 중국 여성들을 대조적으로 비교한다. 거기에 묘사된 그녀의 평가는 미국 생활이 양국 여성들에게 어떻게 다른 영향을 주었는지를 잘 보여준다. "중국 여성들은 대부분의 일본 여성들에게서는 결코 찾아볼 수 없는 차분함과 사교성을 가지고 있었다. 이들 상류 계급의 중국 여성들은 한결같이 마치 세계의 참다운 지배자인 양 여왕과 같은 우아한 취향을 보여주어서, 내게는 세계에서 가장 세련된 사람들처럼 생각되었다. 이 엄청난 기계 문명과 스피드 세계 속에 있으면서 조금도 동요를 보이지 않는 그녀들의 당당하고도 침착한 태도는 끊임없이 겁에 질린 채 신경질적으로 과잉 반응을 보이는 우리 일본 여성의 태도와 두드러진 대조를 이루었다. 이는 아마도 양국의 사회적 배경에 어떤 근본적인 차이가 있다는 것을 말해주는 듯이 보였다."

미시마는 다른 많은 일본인과 마찬가지로 마치 테니스의 명장이 크로케 시합에 나갔을 때와 같은 느낌을 가졌다. 그녀의 뛰어난 기량은 아무 소용이 없었다. 그녀는 지금까지 배우고 익혀온 것들이 새로운 환경에서는 아무 짝에도 쓸모없다는 사실을 깨달았다. 그녀가 받아온 온갖 훈련은 무용지물이 되어버렸다. 미국인들은 그런 것 없이도 잘 생활하고 있었다.

짧은 기간이나마 미국에서 살았던 경험이 있어 그다지 딱딱하지 않고 번잡스럽지 않은 미국의 행동 규칙을 받아들인 일본인이라면, 전에 그들이 일본에서 보낸 그 답답한 생활을 다시 되풀이한다는 것은 도저히 생각할 수 없는 일이 되어버리기 마련이다. 그런 일본인들은 종종 예전의 생활을 '잃어버린 낙원'이라든가 '질곡'이라든가 '감옥'이라든가 혹은 분재를 심은 '조그만 화분'에 빗대어 말하곤 한다. 분재로 꾸며진 소나무 뿌리는 화분 속에 갇혀 있는 동안은 아름다운 정원에 미관을 더해주는 예술품이 된다. 그러나 일단 대지에 옮겨 심은 분재 소나무는 절대로 조그만 화분에 다시 심을 수 없다. 마찬가지로 그들 또한 자신들이 이제는 도저히 저 일본 정원의 장식이 될 수 없다고 느낀다. 그들은 두 번 다시 옛날의 요구에 응할 수 없게 되었기 때문이다. 이런 일본인들이야말로 가장 첨예한 형태로 일본적 덕의 딜레마[40]를 경험한 사람들이라 할 수 있다.

주

1 이 장에서는 앞장에서 규명한 충, 효, 기리, 진, 닌죠의 덕목을 비롯해 일본인의 선악관과 마코토 관념 및 하지 관념 등을 중심으로 일본인이 무엇을 '덕virtue'으로 생각하는지에 관해 서술한다. 그 과정에서 베네딕트는 특히 '기무와 기리의 딜레마' 혹은 '기리와 닌죠의 딜레마'가 표출된 고전 작품 《추신구라》 및 기리에 대한 기무(천황에 대한 충)의 우위성을 강조하는 〈군인칙유〉의 사례를 분석하는 한편, 후반부에서는 일본 국내 및 서구 학계에서 많은 논란을 불러일으킨 이른바 '하지의 문화'와 '죄의 문화'라는 이분법을 제시한다. 크게 볼 때 이 제10장 및 제11장에서 베네딕트는 일본의 도덕체계에 절대적 기준이 부재한다는 점을 부각시키는 듯하다.
2 그리스도교의 대표적인 황금률로 "그러므로 무엇이든지 남에게 대접을 받고자 하는 대로 너희도 남을 대접하라"(〈마태〉 7 : 12)는 성경 구절을 들 수 있다.
3 상대적인 세계관에 지배받는 일본인은 어떤 절대적인 원칙이나 원리를 인정하지 않는다는 의미.
4 "모든 민족을 그 앞에 모으고 각각 분별하기를 목자가 양과 염소를 분별하는 것같이 하여 양은 그 오른편에 염소는 그 왼편에 두리라"(〈마태〉 25 : 32~33)는 성경 구절에서 따온 표현.
5 '게슈탈트Gestalt'란 지각 대상을 형성하는 통일적 구조나 형태를 가리키는 심리학 용어.
6 《추신구라》에 관해서는 다케다 이즈모, 최관 옮김, 《주신구라》, 민음사 2001 및 이준섭, 《주신구라 : 47인 사무라이의 복수극》, 살림 2005 참조.
7 이때 기리가 '주군'에 대한 의무라면 충은 '쇼군'에 대한 의무를 가리킨다.
8 베네딕트는 할복자살을, 가장 엄밀한 규칙과 약속 사항을 지켜야 하는 것으로 이해한다. 할복은 적의에 찬 세계에 의해 압사당하게 된 자가 마지막으로 선택하는 항복이 아니라, 주변에서 인정받으려는 목적으로 개인이 선택하는 용의주도하게 계산된 행동이다. 자살은 일본인에게 최고의 주장으로서 책임, 결백, 항의, 사죄, 간언 등의 의미를 내포한 마지막 명예로운 표현과 매한가지다. 루스 베네딕트, 《일본인의 행동 패턴》, 39쪽.
9 주군에 대한 기리를 갚기 위해 기라를 죽여 복수했듯이, 쇼군에 대한 충을 이루기

위해 할복했다는 뜻.

10 후쿠모토 니치난福本日南의 《겐로쿠 쾌거록元祿快擧錄》에는, 이 봉고문이 후세에 날조된 것이라고 되어 있다. 《국화와 칼》의 일본어판 《菊と刀》(長谷川松治譯, 社會思想社, 1972), 235쪽 역주 참조.

11 《소학국어독본》 제10권(심상과용, 1937년 발행) 제21장 '국법과 대자비大慈悲' 항목을 가리키는 것이 분명한데, 저자가 여기에 인용한 것과 똑같은 문구는 나와 있지 않다. 아마도 저자는 다른 자료를 착각한 듯싶다. 《국화와 칼》 일본어판 《菊と刀》(長谷川松治譯, 社會思想社, 1972), 236쪽 역주 참조.

12 앞의 166~167쪽 도표에서 베네딕트가 쇼군에 대한 충을 '기무' 범주로 분류한다는 점을 상기할 것.

13 일본 고유의 도덕 원리, 특히 기리 관념을 가리키는 것으로 보인다.

14 남묘호렌게쿄南無妙法蓮華經는 "《법화경》에 귀의합니다"라는 뜻.

15 토라Torah. 모세의 율법인 〈창세기〉 〈출애굽기〉 〈레위기〉 〈민수기〉 〈신명기〉 등 모세 오경을 가리키는 말.

16 〈군인칙유〉 원문의 표현은 '큰 법'과 '작은 법'이 각각 대절大節과 소절小節로 되어 있다.

17 〈군인칙유〉는 이 의義를 '기무의 성취'라고 정의한다.(원주)

18 〈군인칙유〉에 나오는 이 구절의 일본어 원문은 다음과 같다(베네딕트가 인용한 영역과의 차이를 비교해볼 것). "されば信義を盡さむと思はば始より其事の成し得べきか得べからざるかを審に思考すべし朧氣なる事を仮初に諾ひてよしなき關係を結びて後に至りて信義を立てんとすれば進退谷りて身の措き所に苦むことあり悔ゆとも其詮なし始に能能事の順逆を弁へ理非を考へ其言は所詮踐むべからずと知り其義はとても守るべからずと悟りなば速に止るこそよけれ古より或は小節の信義を立てんとて大綱の順逆を誤り或は公道の理非に踏迷ひて私情の信義を守りあたら英雄豪傑どもが禍に遭ひ身を滅し屍の上の汚名を後世まで遺せること其例すくなからぬものを深く警めでやはあるべき."(그러므로 신의를 다하고자 생각한다면 처음부터 그 일을 할 수 있을지 없을지를 신중히 생각해야만 한다. 확실하지 않은 일을 경솔히 승낙해서 쓸데없는 관계를 맺고 나면, 나중에 가서 신의를 지키려 한들 진퇴유곡에 빠져 몸 둘 바를 모르게 될 수가 있다. 그때 가서 후회한들 아무 소용 없다. 따라서 애당초 능히 그 일이 사리에 맞는지 안 맞는지를 분별하고 옳고 그름을 생각하여, 자기가 한 말을 결국 행할 수 없다는 것을 알며 그 의무를 도저히 지킬 수 없다고 깨닫게 되면 사적인 약속을 즉시 포기하는 편이 좋다. 예부터

작은 신의를 세우고자 근본적인 대강大綱의 도리를 잘못 헤아린 탓에, 혹은 공도의 시비를 잘못 가려 사사로운 정에 의한 신의를 지키려 한 탓에 아깝게도 영웅호걸들이 화를 만나 몸을 망치고 죽은 후에까지 그 시체 위에다 오명을 남긴 사례가 적지 않다는 점을 깊이 경계해 마땅하리라.)

19 일본에서 '마코토誠'는 중국이나 한국과는 달리 리理의 부정으로 이해되었다. 일본인이 관념한 마코토의 특징은 (1)보편적 원리로서의 리理 개념과는 무관한 내적 필연성이 강조되며, (2)순수하게 자기를 잊고 전체성에 귀일하는 주관적 심정에 입각해 (3)기존 질서에 순응하면서 주어진 일에 최선을 다해 몰입하는 태도로 요약될 수 있다. 박규태, 《상대와 절대로서의 일본 : 종교와 사상의 깊이에서 본 일본문화론》, 제이앤씨, 2005, 93쪽.

20 서구는 보편주의적 윤리를 중시하고 일본은 특수주의적 윤리를 중시한다는 뜻.

21 베네딕트는 이 마코토 담론이 일본인의 윤리적 등질성을 무엇보다 잘 보여준다고 생각했다. 루스 베네딕트, 《일본인의 행동 패턴》, 141쪽.

22 오쿠마 시게노부大隈重信(1838~1922). 외무장관과 총리를 역임했던 근대 일본의 정치가. 후에 와세다대학 총장이 되었다.

23 한자로는 誠心 또는 眞心으로 표기된다.

24 〈군인칙유〉에 나오는 이 대목의 일본어 원문은 다음과 같다. "朕は汝等を股肱と賴み汝等は朕を頭首と仰ぎてぞ其親は特に深かるべき朕が國家を保護して上天の惠に應じ祖宗の恩に報いまいらする事を得るも得ざるも汝等軍人が其職を盡くと盡さざるとに由るぞかし."(짐은 그대들을 팔다리 삼아 의지하고 그대들은 짐을 머리 삼아 우러러야만 그 친함이 특히 깊어질 것이다. 짐이 국가를 보호해 상천의 은혜에 응답하고 황조신 아마테라스와 역대 천황들의 은혜를 갚아드릴 수 있느냐 없느냐는 모두 그대 군인들이 주어진 직무에 충성을 다하느냐 못 하느냐에 달려 있노라.) 이 짧은 일본어 원문에 대한 영어 번역 하나만 보더라도 오역이 많고 중요한 맥락들을 놓치고 있어 지극히 불충분하다. 이는 일본어를 모르기 때문에 다른 일본 연구자들에 의한 영어 번역본에만 전적으로 의존할 수밖에 없었던, 따라서 해당 번역의 정확성 여부를 확인할 수 없었던 저자의 한계를 보여준다.

25 스즈키 다이세츠鈴木大拙(1870~1966). 가쿠슈인學習院 및 오타니대학 교수 역임. 서구에서 선불교 연구자로 널리 알려져 있다.

26 이런 'sincerity'의 의미는 감정을 드러내어 언행으로 표현하기 좋아하는 서구인들의 태도와 밀접한 관계가 있다.

27 제8장 221~223쪽 참조.
28 원자론은 모든 사물이 원자로 구성되어 있다는 것, 즉 사물의 본성이 그 최후의 알갱이에 있어 고유하다는 설이다. 그러니까 "원자론적인 것에 머물러 있다"는 말은 일본인의 도덕률이 그 핵심적인 내용이 조금도 변하지 않은 채 (일본적인) 고유한 본질을 유지하고 있다는 것을 뜻한다.
29 Bridge game은 트럼프 놀이의 일종.
30 Edmund Hoyle(1672~1769)은 처음으로 위스트(트럼프 놀이의 일종)의 법칙을 조직화한 사람이다. '호일에 따라서according to Hoyle'라는 표현은 트럼프뿐만 아니라 일반적으로 모든 일을 '규칙에 따라' 행하는 것을 의미한다.
31 이 말은 일본인의 도덕체계에서는 옳으냐 그르냐, 선하냐 악하냐가 아니라 미리 정해진 규칙에 따르느냐 아니냐가 가장 중요한 기준이 된다는 뜻을 함축한다.
32 "네 원수가 주리거든 먹이고 목말라하거든 마시게 하라. 그렇게 함으로써 네가 숯불을 그의 머리 위에 쌓아놓으리라"(〈로마서〉 12:20)는 성경 구절에서 따온 표현. 여기서 적의 머리 위에 활활 타오르는 숯불을 쌓는다는 것은 원한을 덕으로 갚는 것을 의미한다.
33 제5장 역주 2번 참조.
34 이상에서 베네딕트가 '마코토'와 '자중'에 관해 매우 상세히 논한 목적은 어디에 있을까? 베네딕트는 앞에서 '제각기 자신에게 어울리는 위치를 차지한다'는 관념과 행위가 일본인의 사회 관계의 기본이며 이는 계층제도에 대한 일본인의 뿌리 깊은 신뢰에서 비롯된 것이고, 인간 상호 간의 관계 및 인간과 국가와의 관계에 대해 일본인들이 지닌 관념 전체의 기초를 이룬다고 지적한 바 있다. 이런 전제가 상하 관계를 중심으로 하는 세대와 성별과 연령의 특권적 관계에 따라 가족 관계를 아랫부분에 두는 사회와 인간관계를 형성했다는 것이다. 이와 같은 관계구조에서의 상하 관계는 독재적인 권력자와 종속자의 관계가 아니라, 중요한 책무를 위탁받은 인간으로 행동하는 윗사람과 그에 따르는 아랫사람의 결합으로 나타난다. 왜 그런가 하면, 이런 상하 관계는 일본인의 인생관과 세계관을 표현하는 충, 효, 기리, 진, 닌죠, 온 등의 개념과 행위의 연쇄적 결합에 의해 성립되기 때문이다. 예컨대 윗사람과 아랫사람의 관계는 계약과 규칙에 기인하는 교환보다는 온과 기리에 기인하는 덕의 원리에 의해 유지된다. 이것이 일본적 집단주의의 본질이라는 것이다. 여기서는 집단을 구성하는 성원들 간의 협조가 온과 기리의 관계를 중심으로 세대별, 연령별, 성별 등의 요인에 의한 상하 관계로 유지된다. 베네딕트는 이와 같은 일본인의

집단주의를 유지하는 관념으로 '마코토'와 '자중'을 사례로 들어 깊이 있게 분석한 것이다. 그리고 바로 그런 집단주의의 근거가 일본인의 '하지' 중시에 있다는 점을 강조하기 위해, 베네딕트가 이하에서 '하지'론을 전개하고 있다는 것이다. 아오키 다모츠,《일본문화론의 변용》, 58~61쪽 참조.

35 일본어 '하지'는 종래 국내의《국화와 칼》국역본에서 통상 '수치'라고 번역되어왔으나, '하지'는 내용상 '수치'라든가 '부끄러움'에 관한 한국인의 관념 및 어법과 미묘한 차이가 있으므로 여기서는 일본어 그대로 '하지'라고 번역하면서 필요한 경우 '치욕(감)'이라든가 '수치'로 표기하고자 한다. 본문 이하에서 간략히 언급되는 '하지의 문화'론은 10장의 극히 일부분에 지나지 않는데도, 종래 일부 일본 및 서구의 연구자들과 대부분의 일반 독자들이 마치《국화와 칼》전체의 중심 명제인 양 오해한 감이 있다. 이와 관련해 인류학자 머들Judith Modell은 '하지의 문화'론이야말로 일본과 미국에서《국화와 칼》이 남긴 가장 강력하고도 가장 잘못 이해되어온 유산의 하나며, 사실 '하지' 개념은 문화의 특징이라기보다는 오히려 '자아와 사회 발달' 이론의 핵심적 요소라는 점을 강조한다. Modell, Judith., "The Wall of Shame: Ruth Benedict's Accomplishment in The Chrysanthemum and the Sword", *Dialectical Anthropology* 24, 1999, pp. 193~194. 특히 심리학적으로 하지 의식과 죄의식 모두 개인의 사회화를 촉진하는 대단히 중요한 메커니즘이라는 주장도 있다. Piers, Gerhart. and Singer, Milton., *Shame and Guilt: A Psychoanalytic and a Cultural Study*, American Lectures in Psychiatry, Springfield, IL: Thomas, 1967, p. 36. 한편 종교학자 시마다 히로미島田裕已는 베네딕트에게 '하지'가 어디까지나 '온'과의 관계에서 논해지며, 그녀에게는 일본 문화 전체를 '온의 문화'로 파악하려는 의도는 있었을지 몰라도 결코 '하지의 문화'로 뭉뚱그리려는 의도는 없었다고 지적한다. 그럼에도 기묘하게도 일본을 '하지의 문화'로 보는 이해가 하나의 상식처럼 퍼져 있다. 시마다는 이런 현상을 '하지의 문화라는 망상'이라는 말로 나타낸다. 島田裕已,〈恥の文化としての日本〉,《日本という妄想》, 日本評論社, 1994, 50~52쪽 참조.

36 이런 이분법은 종래 일본인 연구자들에게 여러 형태로 강력한 비판을 받아왔다. 가령 사회학자 사쿠다 케이이치作田啓一는 '죄=내면적 제재' '하지=외면적 제재'라는 베네딕트의 이 명제가 지나치게 도식적이라고 비판한다. 왜냐하면 하지에 의한 행동 규제가 외부뿐만 아니라 내부의 자아에 의해서도 이루어지며, 죄에 의한 행동 규제도 마찬가지로 내면적 양심뿐만 아니라 사법기구라든가 여론 등 외부에 의해

이루어지기도 하기 때문이다. 作田啓一, 《恥の文化再考》, 筑摩書房, 1967, 23쪽.

이노우에井上忠司 또한 죄와 하지에 대한 베네딕트의 단순한 이분법을 비판하면서 사쿠다의 공치公恥와 사치私恥(羞恥) 개념을 더 세분해 공적 하지公恥(스스로를 자신이 속한 집단 내부에서 열등한 존재로 인지하면서 타자의 시선을 매개로 소속 집단에게서 고립되어 있는 자신을 발견했을 때 느끼는 하지 의식), 사적 하지(私恥 이상적 자기 상에 비해 현실적 자기가 열등한 존재임을 인지했을 때 마치 타인이 자기를 보듯이 자기 자신을 바라보며 느끼는 하지 의식), 수치羞恥(가령 가족과 함께 외출했다가 회사 동료를 만났을 때 느끼는 부끄러움 같은 것)로 구분하는 한편, 보편적 죄(가령 도둑질해서는 안 된다는 사회규범을 어겼을 때 느끼는 죄의식), 개별적 죄(가령 개인적 사정 때문에 동아리를 탈퇴했을 때 다른 회원들을 배반한 것 같은 기분) 등과 같이 하지와 죄를 더욱 다면적으로 재분류할 필요성을 제기한다. 井上忠司, 《世間體の構造：社會心理史への試み》, 日本放送出版協會, 1977, 140쪽.

한편 소에다 요시야는, 죄의 문화는 종교규범 체계고 하지의 문화는 대인적 혹은 사교적 규범이라는 점에서 베네딕트가 행한 양자의 대비는 엄밀히 말해 비교할 수 없는 것을 비교하는 오류를 범한 것이 된다고 말한다. 副田義也, 《日本文化試論：ベネディクト〈菊と刀〉を讀む》, 新曜社, 1993, 289쪽.

국내 연구에서는 인류학자 황달기 또한 이와 유사한 관점에서 행위 기준의 외재성과 내재성에 따른 하지와 죄의 구별은 서양의 종교적 윤리관에 근거한 것으로, 베네딕트가 세속적 윤리규범인 하지를 종교적 윤리규범인 죄와 동일선상에서 대칭적으로 비교한 방법상의 오류를 범했다고 지적한다. 황달기, 〈일본적 대인 관계를 규제하는 문화적 규준：'하지'와 '츠미罪'의 문화유형론의 비판적 분석〉, 《일본 학보》Vol. 43, No. 1, 한국일본학회, 1999 참조.

한편 일본 민속학의 아버지라 불리는 야나기타 구니오柳田國男도 베네딕트의 이분법에 반대의 뜻을 표명한 바 있다. 야나기타는, 고래로 일본인 대다수는 그리스도교권의 국민들보다 더 높은 빈도로 츠미罪라는 말을 일상적으로 사용했으며, 불교가 들어온 이래 일본 민중 사이에서는 불교에 의한 죄의 문화가 유력했다고 말한다. 이에 비해 하지의 문화는 사무라이 계급의 소산이었다는 것이다. 柳田國男, 〈尋常人の人生觀〉, 日本民族學協會編, 《民族學硏究》第14卷第4號, 岡書院, 1950, 290~291쪽.

37 업과 윤회 사상을 가리킨다.
38 앞의 역주 35번에서도 언급했듯이, 종래 베네딕트의 '하지의 문화와 죄의 문화'론

을 지나친 이분법으로 보고 비판하는 관점이 많이 있었다. 그러나 아오키 다모츠는, 베네딕트에 의한 '죄의 문화'와 '하지의 문화'의 비교는 실상 매우 간단히 언급하는 데 그치고 있을 뿐이라고 말한다. 그러니까 베네딕트는 세계의 많은 문화는 '죄의 문화'와 '하지의 문화'로 크게 분류되는데, 일본 문화는 그 중 '하지의 문화'에 속한다고 말한 것이며, '하지의 문화'가 일본만의 고유하고 특수한 성격이라고 주장한 것은 아니었다는 말이다. 아오키 다모츠, 《일본문화론의 변용》, 57쪽. 하지만 본문에서 "일본인의 생활에서는 여러 덕목 중 하지가 최고 지위를 차지한다"고 적고 있는 데서도 잘 엿볼 수 있듯이, 베네딕트가 '하지'를 '일본인을 일본인답게 만드는' 핵심적이고 특수한 덕목으로 이해한 것만큼은 분명한 사실이다.

39 Sumie Seo Mishima, *My Narrow Isle*, 1941, p. 107.(원주)
40 이상에서 베네딕트가 생각한 '일본적 덕의 딜레마'의 주요 내용을 뽑아 요약해보면 다음과 같다. (1)일본인의 덕의 체계는 절대적인 원리나 원칙에 입각한 것이 아니므로 일관성이 없다. (2)일본인은 모순을 모순으로 인식하지 못한다. (3)일본인은 상황윤리에 지배받는 경향이 많다. (4)일본에서는 개인적 행복보다 주어진 의무의 완수가 우선시된다. (5)일본인은 미리 정해진 지도 위에서 정해진 규칙에 따라 행동할 때 가장 편안함을 느낀다. (6)타인의 평가에 지극히 예민한 '하지'가 일본인의 도덕을 뒷받침하는 원동력이다. (7)요컨대 일본인이 생각하는 덕은 일본인들끼리만 통용되는 특수주의적 덕이다. 그것은 일본이라는 울타리를 벗어나면 전혀 통하지 않는다.

제11장
자기 훈련[1]

　어떤 문화에서의 자기 훈련 방식은 다른 문화권에서 온 관찰자에게는 항상 무의미한 것으로 생각되기 십상이다. 훈련 방식 자체는 이해 못할 것도 없지만 왜 저렇게 고생을 해야만 하는지, 왜 일부러 갈고리 같은 데 매달리거나 배꼽을 뚫어지게 쳐다보거나 혹은 전혀 돈을 쓰지 않는 것인지, 왜 그런 고행을 하는지, 또 국외자에게는 참으로 중요하고 훈련할 필요가 있다고 여겨지는 어떤 충동은 전혀 제어하지 않는지 등등 의문이 생기기 마련이다. 특히 이런 의문에서 비롯되기 마련인 오해의 가능성은 자기 훈련을 위한 특별한 방법을 가르쳐주지 않는 나라에 속한 관찰자가 그런 방법을 매우 신뢰하고 중시하는 국민들 가운데 거할 경우 최고조에 달한다.
　미국에는 전통적으로 자기 훈련을 위한 특별한 방법이 그다지 발달되어 있지 않다. 미국인들은 자기 생애에서 실현할 수 있는 것들에 대한 계획을 가지고 있는 사람의 경우, 자신이 선택한 목표에 도달하려고 필요하다면 혼자서 나름대로 자기를 훈련한다. 그러니까 자기 훈련을 하느냐 안 하느냐는 각자의 소망과 양심 혹은 베블런[2]이 말하는 이른바 '기량에 대한 본능' 여하에 따라 달라진다. 예컨대 그는 축구선수로 경기에 참가하려고 엄격한 규율에 따르거나, 음악가가 되기 위한 수련에 매진한다거나 혹은 사업의 성공을 위해 일체의 오락을 단념하기도 한다. 그는 자신의 양심에 비추어 그릇된 행위나 경박한 행위를 삼간다. 하지만 미국에서는 특별한 훈련법으로서의 자기 훈련 자체만을, 산수에서처럼 개별적인 응용을 전혀 도외시한 채 따로 배우지는 않는다. 만일 그런 수업이 미국에서 실시된다면, 그것은 유럽에서 온 어떤 종파의 지도자라든가 아니면 인도에서 고안된 방법을 전수하는 스와미[3]들에 의한 것이리라. 성 테레사[4]나 십자가의 성 요한[5]이 설교하고 실천한 것처럼 명상과 기도를 내용으로 하는 종교적 수련조차도 미국에서는 거의 흔적을 찾아보기 어렵다.

그런데 일본에서는 중학교 시험을 치르는 소년도, 검도 시합에 출전하는 사람도, 혹은 단순히 귀족으로 생활하는 데 지나지 않는 사람도, 시험 준비를 위한 특정 학과 공부뿐만 아니라 그것과는 전혀 별개의 자기 훈련을 할 필요가 있다고 여긴다. 아무리 시험공부를 많이 했다 하더라도, 아무리 검도 실력이 뛰어나다 하더라도, 또 아무리 예의범절에 빈틈이 없다 하더라도, 그는 책이나 죽도竹刀를 옆에 놓아둔 채 사교계에 나가는 것도 잠시 중단하고 특별한 수행을 한다. 물론 모든 일본인이 다 신비로운 수행을 하는 것은 아니다. 그렇지만 그런 수행을 하지 않는 사람조차도 자기 훈련에 관한 언어 표현이나 관행에 대해 그것이 인생에서 차지하는 일정한 위치를 인정한다. 일본인은 모든 계층에서 일반적으로 행해지는 특수한 자제와 극기 방법의 관념에 기초해 자신과 타인의 행동을 판단한다.

이와 같은 일본인의 자기 훈련 개념은 능력을 배양하는 자기 훈련과 그 이상의 것을 추구하는 자기 훈련으로 나눌 수 있다. 이때 '그 이상의 것'을 나는 숙달이라 부르기로 하겠다. 어쨌거나 이 두 가지는 일본에서 확연히 구별된다. 그것들은 인간 심성 속에 서로 다른 결과를 낳게 하는 것을 목적으로 하며, 서로 다른 근거를 가지고 서로 다른 외적 징표에 의해 식별된다. 먼저 능력을 배양하는 수행에 관해서는 이미 많은 사례를 든 바 있다.

전술한 어떤 일본인 육군 장교는 10분간의 휴식 시간에만 잠시 꾸벅꾸벅 졸 뿐, 60시간이나 자지 않은 채로 훈련에 참가한 부하 병사들에 대해 "놈들은 가르쳐주지 않아도 자는 법을 안다"고 말했다.[6] 이런 요구가 우리에겐 극단적인 것으로 비치지만, 그것은 그저 제대로 된 병사에게 필요한 능력 배양을 목적으로 한 요구였을 뿐이다. 그 장교의 말은 무한한 가능성을 지닌 육체를 의지로써 지배해야 한다는 것을 의미한다. 우리는 사람이 육체를 무시하면 반드시 건강을 해치리라 생각하지만, 일본인은 그런 법칙을 인정하지 않는다. 그러니까 그 장교는 이와 같은 일본적인 정신통어법에 의해 통용되는 원리를 말한 것이기도 하다. 사실 일본인의 '닌죠'론 전체가 이런 가정 위에 세워져 있다. 그리하여 인생에서 참으로 중대한 사항이 문제가 될 때, 일본인은 육체의 요구가 아무리 건강에 필수라 해도 그것을 철저히 멸시한다. 물론 일본인은 육체의 요구 자체는 어느 정도 인정하고 있고 또 별도로 정성 들여 육체를 가꾸기는 하지만 말이다. 어쨌거나 중요한 것은 어떤 자기 훈련을 해서라도 일본 정신을 발휘해야 한다는 데 있다.

하지만 이런 식으로 일본인의 견해를 표현하는 것은 그들의 발상을 왜곡할 우려가 있다. 왜냐하면 미국의 일상적 어법에서 '어떤 자기 훈련을 해서라도at the price of whatever self-discipline'라는 말은 '어떤 자기 희생을 해서라도at the price of whatever self-sacrifice'라는 말과 대략 같은 의미가 되기 때문이다. 또한 그 말은 종종 '자신의 개인적인 모든 욕망을 억제해서라도at the price of whatever personal frustration'라는 의미를 내포하기도 한다. 그것이 외부에서 강요된 것이든 아니면 자기 행동을 감시하는 양심으로서 내면에 투입된 것이든, 자기 훈련에 대한 미국인의 생각은 이렇다. 즉 사람은 어릴 때부터 자진해서 받는 자발적인 훈련이나 혹은 권위에 기초한 강제적인 훈련에 의해 사회화되어야 한다는 것이다. 그런데 이것은 억압과 마찬가지다. 그래서 당사자는 이렇게 자신의 소망이 제한되는 것을 불쾌하게 느끼기 마련이다. 그가 희생을 치러야 하는 것은 말할 나위 없다. 때문에 그의 마음속에는 아무래도 반항적인 감정이 생겨날 수밖에 없다. 이는 단지 미국의 수많은 전문 심리학자들의 견해만은 아니다. 그것은 각각의 가정에서 부모들이 자식을 양육할 때 지닌 철학이기도 하다. 그러니까 심리학자의 분석이 우리 사회에서는 많은 진리를 담고 있다.

미국의 어린아이는 일정한 시간에 잠자리에 들어야 한다. 하지만 이윽고 아이는 부모의 눈치를 보면서 잠자는 것이 일종의 억압이라는 사실을 깨닫는다. 그리하여 수많은 가정에서 아이들은 밤마다 실컷 떼를 쓰면서 불만의 뜻을 나타낸다. 그에게 잠은 이미 반드시 '해야만 하는' 일로 여겨지는데, 이런 잠자는 훈련을 받는 아이는 도저히 항거할 수 없다는 사실을 알면서도 대항해본다. 또한 아이 엄마는 아이가 먹어야 '만 하는' 것을 정한다. 오트밀이든 시금치든 빵이든 오렌지주스든, 그것이 무엇이든 간에 미국 아이들은 그가 먹어야 '만 하는' 음식에 저항하는 법을 배운다. 그는 몸에 좋은 음식은 맛있는 것이 아니라는 식으로 대하곤 한다. 하지만 일본에서는 결코 이런 행태를 찾아볼 수 없다. 예컨대 그것은 그리스 같은 몇몇 유럽 나라에서도 볼 수 없는 습관이다. 미국에서 어른이 된다는 것은 음식 억제에서 해방되는 것을 의미한다. 그러니까 누구든 어른이 되면 몸에 좋은 음식이 아니라 맛있는 음식을 먹을 수 있게 된다.

그러나 잠이라든가 음식에 대한 이와 같은 관념은 서구인의 자기 희생 관념 전체에 비하면 매우 사소한 것에 지나지 않아서 거론할 필요도 없을 정도다. 서구에서는 부모는 아이를 위해 커다란 희생을 치르고, 아내는 남편을 위해 생애를 희생하며, 남편은 한집안의 생계를 책임지려고 자신의 자유를 희생한다는 것이 표준적인 서구인의 신조다. 미국인에게는 자기 희생의 필요를 인정하지 않는 사회가 존재한다는 것은 생각할 수도 없는 일이다. 그런데 실제로 그런 사회가 존재한다. 그런 사회의 사람들은 부모가 아이를 사랑하는 것은 너무나 당연한 일이고, 여자는 다른 어떤 것보다도 결혼생활을 원하며, 일가의 생계를 책임지는 남자는 사냥꾼이든 정원사든 자기가 좋아하는 일을 하고 있다고 말한다. 거기서는 자기 희생이니 뭐니 하는 말을 입에 담을 필요조차 없다. 이런 식의 해석이 강조되고 또 사람들이 그런 해석에 따라 살아가는 사회에서는 자기 희생의 관념을 거의 인정하지 않는다.

그런 문화권에서는 자식이나 남을 위해 치르는 미국인들의 모든 희생이 상호 교환으로 간주된다. 다시 말해 그것은 나중에 돌려받게 될 투자이거나 혹은 전에 누군가에게 받은 적이 있는 어떤 가치에 대한 답례로 여겨진다. 이와 같은 관념이 지배하는 나라에서는 부자 관계조차 그런 교환 관계로 다뤄진다. 가령 아버지가 아들을 위해 어릴 때 해준 일들을 아들은 아버지의 만년 혹은 사후에 그 아버지를 위해 한다. 모든 실무적인 관계는 일종의 계약 같은 것으로, 그것은 종종 같은 분량만큼 갚아야 할 것을 보증하는 동시에 통상 당사자의 한쪽에는 비호 의무가, 그리고 다른 쪽에는 봉사 의무가 주어진다. 그리하여 쌍방 모두 이익을 얻어 서로 좋다고 생각될지언정, 어느 쪽도 자기가 수행하는 의무를 희생으로 생각지는 않는다.

일본인이 타인에게 봉사할 때 그 배후에서 작용하는 강제력은 이와 같은 상호 의무와 매한가지다. 그것은 남에게서 받은 만큼 같은 분량의 변제를 요구하는 동시에, 계층적 관계에 있는 사람들끼리 서로 그 책임을 수행하도록 요구한다. 따라서 일본인의 자기 희생이 가지는 도덕적 지위는 미국의 경우와 매우 다를 수밖에 없다. 일본인은 종래, 특히 그리스도교 선교사의 자기 희생에 거부반응을 보여왔다. 그들은 덕 있는 사람이 남을 위해 하는 일을 자기 소망의 억압으로 생각해서는 안 된다고 주장한다. 어떤 일본인은 내게 이렇게 말한 적이 있다. "우리가 당신들이 말하는 이른바 자기 희생을 행하는 것은 우리가 그것을 원하기 때문이거나 혹은 그렇게 하는 것이 올바른 행위이기 때문이다. 우리는 그것을 결코 유감으로 생각하지 않는다. 우리가 실제로 남을 위해 아무리 많은 것을 희생한다 하더라도, 우리는 그렇게 함으로써 우리가 정신적으로 고매해진다거나 또는 그 '보답'을 받아야 한다고는 생각하지 않는다." 일본인처럼 정교하고 치밀한 상호 의무를 생활의 중추로 삼는 국민이, 자기들의 행동이 자기 희생으로 치부되는 것을 부당하다고 생각하는 것은 당연하다. 그들은 전통적으로 상호 의무의 강제력에 지배받아왔기 때문에, 극단적인 의무를 수행함에 있어 개인주의적인 경쟁을 기조로 하는 나라들에서 자칫 일어나기 쉬운 자기 연민과 독선의 감정을 품지 않아도 된다.

그러므로 일본에서 일반적으로 행해지는 자기 훈련의 습관을 이해하려면 미국인의 자기 훈련 관념에 일종의 외과수술을 해야만 한다. 우리는 우리 문화에서 이런 관념의 주위에 달라붙어 있는 '자기 희생'과 '억압'이라는 부산물을 잘라내야만 한다. 일본에서는 훌륭한 경기자가 되려고 자기 훈련을 한다. 그리고 일본인은 브리지를 하는 사람과 마찬가지로 전혀 희생의식을 수반하지 않은 채 훈련을 한다. 물론 그 훈련은 엄격하기 그지없다. 하지만 훈련이란 본래 그런 것이다. 태어난 그대로의 어린아이는 행복하지만 '인생을 맛보는' 능력을 갖고 있지 않다. 사람은 정신적 훈련(자기 훈련, 자기 수양)을 쌓을 때 비로소 충실한 생활을 할 수 있고 인생의 '맛을 음미하는' 능력을 얻게 된다. 이는 통상 영어로 "이렇게 함으로써만 비로소 인생을 즐길 수 있다only so can he enjoy life"고 번역된다. 자기 훈련은 자제력의 원천인 배짱을 키워주며, 그것은 인생을 확장해준다.

일본에서 '능력'을 기르는 자기 훈련의 근거는 그것이 인생의 처세술을 개선해준다는 점에 있다. 훈련 초기에 사람들은 도저히 참을 수 없다고 느낄지 모르지만, 그런 느낌은 이내 사라진다고 한다. 결국 그런 느낌 자체를 즐기게 되거나 혹은 체념해버리기 때문이다. 그리하여 견습 점원은 장사하는 법을 익히고, 소년은 유도를 배우며, 며느리는 시어머니 요구에 맞추게 된다. 그런데 훈련의 최초 단계에서 새로운 요구에 익숙지 않은 사람이 이와 같은 '수양'을 피하려고 하는 것도 무리는 아니다. 그런 경우 그들의 아버지는 그들에게 "너는 잘못 생각하고 있다. 인생을 맛보려면 아무래도 다소 훈련이 필요하다. 만일 그런 훈련을 내던지고 아무런 수행도 하지 않으면 나중에 반드시 불행한 꼴을 당하게 될 것이다. 그렇게 되면 세상 사람들에게 이러쿵저러쿵 말을 듣게 될 텐데, 그래도 나는 너를 더는 비호해줄 수 없다"고 말하면서 설득한다. 그들이 자주 사용하는 표현을 빌려 말하면 수양은 '자기 몸에서 나온 녹'을 닦아 없애버리는 것이다. 비유컨대 수양은 사람을 잘 갈아서 예리한 칼로 만들어준다. 그것이야말로 그들이 원하는 것이다.

일본인은 이런 자기 훈련이 자신에게 이익이 된다는 점을 강조한다. 이는 그들의 도덕률이 종종 요구하는 극단적인 행위가 실로 중대한 억압이 된다는 것, 또한 그런 억압이 공격적 충동을 자아내는 일이 전혀 없다는 것을 의미하지는 않는다. 유희나 스포츠의 경우라면 미국인도 이런 구별을 이해할 수 있다. 가령 브리지 선수권 보유자는 실력을 닦으려고 감내했던 자기 희생에 불평을 늘어놓지 않는다. 그는 그 분야에서 달인이 되려고 소비한 시간을 '억압'으로 간주하지 않는다. 그럼에도 의사는 큰 판돈을 건 승부를 할 때나 선수권 시합 때 필요한 주의력이 때때로 위궤양이나 신체적 긴장의 한 요인이 되는 일도 있다고 말한다.

일본에서도 마찬가지다. 하지만 상호 의무의 관념이 강제력으로 작용하고, 또한 자기 훈련이 자신에게 이익이 된다고 확신하기 때문에, 일본인은 미국인이 도저히 참을 수 없다고 생각되는 많은 행위를 쉬운 일로 생각한다. 그들은 유능하게 행동하려고 미국인보다도 훨씬 세심한 주의를 기울이며 또한 변명을 늘어놓는 일도 적다. 그들은 과연 우리만큼 빈번히 생활의 불만을 남에게 전가하지는 않는다. 또한 우리만큼 자주 자기 연민의 정에 빠져드는 일도 없다. 어디서 그런 태도가 비롯되었는지는 제쳐두고, 이는 그들에게 미국인의 이른바 '남들만큼의 평범한 행복'이라는 관념이 부재하기 때문으로 보인다. 그들은 '자기 몸에서 나온 녹'에 대해 미국인 사이에서 보통 행해지는 것보다 훨씬 세심하게 주의하도록 훈련받는다.

'능력'을 기르는 자기 훈련을 넘어서서 '숙달'을 위한 자기 훈련도 있다. 이런 종류의 훈련 방법은 그것과 관련된 일본인의 저서를 읽는 것만으로는 서구인에게 잘 이해가 가지 않는다. 사실 이런 문제를 전문적으로 연구하는 서구인들은 때로 그런 숙달의 자기 훈련 방식에 멸시하는 태도를 보였다. 예컨대 그것을 '올바른 길을 벗어난 이상한 습관'이라는 식으로 말해왔다. 어느 프랑스인 학자는 그것을 '완전히 상식을 벗어난 것'으로 일컬었으며, 훈련에 중점을 두는 일본의 모든 종파 중에서 가장 잘 알려진 선종禪宗을 '엄숙한 난센스 덩어리'라고 적는다. 하지만 일본인이 이 훈련 방법으로 달성하려는 목적은 결코 이해할 수 없는 그런 것이 아니다. 어쨌거나 이 문제에 대한 검토는 일본인의 심리경제학적인 정신통어법을 규명하는 데 적지 않은 도움을 줄 것이다.

일본어에는 자기 훈련의 달인이 도달한다고 여겨지는 심정 상태를 나타내는 말이 많다. 그런 말들은 배우, 종교 신자, 검객, 연설가, 화가, 다도의 스승 등 각각 다양한 경우에 쓰인다. 이것들은 어떤 경우든 동일한 의미를 가지지만, 그 중 하나인 '무아無我'라는 말만 살펴보기로 하자. 이 말은 상류 계급 사람들 사이에서 인기 많은 선종 용어[7]다. 이 말이 나타내는 숙달의 경지는, 그것이 세속적 경험이든 종교적 경험이든 간에, 의지와 행동 사이에 '머리카락 한 올만큼의 빈틈도 없어진' 상태를 가리킨다. 방출된 전류는 양극에서 음극을 향해 일직선으로 나아간다. 하지만 숙달의 경지에 도달하지 않은 사람들의 경우에는 의지와 행동 사이에 일종의 절연

벽이 가로막혀 있다. 일본인은 이런 장벽을 '보는 나' 혹은 '방해하는 나'라고 부른다. 그런데 특별한 훈련으로 이 장벽이 제거된 달인은 '지금 내가 무엇을 하고 있다'는 의식을 조금도 갖지 않게 된다. 그에게는 모든 회로가 열려 있고 전류가 자유롭게 흘러, 아무런 노력 없이도 행위가 이루어진다. 그는 이제 '일심一心(one-pointed)'[8]이 된다. 그럼으로써 그의 행위는 마음속으로 상상한 형태와 한 치도 다르지 않게 실현된다. 일본에서는 아주 평범한 사람들조차 이런 '숙달'의 경지에 도달하고자 노력한다. 이와 관련해 영국의 불교 연구 권위자인 찰스 엘리엇[9]은 어떤 여학생에 관해 다음과 같은 이야기를 전한다.

> 그녀는 도쿄의 어느 유명한 선교사에게 찾아가서 크리스천이 되고 싶다고 말했다. 이유를 묻자 그녀는 "비행사가 되고 싶어 견딜 수가 없기 때문"이라고 대답했다. 비행기와 그리스도교 사이에 대체 무슨 관계가 있는지 설명해보라고 하자 그녀는, "비행사가 되려면 우선 매우 침착해야 하고 무슨 일이든 당황하지 않는 마음을 가져야 하는데, 그런 마음은 종교적 훈련에 의해 비로소 얻어진다는 말을 들었습니다. 그리고 종교 중에서 가장 훌륭한 종교는 그리스도교라고 생각했기 때문에 가르침을 받고자 찾아왔습니다"라고 대답했다.[10]

일본인은 단지 그리스도교와 비행기를 연관 짓는 데 그치지 않는다. 그들은 '침착하고 무슨 일에나 당황하지 않는 마음'을 기르는 훈련이 교육학 시험을 치르거나 연설을 하거나 정치가로 활약할 때도 없어서는 안 된다고 생각한다. 또한 어떤 사업을 하더라도 집중력을 기르는 훈련은 틀림없이 이익을 가져다줄 것이라 여긴다.

이런 종류의 훈련법은 다른 많은 문명권에서도 발달되었는데, 일본의 경우는 그 목표와 방법이 완전히 독자적이고 현저히 상이한 성격을 보여준다. 이 점은 일본의 수행법이 대개 인도의 요가 수행에서 유래한 것인 만큼 더욱 흥미롭게 느껴진다. 일본의 자기최면법, 정신집중법, 오관제어법 등은 지금도 여전히 인도의 관행과 밀접한 관계를 보여준다. 그것들은 인도의 경우와 마찬가지로 마음을 비우기, 신체를 부동 자세로 유지하기, 동일한 주문의 무수한 반복, 특정 상징에 주의를 집중하기 따위에 역점을 두기 때문이다. 또한 인도에서 쓰이는 전문용어가 일본에서 그대로 쓰이는 경우도 많다. 하지만 양자는 이상과 같은 큰 틀에서만 공통점을 가지며 그 외에는 아주 다르다.

  인도의 요가파는 극단적인 금욕 수행을 하는 종파다. 그것은 윤회로부터의 해탈을 추구하는 하나의 방법이다. 인간에게는 해탈 혹은 열반 외에 다른 구원은 없다. 이때 해탈의 길을 가로막는 장애는 바로 인간의 욕망이다. 인간은 이런 욕망을 굶겨 죽이고 모욕하거나 혹은 자기 자신을 혹독하게 책망하고 괴롭힘으로써만 욕망에서 벗어날 수 있다. 그럼으로써 인간은 성자가 되어 영성을 얻으며 신이나 부처와의 합일을 성취할 수 있다. 요가 수행은 육신의 세계를 버리고 무한히 되풀이되는 윤회에서 벗어나는 방법이자 타인의 영적 능력을 파악하는 방법이기도 하다. 거기서는 고행이 극단적일수록 그만큼 더 목표에 빨리 도달할 수 있다고 여긴다.

  하지만 이와 같은 철학이 일본에는 없다. 일본은 불교국인데도 지금까지 윤회와 열반 사상이 불교적 신앙의 일부분이 된 적이 없다. 소수의 승려들이 개인적으로 그런 교의를 받아들인 적은 있을지 몰라도, 민중의 풍습이나 사상에 영향을 미친 적은 한 번도 없었다. 가령 일본에서는 인간의 영혼이 다시 태어난 것이라는 이유로 짐승이나 벌레를 죽이지 않는 일은 없다. 또한 일본의 장례식이나 출생의례 등도 윤회 사상의 영향을 일절 받지 않았다. 요컨대 윤회설은 일본인의 사상적 틀이 아니다. 열반 사상 또

한 일본의 일반 민중은 전혀 이해하지 못한다. 심지어 승려들조차 열반 사상에 손질을 가해 결국 그것을 없애버리고 말았다. 일본의 학승들은 깨달음(사토리悟り)을 얻은 인간은 이미 열반의 경지에 있다고 말한다. 그러니까 열반은 지금 여기의 시간 한가운데 있으며, 사람은 소나무 속에서도, 야생의 새 속에서도 '열반을 본다'는 것이다. 일본인은 예부터 늘상 사후 세계를 상상하는 일에는 별 흥미를 보이지 않았다. 일본 신화는 신들의 이야기를 전하지만, 죽은 자의 세계는 언급하지 않는다.[11] 그리하여 일본인들은 불교에서 말하는 사후의 인과응보 사상조차 버리고 말았다. 대신에 일본인은 신분이 낮은 농부들이건 누구건 죽으면 모두 '붓다Buddha'가 된다고 말한다. 그래서 일본인은 각 가정의 불단佛壇에 모신 가족의 위패를 '붓다'라고 부른다.[12] 이런 식으로 말하는 불교 국가는 일본 외에는 일찍이 없었다.[13] 일본인은 지극히 평범하게 살다 죽은 사람에게도 이처럼 대담한 말투를 쓰는 국민이다. 그러니 열반의 달성과 같은 어려운 목표를 말하지 않는다 해서 하등 이상할 것이 없다. 따라서 무슨 일을 하든 어차피 죽고 나면 누구나 부처가 될 터이니, 굳이 한평생 육체를 괴롭힘으로써 어떤 절대적 경지에 도달하려고 노력할 필요가 있겠느냐 하는 것이다.

뿐만 아니라 육체와 정신을 대립적인 것으로 보는 교의도 일본에서는 찾아볼 수 없다. 요가 수행은 욕망을 제거하는 방법이다. 그리고 욕망은 육체 속에 머문다. 하지만 일본인은 이런 가르침을 가지고 있지 않다. 그러니까 '닌조人情'는 악마에 속한 것이 아니며, 관능의 즐거움을 맛보는 것은 오히려 생활의 지혜에 속한 것으로 간주된다. 거기에는 다만 관능이 인생의 중대한 의무 앞에서는 희생되어야 한다는 조건이 유일하게 따라붙을 뿐이다. 이런 신조는 일본인의 요가적 수행을 매우 극단적으로 변용시켰다. 즉 일본에서는 자학적 고행이 모조리 제거되었을 뿐만 아니라 모든 금욕주의도 부정되었다. 그리하여 일본에서는 은둔생활을 하면서 '깨달음'을 얻은 사람은 흔히 '세상을 버린 사람'이라고 불리기는 해도, 처자와 함께 산수 좋은 곳에 거처를 정하고 안락하게 사는 것이 보통이다. 아내가 있고 아이를 낳는 것은 그들의 성자聖者 관념과 조금도 모순되지 않는다. 가령 일본의 모든 불교 종파 중에서 가장 통속적인 종파인 정토진종淨土眞宗의 승려는 아내를 얻고 아이를 낳는다. 일본은 지금까지 영과 육이 상반된다는 설을 그대로 받아들인 적이 없다.

일본에서 '깨달음'을 얻은 사람이 성자로 불리는 근거는 그가 명상에 의해 수행의 공력을 쌓거나 간소한 생활을 하는 데 있다. 그러니까 일본의 성자는 더러운 옷을 걸치고 다닌다든지, 자연의 아름다움에 눈을 감는다든지, 고토琴라든가 샤미센三味線 같은 악기에서 나오는 감미로운 소리에 귀를 막거나 하지는 않는다. 그보다 일본의 성자는 우아한 시가를 짓고 다도를 즐기고 달맞이나 꽃구경을 하면서 세월을 보냈다. 실제로 선종의 경우는 신자들에게 '세 가지 결핍, 즉 입고 먹고 잠자는 것衣率備眠의 결핍'을 피하라고 명한다.

요가 수행의 마지막 신조, 즉 수행자를 망아입신忘我入神의 경지로 인도해 우주와 합일시킨다는 신비주의적 수행법의 신조 또한 일본에서는 찾아볼 수 없다. 문명화되지 않은 민족들, 이슬람교의 수도승, 인도의 요가 행자, 중세의 그리스도 교도 등을 불문하고 전 세계 어디서나 신비주의적 수행법이 행해진 곳에서 수행자들은 각자의 신앙은 다르지만 거의 이구동성으로 "신과 하나가 된다"든가 "이 세상 것이 아닌" 황홀경을 경험한다고 말해왔다. 하지만 일본인은 신비주의적 수행법을 가지고 있기는 해도 이런 류의 신비주의는 가지고 있지 않다. 물론 그들 또한 망아의 경지를 말하기는 한다. 그러나 그들은 삼매경 상태조차 '집중력'을 기르는 훈련법으로 간주한다. 따라서 그들은 삼매경을 '입신入神' 상태라고 말하지는 않는다. 선종에서는 다른 나라의 신비주의자들처럼 황홀경 상태에 빠져 있는 동안 오관이 활동 정지 상태에 있다고 말하지 않는다. 그 대신 이 방법에 의해 '육관(六官 혹은 六感)'이 비정상적으로 예민한 상태에 달한다고 말한다. 이때의 육관은 마음속에 머문다. 그것은 통상 훈련에 의해 오관을 지배하게 되는데, 미각, 촉각, 시각, 후각, 청각 등의 오관도 삼매경에 빠져 있는 동안 각각 특별한 훈련을 받는다. 즉 소리 없는 발소리를 듣고 그 발소리가 한 장소에서 다른 장소로 움직여 가는 것을 정확하게 뒤쫓아갈 수 있게 되는 것, 혹은 삼매경을 중단하지 않은 채 맛있는 음식 냄새(그런 냄새가 일부러 나게 한다)를 식별하는 것도 참선자들이 행하는 수행 가운데 하나다. 그러니까 냄새 맡는 것, 보는 것, 듣는 것, 만지는 것, 맛보는 것이 '육관을 보조'한다. 사람들은 이런 삼매경에서 '모든 감각기관을 예민하게' 만드는 법을 배우는 것이다.

이는 초감각적 경험을 중시하는 종교의 관점에서 보면 실로 이례적이다. 선 수행자는 삼매경에서조차 자기 몸 밖으로 빠져나가려 하지 않는다. 즉 그들은 니체가 고대 그리스인들에 대해 한 말처럼 "있는 그대로의 자기에 머물고, 시민으로서의 자기 이름을 그대로 유지"하려 하는 것이다. 일본의 탁월한 불교 지도자들 중에는 이런 견해를 명료하게 표현한 경우가 많다. 그 대표적인 사례로 현재 일본 선종 가운데 가장 유력한 종파인 조동종曹洞宗을 개창한 12세기의 고승 도겐[14]의 말을 들 수 있다. 그는 자신의 '깨달음(사토리)'에 대해 이렇게 말한다. "나는 다만 수직의 코 위에 눈이 수평으로 달려 있다는 사실을 안 것뿐이다. (중략) 선 체험 속에는 무엇 하나 이상한 것은 없다. 시간은 자연히 지나간다. 해는 동쪽에서 떠오르고 달은 서쪽으로 진다."[15] 나아가 선에 관한 책들은 삼매경의 경험이 인간적 능력을 훈련시켜줄 따름이라고 말하며, 그 밖의 어떤 다른 능력의 획득에 대해서도 인정하지 않는다. 일본의 어떤 불교도는 "요가 수행을 하면 명상에 의해 여러 가지 초자연적 능력을 획득할 수 있다는 주장이 있지만,

선불교에서는 그런 바보 같은 주장은 하지 않는다"고 적는다.[16]

이처럼 일본인은 인도 요가 수행에서 근본적인 가정이 되는 것들을 완전히 부정해버린다. 고대 그리스인을 상기시킬 정도로 섬세함에 대해 강한 애착을 가진 일본인들은 요가 수행에 대해 인간을 완전하게 만드는 자기 훈련, 인간과 그 행위 사이에 머리카락 한 올의 틈도 없도록 '숙달'하는 수단이라고 해석한다. 그것은 힘을 유효하게 쓰도록 하는 훈련이다. 그것은 스스로의 힘에 의지하는 태도를 기르는 훈련이다. 그 효용성은 현세적인 공덕에 있으며, 사람은 그런 공덕에 의해 어떤 상황에서도 지나치거나 부족함이 없이 적절한 노력을 통해 대처할 수 있게 된다. 또한 그런 수행을 쌓음으로써 변덕스럽고 끊임없이 흔들리는 자기 마음을 통제할 수 있게 된다. 그럼으로써 외부에서의 신체적 위험이나 내부에서의 격정에 의해서도 결코 침착성을 잃지 않게 된다.

이와 같은 훈련이 선승뿐만 아니라 사무라이에게도 유익하리라는 것은 말할 나위 없다. 사실 선을 자기들의 종교로 만든 것은 다름 아닌 사무라이들이었다. 극도의 신비주의적 수행법을 통한 신비 체험을 추구하는 대신 사무라이들이 일대일 전투의 훈련법으로 그것을 이용한 나라는 일본 외에는 달리 유례를 찾아볼 수 없다. 일본에서는 선이 영향력을 갖기 시작한 초창기부터 늘 그랬다. 12세기 일본 선종의 개창자 에이사이[17]의 저술은 《흥선호국론興禪護國論》, 즉 "선을 보급함으로써 나라를 지키는 논"이라고 명명되었다. 사무라이, 정치가, 검객, 대학생 등은 매우 세속적인 목표 달성을 위해 선을 훈련해왔다. 찰스 엘리엇의 지적대로, 중국 선종의 역사는 선이 향후 일본으로 건너가서 군사적 훈련의 한 수단이 될 만한 어떤 근거도 암시하지 않는다. "선은 다도나 노가쿠能樂와 마찬가지로 완전히 일본적인 것이 되었다. 12, 13세기의 동란시대에 경전 속에서가 아니라 인간 마음의 직접적인 체험 속에서 진리를 발견해내려는 이 명상적이고 신비적인 가르침이 승원이라는 피난처에서 세상의 폭풍을 피해 출가한 사람들 사이에서 유행하리라는 것은 쉬이 상상할 수 있지만, 설마 그것이 사무라이 계급이 애호하는 생활 원리로 받아들여지리라고는 아무도 상상하지 못했다. 그런데 사실 그렇게 된 것이다."[18]

불교와 신도를 포함해 일본의 많은 종파는 명상, 자기 최면, 삼매경 등의 신비적 수행법에 매우 큰 역점을 두어왔다. 그런데 그 종파들 가운데 어떤 것은 이런 훈련의 결과를 신의 은총의 증거라고 주장하면서, 그 철학의 토대를 '타력', 즉 은혜 깊은 신의 힘에 의지하는 데 둔다.[19] 이에 반해 대표적으로 선종을 비롯한 다른 종파에서는 자력, 즉 자신의 힘만을 의지한다. 이처럼 자력을 강조하는 종파에서는 잠재적인 힘은 자기 안에만 존재하며 스스로의 노력에 의해서만 그것을 증대시킬 수 있다고 가르친다. 일본의 사무라이들은 이것이야말로 그들의 성품에 딱 들어맞는 가르침이라고 느꼈다. 그래서 그들은 승려로 활동할 때이든 정치가로 활동할 때이든 혹은 교육자로 활동할 때이든(사무라이들은 이런 직능을 모두 수행했다) 선 수행법을 개개인의 강고한 의지를 지탱해주는 토대로 이용했다. 사실 선의 가르침은 매우 구체적이었다. "선은 사람이 자기 속에서 발견할 수 있는 빛만을 추구한다. 선은 이런 추구에 방해가 되는 어떤 것도 용서하지 않는다. 그대 앞의 모든 장애를 제거하라. (중략) 만일 도중에 붓다를 만나면 붓다를 죽여라. 만일 조사祖師를 만나면 조사를 죽여라. 성자[20]를 만나면 성자를 죽여라. 이것이야말로 구원에 도달하는 유일한 길이다."[21]

요컨대 진리를 탐구하는 자는 부처의 가르침이든 경전이든 신학이든 일체의 간접적인 것을 받아들여서는 안 된다는 것이다. "삼승십이분경[22] 모두가 부정을 닦아내는 휴지다." 그런 경전을 연구해서 이익이 없는 것은 아니지만, 그것들은 자기 영혼 속에서 빛나는 전광과는 아무런 관계가 없다. 전광이 한번 번쩍 빛나는 것만이 깨달음을 주기 때문이다. 다음은 어떤 선문답집에 나오는 이야기다. 한 제자가 선승에게 《법화경》을 해설해달라고 요구했다. 이에 선승은 실로 훌륭한 해설을 해준다. 그런데 설명을 듣던 제자가 낙심한 듯이 이렇게 말했다. "놀랍습니다. 저는 선승께서는 경전이나 이론 혹은 논리적 설명체계 따위는 경멸하시는 줄로만 알았는데요." 그러자 선승은 "선은 아무것도 모른다는 것이 아니라, '앎'(깨달음)은 모든 경전과 모든 문헌의 바깥에 있다고 믿는 것이다. 너는 '앎'을 원한다고는 말하지 않았다. 다만 경전의 설명을 듣고 싶다고 말하지 않았는가?"[23]라고 대답했다.

선가의 스승들이 가르쳐온 전통적인 훈련은 제자들에게 '깨닫는' 방법의 교수를 목적으로 하는 것이었다. 그 훈련은 육체적인 경우도 있고 정신적인 경우도 있는데, 어느 경우에나 마지막에는 학습자의 내면적 의식에서 그 효력이 확인되어야 한다. 검술가의 선 수행은 이에 대한 좋은 예증이 된다. 물론 검객은 올바르게 칼 쓰는 법을 배우고 또 그것을 끊임없이 연습해야 한다. 하지만 아무리 검술이 뛰어나게 되더라도 그것은 단순한 '능력' 이상도 이하도 아니다. 그는 그 위에서 다시 '무아' 상태로 들어가는 법을 배워야 한다. 이를 위해 우선, 처음에는 평평한 바닥 위에 서서 몸을 받쳐주는 겨우 몇 인치의 바닥 표면에 정신을 집중하도록 지시받는다. 그는 아주 좁은 발판을 점점 높여 마침내 1미터 높이 기둥 위에 서 있어도 마치 뜰에 서 있을 때와 마찬가지로 태연히 서 있을 수 있게 된다. 이렇게 되었을 때 그는 '깨달음'을 얻는다. 이때 비로소 그의 마음은 현기증을 느끼거나 추락의 공포를 품는다든지 해서 그를 배반하는 일이 없게 된다.

기둥 위에 서서 하는 이와 같은 일본의 수행법은 누구나 잘 아는 서구 중세 때의 성 시메온[24]과 기둥 행자의 고행을 의도적인 자기 훈련으로 변형한 것이다. 이렇게 변형된 일본의 수행법은 이미 고행이 아니다. 선 수행이든 아니면 농촌에서 일반적으로 행해지는 관습이든, 일본에서 모든 종류의 육체적 훈련은 다 이런 종류의 변형을 거친다. 세계의 많은 곳에서 행해지는 고행들, 가령 얼음처럼 차가운 물속에 뛰어든다거나 산속의 폭포수를 맞는 등의 고행은 육체를 넘어선다든지 신의 자비를 얻는다든지 황홀경 상태를 맛보기 위해 행해지는 아주 평범한 고행이다. 마찬가지로 일본인은 한행[25]이라 하여 동트기 전에 살을 에는 듯한 차가운 폭포 속에 서거나 앉는 일, 혹은 겨울밤에 냉수를 세 번 뒤집어쓰는 고행을 선호한다. 하지만 이런 고행의 목적은 마침내 고통을 느끼지 않게 될 때까지 의식의 자아를 훈련하는 데 있다. 물의 차가움도 추운 미명의 떨림도 의식에 떠오르지 않게 될 때, 그는 '달인'의 경지에 도달한다. 그는 이것 외에는 아무런 보답도 요구하지 않는다.

정신적 훈련에 있어서도 선 수련자는 스스로 터득해야 한다. 이때 스승을 모시는 경우도 있지만, 그 스승은 서구적인 의미의 '가르치는' 일은 하지 않는다. 왜냐하면 제자가 자기 자신 이외의 원천에게서 배우는 것은 아무런 가치도 없다고 여기기 때문이다. 스승은 제자와 토론하는 일은 있지만 상냥하고 친절하게 제자를 지도해 새로운 지식의 영역으로 유도해주지는 않는다. 제자를 가장 난폭하게 다루는 스승이야말로 가장 좋은 스승으로 치부된다. 가령 스승이 갑자기 제자 입가의 찻잔을 쳐서 깨버린다든지, 제자의 다리를 걸어차 나자빠지게 한다든지, 독경이나 설법할 때 손에 쥐는 여의如意로 제자의 손가락 관절을 때리든지 하면, 제자는 그러한 충격을 받는 순간에 갑자기 감전된 듯 깨달음을 얻는 일이 있다. 이는 제자의 자기 만족을 때려부수기 위한 방법이다. 선승의 언행을 기록한 책들은 이런 유의 일화로 가득 차 있다.

제자로 하여금 전심전력해 '깨달음'을 얻도록 하기 위해 가장 애용되는 방법은 '공안公案'이다. 이것은 문자 그대로 '문제the problems'를 뜻하는 용어인데, 그 종류가 1,700여 종이나 된다고 한다. 선승의 일화집을 보면 하나의 공안을 풀려고 7년의 세월을 소비하는 것도 예사였다. 공안의 목적은 합리적인 답을 얻는 데 있지 않다. 공안의 사례로는 '두 손의 소리를 듣는다' '태어나기 전의 어머니가 그립다' '시신을 업고 걷는 자는 누구냐?' '나를 향해 걸어오는 자는 누구냐?' '만물은 하나로 돌아간다. 그렇다면 하나는 어디로 돌아가는가?' 같은 것들을 들 수 있다. 이와 같은 공안은 12, 13세기 이전의 중국에서 사용되던 것인데, 일본이 선종을 받아들이면서 이 수단을 채용했다. 그런데 중국 대륙에서는 공안이 없어졌지만, 일본에서는 그것이 '숙달' 수행의 가장 중요한 요소 중 하나가 되었다.[26] 그래서 일본의 선 입문서에서는 공안을 매우 중요하게 다룬다. "공안에는 인생의 딜레마가 담겨 있다." 때문에 공안을 명상하는 자는 "궁지에 몰린 쥐"처럼 진퇴양난의 막다른 골목에 몰려 마치 "뜨거운 쇳덩어리를 삼키려 하는" 사람과 비슷하다고 그들은 말한다. 그는 "쇳덩어리[27]를 물어뜯으려 하는 모기"다. 그는 정신없이 노력에 노력을 거듭한다. 마지막으로 그의 마음과 공안 사이를 가로막던 '보는 나'의 장벽이 제거된다. 그러면서 전광석화처럼 마음과 공안이 융합해 마침내 '깨달음'을 얻게 된다는 것이다.

이처럼 극도로 긴장된 심적 노력에 관해 읽은 후 선승의 언행록을 다시 펴서 그만큼 노력해서 찾아낸 위대한 진리가 무엇인지를 확인해보면 약간 허탈해지는 느낌이 든다. 가령 남악[28]은 "나에게 걸어오는 자는 누구인가?"라는 공안을 8년간이나 생각하고 또 생각하다가 마침내 깨달음을 얻었다. 그것은 "여기에 한 물건이 있다고 말하는 바로 그 순간에 모든 것을 놓쳐버리고 만다"는 깨달음이었다. 그러나 이와 같은 선적 깨달음에는 일정한 틀이 있다. 다음 문답은 이 점을 잘 말해준다.

제자 : 어떻게 하면 생사의 윤회를 면할 수 있겠습니까?

스승 : 너를 속박하는 자(윤회로 너를 얽어매는 자)는 누구인가?

중국의 유명한 표현을 빌리면, 선을 배우는 자들은 깨달음을 얻기 전까지 "소에 탄 채 소를 찾고 있다."[29] 그들은 "필요한 것은 그물이나 덫이 아니고 그런 도구로 잡을 물고기나 짐승"이라는 사실을 배운다. 이를 서구식 표현으로 바꿔 말하면, 그들은 딜레마의 양 각角[30]이 모두 본질과는 무관하다는 사실을 배운다. 또한 그들은 만일 마음의 눈心眼이 열리기만 한다면 목전에 있는 손쉬운 수단으로 목표에 도달할 수 있다는 것을 배운다. 요컨대 어떤 일이라도 가능하다. 누구의 도움도 빌리지 않은 채 자기 자신만의 힘으로 말이다.

그런데 일본에서 행해지는 공안의 의의는 그 진리 탐구자들이 발견하는 진리 그 자체에 있는 것이 아니다. 그 진리는 전 세계 도처의 신비주의자들이 발견하는 진리와 조금도 다를 바가 없다. 공안의 참된 의의는 그것이 진리 탐구에 대한 일본인의 관점을 보여준다는 데 있다.

공안은 "문을 두드리는 벽돌"이라고 불린다. 사람들은 눈앞에 있는 수단만으로 과연 충분할 것인지 지레 걱정을 하면서, 자신의 행동을 혹은 칭찬하고 혹은 비난하는 자들이 수없이 많이 감시의 눈을 번득이고 있다고 여긴다. 여기서 말하는 '문'이란 바로 그런 어리석고 우매한 인간성의 주위에 둘러쳐진 '벽'에 달린 문을 가리킨다. 또한 이때의 '벽'이란 모든 일본인이 대단히 절실하게 느끼는 '하지(수치 혹은 치욕)'의 벽이라 할 수 있다. 그런데 벽돌로 그 문을 때려부수고 문이 열리면 그 순간 사람은 자유로운 세계로 해방되어 벽돌을 내던져버린다. 그는 이제 더는 공안을 푸는 일은 하지 않아도 된다. 수행은 완료되고 일본인의 '덕의 딜레마'도 풀리기 때문이다. 그리하여 그는 필사적인 기세로 막다른 골목을 향해 부딪처 간다. "수행을 쌓으려고" 그는 "쇳덩어리를 무는 모기"가 되고자 하는 것이다. 그 결과 마침내 그는 막다른 골목이란 존재하지 않는다는 사실, 그러니까 기무와 기리 사이, 기리와 닌죠 사이, 정의와 기리 사이에도 역시 막다른 골목이란 없다는 사실을 알게 된다. 이로써 그는 한 갈래 길을 찾아내고 자유롭게 되어 처음으로 인생을 총체적으로 '음미'할 수 있게 된다. '무아'의 경지에 도달한다. 이렇게 해서 그의 '숙달' 훈련은 훌륭하게 목적을 달성한다.[31]

선불교 연구의 권위자인 스즈키는 '무아'에 대해 "지금 내가 무엇을 하고 있다는 의식이 전혀 없는 삼매경 상태" 혹은 "아무런 노력도 하지 않는 상태"라고 설명한다.[32] '보는 나'가 배제되고 그리하여 '사람은 나를 잃는다.' 즉 그는 이미 자기 행위를 '보는 자'가 아니게 된다. 이에 대해 스즈키는 다음과 같이 말한다. "의식이 눈을 뜨자마자 의지는 행위하는 자와 보는 자, 둘로 분열된다. 그리고 반드시 모순 상극이 일어난다. 왜냐하면 행위자(로서의 나)는 관찰자(로서의 나)의 구속에서 벗어나기를 원하기 때문이다." 그러니까 '깨달음'에 있어 제자는 '보는 나'가 존재하지 않는다는 사실, 즉 "미지의 혹은 불가지의 질량을 지닌 영적 실체란 존재하지 않는다는 사실"[33]을 알게 된다. 존재하는 것은 단지 목표와 그 목표를 달성하는 행위뿐이다.

인간 행위를 연구하는 연구자는 이 표현을 약간 고쳐 그것을 그대로 일본 문화의 특성을 가리키는 말로 나타낼 수 있다. 즉 일본인은 어릴 때부터 자기 행위를 관찰하고 타인이 무슨 말을 할까 하는 것을 기준 삼아 시비를 판단하도록 철저히 훈련받는다. 따라서 일본인의 '보는 나'는 매우 상처받기 쉽다. 하지만 정신적인 삼매경에 몰입하게 되면, 그는 이 상처받기 쉬운 자아를 배제할 수 있다. 그는 이제 '지금 내가 무엇을 하고 있다'고 느끼지 않게 된다. 이로써 그는 마음의 수양을 이루었다고 느낀다. 그것은 검술을 배우는 사람이 이제 겁먹지 않고 1미터 높이 기둥 위에 설 수 있다고 느끼는 것과 같다. 일본의 화가, 시인, 연설가, 사무라이도 마찬가지로 이런 '무아'의 훈련을 이용한다. 그들은 무한이 아닌 유한한 미를 아무런 방해도 받지 않은 채 명료하게 지각하는 법을 습득한다. 혹은 어떤 목표에 도달하려고 '지나치지도 부족하지도 않게' 꼭 알맞은 정도의 노력을 할 수 있도록 수단과 목적을 조화시키는 법을 습득한다.

전혀 훈련을 받은 일이 없는 사람조차 일종의 '무아' 체험을 하기도 한다. 가령 노能라든가 가부키를 구경하는 사람이 연극에 빨려들어 완전히 자신을 잊어버릴 때에도 그는 '보는 나'를 잃어버렸다고 말한다. 그는 손에 땀을 쥔다. 이때 그가 느끼는 것은 '무아의 땀'이다. 목표물에 근접하는 폭격기의 탑승원도 폭탄을 투하하기 직전에 '무아의 땀'을 흘린다. 그는 '내가 하고 있다'는 것을 의식하지 않는다. 그의 의식에서는 '보는 나'로서의 자아는 완전히 모습을 감추어버린다. 다른 것에는 일절 정신을 팔지 않고 오로지 열심히 적기의 동태만을 살피는 고사포 사수 또한 마찬가지로 '무아의 땀'을 흘리며 '보는 나'를 잃어버린다고 한다. 이런 상태에 놓인 사람은 어떤 경우든 최상의 컨디션에 있는 것으로 여긴다.

이와 같은 발상은 일본인이 자기 감시와 자기 감독에 얼마나 중압감을 느끼는가를 잘 보여준다. 그들은 이런 제약이 없어졌을 때 자유로워지고 마음껏 일할 수 있게 된다고 말한다. 미국인은 '보는 나'를 자기 안에 있는 이성적 원리로 간주해, 위기에 임해서도 빈틈없이 '보는 나'에 주의하면서 행동하는 것을 자랑으로 삼는다. 이에 반해 일본인은 정신적 삼매경에 몰입해 자기 감시가 부과하는 제약을 잊을 때 지금까지 목을 죄던 무거운 맷돌이 떨어져나간 것 같은 느낌을 맛본다. 앞서 언급한 바와 같이 일본 문화는 일본인에게 항상 신중하게 행동해야 한다고 귀가 따갑게 들려준다. 그런데 일본인은 이런 무거운 짐을 내팽개쳐버리는 데 더욱 유효한 일을 할 수 있는 인간의식의 차원이 있다고 선언함으로써 이에 대항해왔다.

일본인이 이런 신조를 나타내는 가장 극단적인(적어도 서구인에게는 그렇게 들린다) 표현은 '죽은 셈치고'라는 말이다. 그들은 '죽은 셈치고 사는' 사람을 매우 높이 평가한다. 이 표현을 문자 그대로 서구어로 옮기면 '산송장living corpse'이라고 할 수 있는데, 서구 어느 나라의 언어에서든 이 '산송장'이라는 말은 혐오의 표현이다. 그것은 어떤 인간의 자아가 사멸해 이 지상에 오직 귀찮은 존재로만 남아 있는 그의 육체에서 떠나버린 것을 나타낸다. 이미 그 사람 속에는 아무 생명력이 없다. 그런데 일본인은 "죽은 셈치고 산다"는 말을 묵묵히 그리고 열심히 살아간다는 뜻으로 쓴다. 그것은 지극히 일반적이고 일상적인 일과 관련해 누군가를 격려하는 말로 흔히 쓰인다. 가령 중학교 졸업시험을 앞두고 고민하는 소년을 격려할 때 사람들은 종종 "죽은 셈치고 치러라. 그럼 쉽게 합격할 것이다"라고 말한다. 또 중요한 상거래를 하는 사람을 격려하는 경우에도 그 사람의 친구는 종종 "죽은 셈치고 해봐"라고 말한다. 중대한 정신적 위기에 직면해 앞으로 대체 어떻게 하면 좋을지 막막한 처지에 빠져 있을 때에도, 사람들은 '죽은 셈치고' 살 결심을 함으로써 그 궁지를 벗어나곤 한다.

종전 후 귀족원 의원으로 선출된 탁월한 그리스도교 지도자 가가와 도요히코[34]는 그의 자전적 소설에서 다음과 같이 적는다. "마치 악마에 이끌린 사람처럼 그는 매일 자기 방에서 울면서 지냈다. 발작적으로 흐느끼는 그의 울음소리는 히스테리에 가까웠다. 그의 고뇌는 한 달 반이나 계속되었고 마침내 생명이 승리를 얻었다. (중략) 나는 죽음의 힘을 한몸에 지니고 살아가리라. (중략) 나는 죽은 셈치고 싸움 속으로 들어가리라. (중략) 나는 크리스천이 될 결심을 했다."[35] 전쟁 중 일본군은 흔히 "나는 죽은 셈치고 살아서 황은에 보답할 각오다"라고 말하곤 했다. 이 말은 출정 전에 자신의 장례식을 집행한다든지, 자기 몸을 "이오 섬의 흙이 되게 하겠다"

고 맹세한다든지, 혹은 "미얀마의 꽃과 더불어 지겠다"는 각오를 다지거나 하는 행동 따위를 가리킬 때도 일괄적으로 사용되었다.

'무아'의 밑바탕에 깔린 철학이 이 '죽은 셈치고 산다'는 태도의 밑바탕에도 숨어 있다. 이런 상태에 있을 때 사람은 일체의 자기 감시 혹은 일체의 공포심이나 경계심을 버린다. 그는 죽은 자나 마찬가지기 때문이다. 즉 그는 이미 올바른 행동 방침이라는 것에 신경 쓸 필요가 없는 사람이다. 죽은 자는 이제 온을 갚지 않는다. 그는 자유롭다. 따라서 '나는 죽은 셈치고 산다'는 표현은 모순과 상극으로부터의 궁극적인 해방을 의미한다. 그리하여 이 말은 다음과 같은 것을 뜻하게 된다. "나의 활동력과 주의력은 아무런 속박도 받지 않은 채 목적의 실현을 향해 똑바로 나아갈 수 있게 되었다. 이제는 온갖 불안의 무거운 짐을 지닌 '보는 나'가 나 자신과 나의 목표 사이에 가로막고 서 있지 않다. '보는 나'와 더불어 지금까지 나의 노력에 방해가 되어왔던 모든 긴장과 노력해야 한다는 의식 및 의기소침에 빠지기 쉬운 경향 또한 없어졌다. 이제 앞으로 나는 무슨 일이라도 할 수 있다."

서구식으로 말하면, '무아'의 습관이라든가 '죽은 셈치고 산다'는 태도에 있어 일본인은 선악 판단의 양심을 제거하려 한다.[36] 그들이 말하는 이른바 '보는 나'라든지 '방해하는 나'는 인간 행위의 시비선악을 판단하는 감시자를 가리킨다. 미국인이 '양심 없는 인간'이라고 말할 때 그것은 비행에 당연히 수반되는 죄의식을 더는 느끼지 않게 된 인간을 말한다. 이에 비해 일본인이 그에 상당하는 표현[37]을 사용할 때 그것은 더는 굳어지지 않고 방해받지 않게 된 인간을 의미한다. 여기서 우리는 서구인과 동양인의 심리적 차이를 매우 명료하게 엿볼 수 있다. 미국에서 '양심 없는 인간'은 악인을 뜻한다. 그러나 일본에서 '무념무상의 인간'은 선인을 뜻한다. 그는 곧 수행을 쌓은 인간이고 그 능력을 최대한 활용할 수 있는 인간으로 간주되기 때문이다. 그는 가장 어렵고 헌신적인 무사無私의 행위를 할 수 있는 인간이다. 한편 미국인으로 하여금 선행을 행하도록 요구하는 강력한 강제력은 죄의식이다. 양심이 마비되어 이미 죄를 느낄 수 없는 인간은 반사회적인 인간이나 매한가지다. 하지만 일본인은 문제를 완전히 다른 식으로 해석한다. 그들의 철학에 따르면, 누구나 인간의 본마음은 선하다. 만일 이런 선한 충동이 직접 행동으로 구현될 수만 있다면, 누구든지 쉽게 덕행을 할 수 있을 것이다. 때문에 그는 '숙달'의 수행을 쌓음으로써 '하지'(수치, 치욕)의 자기 감시를 배제하려는 것이다. 그렇게 될 때라야만 비로소 그의 '육관'이 모든 장애물에서 자유로워진다. 이는 자의식 및 모순 상극으로부터의 궁극적 해방을 뜻한다.

자기 훈련에 관한 이상과 같은 일본인의 철학을 일본 문화 속에 사는 일본인 각자의 생활 체험과 떼어내어 고찰하는 한, 그것은 불가사의한 수수께끼가 되고 말 것이다. 그들이 '보는 나'에 귀속시키는 이 '하지' 의식이 얼마나 무겁게 일본인을 억누르는가 하는 점에 대해서는 이미 말한 바와 같다. 하지만 그들의 정신통어법이 가지는 참된 의미는 일본인의 육아법을 살펴보지 않는다면 여전히 불확실한 것이 되고 말 것이다. 어떤 문화에서든 전통적인 도덕적 규율은 단순히 언어에 의해서뿐만 아니라 자식에 대한 연장자의 모든 태도에 의해 차례차례로 다음 세대에 전해진다. 때문에 외국인으로서 타문화권의 육아법을 연구하지 않은 채 그 나라 사람들이 인생의 중대사로 여기는 것들을 이해하기란 거의 불가능하다. 앞에서는 성인의 경우만 다루었지만, 이제 일본인의 육아법을 검토해보기로 하겠다. 그러면 삶에 대해 일본인이 품는 국민적 가정들의 많은 부분이 더욱 분명해질 것이다.

주

1 일본인의 자기 훈련과 정신수양법에 관해 상술하는 이 장에서 베네딕트는 주로 집단 윤리를 다룬 다른 장과는 달리 특히 개인 윤리에 주목하는 한편, 이를 통해 일본 문화의 적극적인 가능성을 엿본다. 여기서 저자는 일본에 있어 '수양'의 본질을 꿰뚫는다. 즉 일본인에게 '수양'의 실질적 의의는 '자기 희생이나 자기 억제를 그것 자체(자기 희생 및 자기 억제)로 의식하지 않도록 하는 노력'을 뜻한다.
2 베블런Thorstein Veblen(1857~1929). 미국의 저명한 경제학자.
3 힌두교 교사를 지칭하는 말.
4 성 테레사Saint Theresa of Avila(1515~1582). 스페인의 여성 신비주의자. 가톨릭 개혁 운동의 중심 인물.
5 성 요한Saint John of Cross(1542~1591). 성 테레사와 함께 스페인 가톨릭의 신비주의 집단인 '맨발 카르멜Discalced Carmelites' 수도원을 창시한 인물.
6 제9장 245쪽 참조.
7 정확히 말하면 '무아'는 (일본) 선종만이 아니라 불교 일반에서 가장 핵심적인 개념에 속하는 용어다.
8 여기서 'one-pointed'라는 말은 스즈키 다이세츠의《선불교Essays in Zen Buddhism》에 나오는 표현이다. 스즈키는, 이는 산스크리트어 '에카그라ekagra'의 번역어로서 주객미분, 즉 마음이 한 점에 집중되어 있는 상태를 나타낸다고 설명한다.
9 찰스 엘리엇Charles Eliot(1862~1931). 일본 대사를 역임한 영국의 외교관. 불교 연구자. 저서로《일본 불교Japanese Buddhism》《힌두교와 불교Hinduism and Buddhism》등이 있다.
10 Sir Charles Eliot, *Japanese Buddhism*, p. 286.(원주)
11 하지만 일본 신화에서 죽은 자의 세계에 대한 언급이 전혀 없는 것은 아니다. 가령 이자나기가 죽은 아내 이자나미를 찾으러 요미노쿠니黃泉國로 내려가는 이야기라든가, 오오나무치가 형들의 핍박을 피해 네노쿠니根國로 도망치는 이야기 등은 죽은 자의 세계에 대한 이미지를 내포한다.
12 일본에서는 붓다를 '호토케佛'라고 부른다. 불교에서 '붓다'란 본래 '깨달은 자'를 일컫는 말이지만, 일본인들은 그런 형이상학적인 의미를 희석화시켜버리고 그것을

주로 조상신의 의미로 사용한다. 이 점에서 '붓다'와 '호토케'는 분명하게 구별되어야 한다. 하지만 저자는 이 양자의 결정적인 차이를 이해하지 못한 채, 단순히 '붓다'와 '호토케'를 동일시한다. 따라서 엄밀히 말하면 본문에 나오는 '붓다'는 '호토케'라고 고쳐 적어야 마땅하다.

13 베네딕트가 특별히 밝히고 있지는 않지만, 이 대목은 Sir Charles Eliot, *Japanese Buddhism*, London, 1935, p. 185에서 인용한 구절이다.

14 도겐道元(1200~1253). 일본 선불교의 일파인 조동종曹洞宗을 개창한 선승.

15 Kaiten Nukariya, *The Religion of the Sammurai*, London, 1913. p. 197.(원주)

16 *Ibid*., p. 194.(원주)

17 에이사이榮西(1141~1215). 일본 선불교의 일파인 임제종臨濟宗을 개창한 선승.

18 Sir Charles Eliot, *op. cit*., p. 186.(원주)

19 대표적으로 신란親鸞이 창시한 정토진종淨土眞宗이 이런 타력신앙을 강조한다.

20 정확히 말하면 소승불교 성자인 아라한阿羅漢(Arhat)을 가리킨다. 우리가 통상 '나한羅漢'이라고 말하는 이 아라한은 불교적 삶의 목표를 성취한 자, 즉 사물의 진정한 본성에 대한 통찰력을 획득한 자를 뜻하는 용어다. 대승불교에서는 이런 아라한의 이상이 자기만의 구원에 집착하는 것이라고 비판하면서 '깨달음을 얻었지만 모든 중생의 구원을 위해 해탈을 유보한 성자'인 '보살'을 내세웠다.

21 E. Steiniber-Oberlin, *The Buddhist Sects of Japan*, London, 1938, p. 143에 인용된 말.(원주)

22 삼승三乘이란 불교에서 중생을 태우고 생사의 바다를 건널 때의 세 가지 교법인 성문승聲聞乘, 연각승緣覺乘, 보살승菩薩乘을 가리킨다. 십이분경十二分經이란 열두 가지로 분류된 불교의 모든 경전, 즉 수다라修多羅, 기야祇夜, 가타伽陀, 니타나尼陀那, 이제목다가伊帝目多伽, 사타가闍陀迦, 아부다달마阿浮多達磨, 아파타나阿波陀那, 우바제사優婆提舍, 우타나優陀那, 비불략毘佛略, 화가라나和伽羅那 등을 가리킨다.

23 E. Steiniber-Oberlin, *op. cit*., p. 175.(원주)

24 성 시메온Saint Simeon . 3, 4세기의 북시리아 출신 수도승. 30년간 기둥 위에서 살았다고 한다. 그 기둥은 처음에는 1미터 80센티미터 높이였으나 점점 높아져서 18미터까지 올라갔다고 전해지며, 그는 이 기둥 위에서 설교했다고 한다.

25 한행寒行. 추운 날에 추위를 참고 행하는 여러 가지 수행법.

26 공안은 일본보다 한국 불교에서 더 중요시된다. 게다가 일본 불교에서 선종은 오히려 예외적인 종파라 할 수 있고, 그것도 임제종에서만 공안이 중시된다. 굳이 말하

면 일본 선종(특히 조동종)에서는 공안보다 좌선坐禪이 더 중시된다.
27 선불교 용어로는 '철우鐵牛'라고 한다.
28 당나라 때 육조六祖 혜능慧能 선사의 법통을 이어받은 법사法嗣.
29 남악南嶽. 중국 송나라 때 곽암廓庵 선사가 착안한 것으로 임제선臨濟禪의 수행 과정을 정리한 이른바 〈십우도十牛圖〉(〈尋牛圖〉의 일종)라는 것이 있다. 이는 잃어버린 소를 찾아다니다가 끝내는 발견해 이것을 잘 길들인 다음 타고 집에 오는 과정을 참선 과정에 비유해 알기 쉽게 해설한 것이다. 여기서 '소'가 뜻하는 것은 말할 것도 없이 '진실한 본래적 자아'를 가리킨다.
30 양도兩刀 논법, 즉 가언적假言的 논법과 선언적選言的 논법에서 소전제에 의해 긍정 또는 부정되는 사항을 '각角'이라고 한다. 딜레마는 이런 양도 논법의 대표적인 경우라 할 수 있다.
31 여기서 저자가 소설을 쓰는 게 아닐까 하는 생각도 든다. 일본인은 저자가 상상하는 만큼 그렇게 형이상학적이지 않기 때문이다. 오히려 일본인에게는 모든 추상적인 형이상학을 거부하려는 경향이 많이 나타난다. 통상 일본인은 공안과 같은 추상적인 사고를 별로 좋아하지 않는다.
32 Suzuki, Professor Daisetz Teitaro, *Essays in Zen Buddhism*, vol. 3(Kyoto, 1927, 1933, 1934), p. 318.(원주)
33 Sir Charles Eliot, *op. cit.*, p. 401에서 재인용.(원주)
34 가가와 도요히코賀川豊彦(1888~1960). 그리스도교 사회운동가. 종전 후 그리스도교 전도 및 생활협동조합 운동에 진력했다. 자전적 소설 《사선을 넘어서Before the Dawn》가 있다.
35 Toyohiko Kagawa, *Before the Dawn*, p. 240.(원주)
36 이와 관련해서 윤리학자인 사가라 토오루相良亨는 일본인에게는 서양의 '양심conscience'에 해당하는 초월적인 윤리적 원리가 존재하지 않는다고 말한다. 相良亨, 《日本の思想》, ぺりかん社, 1989, 6장 참조.
37 무심, 무아, 무념무상 등의 표현을 가리킨다.

제12장

어린아이는 배운다[1]

　일본의 갓난아이는 사려 깊은 서구인이 상상하는 것과는 아주 다른 방식으로 양육된다. 미국의 부모들은 일본에 비해 신중함과 극기를 훨씬 덜 요구하는 생활 방식에 맞추어 아이들을 훈련시킨다. 그렇다 해도 우리는 아이가 태어나는 순간부터 그의 작은 소망이 이 세상에서 최고 지상의 것이 아니라는 점을 가르쳐준다. 우리는 일정한 시간을 정해 아이에게 젖을 주고 일정한 시간에 재운다. 어떤 경우든 갓난아이는 젖을 먹거나 자는 일정한 시간이 될 때까지 기다려야 한다. 좀 시일이 지나면 어머니는 아이가 손가락을 빨거나 자기 신체의 일부분을 만지지 못하게 아이의 손을 때린다. 또한 어머니는 가끔 아이들에게서 모습을 감춘다. 그리고 어머니가 외출한 동안에 갓난아이는 집에서 혼자 있어야 한다. 이윽고 갓난아이는 다른 음식물보다 젖을 더 먹고 싶어 한다 하더라도 젖을 떼게 되고, 혹은 분유로 자란 아이라면 우유병을 빼앗겨버린다. 몸에 좋다는 일정한 음식이 정해지고 아이는 그것을 먹어야 한다. 정해진 대로 하지 않으면 벌을 받는다. 그러니 어느 정도 아이가 자라서 사람 구실을 하게 되었을 때 자신의 소망을 억제하고 주의 깊게 엄격한 도덕을 실천하는 일본의 젖먹이 아이들은 분명 방금 언급한 것보다 몇 배 더 엄한 교육을 받을 것이라고 미국

334

인들이 상상하는 것도 무리가 아니다.

　그러나 일본인의 육아법은 미국과는 완전히 다르다. 실로 일본인의 인생 곡선은 미국과는 정반대다. 그것은 아랫부분이 얄팍한 커다란 유U자형 곡선으로, 갓난아이와 노인에게는 최대의 자유와 제멋대로 구는 것이 허용된다. 그러다가 유아기를 지나면서 서서히 구속이 커지고 결혼 전후의 시기에 이르면 자신의 뜻대로 누릴 수 있는 자유가 최저선에 달한다. 이 최저선은 장년기를 통해 몇십 년 동안 계속되는데, 그 후 곡선은 다시 점차 상승해 60세가 지나면 유아와 거의 마찬가지로 수치심이라든가 외부의 시선에 구애받지 않게 된다. 미국에서는 이 곡선이 정반대다. 즉 미국의 부모들은 갓난아이 때는 엄한 교육을 하지만 아이가 성장함에 따라 차츰 엄한 정도가 완화되고, 드디어 직업을 가지고 가족을 거느리며 자력으로 생활을 영위하는 나이가 되면 자식에게 거의 간섭을 하지 않는다. 그러니까 우리의 경우에는 장년기가 자유와 자발성의 정점이 된다. 나이가 들고 늙어서 기력이 쇠하거나 남의 도움을 받아야 하는 때가 되면 다시 구속의 그림자가 나타나기 시작한다. 미국인은 일본적 패턴에 따른 인생은 상상조차 할 수 없다. 그런 인생은 우리에게는 도무지 현실에 맞지 않는 것으로 여겨진다.

　미국인이든 일본인이든 그들의 인생 곡선을 이상과 같이 규정함으로써 각각의 나라에서 개개인이 장년기에 마음껏 활약해 사회에 참여하는 길을 확보해왔다. 다만 미국인은 이를 위해 장년기에 개인적 선택의 자유를 증대시키는 것이 중요하다고 여기는 데 비해, 일본인은 개인에게 가해진 속박을 최대화할 필요가 있다고 생각한다는 점에서 차이가 있다. 사람은 장년기에 체력이나 돈을 버는 능력이 정점에 달하는데, 일본인은 자신의 생활을 자기 취향대로 누릴 권리를 인정받지 못한다. 그들은 속박이야말로 가장 좋은 정신적 훈련이자 수양이며, 자유에 의해서는 달성될 수 없는 결과를 만들어낸다고 굳게 믿는다. 이처럼 일본인은 가장 활동적이고 생산적인 시기의 남녀에게 최대 속박을 가한다. 하지만 그렇다고 해서 이는 결코 속박이 일생을 통해 지속적으로 가해진다는 것을 의미하지는 않는다. 유년기와 노년기는 '자유로운 영역'이기 때문이다.

이처럼 아이들에게 참으로 관대한 국민은 아이를 원하는 경향이 매우 강하게 마련이다. 일본이 바로 그렇다. 그들이 아이를 원하는 첫 번째 이유는 미국의 부모들이 그런 것처럼 아이를 사랑하는 일이 즐겁기 때문일 것이다. 하지만 일본인이 아이를 바라는 이유는 그것뿐만이 아니다. 그들은, 미국에서는 훨씬 적은 비중을 차지하는 다른 여러 가지 이유로 아이를 원한다. 즉 일본인이 아이를 원하는 까닭은 단지 정서적인 만족을 얻기 위해서뿐만이 아니다. 가장 큰 이유는 자신의 혈통을 잇기 위해서다. 만일 혈통이 끊긴다면 그들은 인생의 실패자로 낙인찍히게 될 것이다. 그래서 모든 일본 남자는 아들을 얻지 않으면 안 된다. 그에겐 자신이 죽은 후에 매일 불단의 위패 앞에서 명복을 빌어줄 자식이 필요하기 때문이다. 또한 그에겐 가계를 영속시키고 가문의 명예와 재산을 유지하기 위해 아들이 필요하다. 일본의 전통적인 사회적 이유에서 아버지에게 아들이 필요한 것은 어린 자식에게 아버지가 필요한 것과 별 차이가 없다. 아들은 장래에 아버지의 위치를 이어받는데, 그것은 아버지를 밀어내는 것이 아니라 아버지를 안심시키는 일로 여겨진다. 그러니까 얼마 동안은 아버지가 '이에家'의 관리자 역할을 맡지만, 그 후에는 자식이 이어받는다. 만일 아버지가 자식에게 호주 상속을 이어주지 못한다면, 그의 관리자 역할은 헛수고가 되고 만다. 이처럼 뿌리 깊은 연속성의 의식 때문에, 일본인은 완전히 성인이 된 자식이 아버지에게 신세를 지는 일이 미국에 비해 훨씬 장기간 계속되어도 그것을 서구 여러 나라에서처럼 부끄럽고 면목 없는 일이라고 느끼지는 않는다.

일본 여자들 또한 단지 정서적 만족을 얻기 위해서만 아이를 원하는 것이 아니다. 여자는 어머니가 됨으로써 비로소 일정한 지위를 획득할 수 있기 때문이다. 일본에서 아이가 없는 여자는 가정에서 대단히 불안정한 지위를 가진다. 비록 이혼까지 당하지는 않더라도 그런 여자는 앞으로 시어머니가 되어 아들의 결혼에 발언권을 가지고 며느리에게 권력을 휘두르는 날이 오기를 즐겁게 기다릴 수가 없다. 아이가 없는 여자의 남편은 가계가 끊기지 않도록 사내아이를 양자로 들이는데, 그런 경우 여자는 일본인의 관념에 의하면 패자로 간주된다. 어쨌거나 일본의 여자들은 아이를 많이 낳고 싶어 한다.[2] 1930년대 전반의 평균 출생률은 인구 천 명당 31.7명인데, 이것은 동부 유럽의 다산국과 비교해보아도 높은 비율이다. 1940년도 미국의 출생률은 인구 천 명당 17.6명이었다. 게다가 일본의 어머니는 일찍부터 아이를 낳기 시작한다. 특히 19세 여자는 다른 연령의 여자에 비해 가장 많이 아이를 낳는다.

일본에서 분만은 성교와 마찬가지로 은밀히 행해져야 하는 것으로 여긴다. 산통으로 괴로워하는 산모는 큰 소리를 내어 소란을 피워서는 안 된다. 그것은 아이 낳는 것을 이웃에 광고하는 격이 되기 때문이다. 한편 갓난아이를 위해 미리 아이의 이불을 갖춘 작은 침상이 준비된다. 태어나는 아이의 침상은 따로 새롭게 장만하지 않으면 불길하다고 여긴다. 그래서 새것을 살 여유가 없는 집에서도 이불보와 솜을 세탁해서 다시 '새롭게' 꾸민다. 아이의 이불은 어른의 이불처럼 딱딱하지 않으며 훨씬 가볍다. 따라서 갓난아이는 아이 침상에서 자는 편이 더 편안하다. 그런데 이처럼 그들이 갓난아이 침상을 따로 마련하는 진짜 이유는 새 아이한테는 새 침상을 주어야 한다는 일종의 공감주술[3]에 기초한 것이라 생각된다. 갓난아이의 침상은 어머니의 침상 옆에 붙어 있지만, 갓난아이가 어머니와 함께 자는 것은 스스로 어머니와 같이 자고 싶다는 몸짓을 할 정도로 자란 다음의 일이다. 일본의 어머니들은 첫돌이 지나면 갓난아이가 양손을 뻗어서 자신의 요구를 전하게 될 거라고 말한다. 그렇게 되면 갓난아이는 어머니 이불 속에서 어머니 품에 안겨 잔다.

태어난 뒤 3일간은 갓난아이에게 젖을 먹이지 않는다. 산모의 모유가 나올 때까지 기다려야 하기 때문이다. 그 뒤부터 갓난아이에겐 때를 가리지 않고 언제나 젖을 먹거나 장난감처럼 가지고 놀려고 엄마 젖을 만지는 것이 허락된다. 어머니 또한 아이에게 젖 먹이는 것을 즐긴다. 일본인들은 젖 먹이는 것이 여자의 가장 큰 생리적 쾌락의 하나라고 생각한다. 그리하여 갓난아이는 쉽게 어머니의 즐거움에 동참하는 법을 배운다. 어머니의 유방이 아이에게 영양분뿐만 아니라 기쁨과 즐거움도 주는 것이다. 생후 1개월 동안 갓난아이는 그의 작은 침상에 누워 있거나 아니면 어머니의 팔에 안겨 지낸다. 생후 30일 정도가 지나면 어머니는 아이를 그 지방의 신사에 데리고 가 참배를 하는데,[4] 이런 신사참배가 끝난 후에야 비로소 갓난아이의 몸에 생명이 단단히 뿌리를 내리게 되어 이제부터는 밖에 데리고 다녀도 좋다고 생각한다. 하여간 생후 1개월이 지나면 갓난아이는 어머니의 등에 업힌다. 이때 어머니는 이중으로 된 띠를 둘러 아이의 겨드랑이 밑과 궁둥이를 받친 다음 어깨를 거쳐 앞으로 돌려 허리 앞에다 맨다. 추운 날에는 어머니가 자신의 솜옷을 갓난아이에게 뒤집어씌운다. 집안에 남자아이든 여자아이든 더 큰 형제가 있으면 그 형제가 갓난아이를 업기도 하는데, 그들은 놀 때도 갓난아이를 업은 채로 뛰어다니거나 돌차기를 한다. 특히 농가나 가난한 가정에서는 큰 아이들한테 아이를 보게 하는 경우가 많다.

이처럼 "일본의 갓난아이는 여러 사람 속에서 양육되기 때문에 빨리 영리해지고 호기심 어린 표정을 짓는다. 또한 자기를 등에 업고 노는 형제들의 놀이를 자신도 즐기는 듯한 모습을 보이기도 한다."[5] 갓난아이를 등에 업는 일본의 풍습은 태평양 여러 섬 및 그 밖의 곳에서도 일반적으로 행해지듯이 갓난아이를 숄로 어깨에 걸어 데리고 다니는 풍습과 많은 공통점이 있다. 이런 태평양 제도의 풍습은 아이를 수동적으로 만든다. 그리고 일본인이 그렇듯이 이 갓난아이도 성장한 후 어디서나 어떤 자세로든 잘 수 있는 능력을 갖추게 된다. 하지만 띠를 매어 아이를 짊어지는 일본의 관습은 숄이나 자루에 넣어 데리고 다니는 관습에 비해 완전한 수동성을 기르지는 않는다. 일본의 갓난아이들은 "자기를 업어주는 사람의 등에 새끼고양이처럼 매달리는 법을 배운다. (중략) 띠로 등에 묶이기 때문에 떨어질 염려는 없다. 그런데 갓난아이는 (중략) 스스로 애를 써서 되도록 편한 자세를 하려 한다. 그리하여 얼마 가지 않아 갓난아이는 어깨에 묶인 보따리와는 달리 자기를 업은 사람의 등을 매우 교묘하게 타는 법을 익히게 된다."[6]

일본의 어머니는 집에서 일할 때는 갓난아이를 침상에 놓아두며, 밖에 외출할 때는 등에 업고 간다. 또한 평소 어머니는 갓난아이에게 말을 붙이고 콧노래를 들려주며 여러 가지 의례적인 동작을 하도록 시킨다. 나아가 어머니는 자기가 다른 사람한테 인사할 때마다 갓난아이의 머리와 어깨를 앞으로 숙이게 하여 인사를 시킨다. 갓난아이도 언제나 한 사람으로 계산되는 것이다. 그리고 날마다 오후에 어머니는 갓난아이를 목욕탕에 데리고 가서 아이를 무릎 위에 올려놓고 장난치며 논다.

생후 3, 4개월 동안 갓난아이는 기저귀를 찬다. 이 기저귀는 대단히 무겁다. 일본인 가운데 더러 안짱다리가 있는데, 혹자는 그것을 기저귀 탓이라고 한다. 이윽고 갓난아이가 3, 4개월 정도 지나면 어머니는 용변 훈련을 시작한다. 어머니는 적당한 때를 보아 갓난아이를 문밖으로 데리고 나가 아이 몸을 손으로 받친 채 용변을 마칠 때까지 기다린다. 이때 어머니는 통상 단조로운 리듬의 휘파람을 불어주어 아이에게 청각적 자극을 준

제12장 어린아이는 배운다

다. 그리하여 중국의 경우와 마찬가지로 일본의 아이들은 매우 빨리 용변 가리는 법을 배우게 된다. 이 점은 누구나가 인정하는 바다. 아무 데나 오줌을 싸면 아이 엉덩이를 때리는 어머니도 있지만, 대개는 꾸지람을 하는 정도로 그치고 그 아이를 더 훈련시키기 위해 자주 밖으로 데리고 나가 용변을 보게 한다. 이처럼 어머니들이 용변 가리는 법을 가르쳐주는 것은 갓난아이를 기분 좋게 해주기 위해서다. 이렇게 해서 용변의 습관이 붙으면 더는 무겁고 불쾌한 기저귀를 채우지 않는다. 일본의 어머니들은 아이들에게 용변 가리는 법을 가차 없이 가르친다. 그런 엄격한 훈련을 통해 갓난아이는 성인이 된 다음 일본 문화의 매우 복잡 미묘한 강제력에 대한 순응 능력을 몸에 익히게 된다.[7]

일본의 갓난아이는 보통 걸음마보다 말을 먼저 하게 된다. 통상 아이가 기어 다니는 것은 좋지 않다고 여겨진다. 또한 일본에는 전통적으로 갓난아이가 만 한 살이 될 때까지는 서거나 걷도록 시켜서는 안 된다는 관념이 있다. 그래서 어머니는 갓난아이가 만 한 살이 되기 전까지는 그런 시도를 하지 못하도록 일절 금했다. 그런데 요즘 십여 년간 일본 정부는 대단히 많은 독자들에게 읽히는, 정부에서 발행하는 값싼 어머니 잡지 《모자수첩母子手帖》에서 갓난아이의 걸음마를 장려해야 한다고 가르쳐왔다. 그래서 지금은 일반적으로 정부 방침에 따르는 경우가 많다. 어머니는 갓난아이의 겨드랑이 밑에 띠를 둥글게 매어 끌거나 손으로 받쳐주어 걸음마 연습을 시킨다. 그럼에도 갓난아이는 걷기보다는 말을 먼저 하는 경향이 있다. 어른들은 늘 갓난아이와 이야기하면서 흥을 돋워준다. 아이의 말하기는 어휘가 늘어나면서 점차 분명한 목적을 지니게 된다. 일본인은 갓난아이의 언어 습관을 우연한 모방에 맡겨두지 않는다. 그들은 아이에게 단어와 문법과 경어를 가르친다. 아이는 아이대로 어른과 함께 그 유희를 즐긴다.

일본 가정에서는 아이들이 걷게 되면서부터는 여러 가지 장난을 하게 된다. 손가락으로 문창호지를 뚫는다든가 방바닥 한가운데 설치되어 있는 이로리[8] 바닥에 떨어지곤 한다. 아이들의 장난은 이에 그치지 않는다. 그래서 일본인은 아이들 장난 때문에 집이 무너진다고 과장하기도 한다. 아이들이 문지방을 밟는 것은 '위험하다'는 이유로 터부시된다. 일본의 가옥은 지하실이 없고 주춧돌 위 지면에 세워져 있다. 그래서인지 아이들일지라도 문지방을 밟으면 집 전체가 기운다고 여긴다. 뿐만 아니라 아이들은 다다미 이은 곳을 밟는다든지 거기에 앉지 않도록 조심해야 한다. 다다미는 크기가 일정해서, 흔히 '다다미 석 장 방'이라든지 '다다미 열두 장 방' 하는 식으로 불린다. 아이들은 때때로 예전에는 사무라이가 방 밑으로 기어 들어와 다다미를 이은 틈으로 칼을 넣어 방 안에 있는 사람들을 찔렀다는 식의 이야기를 듣는다. 다다미의 두껍고 부드러운 부분은 안전한 반면, 이음새 틈은 위험하다고 여긴 것이다. 어머니가 어린아이를 꾸짖을 때 쓰는 "위험해요"라는 말과 "안 돼요"라는 말에는 이런 관념이 들어가 있다. 그 밖에 자주 쓰이는 훈계는 "더럽다"는 말이다. 일본의 집은 늘 정리정돈이 잘되어 있고 깨끗하게 청소되어 있는 것으로 유명하며, 어린아이는 그것을 존중하도록 배운다.

일본의 어린아이들은 대체로 다음 동생이 태어날 때까지 젖을 떼지 않는다. 그런데 근래에 정부가 발행한 《모자수첩》은 갓난아이가 생후 8개월에 젖을 떼는 것이 좋다고 주장한다. 중류 계급 어머니 중에는 이런 정부 방침에 따르는 경우가 있지만, 그것이 일본인에게 일반화되려면 아직 시간이 많이 걸릴 것 같다. 젖 먹이는 일을 어머니의 큰 즐거움이라고 여기는 일본인의 감정은 변함없지만, 점차 새로운 습관을 따르게 된 사람들은 수유 기간을 줄이는 것이 아이들의 행복을 위해 참아야 하는 어머니의 희생이라고 생각한다. "오랫동안 젖을 먹는 아이는 몸이 약해진다"는 새로운 설을 믿는 사람들은 젖을 떼지 않는 어머니를 자제심이 없다 하여 다음과 같이 비난하기도 한다. "저 사람은 젖을 뗄 수 없다고 말하지만 그건 그럴 결심이 서지 않았기 때문이다. 단지 언제까지나 젖을 먹이고 싶은 거다. 저 사람은 스스로가 즐기려고만 한다." 이런 상황에서 생후 8개월 만에 젖을 떼는 습관이 아직은 일반적으로 보급되지 않고 있다. 또 하나, 젖을 늦게 떼는 실제적인 이유가 있다. 일본인에게는 갓 젖을 뗀 유아에게 먹일 만한 특별한 음식을 준비하는 관습이 없다. 빨리 젖을 뗀 갓난아이에게는 미음을 먹이지만, 보통은 모유에서 갑자기 어른 음식으로 바뀐다. 우유는 일본인의 식사 메뉴에 포함되어 있지 않기 때문이다. 그 메뉴에는 유아에게 먹일 만한 특별 야채도 들어가 있지 않다. 이런 실정이기 때문에 "오랫동안 젖을 먹는 아이는 몸이 약해진다"고 가르치는 정부의 지도가 과연 옳은 것인가 하는 의구심을 품는 것도 무리가 아니다.

젖은 아이들이 말을 알아들을 수 있게 된 다음에 떼는 것이 보통이다. 그 이전부터 아이들은 식사 때 어머니 무릎에 앉아서 조금씩 입에 떠 넣어 주는 음식을 받아먹지만, 젖을 뗀 후에는 많은 양을 먹게 된다. 아이에 따라서는 이 시기에 모유 이외의 것을 먹으려 하지 않아 어려움을 겪기도 한다. 하지만 그런 아이한테는 동생이 태어났기 때문에 젖을 떼야 한다고 하면 훨씬 쉽게 아이를 납득시킬 수 있다. 어머니는 과자를 주어 젖을 찾는 아이를 달랜다. 때로는 젖꼭지에 후춧가루를 바르기도 한다. 그러나 대부분의 어머니들은 젖을 찾는 아이에게 아직도 갓난아이 티를 벗어나지 못했느냐고 편잔을 주는 방법을 택한다. 가령 "사촌 아무개를 보아요. 그 애는 정말 어른 같잖아요. 너처럼 작은데도 젖 달라고는 안 한답니다"[9]라든가 "이것 봐요, 저 애가 보고 웃네요. 넌 이제 형인데도 아직 젖을 찾다니" 하고 놀려댄다. 두 살, 세 살, 네 살이 되어도 아직 엄마 젖을 찾는 아이는 자기보다 큰 아이가 가까이 오는 발소리만 들으면 황급히 엄마 곁을 떠나 딴전을 부린다.

이처럼 아이를 놀려대어 빨리 어른이 되도록 재촉하는 것은 젖 떼는 경우에만 한하지 않는다. 아이들이 자기에게 하는 말의 의미를 이해할 수 있게 되었을 때부터는 어떤 경우건 종종 이와 같은 방법을 쓴다. 예컨대 사내아이가 울면 엄마는 아이에게 "넌 계집애가 아니잖아요"라든가 "넌 남자예요"라고 말한다. 또는 "저 애를 좀 봐요. 저 애는 울지 않네요"라고 말한다. 손님이 갓난아이를 데리고 온 경우에는 어머니가 자기 아이 앞에서 손님 아이를 귀여워해주는 척하면서 "이 애를 엄마 아이로 삼아야겠어요. 엄마는 이 애처럼 똑똑하고 착한 애가 좋아요. 넌 벌써 다 컸는데도 바보 짓만 하고 있잖아요"라고 말한다. 그러면 아이는 엄마한테 뛰어가서 조그만 주먹으로 엄마를 때리면서 "싫어요, 싫어요. 이젠 갓난아이 짓은 안 할래요. 나도 엄마 말 잘 들을 거야"라고 하면서 운다. 한두 살 된 아이가 떠들거나 말을 잘 안 들으면 어머니는 남자 손님에게 "이 애를 어디로 좀 데려가주세요. 우린 이런 애는 필요 없어요"라고 말한다. 그러면 손님은 짐짓 그러는 척하면서 아이를 집 밖으로 데리고 나간다. 물론 아이는 울부짖으면서 어머니의 도움을 청한다. 이제 충분하다고 생각되면 어머니는 태도를 부드럽게 바꾸어 아이를 불러들이고, 아직도 펑펑 우는 아이에게 이제부터는 얌전히 굴 것을 맹세시킨다. 이 조그만 연극은 때로 대여섯 살 된 아이들한테도 연출된다.

이와는 또 다른 형태로 아이들을 놀려대기도 한다. 가령 어머니가 남편에게 가서 아이를 향해 "난 너보다 아빠가 더 좋아요. 아빠는 좋은 사람이니까"라고 말한다. 그러면 아이는 질투심에 아빠와 엄마 사이로 뛰어들려 한다. 이때 어머니는 "아빠는 너처럼 집 안을 시끄럽게 하거나 방 안에서 뛰어다니진 않으세요"라고 한다. 이에 아이는 "아냐, 아냐. 나도 이제부터는 그런 짓을 하지 않을 거예요. 나는 좋은 아이가 될 거예요. 그럼 이제 예뻐해주는 거죠?"라고 말한다. 이제 충분하다고 생각될 만큼 연극이 진행되면 부모는 서로 얼굴을 맞대고 빙긋이 웃는다. 그들은 사내아이뿐만 아니라 여자아이도 이런 식으로 놀려준다.

이와 같은 어린 시절의 경험은 성인이 된 일본인에게 현저히 나타나는 조소와 배척에 대한 공포심을 배양하는 비옥한 토양이라 할 수 있다. 자신이 놀림받는다는 사실을 몇 살이 되어야 알게 되는지를 단정하기란 불가능하지만, 어쨌거나 늦든 빠르든 아이는 자신이 놀림받는 것을 언젠가는 알게 된다. 그렇게 되면 이번에는 조롱받는다는 의식과 함께 일체의 안전한 것과 익숙해진 모든 것을 잃어버리지나 않을까 하는 공포심에 젖게 된다. 그러니까 어른이 된 일본인이 타인에게 조롱받는 경우에도 이런 유아기의 공포가 어디엔가 그늘을 드리우고 있음직하다.

이상에서 언급한 것과 같은 부모의 놀림이 두 살에서 다섯 살 사이의 아이들 마음속에 큰 공포를 일으키는 이유는, 일본의 가정이라는 곳이 정말 안정을 보증하며 아이들의 응석[10]이 허용되는 안식처이기 때문이다. 아버지와 어머니는 육체적으로나 감정적으로 완전한 분업이 이루어져 있기 때문에, 부모가 아이들 눈에 경쟁자로 비치는 일은 없다. 그 중 어머니나 할머니는 집안일을 담당하고 아이를 양육하는 한편, 아버지를 거의 숭배에 가깝게 치켜세운다. 일본 가정 내의 계층적 위계질서에서는 자리 서열이 명확하게 정해져 있다. 여기서 아이들은 연장자에게 특권이 부여된다는 점, 남자는 여자에게 없는 특권을 가지고 있고 형은 동생에게 없는 특권을 지닌다는 점을 잘 안다. 그러나 아이들은 유아기 동안에는 가족에게 관대한 취급을 받는다. 사내아이의 경우는 더욱 그러하다. 어머니는 사내아이건 계집아이건 가리지 않고 언제나 어떤 일이든지 원하는 것을 받아주는 편이다. 더구나 세 살이 넘은 남자아이는 맹렬한 분노까지도 마음대로 어머니에게 퍼붓는 것이 허용된다. 그는 아버지에게는 반항을 표현하지 못하지만, 대신 어머니나 할머니에게 온갖 짜증을 부린다. 그럼으로써 부모에게 놀림받았을 때 느꼈던 일체의 감정 혹은 "다른 사람에게 주어버리겠어요"라는 말을 들었을 때 느꼈던 울분을 발산한다. 물론 어린 사내아이 모두가 짜증을 내는 것은 아니다. 그러나 시골에서건 상류 계급 가정에서건 짜증을 부리는 것은 세 살에서 여섯 살까지의 아이들이 가진 공통적 성질로 간주된다. 어린 사내아이는 엄마를 계속 때리기도 하고 울부짖기도 하는 등 난폭하기 짝이 없으며, 때로는 단정하게 빗어 올린 엄마의 소중한 머리카락을 마구 흐트러뜨려놓기도 한다. 어머니는 여자고 그는 비록 세 살밖에 안 됐지만 어쨌거나 남자기 때문이다. 그래서 그에겐 엄마한테 제멋대로 공격을 가하는 것이 허용된다.

한편 아버지에게 아이는 언제나 존경의 태도를 나타내야만 한다. 일본의 가정에서 아버지는 아이에게 있어 높은 계층적 지위를 대표하는 훌륭한 모범이다. 일반적으로 잘 쓰는 일본식 표현을 빌리면 아이는 '예의범절을 익히려고' 아버지에게 적절한 경의를 표하는 법을 배운다. 일본의 아버지는 서구 어떤 나라의 아버지보다도 자녀 훈육에 간섭하는 일이 드물다. 즉 일본에서는 아이의 훈육을 주로 여자 손에 맡긴다. 그래서 아버지가 자기 뜻을 아이에게 전하고자 할 때는 대체로 그냥 잠자코 노려보거나 혹은 간단한 훈계를 하는 데 그친다. 그런 일조차 드물기 때문에 아이는 곧잘 아버지가 하는 말을 잘 듣는 편이다. 하지만 아버지는 아이가 걸어 다닐 수 있게 된 뒤에도 오랫동안 때때로 아이를 안거나 업어주기도 한다. 이 점은 어머니도 마찬가지다. 하여간 그 나이의 어린아이를 위해 일본의 아버지는 때로 미국의 아버지라면 어머니에게 맡길 만한 육아에서의 역할을 수행하기도 한다.

일본의 아이들은 할머니나 할아버지에게 어리광을 피울 수 있다. 조부모는 아이들에게 존경의 대상이기도 하지만, 실제로 조부모가 아이들을 훈육하는 역할은 하지 않는다. 아이들을 기르는 부모의 방법이 못마땅한 나머지 조부모 자신이 그 역할을 떠맡는 경우도 없지는 않지만, 그것은 고부 간에 큰 갈등을 야기할 만한 원인이 된다. 할머니는 통상 하루 종일 아이들 옆에 있다. 그래서 일본 가정에서는 아이들을 둘러싼 시어머니와 며느리 간의 다툼을 다반사로 여긴다. 하지만 아이 편에서 보면 양쪽 모두에게 귀여움을 받는다. 할머니는 며느리를 제압하려고 가끔 손자를 이용할 때가 있다. 이에 비해 아이 엄마인 며느리는 시어머니에게 순종하는 것이 인생 최대의 의무에 속하는 일이기 때문에 조부모가 아이들을 버릇없이 키워도 이의를 제기하기 힘들다. 가령 할머니는 엄마가 아이에게 과자를 더는 줄 수 없다고 말하면, 그 직후 곧바로 아이에게 과자를 주면서 "할머니가 준 과자는 독약이 아니에요"라고 며느리를 빈정대듯이 말한다. 많은 가정에서 할머니는 어머니가 손에 넣을 수 없는 물건을 아이들에게 주곤 한다. 또한 엄마보다 할머니가 아이들과 놀 시간이 많게 마련이다.

한편 형이나 누나들은 동생들을 이뻐해주어야 한다고 교육받는다. 일본인은 다음 아이가 태어나면 우리가 흔히 말하는 아이의 "코가 납작해지는"[11] 상태에 떨어질 위험을 잘 안다. 그 결과 소외된 아이는 새로 태어난 아이를 보면서 이제 엄마 젖은 물론이고 엄마와 함께하는 잠자리도 단념해야 하는구나 하고 생각한다. 이와 관련해 새 갓난아이가 출생하기 전에 엄마는 아이에게 "이번에는 가짜 아이(인형)가 아니라 진짜 살아 있는 인형이 나온다"고 말해준다. 또한 아이에게 이제부터는 엄마 대신 아버지와 같이 자야 한다고 일러주면서 그것이 상당한 특권이나 되는 듯이 말해준다. 이때 아이는 새 갓난아이를 위한 여러 가지 준비에 흥미를 느끼기도 한다. 물론 아이는 보통 새 갓난아이가 태어나면 정말 흥분하면서 기뻐하다가도 얼마 지나지 않아 시큰둥해지지만 말이다.

하지만 이는 충분히 예상했던 일로 그다지 걱정할 필요는 없는 것으로 여긴다. 소외된 아이는 새 갓난아이를 끌어안고 어디론가 데리고 가려 하면서 엄마한테 "이 갓난아이는 딴 사람한테 줘버려요"라고 말한다. 그러면 엄마는 "아니야. 우리 갓난아이니까 모두 귀여워해줘야 해요. 갓난아이는 널 좋아해요. 그러니까 너도 갓난아이 돌보는 걸 도와줘야 해요"라고 대답한다. 때로는 이런 식의 말싸움이 오랫동안 몇 차례나 반복되는 수도 있지만, 어머니들은 별 신경을 쓰지 않는다. 아이들이 많은 가정에서는 이런 사태를 해결하는 하나의 대책이 자연스럽게 나타난다. 아이들을 제각기 한 단계 건너뛴 형제와 특별히 친밀한 유대로 맺어준다는 대책이 그것이다. 예컨대 맏아이는 셋째 아이와, 둘째 아이는 넷째 아이와 마음 통하는 상대가 되어 보호자가 된다. 그리하여 동생들은 한 단계 건너뛴 형이나 누나를 잘 따르게 된다. 아이들이 일고여덟 살이 될 때까지는 이런 관습에서 남녀의 성차가 별 영향을 끼치지 않는다.

일본의 아이들은 누구나 장난감을 가지고 있다. 부모나 친척, 친지 들이 저마다 아이들을 위해 인형과 장난감들을 만들어주든지 사주든지 하기 때문이다. 물론 가난한 집에서는 장난감 사는 데 돈을 쓸 수 없다. 하여간 어린아이들은 인형이나 장난감으로 소꿉놀이라든지 결혼식 놀이 혹은 명절 놀이 따위를 한다. 이때 아이들은 놀이를 시작하기 전에 어떻게 하는 것이 '제대로 된' 어른들이 하는 식인지를 철저하게 의논한다. 아무래도 의견 일치가 안 되는 문제는 어머니에게 가지고 가서 판단을 해달라고 하기도 한다. 아이들 사이에 싸움이 일어나면 어머니는 곧잘 '노블레스 오블리주'에 호소해, 큰아이에게 작은아이가 하는 말을 들어주라고 말한다. 그때 잘 사용하는 표현은 '지는 것이 이기는 것'이라는 말이다. 이 말의 의미는 세 살 아이도 곧 터득하게 된다. 즉 큰아이가 작은아이에게 자기 장난감을 양보하면 작은아이는 금방 그것에 싫증이 나서 다른 것에 마음을 돌리게 될 것이고, 그러면 일단 양보했던 장난감을 다시 되찾을 수 있다는 말이다. 어머니의 말은 또 다른 상황에서 또 다른 의미로 들릴 수도 있다.

즉 이제부터 시작할 주인과 머슴 놀이에서 설령 인기 없는 역을 맡더라도 그렇게 해서 모두가 재미있게 놀 수 있고 또 자신도 즐길 수 있기 때문에 결코 손해가 아니라는 말이다. '지는 것이 이기는 것'이라는 논리는 어른이 된 후에도 일본인의 생활에서 크게 존중받는다.

훈계라든가 놀림이라는 수단 외에도 아이들 육아에서 중요한 위치를 차지하는 수단이 또 있다. 아이들 마음을 달래어 다른 곳으로 주의를 돌리는 방법이 그것이다. 일본인은 때를 가리지 않고 아이들에게 과자를 주는데, 이 또한 대개는 아이들 관심을 딴 데로 돌리는 한 가지 수단으로 볼 수 있다. 이윽고 아이들이 취학 연령에 가까워지면 그 밖의 여러 가지 '치료법'이 이용된다. 가령 아이가 짜증을 내거나 말을 잘 듣지 않거나 소란을 피우면 어머니는 그 아이를 신사나 절에 데리고 간다. 거기서 어머니는 "자, 함께 참배해서 치료를 받도록 해요"라는 태도를 보인다. 아이들은 이를 참으로 즐거운 소풍처럼 받아들이게 마련이다. 이런 '치료'를 행하는 신관이나 승려는 엄숙한 말투로 아이들과 이야기하면서 생일이라든가 나쁜 점이 무어냐고 묻는다. 그런 다음 안으로 들어가 기도를 올린 후 다시 나와 아이한테 병이 나았다고 말한다. 때로 아이가 버릇없게 굴었던 것은 벌레 때문인데 그 벌레를 잡았으니까 이젠 다 나았다고 말하기도 한다. 이런 식으로 아이를 정화시키고 완전히 치료해 집으로 돌려보내는 것이다. 일본인들은 이런 방법이 얼마간은 효력이 있다고 말한다.

그런데 일본의 아이들이 받는 가장 엄한 벌은 다름 아닌 '뜸'이다. 아이의 살갗 위에 '모구사'(약쑥) 분말을 원추형 모양으로 쏟아놓고 태우는 것이다. 그 흔적은 일생 동안 지워지지 않는다고 한다. 이런 뜸은 예부터 동아시아 지역에서 널리 행해진 민간요법으로, 일본에서도 전통적으로 이런저런 병을 고치기 위해 사용되어왔다. 뜸은 화를 잘 내는 성질이라든가 고집 센 아이를 고치는 데도 잘 듣는다고 한다. 예닐곱 살 된 소년은 종종 어머니나 할머니에게서 이런 뜸 치료를 받곤 한다. 증세가 무거운 경우에는 두 번 연속해서 뜸 치료를 하기도 하지만, 아이들 버릇을 고치려고 세 번이나 모구사를 쓰는 일은 거의 없다. 이 뜸은 이를테면 미국에서 "그런 짓을 하면 뺨을 때리겠다"는 말과 같은 뜻의 벌은 아니다. 하지만 뜸은 뺨을 때리는 것과 비교할 수 없을 정도로 많은 고통을 준다. 그래서 뜸 치료를 받는 아이들은 장난을 치면 반드시 벌을 받는다는 것을 깨닫게 된다.

일본에서 다루기 힘든 아이를 다스리는 데는 이상과 같은 방법 외에도 필요한 신체적 기능을 가르치는 여러 가지 관습이 있다. 이때 가르쳐주는 사람은 자기 손으로 아이의 몸을 잡고 어떤 동작을 하게 하는 데 역점을 둔다. 아이는 그저 수동적으로 시키는 대로만 해야 한다. 예컨대 아이가 두 살이 되기 전에 아버지는 아이에게 무릎을 굽힌 채 발등을 바닥에 대고 앉는 정좌正坐 자세를 하게 한다. 처음에는 아이가 뒤로 넘어지지 않도록 하기가 매우 어렵다. 이런 정좌 훈련에서는 몸을 움직여서는 안 된다는 것이 빠뜨릴 수 없는 중요한 요소이기 때문이다. 다시 말해 아이는 안달을 하거나 자세를 흩뜨리면 안 된다. 정좌법을 배우려면 몸의 힘을 완전히 뺀 상태에서 수동적인 자세가 되어야 한다고 일본인은 말한다. 아버지는 아이의 다리를 쥐고 올바른 위치에 놓아주는데, 거기서도 우리는 수동성이 얼마나 강조되는지를 엿볼 수 있다.

아이들은 앉는 방법뿐만 아니라 자는 방법도 배워야 한다. 일본 여자들은 미국 여자들이 알몸을 드러내 보이는 것을 매우 부끄러워하는 것과 마찬가지로 자는 모습을 보이는 것을 대단히 꺼린다.[12] 일본인은 본래 나체로 목욕하는 모습을 사람들 앞에 내보이는 것을 조금도 부끄럽게 여기지 않았다. 메이지 정부가 외국의 승인을 받기 위한 운동의 일환으로 그런 것을 부끄러운 일이라고 시끄럽게 선전하기 전까지는 말이다. 하지만 일본인은 자는 모습을 남에게 보이는 것에 대해서만은 매우 부끄럽게 생각했다. 사내아이는 아무렇게나 잠을 자도 괜찮지만, 여자아이는 두 발을 가지런히 모은 채로 몸을 곧게 펴고 자야만 한다. 이것이 사내아이와 여자아이의 예의범절을 구별하는 규칙 가운데 하나다. 다른 모든 면에서도 마찬가지지만, 일본에서는 이런 남녀 구별의 요구 또한 하층 계급보다 상류 계급이 더 엄격하다.

스기모토杉本 부인은 자신이 경험했던 사무라이 가정의 예의범절에 대해 다음과 같이 적는다. "철이 든 이래 나는 항상 밤에는 작은 목침 위에 얌전히 눕도록 신경 썼다. 사무라이의 딸들은 잠잘 때든 어떨 때든 몸과 마음을 흐트러뜨려서는 안 된다고 배웠다. 사내아이는 큰 대大 자로 몸을 벌리고 자도 괜찮지만 여자아이는 조심성 있고 품위 있게 가나 문자의 '기き' 자처럼[13] 몸을 구부리고 자야만 했다. 이는 '자제의 정신'을 나타내는 것이다."[14] 나는 일본인 부인들로부터 어머니나 유모가 아이에게 잠자는 훈련을 시킬 때 손발을 가지런히 모아주었다는 이야기를 들었다.

전통적인 서도書道 학습에서도 선생은 아이의 손을 잡고 글자를 쓰게 했다. 이는 아이에게 '감촉을 깨닫게 해주기 위해서'다. 글을 쓰기는커녕 아직 읽을 수도 없는 아이에게 통제되고 리듬 있는 운필법을 체득시키는 것이다. 현대에 이르러 많은 학생들을 동시에 교육하게 된 후부터 이런 교수법은 전에 비해 그다지 눈에 띄지 않게 되었지만, 아직도 때때로 행해진다. 절하는 법, 젓가락 쓰는 법, 활 쏘는 법, 갓난아이 대신 베개를 등에 업고 배우는 아기 업는 법 등은 모두 아이의 손을 잡고 움직이거나 아이의 몸을 잡고 바른 자세를 하게 하는 방법을 통해 가르친다.

상류 계급의 경우를 제외한다면, 일본의 아이들은 학교에 가기 전부터 근처에 사는 아이들과 어울려 자유롭게 논다. 시골에서 아이들은 세 살이 되기 전부터 무리 지어 동네 아이들과 논다. 또한 읍이나 도시에서도 아이들은 차가 다니는 곳이든 아니든 사람들이 많이 다니는 큰길에서, 옆에서 보면 아슬아슬할 정도로 자유분방하게 뛰어논다. 이 아이들에게는 그렇게 할 수 있는 특권이 부여되어 있다. 그들은 상점 앞에 붙어 서서 어른들의 말을 엿듣기도 하고 사방치기 놀이[15]라든가 공차기를 하기도 한다. 그들은 또한 시골의 신사에 모여 안전하게 수호신의 보호를 받으며 논다. 학교에 들어가기 전이나 그 후에도 2, 3년간은 사내아이와 여자아이가 함께 논다. 그 중에서도 동성이나 같은 또래의 아이끼리 가장 친밀한 관계가 맺어지는 일이 많다. 특히 농촌에서는 이와 같은 동갑내기 모임이 일생 동안 계속된다. 그것은 다른 어떤 집단의 경우보다도 오래 지속된다. 이와 관련해 엠브리는 《스에무라》에서 다음과 같이 적는다. "성적 관심이 감퇴함에 따라 동갑 모임이 일생 동안 진정한 즐거움이 된다. 스에 마을 사람들은 '동갑내기는 아내보다도 깊은 인연으로 맺어져 있다'고 말한다."[16]

이처럼 취학 전 아동들은 친구끼리 서로 터놓고 지낸다. 그들이 하는 놀이는 서구인의 눈으로 보면 저속한 것도 많지만, 그들은 이런 상스러운 놀이를 아무 거리낌 없이 한다. 아이들이 성에 관한 지식을 가지게 되는 것은 어른들이 통상 음란한 말을 주고받기 때문이기도 하고, 또한 가족들이 좁은 집 안에서 함께 생활하기 때문이기도 하다. 게다가 일본의 어머니들은 아이를 목욕시킬 때 장난 삼아 곧잘 아이의 성기, 특히 사내아이의 성기에 대해 이야기하곤 한다. 일본인은 나쁜 장소나 나쁜 친구와 함께 행하는 경우가 아니라면, 아이의 성적 유희를 꾸짖지 않는다. 자위도 위험한 일이라고는 생각하지 않는다. 뿐만 아니라 아이들은 대단한 욕(어른들 사이라면 모욕으로 느낄 만한 욕)을 서로 주고받거나 혹은 과장된 자기 자랑(어른들 사이에서라면 심한 치욕감을 불러일으킬 만한 자기 자랑)을 하기도 한다. 이럴 때 일본인들은 조용히 웃으며 "아이들은 하지를 모르기 때문이죠"라고 하면서 "그래서 저렇게 행복한 겁니다"라고 덧붙여 말한다. 이것은 어른과 아이의 근본적인 차이다. 왜냐하면 어른에게 "저 녀석은 하지를 모른다"고 말하는 것은 그 사람이 완전히 파렴치한이라는 것을 뜻하기 때문이다.

아이들은 서로 상대방 아이의 가정과 재산에 대해 욕을 주고받으면서 곧잘 자기 아버지 자랑을 하곤 한다. 가령 "우리 아버진 너희 아버지보다 힘이 세다"든가 "우리 아버진 너희 아버지보다 머리가 좋다"는 식으로 말이다. 그러면서 그들은 각각 자기 아버지 편을 들어 주먹다짐을 하기도 한다. 이런 행동은 미국인에게는 거의 신경 쓸 가치도 없는 일로 간주된다. 하지만 일본에서는 그렇지 않다. 아이들의 그와 같은 행동은 어른들의 행동과 큰 대조를 보이는 것이기 때문이다. 예컨대 일본에서 어른들은 모두 자신을 낮추고 남을 높여서 말한다. 가령 자기 집을 말할 때는 '졸택拙宅', 남의 집을 말할 때는 '어존택御尊宅'이라 하고, 자기 가족을 말할 때는 '졸가拙家', 남의 가족을 말할 때는 '어존가御尊家'라고 한다. 일본에서는 유아기의 몇 년 동안, 즉 같이 놀 친구가 생길 때부터 초등학교 3학년 무렵인 아홉 살이 될 때까지 아이들이 이와 같은 자기 본위의 주장을 하는 것이 인정을 받는다. 이때 아이들은 "내가 도노사마殿様, 영주가 될 테니 넌 부하가 되어라"든가 "싫어, 부하는 싫어. 내가 도노사마다"라는 말을 주고받으면서, 자신을 자랑하거나 다른 사람을 깔보기도 한다. "아이들은 무엇이든 말하고 싶은 대로 말한다. 그러나 점점 자람에 따라 그들은 자신이 말하고 싶은 것을 전부 말할 수 없다는 점을 알게 된다. 그러면 그들은 누구에게 질문을 받기 전까지는 자기 의견을 말하지 않고 또 자기 자랑도 하지 않게 된다."

또한 아이들은 가정에서 초자연적인 것에 대한 태도를 배우기도 한다. 일본에서 신사의 신관이나 스님은 아이를 '가르치는' 일은 하지 않는다. 따라서 아이들이 조직적으로 종교와 접하게 되는 것은 철 따라 행해지는 명절 축제 때 신사 같은 데 가서 참배자 일동과 함께 신관인 간누시[17]에게 정화수를 뿌려 받는 경우에 한한다. 어떤 아이는 절에 가기도 하지만 이 또한 무언가 특별한 축제가 있을 때에 한한다.

오히려 아이들의 지속적이고 뿌리 깊은 종교적 경험은 항상 자기 집의 불단佛壇(부츠단)과 신단神棚(가미다나)에서 행해지는 가정 예배를 통해 이루어진다. 그 중 가장 눈에 띄는 것은 가족의 위패를 모신 불단인데, 일본인은 그 앞에 꽃이라든가 특정한 나뭇가지나 향을 바친다. 거기에는 매일같이 음식이 공양된다. 가족의 연장자는 이 불단 앞에서 선조에게 집 안에 일어난 모든 일을 고하고, 날마다 불단 앞에 머리 숙여 절한다. 저녁에는 불단에 작은 촛불을 밝힌다. 일본인은 집 바깥의 다른 곳에서 머물게 되면 불단처럼 집을 지켜주는 것이 없기 때문에 불안해서 싫다고 한다.

한편 신단은 통상 이세신궁의 표찰을 모신 조그만 선반을 가리킨다. 그곳에는 여러 종류의 공물을 바치기도 한다. 이 밖에도 일본의 부엌에는 그을음으로 덮인 부엌신이 있고 창문과 벽마다 많은 부적을 붙여놓는다. 이것들 모두가 집안을 보호하고 안전을 지켜준다고 여긴다. 마을에 있는 절도 마찬가지로 안전한 장소라고 믿는다. 그곳에선 자비심 많은 신들이 자리를 잡고 앉아 수호해준다고 여기기 때문이다. 그래서 일본의 어머니들은 아이들이 이렇게 안전한 절에서 놀게 하기를 좋아한다. 어린아이들의 경험 속에는 신을 두려워한다거나 혹은 공정한 감시자로서의 신들을 만족시키고자 자기 행위를 규제하는 일은 없다. 어린아이들은 신의 은총을 마음껏 누릴 수 있다. 일본의 신들은 권위주의적이지 않기 때문이다.

아이들로 하여금 어른들 생활의 용의주도한 틀에 적응하도록 하는 중요한 과제가 본격적으로 시작되는 것은 아이들이 학교에 들어가서 2, 3년이 지난 다음부터다. 그때까지 아이들은 자기 몸을 적절하게 조절하고 통제하는 법을 배울 따름이다. 예컨대 대단한 말썽꾸러기인 아이의 경우에는 그의 버릇없는 태도나 산만한 주의력을 은근히 훈계하거나 혹은 놀림을 통해 '치료'한다. 그런데도 그의 응석은 허용되고 심지어 엄마한테 폭력을 휘두르는 것조차 용서받는다. 이를테면 아이에게 있어 작은 자아의 팽창이 의도적으로 조장된다.

아이들이 처음 학교에 들어간 직후에는 이렇다 할 큰 변화가 일어나지 않는다. 처음 3년간은 남녀공학이다. 남녀 교사들은 모두 아이들을 아끼고 함께 허물없이 지낸다. 하지만 가정에서건 학교에서건 '곤란한' 상태에 빠지는 것이 얼마나 위험한지를 종전보다 더 자주 강조한다. 아이들은 아직 어려서 '하지'를 느끼는 정도까지는 아니지만, 자신이 '곤란한' 상태에 빠지지 않도록 피하는 방법을 배우지 않으면 안 되기 때문이다. 사람들은 가령 늑대가 없는데도 "늑대가 나타났다"고 외치는 동화 속의 소년은 "사람을 속인 것이다. 만일 네가 그런 일을 하면 더는 누구도 널 믿지 않게 될 것이다. 그건 정말 곤란한 일이다"라는 식으로 아이들을 가르친다. 일본인들은 대체로 어린 시절 잘못을 저질렀을 때 최초로 자신을 조롱한 사람은 학교 친구들이지 교사나 부모가 아니었다고 말한다. 사실 이 시기에 어른들의 역할은 조롱하는 데 있는 것이 아니라, 사람들에게 비웃음을 당한다는 사실과 세켄에 대한 기리에 따라 행동해야 한다는 도덕적 교훈이 아이들 안에서 서서히 연관성을 가지게 하는 데 있다.

앞에서 어린아이들이 읽는 책에 나오는, 어떤 착한 개가 주인의 온에 보답한다는 이야기를 인용한 적이 있는데,[18] 아이들이 여섯 살이 되면 이 충견의 헌신적인 이야기에서 설명된 기무가 이제 점차 갖가지 종류의 구속이 되어 다가선다. 예컨대 어른들은 아이를 향해 "이런저런 일을 하면 세상 사람들에게 비웃음을 사는 사람이 된다"고 말해준다. 그 규칙들은 각각의 경우에 따라 다르게 정해진다. 그 대부분은 우리가 에티켓이라고 부르는 것들에 상당한다. 그것들은 가족과 이웃 및 더 나아가 국가에 대한 점증하는 의무에 자신의 의지를 복종시킬 것을 요구한다. 그러므로 아이들은 자기를 억제해야 한다. 그들은 자신에게 갚아야 할 채무가 있다는 점을 인정해야 한다. 그리하여 그들은 부채를 갚기 위해 주의 깊게 세상을 살아가야 하는 채무자로서의 지위로 서서히 옮겨간다.

이와 같은 지위의 변화는 놀림을 받던 유년기의 형태를 새롭고도 진지한 형태로 확장시켜감으로써 성장기 소년에게 교육된다. 아이들은 여덟아홉 살이 되면 실제로 가족에게 배척받는 수가 있다. 가령 아이의 불순종이라든가 불손한 태도에 대해 교사가 낙제점을 주고 이를 가족에게 보고하면 가족은 그 아이를 따돌린다. 아이가 장난을 쳐서 상점 주인에게 비난을 받으면 그것은 '가문의 명예를 더럽힌' 것이라 하여 가족 모두가 한편이 되어 그 아이에게 비난과 공격의 화살을 돌린다. 내가 아는 두 일본인은 열 살이 되기 전에 아버지에게 두 번 다시 집에 들어 올 수 없다는 말을 들으며 쫓겨난 적이 있는데, 그들은 부끄러워서 친척집에 갈 수도 없었다고 한다. 그들은 학교 교실에서 교사에게 벌을 받았던 것이다. 그들은 결국 집 바깥의 창고에서 자다가 어머니에게 발견되었고, 그 어머니의 중재로 가까스로 집에 들어갈 수 있었다. 초등학교 상급반 아이들은 근신 처분을 받아 '반성'을 위해 집에 갇힌 채 일본인들의 강박적인 습관이라 할 수 있는 일기 쓰는 일에만 전념하기도 한다.

어떤 경우든 가족들은 이제 아이를 세켄에 대해 그 집안의 대표자로 여기는 태도를 보인다. 그래서 아이가 세켄의 비난을 받았다는 이유로 그를 책망하는 것이다. 그가 세켄에 대한 기리를 지키지 못했기 때문이다. 그런 아이는 가족뿐만 아니라 친구의 지지도 받을 수 없게 된다. 학교 친구들도 잘못을 범한 아이를 또래 집단에서 배제하기 때문이다. 이럴 때 아이는 앞으로는 절대 그런 짓을 하지 않겠다고 사죄하고 맹세해야만 다시 또래 집단에 들어갈 수 있다.

이와 관련해 제프리 고러[19]는 다음과 같이 말한다. "이상과 같은 일이 사회학적으로 유례를 찾아보기 힘들 정도로 일본에서 철저히 행해진다는 점은 특기할 만한 가치가 있다. 대가족제 혹은 그 밖의 소집단이 활동하는 대부분의 사회에서는 어떤 집단의 구성원이 다른 집단의 구성원에게 비난이나 공격을 받을 경우, 해당 집단은 일치단결해 자기 구성원을 보호하려 드는 것이 보통이다. 그렇게 자기 집단에서 정당성을 인정받는 한, 해당 구성원은 곤경에 처하거나 공격을 받더라도 자기 집단에게 전면적인 지지를 얻을 수 있다는 확신을 가지고 대항할 수가 있다. 그런데 일본에서는 정반대 사태가 벌어진다. 즉 자기 집단의 지지를 받을 수 있다는 확신은 오직 다른 집단에게서 정당성을 인정받을 수 있는 동안에만 한정된다. 만일 누가 외부 집단에게 반대나 비난을 받았다면, 그 외부 집단이 비난을 철회할 때까지 그가 속한 집단은 그에게 등을 돌려 징벌을 가한다. 때문에 일본에서는 '외부 세계'의 인정을 받는 일이 다른 어떤 사회에서도 유례를 찾아볼 수 없을 정도로 중요시된다." [20]

여자아이의 예의범절에 대한 훈련도 그 나이에 이르기까지는 사내아이와 별 차이가 없다. 다만 지역적으로 약간 차이가 있을 뿐이다. 물론 여자아이는 가정 안에서 사내아이보다 더 많은 제약을 받으며, 해야 할 일도 더 많다. 가령 어린 사내아이가 갓난아이 보는 일을 하는 경우도 있기는 하다. 하지만 여자아이는 늘 선물이라든가 기타 배려에 있어 사내아이만큼 대접을 받지 못한다. 또한 사내아이는 때때로 분노를 폭발시키는 것이 허용되지만, 여자아이는 그렇게 할 수 없다. 그럼에도 일본의 여자아이는 아시아의 소녀치고는 놀랄 만큼 자유롭다. 예컨대 그녀는 새빨간 옷을 입고 사내아이와 함께 길거리에서 논다든지, 혹은 사내아이와 싸우는 경우에도 지지 않고 자기 목적을 끝까지 관철하는 경우가 많다. 그녀 또한 어린아이 때는 '수치'를 모른다.

대체로 여섯 살에서 아홉 살 사이의 여자아이들은 사내아이와 비슷한 경험을 하면서 점차 '세켄'에 대한 기리를 배운다. 그러다가 아홉 살이 되면 학급이 여학생 반과 남학생 반으로 나뉘는데, 그 후부터 남자아이들은 같은 남자아이들끼리의 단결을 중요시하게 된다. 그들은 여자아이를 배제하는 나머지, 여자아이와 말하는 것을 사람들에게 보이는 것조차 꺼린다. 여자아이들도 어머니에게 사내아이와 접촉해서는 안 된다는 말을 듣는다. 이 나이 때의 소녀들은 곧잘 새침해지고 자기 안으로 움츠리게 되어 가르치기 힘들다고 한다. 일본의 부인들은 그것이 '어린애다운 장난'을 할 수 있는 마지막 시기라고 말한다. 여자아이의 유년기는 사내아이들의 세계에서 배척됨으로써 막을 내린다. 그 후 몇 년 아니 몇십 년 세월 동안 그녀들이 걸어가야 할 길은 오직 '자중에 자중을 거듭하는' 것 말고는 없다. 이런 교훈은 약혼이나 결혼을 한 뒤에도 언제까지나 계속된다.

 그러나 사내아이의 경우는 '자중'과 세켄에 대한 '기리'를 배운 것만으로는 일본의 성인 남자가 부담해야 하는 의무를 모두 습득한 것으로 볼 수 없다. 일본인은 "사내아이는 열 살 무렵부터 이름에 대한 기리를 배운다"고 말한다. 이 말은 모욕을 당했을 때 분노하는 것이 덕이라는 사실을 배운다는 의미다. 또한 그는 적에게 직접 공격을 가해야 할 때는 어떤 경우고, 간접적 수단을 써서 오명을 씻어야 할 때는 어떤 경우인지 그 규칙에 관해서도 배워야 한다. 그런데 나는 이름에 대한 기리를 배운다는 것이 모욕을 당했을 때 반드시 상대를 공격하는 것을 배워야 한다는 의미는 아니라고 생각한다. 어린 시절부터 이미 어머니에게 심한 폭력을 가하는 것이 허용되었고, 뿐만 아니라 같은 또래의 아이들과 싸우면서 이런저런 잡다한 비난과 항변을 경험해왔던 소년들이 열 살이 되어 새삼스레 공격하는 법을 배울 필요는 없기 때문이다. 그러니까 이름에 대한 기리의 규칙은 소년이 열 살 이후에 그 조항의 적용을 받게 됨과 동시에, 일정하게 공인된 틀 속에서 공격을 처리하는 특정한 방법을 제공하는 것이라고 보아야 한다.

전술했듯이, 일본인은 때로 타인에게 폭력을 행사하는 대신에 자기 자신에게 폭력을 가하는 일이 있다. 학교에 다니는 소년들도 예외가 아니다. 일본에서 6년제 초등학교를 마친 후 진학하는 청소년의 수효는 인구의 약 15퍼센트인데, 남자의 비율이 조금 높다. 그런데 이처럼 진학하는 소년의 경우, 점차 이름에 대한 기리를 발휘하지 않으면 안 되는 시기가 중학교 입학시험의 치열한 경쟁과 모든 과목에서 다른 학생의 석차 경쟁이 갑자기 닥쳐오는 시기와 일치된다. 그들은 한 걸음 한 걸음 경험을 쌓아올린 다음에 그런 사태에 직면하는 것이 아니다. 일본에서 경쟁은 초등학교에서든 가정에서든 되도록이면 회피하게 되어 있어서 거의 없는 것과 다름없다. 따라서 경쟁은 갑자기 닥쳐오는 완전히 새로운 경험이기 때문에 더욱 쓰라린 걱정거리가 될 수밖에 없다. 그리하여 자신이 차지해야 할 자리에 대한 경쟁 및 편애에 대한 시기심이 많이 발동한다.

하지만 정작 일본인의 추억에 선명하게 남아 있는 것은 이 경쟁의 문제가 아니라 상급생이 하급생을 괴롭히는 습관이다. 중학교의 상급생은 하급생을 여러 가지 방법으로 괴롭힌다. 그들은 하급생에게 굴욕적인 일을 시킨다. 이런 일을 당한 하급생은 십중팔구 대단한 원한을 품게 마련이다. 일본의 소년은 그런 일을 결코 재미로 받아들이지 않기 때문이다. 상급생 앞에서 '엎드려뻗쳐'를 당하거나 야비한 심부름을 당한 하급생은 자신을 괴롭힌 상대에게 원한을 품고 복수를 계획한다. 당장 보복을 시행할 수 없는 복수이기에 그는 더욱 복수에 열중한다. 복수는 이름에 대한 기리로서 그들은 그것을 덕행이라고 생각한다. 그리하여 때로는 몇 년 지난 후에 자신을 괴롭힌 상대가 어렵게 잡은 직장에서 해고당하도록 가족의 연고를 이용해서 술책을 쓰는 경우도 있다. 혹은 유도나 검도 실력을 닦아 졸업 후에 도시의 길거리에서 공공연히 상대에게 창피를 주는 수도 있다. 어쨌거나 언젠가 갚지 않으면 '무언가 아직 할 일이 남은 것 같은 느낌'을 받는다. 그런 느낌이야말로 모욕에 대한 일본인의 항변에서 핵심적인 요소라 할 수 있다.

한편 중학교에 진학하지 않은 소년들은 군대 교육에서 이와 동일한 경험을 하게 된다. 평시에 청년들은 네 명에 한 명꼴로 군 징집을 당했다. 그런데 군대 내에서 고참병이 신참병을 못살게 괴롭히는 일은 중학교나 그 이상의 상급학교에서 상급생이 하급생을 괴롭히는 것보다 훨씬 심하다. 장교는 일절 이에 관여하지 않았으며, 하사관도 특별한 예외를 제외하고는 관여하지 않았다. 일본 군대에서 법도의 제1조는 '장교에게 일러바치는 것은 자신의 체면을 잃는 일'이라는 것이다. 따라서 모든 일은 병사들 선에서 처리된다. 이에 대해 장교는 그것이 병사들을 '단련'시키는 방법 가운데 하나라고 여겨 직접 관여하지 않는다. 1년이 지나 고참이 된 병사는 지난 1년간 쌓이고 쌓였던 갖가지 원한을 이번에는 신참병들을 괴롭힘으로써 해소하고 여러 가지 교묘한 방식으로 그들을 '단련'시킨다.

징집병이 군대 교육을 받고 나오면 완전히 사람이 변해서 '진짜 저돌적이고 호전적인 국가주의자'가 된다는 말이 있는데, 이런 변화는 그들이 전체주의적 국가 이론을 배웠거나 혹은 천황에 대한 충이 주입되었기 때문이 아니다. 가장 중요한 원인은 굴욕적인 기합을 당했던 경험일 것이다. 일본식 가정 교육을 받고 자라면서 '자존심'에 집착하게 된 청년은 그런 사태에 직면하면 완전히 이성을 잃고 짐승처럼 변하기 쉽기 때문이다. 그들은 조롱당하는 것을 참을 수 없다. 하지만 그들로 하여금 배척당한다고 느끼게 했던 조롱과 모욕의 경험이 이제 그들 자신의 차례가 되면 반대로 그들을 지독한 고문자로 만들기도 한다.

근대 일본의 중학교나 군대 경험이 이렇게 사람을 바꿔버리는 이유가 예부터 일본에 전해 내려온 조롱과 모욕의 습관에서 비롯되었음은 말할 나위 없다. 그러니까 중학교나 여러 상급학교 또는 군대가 굴욕적인 사태에 대한 일본인 특유의 반응을 처음으로 만들어낸 것은 아니라는 말이다. 즉 일본에는 전통적으로 이름에 대한 기리가 중시되어왔는데, 그런 기리의 법도가 아랫사람을 괴롭히는 관습의 밑그림이 되어 있다. 이로 인해 일본에서 아랫사람을 괴롭히는 관습이 미국에서보다 훨씬 고통스러운 것이 되었으리라는 점은 쉬이 짐작할 수 있다. 그리고 선배에게 괴롭힘을 당한 집단은 뒤이어 차례로 다음 피해자들에게 학대를 가하는데, 그런데도 괴롭힘을 당한 소년이 어떻게든 자신을 괴롭힌 당사자에 대한 복수에 집착하는 것 또한 예부터 내려오는 관습적 유형과 일치한다. 물론 울분을 다른 사람에게 전가하는 것은 서구의 많은 나라에서도 끝없이 반복되어온 풍습이지만, 일본의 경우는 좀 특이하다. 예컨대 폴란드에서는 새로운 도제나 젊은 일꾼이 심하게 학대받는데, 그들은 그 원한을 가해자에게 갚는 것이 아니라 나중에 들어온 도제나 일꾼에게 뒤집어씌운다. 일본의 소년 또한 이런 방법으로 원한을 풀기도 한다. 하지만 그들이 가장 관심을 쏟는 것은 역시 직접적인 복수다. 괴롭힘을 당한 인간은 자기를 괴롭힌 인간에게 직접 복수를 해야만 '시원한 기분'을 느낄 수 있기 때문이다.

이 점을 고려하건대, 일본의 재건에 있어 나라의 장래를 염려하는 지도자라면 국민이 청춘 시절을 보내는 각급 학교나 군대에서의 학대와 아랫사람들을 괴롭히는 습관에 특별히 유의할 필요가 있을 것이다. 구체적으로 각급 학교에 대해서는 상급생과 하급생의 차별을 철폐하기 위해 애교심을 고취하고 '옛 동창들 간의 결속감'을 강조할 필요가 있다. 군대에서도 신참병 학대를 금지하지 않으면 안 된다. 이전에 일본 장교들이 그랬듯이 고참병이 신참병에게 스파르타식 훈련을 시키는 것을 일본에서는 특별히 모욕으로 받아들이지는 않을 것이다. 하지만 신참병을 괴롭히는 일은 모욕이 된다. 그러니까 학교나 군대에서 나이 많은 소년이 나이 어린 소년에게 개처럼 꼬리를 흔들게 하거나 매미 흉내를 내도록 시키거나 혹은 다른 사람이 식사하는 가운데 물구나무 서기 따위를 시키는 일을 하지 못하도록 한다면, 그것은 천황의 신성성을 부정한다든지 교과서에서 국가주의적 내용을 제거하는 것보다도 일본의 재교육이라는 점에서 효과적인 변화를 초래할 수 있을 것이다.

한편 일본의 여자아이들은 이름에 대한 기리의 법도를 배우지 않는다. 게다가 그녀들은 사내아이들처럼 중학교 교육이라든가 군대 교육과 같은 근대적인 경험 혹은 그것과 유사한 어떤 경험도 하지 않는다. 그녀들의 생애는 사내아이의 생애에 비해 훨씬 변화가 적다. 철이 드는 시기부터 그녀들은 어떤 일에서도 사내아이가 우선적이며 사내아이에게는 여자아이에게 부여되지 않는 보살핌과 선물이 주어진다는 사실을 인정하도록 훈련받는다. 다시 말해 여자아이들이 존중해야 할 처세술은 공공연히 자기 주장을 할 특권이 없다는 사실을 인정하는 데 있다. 물론 갓난아이 적이나 유년기 때에는 여자아이들도 사내아이와 마찬가지로 일본 어린아이들에게 주어지는 특권적 생활을 누릴 수 있다. 특히 일본의 어린 소녀들은 새빨간 옷을 즐겨 입는다. 하지만 자라면서 그런 색깔의 옷은 제2의 특권적 시기가 시작되는 60세 무렵까지는 입을 수가 없다.

일본의 여자아이들은 가정에서 반목하는 어머니와 할머니에게 사내아이들과 마찬가지로 귀여움을 받기도 한다. 또한 남동생이나 여동생은 물론 다른 가족들에게도 자기한테 잘해달라고 말하지만 특히 언니에게 '제일' 잘해달라고 조른다. 예컨대 동생들은 그녀에게 사이가 좋다는 증거로 같이 자게 해달라고 조른다. 때로 그녀는 할머니한테 받은 물건을 두 살배기 어린 동생에게 나누어주기도 한다. 일본인은 혼자서 자는 것을 좋아하지 않는다. 그래서 밤이 되면 아이의 이부자리가 마음에 맞는 연장자의 이부자리 옆에 마련되곤 한다. 그러니까 '누구누구와 내가 사이가 좋다'는 증거로 그 두 사람의 잠자리가 나란히 마련되는 경우가 아주 많다는 말이다. 일본의 여자아이들에게는 아홉 살이나 열 살이 되어 사내아이들의 놀이 친구로서 배제당하는 시기에도 이런 식의 보상이 부여된다. 그녀들은 새로운 헤어스타일로 머리 땋기를 좋아한다. 일본에서는 특히 14세에서 18세 정도 되는 여자아이들의 머리를 가장 공들여 땋아준다. 이윽고 그녀들은 무명옷 대신에 명주옷 입는 것이 허용되는 연령, 즉 용모를 돋보이게 하는 옷차림에 많은 노력을 기울이는 연령에 도달한다. 그리하여 여자아이들도 어느 정도는 만족을 얻게 된다.

하지만 여자아이들은 여러 가지 구속에 따라야만 한다. 이때 그 의무들을 이행할 책임은 마음대로 권력을 휘두르는 부모의 손에 있는 것이 아니라 바로 여자아이 자신에게 있다. 일본의 부모들은 딸에게 체벌을 가하지 않는다. 그보다는 자기 딸이 모든 의무에 따라 훌륭하게 인생을 살아갈 것이라는 조용하고 흔들림 없는 기대감을 가지는 것으로 친권을 행사한다. 다음은 그와 같은 가정 교육의 한 극단적인 사례다. 이는 자녀의 특권을 인정하는 비교적 관대한 자녀 교육의 특성이 지닌 비권력주의적 압력이 대충 어떤 것인가를 잘 보여주는 사례로서 충분히 인용할 가치가 있다. 아래 사례의 주인공 이나가키 에쓰[21]는 여섯 살 때부터 학식이 풍부한 어느 유학자에게서 한문 고전 읽기를 교육받았다.

두 시간의 수업 동안 선생님은 손과 입술을 제외하고는 미동도 하지 않았다. 나는 선생님을 마주 본 채 다다미 위에 선생님처럼 부동자세로 앉아 있었다. 한번은 내가 수업 도중에 몸을 움직인 적이 있었다. 웬일인지 나는 가만히 앉아 있을 수가 없어 약간 몸을 움직이면서 굽힌 무릎을 올바른 각도에서 약간 옆으로 비꼈다. 그러자 놀란 표정이 어렴풋이 선생님의 얼굴 위를 스쳐 지나갔다. 곧이어 선생님은 조용히 책을 덮고는 잔잔하면서도 엄한 태도로 이렇게 말씀하셨다. "아가씨, 오늘은 아무래도 공부가 하기 싫은 모양이네요. 방으로 돌아가 잘 생각해보세요." 그때 나의 작은 심장은 너무나 부끄러워서 멈출 것만 같았다. 나는 어찌해야 좋을지 몰랐다. 하여간 나는 먼저 공자의 영정에 절을 했고, 다음에 선생님께도 공손히 절을 했다. 그러고는 조용히 그 방에서 나와, 늘 공부가 끝났을 때 하던 것처럼 아버지에게 보고하러 갔다. 아버지는 아직 공부가 끝날 시간이 아니었기 때문에 좀 놀라시는 것 같았다. 하지만 아버지는 아무 뜻도 없는 듯이 말씀하셨다. "공부가 빨리 끝났구나." 이 말씀은 마치 죽음을 알리는 종소리처럼 울렸다. 그때 일을 생각하면 지금도 상처가 쑤시듯이 가슴이 아파온다.[22]

또한 스기모토 부인은 다른 대목에서 할머니에 대해 다음과 같이 적고 있다. 거기에는 일본 부모들이 보여주는 가장 특징적인 태도 가운데 하나가 간결하게 표현되어 있다.

> 할머니는 조용하고 차분하게 모든 사람이 할머니 생각대로 행동하리라 기대했다. 꾸짖거나 반박하는 일은 없었지만, 할머니의 비단결처럼 부드러우면서도 매우 강인한 기대가 항상 그녀의 가족들을 그녀가 옳다고 생각하는 길로 인도하고 있었다.

여기서 말하는 '비단결처럼 부드러우면서도 매우 강인한 기대'가 그만큼 효과를 거둘 수 있는 한 가지 이유는, 어떤 다른 기술이나 방법보다도 가정 교육이 철저하기 때문일 것이다. 가정 교육은 배우는 '습관'이지 규칙이 아니다. 유아기에 익히는 젓가락 사용법이라든가 방에 들어갈 때의 예의범절에서도, 그리고 조금 뒤에 배우게 되는 다도나 안마의 방법에서도 모든 동작을 문자 그대로 어른의 직접 지도 하에 익숙하게 될 때까지

반복 실습을 통해 익힌다. 어른들은 때가 되면 아이들이 올바른 습관을 '스스로 익힐 것'이라고는 생각하지 않는다. 스기모토 부인은 14세 때 약혼한 그녀의 약혼자를 위해서 조석으로 밥상[23]을 차렸던 일을 묘사한다. 그녀는 그때까지 한 번도 미래의 남편을 만나본 적이 없었다. 약혼자는 미국에 있었고 그녀는 에치고[24]에 있었기 때문이다. 그럼에도 그녀는 다음과 같이 어머니와 할머니의 감독 하에 여러 차례 약혼자를 위한 밥상을 차렸다.

> 나는 오빠가 우리에게 마쓰오[25]가 좋아하는 음식이라고 일러준 요리를 내 손으로 만들었다. 그의 밥상을 내 밥상 옆에 놓고 항상 내 밥보다도 먼저 그의 밥을 퍼서 올렸다. 이런 식으로 나는 미래의 남편에게 기쁨을 주도록 끊임없이 마음 쓰는 법을 배웠다. 할머니와 어머니는 항상 마치 마쓰오가 눈앞에 앉아 있는 것처럼 말을 걸었다. 그리고 나 또한 그가 실제로 방에 같이 있는 것처럼 옷차림이나 행동거지에 조심했다. 그리하여 나는 차츰 미래의 남편을 존경하고 나 스스로 그의 아내로서의 지위를 존경하게 되었다.[26]

사내아이 역시 실례와 모방을 통해 철저한 습관의 훈련을 받는다. 물론 그것은 여자아이의 가정 교육만큼 엄격한 것은 아니지만, 일단 습관을 '익힌' 후에는 일절 변명이 통하지 않는다. 하지만 청년기 이후에는 생활의 중요한 한 가지 영역에서만큼은 대부분 스스로의 자발성에 맡긴다. 즉 구애의 습관이 그것이다. 연장자는 그에게 구애의 습관을 가르쳐주지 않기 때문이다. 일본의 가정은 공공연히 성애를 표현하는 일체의 행동이 금지된 세계다. 예컨대 9, 10세 이후에는 연고 관계가 없는 사내아이와 여자아이의 격리가 극단적으로 행해진다. 일본인은 사내아이가 성에 흥미를 갖기 전에 부모가 그의 결혼을 결정해버리는 것을 이상적이라고 생각한다.

따라서 사내아이가 여자아이를 대할 때는 '수줍어'하는 것을 바람직한 태도로 여긴다. 시골에서는 이 문제를 갖고 몹시 놀려대기 때문에 소년은 더욱 '수줍어'하게 마련이다. 그래도 소년들은 어떻게 해서든지 성에 대해 알려고 든다. 예전부터 일본의 시골 마을에서는 대다수 처녀들이 시집가기 전에 임신했고 최근까지도 그런 경향이 남아 있다. 그와 같은 혼전 경험은 인생의 심각한 문제가 되지 않는 그녀들만의 '자유로운' 영역이었다. 부모는 그런 것을 안중에 두지 않고 혼담을 결정하는 것이 관례였다.

그러나 오늘날에는 《스에무라》에서 어떤 일본인이 엠브리 박사에게 이야기한 것처럼, "하녀조차도 처녀성을 지켜야 한다는 것을 알 만큼 교육을 받는다." 중학교에 진학하는 소년이 받는 훈육 또한 이성과의 교제는 엄격하게 금한다. 일본의 교육과 여론도 이성 간의 친밀한 혼전 교제를 방지하도록 노력한다. 일본 영화를 보면 젊은 여성에게 허물없는 태도를 보이는 청년은 대개 '불량' 청년들이다. '선량한' 청년이라면 예쁜 소녀에 대해, 미국인의 눈으로 보자면 무뚝뚝하고 심지어 예의에 어긋난 것처럼 보이기까지 하는 그런 태도를 해야 한다고 여긴다. 여자에게 허물없이 군다는 것은 그 청년이 '놀아났다'는 것, 즉 게이샤나 창부 혹은 술집 여자의 뒤꽁무니를 쫓아다녔다는 것을 의미한다. 게이샤 집에 다니는 것은 색정을 배우는 '가장 좋은' 방법이었기 때문이다. "게이샤는 여러 가지를 가르쳐준다. 남자는 편안한 마음으로 그저 보고 있기만 하면 된다." 그는 자신의 꼴사나운 모습이 남에게 드러날 것을 두려워할 필요가 없다. 하지만 게이샤와의 성적인 관계는 허용되지 않는다. 물론 일본 청년들 가운데 게이샤 집에 갈 만한 여유가 있는 사람은 그리 많지 않다. 대부분은 술집에 가서 남자가 여자를 어떻게 허물없이 다루는지를 보고 배우는 정도다. 그렇지만 그런 경험은 그들이 다른 분야에서 당연히 받을 것으로 예상되는 훈련과는 종류가 다르다.

사내아이는 여자를 다루는 서투른 솜씨에 대한 두려움을 오랫동안 가지고 있다. 성행위는 그들의 생활에서 무언가 새로운 종류의 행동을 배울 때, 신뢰할 수 있는 연장자가 몸소 손을 잡고 지도해주지 않는 극소수의 예외적 영역 가운데 하나다. 격식 있는 집안에서는 젊은 부부가 결혼할 때 성 교육용 책자[27]라든가 갖가지 체위가 상세하게 그려진 그림 두루마리를 준다. 어떤 일본인의 말에 의하면 성행위는 "책을 보고 배울 수 있다. 그것은 마치 정원 만드는 법을 배우는 것과 같다. 아버지는 일본식 정원 만드는 법을 가르쳐주지는 않는다. 그것은 나이가 들면 스스로 배우는 취미다." 여기서는 흥미롭게도 성행위와 정원 만들기가 공통적으로 책을 보고 배울 수 있는 것이라 말한다. 하기야 대개의 일본 청년들은 책 이외의 방법으로 성행위를 배우지만, 어쨌거나 성행위란 어른에게 자상한 지도를 받고 배우는 그런 것이 아니다. 이처럼 성행위를 배우는 일은 다른 훈련들과는 다르다. 그런 차이는 성이란 연장자가 지휘 통괄하고 공들여 청년의 습관을 훈련시키는 인생의 여타 중대한 영역과는 무관한 별개의 영역이라는 신조를 청년의 마음속에 깊이 심어준다. 성의 영역은 청년이 다분히 당혹스런 두려움을 느끼면서 점차 정통해가며 자기 욕정을 만족시키는 그런 영역이라는 것이다. 이와 같은 성의 영역과 그 밖의 다른 영역들은 서로 다른 법도를 가지고 있다. 그래서 남자가 결혼 후에 공공연히 집 바깥에서 성적 쾌락에 빠진다 해도, 그것은 아내의 권리를 조금도 침해하지 않으며 결혼생활의 안정을 위협하지도 않는다.

하지만 아내에게는 이와 동등한 특권이 없다. 그녀에게는 남편에게 정숙해야만 할 의무가 있기 때문이다. 만일 남편 이외의 남자와 정을 통하고자 한다면 남몰래 눈에 띄지 않도록 해야 한다. 그러나 설령 유혹을 받았다 해도 남몰래 정사를 할 수 있을 만한 생활을 하는 부인은 일본에선 비교적 소수에 지나지 않는다. 신경과민에 빠져 있거나 침착성을 잃은 부인은 '히스테리'라고 일컬어진다. "가장 빈번히 볼 수 있는 부인의 장애는 사회생활보다는 성생활과 관련이 있다. 많은 정신이상 또는 대다수의 히스테리(신경과민, 침착성의 상실)는 분명 속궁합이 잘 맞지 않는 데 기인한다. 여자는 남편이 주는 성적 만족만을 감수해야 한다."[28] 스에무라의 농민들은 부인병의 대부분이 '자궁에서 시작되어' 머리로 올라간다고 말한다. 남편이 다른 여자에게 빠져서 자신을 조금도 돌아보지 않을 때 아내는 일본인들이 일반적으로 용인하는 자위 행위의 습관에 호소하기도 한다. 그리하여 밑으로는 농촌에서부터 위로는 상류 사회의 가정에 이르기까지 부인들은 자위 목적을 위해 만들어진 전통적인 도구들을 숨겨놓고 있다.

시골 부인들은 아이를 낳은 뒤라면 상당히 분방하게 에로틱한 언동을 하는 것이 허용된다. 어머니가 되기 전에는 성에 관한 농담을 한마디도 하지 않지만, 어머니가 된 후 특히 점점 나이를 먹게 되면 남녀가 합석한 연회에서 그녀는 종종 성적 농담을 많이 한다. 그녀는 외설스런 노래에 맞추어 허리를 앞뒤로 흔들면서 몹시 개방적인 에로틱한 춤으로 그 자리의 여흥을 돋우기도 한다. "그런 여흥은 언제나 폭소를 유발한다." 또한 스에무라에서는 청년이 군복무에서 제대해 돌아오는 날 마을 사람들이 총출동해 마을 어귀까지 마중을 나가는데, 그때 남장한 여자들이 음란한 농담을 던지면서 젊은 처녀를 욕보이는 흉내를 낸다.

이처럼 일본의 여성에게는 성적인 사항에 관해 일종의 자유가 허용되어 있다. 더구나 신분이 낮으면 낮을수록 더 많은 자유가 인정된다. 그녀들은 거의 평생 동안 많은 터부들을 지켜야만 하지만, 그녀들의 성적 지식을 금하는 터부는 없다. 그녀들은 남자를 기쁘게 해줄 수 있다면 음탕해지기도 한다. 마찬가지로 남자를 기쁘게 해줄 수 있다면 남자도 여자도 아닌 중성이 되기도 한다. 여성으로서 무르익는 나이가 되면 터부를 내던져버린다. 만일 신분이 낮은 여자라면 남자에 뒤지지 않을 정도로 음탕해질 수 있다. 일본에서는 서구에서처럼 이른바 '순결한 부인'이라든가 '음탕한 여자'로 한번 낙인이 찍히면 그대로 고정되는 것이 아니다. 일본인들은 나이에 따라 그때그때 상황에 적합한 행동을 지향하기 때문이다.

남자 또한 크게 삼가야 할 영역이 있고 마음대로 행동해도 좋은 영역이 있다. 특히 친구와 함께 게이샤를 옆에 앉히고 술을 마시는 것이 일본 남자가 제일 좋아하는 즐거움이다. 일본인은 술에 취하는 것을 즐긴다. 게다가 술을 마시고 주정을 부려서는 안 된다는 법도는 따로 없다. 그들은 두세 잔의 '사케'(일본주)를 마시면 딱딱한 자세를 풀고 편안히 앉는다. 그러고는 서로 기대어 아주 친근하게 굴기를 좋아한다. 술에 취해도 소수의 '상종하기 힘든 인간'을 제외하고는 대개 난폭한 행동을 하거나 시비를 거는 일은 좀처럼 없다. 요컨대 일본에서 음주는 비교적 '자유로운 영역'에 속한다. 그러니까 술을 마실 때만은 예외다. 그 외에는 사람은 절대로 기대에 어긋난 행동을 해서는 안 된다. 누군가에 대해 생활의 중요한 영역에서 기대에 어긋난 행동을 했다고 말하는 것은 '바보'라는 말을 제외하고는 일본인이 사용하는 가장 큰 악담이 된다.

종래 서구인들이 묘사해온 일본인의 성격적 모순은 그들의 육아법을 보면 납득이 간다. 즉 그 육아법으로 인해 일본인의 인생관에 있어 모든 측면에서 무시할 수 없는 이원성이 비롯된 것이다. 그들은 유아기에 누렸던 특권과 마음 편안했던 경험에 의해, 그 후 갖가지 훈련을 받은 뒤에도 언제나 '하지恥를 몰랐던' 때의 편한 생활을 기억한다. 그들은 굳이 미래에 천국을 설정할 필요가 없다. 그들은 과거에 천국을 가지고 있기 때문이다. 그들은 인간이란 본래 선하고 신들은 자애로우며 일본인이라는 사실은 비할 바 없이 자랑스러운 일이라고 주장하는데, 이는 그들의 유년시대를 다른 말로 표현한 것이나 매한가지다. 그러니까 일본인에게 유아기의 경험은 모든 인간 속에 붓다가 될 가능성이 있다라든가 인간은 누구든 죽은 후에 가미神가 된다고 하는²⁹ 극단적인 윤리 해석의 바탕이 된다. 이런 해석에 입각해 그들은 자신의 말을 끝까지 주장하고 또 모든 일에 자신감을 가진다. 또한 유아기의 경험은 자신의 능력을 훨씬 능가하는 어려운 일도 앞장서서 부딪쳐나가려는 태도의 기초가 된다. 뿐만 아니라 그것은 자기 나라 정부에 대해서조차 반대 관점을 주장하면서 싸운다든지, 혹은 자살로써 자기 주장을 서슴없이 내세우는 태도의 토대가 되기도 한다. 물론 거기에는 일본인들로 하여금 때로 집단적인 과대망상증에 빠지게 할 위험성도 내포되어 있다.

　일본의 아이들에게는 예닐곱 살이 지나서부터 차츰 주의 깊은 행동과 '하지를 아는' 책임이 부과된다. 여기에는 만일 그런 책임을 다하지 않으면 자기 가족에게 배척당한다는 가장 강력한 강제성이 뒤따른다. 그것은 프로이센적 훈련만큼의 강제성은 아니지만 피할 수 없는 것이다. 이와 같은 발전은 특권적인 유아기 때부터 이미 집요하게 되풀이되어 하지 않고는 배길 수 없었던 용변 습관과 올바른 자세에 대한 훈련 및 부모가 아이를 버리겠다고 말하는 공갈 등에 의해 준비되어왔다. '세상 사람들'에게 비웃음을 사서 눈 밖에 난다는 말을 듣게 되었을 때, 이런 유아기의 경험은 아이들로 하여금 자신에게 부과된 엄청난 구속을 참고 받아들이게 하는 토대가 된다. 그리하여 그는 어렸을 때는 그처럼 거리낌없이 표출시켰던 충동을 억누르게 된다. 이는 그 충동이 나빠서가 아니라 이제는 정당하게 인정받지 않게 되었기 때문이다. 그는 이제부터는 진지한 생활을 해야 한다. 이처럼 유아기의 특권이 점차 부인됨에 따라 이번에는 점차 어른들의 재미를 허락받게 된다. 하지만 유아기의 경험이 모두 사라져 없어진 것은 결코 아니다. 그들은 인생철학에서 유아기의 경험에 크게 의지한다. 예컨대 그들이 '닌죠人情'를 승인하는 태도는 곧 유아기의 경험으로 복귀하려는 것을 의미한다. 그는 성년기 생활의 '자유로운 영역'에서 그것을 다시 체험하게 된다.

친구에게 인정받는 것을 대단히 중시하는 태도는 유년 시절의 전반기와 후반기에 걸쳐 연속성을 가진다. 바로 이 점이 아이들의 마음에 깊이 심어지게 되는데, 하지만 그것은 절대적인 덕의 표준은 아니다. 유년 시절의 전반기에서 떼를 쓰는 나이가 되면 어머니는 그를 같은 잠자리에 함께 재워준다. 또한 그는 자기와 형제자매가 받는 과자를 비교하면서 자신이 엄마에게 몇 번째로 사랑받는지를 판단한다. 그는 자신이 관심을 받지 못하면 민감하게 알아차리며, 누나에게도 "누나는 날 '제일' 귀여워해주지?"라고 묻곤 한다.

그러나 유년 시절 후반부에 들어서면 아이는 점차 여러 가지 개인적 만족을 포기하도록 요구받는다. 그때 약속되는 보상이 '세상 사람들'에게 인정받고 받아들여지는 것이라면, '세상 사람들'에게 웃음거리가 되는 것은 징벌에 해당된다고 할 수 있다. 물론 이런 상벌은 육아법에 있어 대부분의 문화권이 의지하는 강제력이다. 다만 일본에서는 유례를 찾기 힘들 만큼 그것이 중시된다는 점에서 주목할 만하다. '세상 사람들'에게 웃음거리가 된다는 것이 어떤 것인가는, 이미 부모가 아이를 내다버리겠다고 공갈 협박했을 때부터 아이들 뇌리에 생생하게 각인되었다. 그리하여 그는 일생을 통해 친구들에게 배제당하는 것을 폭력보다 더 무서운 것으로 여긴다. 그는 조소라든가 배척의 위협에 대해 그것을 머릿속에서 상상하는 것만으로도 기이할 만큼 민감하게 반응한다. 실제로 일본 사회에서는 사생활의 비밀을 지킨다는 것이 거의 불가능하기 때문에 '세켄'은 그가 하는 일을 모두 알고 있다. 그래서 한번 나쁘다고 낙인찍히면 배척당할 가능성이 매우 크다. 우선 일본의 가옥구조는 집 안에서 나는 소리가 전부 바깥에 들리게 되어 있으며, 집 안의 얇은 장지문도 대낮에는 활짝 열어젖힌다. 이것만 보더라도 그저 담과 뜰이 사이에 있을 뿐, 일반인들의 사생활은 훤히 공개되어 있는 것이나 진배없다.

거울을 비롯해 일본인이 사용하는 몇몇 상징적인 물건들은 자녀 훈육의 불연속성에서 생겨난 그들의 양면적 성격을 밝히는 데 큰 도움이 된다. 일본인의 심리적 발달 과정에서 가장 빠른 시기에 형성되는 것은 '하지를 모르는 자아'다. 그들은 이런 '하지를 모르는 자아'가 얼마만큼 보존되고 있는가를 살펴보기 위해 자기 얼굴을 거울에 비추어보곤 한다. 그들은 "거울은 영원한 순결성을 비추어준다"고 말한다. 거울은 사람의 허영심을 부추기는 도구도 아니고 '방해하는 자아'를 비추어주는 물건도 아니다. 그것은 바로 영혼의 깊이를 비추어준다. 인간은 거기서 자신의 '하지를 모르는 자아'를 보지 않으면 안 된다.[30]

일본인들은 거울 속에서 영혼의 문으로서의 자기 자신의 눈을 본다. 그리고 이것이 '하지를 모르는 자아'로 살아가도록 도와준다. 이 목적을 위해 늘 몸에 거울을 지니고 다니는 사람도 있다. 혹은 집에 모신 불단 안에 자신의 모습을 비춰보고 자신의 영혼을 반성하려고 특별한 거울을 놓아두는 사람도 있다. 그런 사람은 다름 아닌 '자기 자신'을 받들어 모시고 예배하는 셈이 된다. 이는 분명 이례적인 경우기는 하지만 사실상 일본인들이 통상 행하는 관행을 약간 더 발전시킨 것에 지나지 않는다. 실제로 어느 가정에서나 신단에는 거울을 예배 대상으로 모시고 있기 때문이다.[31] 전쟁 중 일본의 라디오 방송은 어느 여학생들을 칭찬하는 노래를 일부러 제작해서 방송한 일이 있다. 그 여학생들은 돈을 모아 거울을 사서 교실에 비치했던 것이다. 그것은 결코 허영심의 표현이 아닌, 그녀들 마음속 깊은 곳에 있는 어떤 잔잔한 목적을 위한 헌신의 표현이라고 칭송되었다. 거울을 본다는 것은 그녀들의 기품 있는 정신을 입증하는 외면적 행위라는 것이다.

거울에 대한 일본인의 감정은 아이들 마음속에 아직 '관찰하는 나'가

심어지지 않은 시기에 생겨난다. 그들은 거울 속에서 '관찰하는 나'를 보는 것이 아니다. 거울에 비친 자아는 옛날 유아기에 그러했듯이 '하지'라는 스승이 필요 없을 만큼 본래 선량한 것이다. 그들은 거울에 대해 이와 같은 상징적 의미를 부여한다. 그 상징적 의미는 또한 '숙달'이라는 자기 훈련에 관한 그들 사고방식의 토대를 제공하기도 한다. 즉 그들은 '관찰하는 나'를 제거하고 어린아이의 직접성으로 복귀하려고 끊임없이 자기를 훈련한다.

이처럼 특권적인 유아기의 생활이 일본인에게 여러 가지 영향을 미치는데도, '하지'가 도덕의 기초가 되는 이후의 구속을 단지 특권이 박탈된 것이라고 생각하지는 않는다. 전술한 바와 같이 자기 희생이라는 관념은 일본인이 때때로 공격해온 그리스도교적 개념의 하나로서, 정작 일본인들은 자신을 희생한다는 생각을 거부한다.³² 극단적인 경우에도 일본인은 충이나 효 또는 기리의 부채를 갚으려고 '자진해서' 죽는 것이라고 말한다. 그런 것들은 자기 희생의 범주에 들지 않는다고 생각한다. 그들은 이렇게 스스로 죽음으로써 자기가 원하는 목적을 성취할 수 있게 된다고 말한다. 만일 그렇지 않다면 그것은 '개죽음'이 된다. 영어의 '개죽음'은 사회의 밑바닥에 떨어져 죽는 것을 의미하지만, 그들에게 '개죽음'이란 가치 없는 죽음을 뜻한다. 자살처럼 극단적인 것이 아닌 일련의 행위를 가리키는 영어 '자기 희생self-sacrifice'이라는 말도 일본어에서는 오히려 자중의 범주에 속한다. 이때의 '자중'이란 보통 자제를 의미하는데, 자제는 자중과 마찬가지로 매우 소중히 여긴다. 큰일은 자제함으로써만 달성할 수 있기 때문이다.

미국인은 목적 달성을 위한 필요조건으로 자유라는 것을 강조하지만, 생활 체험이 다른 일본인은 그것만으로는 결코 충분하지 않다고 생각한다. 그들은 자제에 의해 자아를 한층 더 가치 있는 것으로 만들 수 있다고 여겨, 그것을 그들 도덕률의 중요한 신조의 하나로 삼았다. 자제가 아니라면 시도 때도 없이 속박에서 벗어나 올바른 생활을 무너뜨릴지도 모르는 여러 가지 충동으로 가득 찬 위험천만한 자아를 어떻게 통제할 수 있단 말인가? 이와 관련해 어느 일본인은 다음과 같이 적는다.

> 몇 년이나 걸려 바탕칠 위에 덧칠하는 옻칠의 층이 두터우면 두터울수록, 완성된 칠기는 고가품으로 취급된다. 민족도 마찬가지다. (중략) 러시아인에 대해 "러시아인의 껍질을 벗기면 타타르인이 나타난다"고 말하지만, 일본인에 대해서도 마찬가지로 "일본인을 깎아서 칠을 벗기면 해적이 나타난다"고 말할 수 있을 것이다. 하지만 일본에서 옻칠은 값비싼 제작품으로서 수공업의 보조 수단이라는 사실을 잊어서는 안 될 것이다. 옻칠에는 속임수가 조금도 없다. 그것은 흠을 감추려는 덧칠이 아니다. 적어도 그것은 옻칠을 통해 아름답게 치장된 완성품만큼 가치를 지닌다.[33]

서구인을 놀라게 하는 일본 남성들의 모순된 행동은 그들의 어린 시절에 받은 훈육의 불연속성에서 생겨난 것이다.[34] 거기에 '옻칠'을 한 다음에도 그들의 의식 속에는 자신의 작은 세계에서 그들이 작은 신이었던 시절, 마음대로 투정을 부릴 수 있었던 시절, 어떤 소망이든 이루어질 수 있다고 생각했던 시절의 깊은 흔적이 남아 있다. 이처럼 마음 깊은 곳에 이중성이 심어져 있기 때문에, 그들은 어른이 된 다음 로맨틱한 연애에 빠지는가 하면 갑자기 손바닥을 뒤집듯 가족의 의견에 무조건 복종하게 된다. 쾌락에 빠져들고 안일을 탐하는가 하면, 의무를 다하려고 극단적으로 어떤 일이든 해치운다. 신중의 필요성을 강조하는 가정 교육이 그들을 때때로 겁 많은 국민으로 만들기도 하지만, 때로 그들은 저돌적으로 보일 만큼 용감하다. 그들은 계층적 위계질서에 근거해 복종이 요구되는 상황에서는 철저히 순종하는 태도를 보이면서도, 위로부터의 통제에 쉽게 따르지만은 않는다. 그들은 대단히 은근하면서도 오만불손한 태도를 나타내기도 한다. 그들은 군대에서 광신적인 훈련에 따르면서도 결코 순종적이지만은 않다. 그들은 열렬한 보수주의자지만, 중국의 습관이나 서구 학문을 수용할 때 보였던 것처럼, 새로운 생활 양식을 쉽게 받아들인다.

이와 같은 성격의 이중성은 긴장을 수반하게 마련이다. 일본인은 그 긴장에 대해 사람마다 각각 다른 반응을 나타낸다. 하지만 어떤 경우든 그 반응은 유아기의 경험과 유년기 이후의 경험을 어떻게 융화하느냐 하는 본질적인 문제에 대한 각자 나름대로의 해결 방식을 보여준다. 유아기에는 자신이 원하는 대로 무엇을 하든 받아들여졌다. 하지만 유년기 이후에는 갖가지 속박과 규제를 지켜야만 안전한 삶이 보장될 수 있다. 이 두 상반된 세계를 화해시키기 위한 각자의 반응이 곧 성격의 이중성을 낳는다는 말이다. 많은 사람들이 이런 문제를 해결하는 데 어려움을 느낀다.

그 중 어떤 이들은 융통성 없는 현학자처럼 자신의 생활을 오로지 규칙에 맞추는 데만 급급한 나머지 자발적으로 자기 인생과 대면하기를 극도로 두려워한다. 이때의 자발성은 가공의 환상이 아니다. 그들은 전에도 한 번 그런 자발성을 경험한 적이 있기 때문에 그들의 공포는 더욱 크게 마련이다. 그리하여 그들은 자신을 고립시킨 채, 스스로 만들어낸 규칙에만 매달림으로써 마치 자신이 권위를 가진 자가 된 듯이 착각한다. 그 중 어떤 이들은 인격분열에 빠지기도 한다. 그들은 자기 마음 깊은 곳에 잠복한 공격적 충동을 두려워해서, 겉으로는 부드러운 태도를 가장한 채 그것을 숨긴다. 그들은 때때로 자신의 진짜 감정을 의식하지 못하도록 쓸데없는 일에 몰두한다. 가령 그들은 훈련을 통해 배운 일들 또는 실제로는 아무 의미가 없는 일상적 일들을 단지 기계적으로 수행한다. 또 어떤 이들은 유아기의 경험에 너무 고착된 나머지, 어른이 된 후 어떤 임무를 수행할 때마다 몸을 깎아내는 듯한 불안을 느낀다. 그리하여 더는 다른 사람에게 의지할 수 없는 나이인데도 타인에게 더욱더 많이 의존하고자 한다.[35] 그들은 자신에게 주어진 어떤 일에 실패한다는 것은 곧 상위 권위에 대한 적대적인 공격이라고 느낀다. 따라서 그들은 어떤 행동을 할 때마다 항상 극심한 동요에 빠지기 십상이다. 특히 정해진 순서에 따라 기계적으로 처리할 수 없는 예상치 못한 뜻밖의 사태는 그들에게 대단한 공포가 된다.[36]

이처럼 일본인은 배척이나 비난을 지나치게 염려한 나머지 특유의 위험에 빠지기 십상이다. 하지만 지나친 압박을 느끼지만 않는다면 그들은 충분히 생활을 즐길 줄 알며, 유아기의 훈육에 의해 잘 다듬어진 능력, 즉 타인의 감정을 해치지 않는 용의주도한 태도를 보인다. 이는 대단한 능력이라 아니할 수 없다. 그들은 유아기에 자기 주장을 관철하는 법을 배웠다. 거기에는 마음을 괴롭히는 죄의식 같은 것은 수반되지 않았다. 그 후 여러 가지 속박이 가해지지만, 그것은 친구들과의 연대성을 지키기 위한 것으로 그때의 의무는 상호적인 것이었다. 경우에 따라서는 자기의 희망이 타인에 의해 저지되기도 하지만, 아직은 여전히 생각한 대로 충동적인 생활을 영위할 수 있는 '자유로운 영역'이 남아 있었다.

사실 일본인은 예부터 늘 천진한 즐거움을 누릴 줄 아는 국민으로 유명하다. 가령 벚꽃, 달, 국화, 첫눈 따위를 관상한다든지, 집안에 충롱蟲籠을 달고 벌레의 노래를 듣는다든지, 짧은 시구[37]를 짓는다든지, 정원을 가꾼다든지, 꽃꽂이나 다도를 즐긴다든지 하는 것 말이다. 깊은 불안감과 반항심을 품은 국민이라면 이러한 즐거움을 누리기는 어려울 것이다. 그들은 슬픈 얼굴로 즐기는 것이 아니다. 일본이 아직 저 불운한 '사명'에 매진하기 전의 행복한 시대에는 농촌 사람들은 현대의 어떤 국민에 비해도 뒤지지 않을 만큼 쾌활하고 기분 좋게 여가를 즐길 줄 알았다. 그리고 일을 할 때는 여느 국민 못지않게 열심히 일했다.

그러나 일본인은 스스로에게 너무 과도한 요구를 한다. 세상 사람들에게 배척당해서 비난받는 위험을 피하려고 그들은 모처럼 맛본 개인적인 즐거움도 포기해야만 한다. 인생의 중대사 앞에서는 그런 충동을 억제해야만 하는 것이다. 소수이기는 하지만 이를 어기는 사람은 스스로를 존중할 마음을 상실할 위험에 빠진다. 스스로를 존중(자중)하는 인간은 '선이냐 악이냐'가 아니라 '기대에 부응하는 인간'이 되느냐 아니면 '기대에 어긋나는 인간'이 되느냐를 기준 삼아 진로를 정한다. 그들은 세상 사람들의 '기대'에 부응하려고 자신의 개인적 요구를 포기한다. 그런 사람들이야말로 '하지를 아는' 신중하고도 훌륭한 인간이라 할 수 있다. 그들은 자기 가정과 마을 및 나라에 명예를 가져다주는 사람들이다.

이와 같은 태도에서 비롯되는 긴장은 대단히 크며, 그것이 일본을 동양의 지도자이자 세계의 일대 강국으로 만들고자 하는 강렬한 대망으로 나타났다. 하지만 개인으로서 보면 그 긴장은 대단히 무거운 부담이 된다. 그는 무슨 일에건 실패하지 않도록, 또한 많은 자기 희생을 감수하는 일련의 행위에 의해 누구에게서건 업신여김을 받지 않도록 언제나 세심하게 주의해야만 한다. 그 과정에서 때로는 참고 참았던 울분이 폭발해 극도로 공격적인 행동을 할 때가 있다. 그런 공격적인 태도를 하는 경우는 미국인처럼 자신의 주의 주장이나 자유가 도전받을 때가 아니라, 모욕당했거나 비난받는다고 느꼈을 때다. 그럴 때 그들의 위태위태한 자아는 만일 가능하다면 그 당사자에게, 그렇지 않은 경우에는 자기 자신에게 폭발한다.

일본인은 이와 같은 생활 양식 때문에 값비싼 대가를 치러왔다. 이를테면 그들은 미국인이 공기처럼 매우 당연시하는 단순한 자유를 스스로 거부해왔다. 하지만 이제 일본인은 패전 이후 민주화로 향하고 있다. 이에 즈음해 우리는 순진하고 천진난만하게 자신이 원하는 대로 행동하는 것이 얼마나 일본인을 미치도록 기쁘게 하는지를 상기할 필요가 있다. 스기모토 부인은 그런 기쁨을 누구보다도 잘 표현한다. 그녀는 영어를 배우려고 입학한 도쿄의 한 미션스쿨에서 무엇이든 자신이 좋아하는 것을 심을 수 있는 정원이 할당되었을 때 받았던 감명을 적고 있다. 그때 교사는 학생 한 사람 한 사람에게 거친 텃밭 약간과 각자가 원하는 씨앗을 나누어주었다.

> 무엇을 심어도 좋은 이 텃밭은 내게 개인의 권리라는, 아직까지 경험한 적이 없는 완전히 새로운 감정을 맛보게 해주었다. (중략) 그런 행복이 인간의 마음속에 존재할 수 있다는 것 자체가 내겐 놀라움이었다. (중략) 지금까지 한 번도 법도를 어긴 적도 없고 가문의 명예를 더럽힌 일도 없으며 부모나 선생님이나 마을 사람들의 빈축을 산 일도 없는, 이 세상 누구에게든 어떤 피해도 끼친 적이 없는 내가 이제 내 마음대로 할 수 있는 자유를 얻은 것이다.[38]

다른 학생들은 모두 꽃을 심었지만, 그녀는 감자를 심었다. "이 바보 같은 행위로 내가 얻을 수 있었던 무모한 자유의 감정은 누구도 알 수 없으리라. (중략) 자유의 정신이 나의 문을 두드렸다." 그것은 완전히 새로운 세계였다. "내 집에는 정원 한쪽에 자연 그대로 방치된 듯이 보이는 장소가 있었다. (중략) 그런데 항상 누군가가 소나무를 부지런히 손질하고 생나무 울타리를 잘 다듬곤 했다. 또한 매일 아침 지야(늙은 하인의 이름)는 디딤돌을 닦아내고 소나무 밑을 청소한 다음, 숲에서 모아온 솔잎을 조심스럽게 뿌렸다."

그녀에게 이 위장된 자연은 그녀가 지금까지 교육받아온 위장된 모조품 같은 의지의 자유를 상징했다. 그리고 일본은 곳곳이 그런 위장으로 가득했다.[39] 일본 정원의 땅속에 반쯤 파묻힌 큰 바위들은 모두 주의 깊게 선택해 운반해온 것으로, 땅 밑에 작은 돌을 깔고 그 위에 놓는다. 돌의 배치는 연못과 건물 및 나무들과의 관계를 신중하게 고려하여 정한다. 국화 또한 화분에 심어 매년 일본 각지에서 개최되는 품평회에 출품하려고 가꾼다. 거기서 볼 만한 꽃잎은 한 잎 한 잎 재배자의 손길로 정돈되고, 혹은 살아 있는 꽃 속에다 눈에 띄지 않는 가느다란 철사로 만든 고리를 끼워 올바른 위치를 유지하게 한다.

이 고리를 떼어낼 때 스기모토 부인은 행복하고도 순수한 흥분을 느꼈다고 한다. 그것은 지금까지 작은 화분 속에서 꽃잎 하나하나에 이르기까지 정성껏 재배하고 가지런히 가꾼 국화를 자연으로 돌려보내는 것에 대해 느낀 순수한 즐거움이었다.[40] 그러나 오늘날 일본인들 사이에서 '기대에 어긋나는' 행동을 하게 하며 '하지'의 강제력에 의혹을 품게 하는 자유는 그들 생활 양식의 미묘한 균형을 깨뜨릴 우려가 있다. 그들은 새로운 상황에서 새로운 강제력을 습득해야 할 것이다. 하지만 변화란 무릇 값비싼 것이다. 새 가정을 만들고 새 도덕을 수립하기란 결코 쉬운 일이 아니다.

서구 여러 나라는 일본 국민이 서구적 도덕을 단번에 채용해 즉시 자기 것으로 만들 수 있다고 생각해서는 안 될 것이다. 또한 일본은 결국 더 자유롭고 더 관용적인 윤리를 세울 수 없다고 생각해서도 안 된다. 미국에 사는 일본인 2세들은 이미 일본적 도덕에 관한 지식이나 실천을 잃어버린 지 오래다. 그들의 핏속에는 조국 일본의 습관을 지키도록 만드는 어떤 요소도 존재하지 않는다. 이와 마찬가지로 본국에 있는 일본인도 새로운 시대를 맞아 예전처럼 개인적 자제의 의무를 요구하지 않는 새로운 생활 양식을 만들어낼 만한 가능성이 있다. 국화는 철사 고리를 떼어낸 후에 그렇게 철저한 손질을 하지 않더라도 충분히 아름답고 자랑스럽게 피어날 수 있다.

그들의 정신적 자유를 증대시킬 수 있는 과도기에 처해, 일본인은 몇몇 오래된 전통적 덕목에 의지해 평형성을 잃지 않은 채 무사히 거센 파도를 넘을 수 있으리라. 그런 덕목의 하나로 '몸에서 나온 녹'은 자신이 처리한다는 말로 표현되는 자기 책임의 태도를 들 수 있다. 이 비유에서는 자기 몸과 칼을 동일시한다. 칼을 찬 사무라이에게는 칼이 녹슬지 않고 항상 반짝거리게 할 책임이 있다. 마찬가지로 사람은 각자 자기 행위의 결과에 책임을 져야 한다. 사람은 자신의 약점이나 지속성의 결여 혹은 실패 등에서 비롯된 당연한 결과를 승인하고 받아들여야 한다. 일본에서 자기 책임은 자유를 중시하는 미국에서보다도 훨씬 철저하게 해석된다.[41] 이와 같은 일본적 의미에서 칼이란 공격의 상징이라기보다는 훌륭하게 자기 행위에 대해 책임질 줄 아는 이상적인 인간의 비유라 할 수 있다. 개인의 자유가 존중되는 시대에 이런 덕목은 가장 탁월하게 균형을 잡아주는 역할을 할 것이다. 게다가 이 덕목은 일본 아이들의 육아법과 행동철학을 통해 일본 정신의 일부로서 일본인의 마음속에 심어졌다. 오늘날 일본은 서구적 의미에서의 '칼을 버리고 항복'했다. 그런데 일본적인 의미에서 일본인은 자칫하면 녹이 슬기 쉬운 마음속의 칼이 녹슬지 않도록 세심하게 배려할 줄 아는 장점을 여전히 가지고 있다. 덕을 칼에 비유하는 그들의 어법에 따르면, 칼은 더욱 자유롭고 평화로운 세계에서도 그들이 보존할 만한 상징이다.

주

1 일본인의 육아 관습에 대한 서술을 통해 일본인의 민족성과 일본 문화의 본질적 특성을 규명하는 이 장은 고러의 《스에무라》에서 압도적인 영향을 받아 쓰여졌다. 고러는, 일본인들은 유아기에 엄격하게 배설 훈련을 받는다고 말한다. 이는 아이들에게 고통과 분노를 맛보게 하고 보복을 추구하는 강한 공격성을 가지게 한다. 이 훈련은 성인이 된 후에도 일본인을 강박적 성격을 가진 사람으로 만든다. 가령 그들은 지나치게 형식성을 중시하는 강박적인 의식儀式주의 속에 무의식적으로 강한 공격 욕구를 숨긴다. 그들은 평상시에는 온순하게 보이지만, 의식주의가 무력화되는 상황에 처하면 숨겨진 공격 욕구가 과도하게 발산됨으로써 잔인하고 사디스틱한 행동으로 치닫게 된다. 이 장의 내용은 기본적으로 이처럼 평시와 전시에 있어 일본인의 대조적인 행동 양식을 배설 훈련만으로도 설명 가능하다고 주장한 고러의 견해에 입각한다. 가와시마는 이 12장이 《국화와 칼》 중에서 가장 뛰어난 부분이라고 높이 평가하는데, 어쩌면 이는 육아법에 주목하는 여성 인류학자 특유의 섬세한 묘사에서 받은 강한 인상 때문일지도 모르겠다. 川島武宜,〈評價と批判〉, 269쪽.
2 지금은 그렇지 않다. 현대 일본 여성이 아이를 적게 낳아 사회적으로 학령기 아이들의 숫자가 감소하는 이른바 '소자화少子化' 현상이 심각하다.
3 프레이저가 제창한 용어로, 공간적으로 떨어져 있는 사물이 비밀스런 공감을 통해 상호작용을 한다는 사고방식에 입각한 주술. 모방주술(유사의 법칙)과 감염주술(접촉의 법칙)의 두 유형이 있다.
4 이런 관습을 '오미야마이리御宮參り'라고 한다. 통상 남아는 생후 32일, 여아는 33일이 지난 다음, 어머니와 할머니가 아기를 안고 신사에 참배해 아이의 건강한 발육과 행복을 기원한다. 한편 아이가 3세(남녀 공통), 5세(남아), 7세(여아)가 되는 해의 11월 15일에도 신사를 참배하는데, 이런 관습을 '시치고산七五三' 축하연이라고 한다. 이 밖에도 일본에는 성인이 된 후 남자는 25세와 42세 때, 그리고 여자는 19세와 33세 때 액땜을 위해 신사를 참배하는 관습도 있다.
5 Alice Mabel Bacon, *Japanese Girls and Woman*, p. 6.(원주)
6 *Ibid.*, p. 10.(원주)
7 Geoffrey Gorer 또한 *Themes in Japanese Culture*, Transactions of the New York

Academy of Science, vol. 5, 1943, pp. 106~124에서 일본인의 용변 훈련이 수행하는 역할을 강조한다.

8 이로리囲爐裏. 일본 농가 등에서 마룻바닥을 사각형으로 깊게 도려내고 그 안에 방한용 또는 취사용으로 피우는 화로 장치.

9 일본의 어머니들은 어릴 때부터 자녀들한테 반말을 하는 일이 거의 없다.

10 사실 일본에는 '응석'이나 '어리광'과 비슷하긴 하지만 그 말로 다 나타내기 어려운 일상 어법이 있다. '아마에甘え'가 그것이다. 아마에라는 용어는 도이 다케오土居健郎라는 정신의학자가 《아마에의 구조》라는 책을 출판한 이래 유행어가 되어 일본의 고등학교 교과서에까지 실린 개념인데, 도이는 이를 '남에게 의지하고 싶은 욕구'라고 정의한다. 이는 특히 어머니에 대한 자녀들의 의존심이 강해서 어른이 된 후에도 심리적으로 어머니와 분리가 곤란한 일본적 현상을 가리킨다. 이와 같은 아마에의 대상 의존성은 타자에 접근해서 타자와 일체가 되고 싶다는 주객 합일의 원망감정이나 행동을 내포하는데, 거기에는 본질적으로 서로 모순되는 양가감정이 들어가 있다. 그리하여 아마에는 그것이 적절히 충족되지 못할 경우에는 생트집 부리기, 앵돌아지기, 비꼬기, 비뚤어지기 등 정반대의 원한감정으로 전환될 수 있다. 요컨대 일본의 사회적 규범에는 이와 같은 의존적 인간관계가 내면화되어 있다는 것이다. 土居健郎,《甘えの構造》, 弘文堂, 1971 참조. 베네딕트는 '아마에'라는 용어에 대해서는 아직 모르고 있었지만, 그 미묘한 뉘앙스는 어느 정도 포착했던 것으로 보인다.

11 코가 납작해지는nose being put out of joint. '누군가에 의해 자기가 지금까지 차지하던 지위에서 밀려나는 것'을 의미하는 상투어.

12 일본 신화를 보면, 이자나기가 죽은 아내 이자나미를 다시 지상으로 데려오고자 요미노쿠니黃泉國로 내려갔을 때, 이자나미는 남편이자 오빠인 이자나기에게 자기가 자는 모습을 절대 보아서는 안 된다고 말한다. 그러나 이자나기는 이 금기를 어겼기 때문에 결국 이자나미를 지상으로 데리고 나오는 데 실패하고 만다.

13 이는 일본어를 잘 모르는 저자가 가나 '구く' 자를 착각한 듯싶다.

14 Etsu Inagaki Sugimoto, *A Daughter of the Sammurai*, Doubleday Page and Company, 1926, pp. 15, 24.(원주) 저자 스기모토杉本鉞子(1874~1950)는 그녀의 자서전인 이《사무라이의 딸》에서 일본과 미국 상류 계층의 육아법을 비롯해 아이들의 생활, 가족생활과 사회생활에 관해 상세히 비교 묘사한다. 이 책은 이 12장뿐만 아니라 일본과 미국의 문화 비교라는 측면에서《국화와 칼》전반에 걸쳐 베네딕트에게 많

은 영향을 끼친 것으로 보인다. 스기모토는 컬럼비아대학에서 몇 년간 일본 문화사를 강의한 후 1928년 일본에 최종적으로 귀국했는데, 베네딕트가 그녀의 강의를 직접 들었을 가능성도 배제할 수 없다. 베네딕트 역시 1923년에 컬럼비아대학원을 수료한 이래 스기모토와 비슷한 시기에 동 대학에서 조교, 강사, 교수 등으로 근무했기 때문이다.

15 일본에서는 이를 '이시케리石けり' 놀이라고 한다.
16 John F. Embree, *Suye Mura*, p. 190.(원주)
17 간누시神主. 일본 신사에서 제사를 주관하는 신직을 가리키는 말. 신사 신직은 신사의 총책임자인 구지宮司와 그 아래의 네기禰宜와 곤네기權禰宜 및 보조 신직인 미코巫女로 구분되기도 한다.
18 제5장 145쪽 참조.
19 제프리 고러Geoffrey Gorer(1905~1985). 영국 출신의 사회인류학자·저술가. 인류학에 정신분석학적 기법을 적용한 학자로 널리 알려져 있다. 일본에 관한 저서 외에도 최초의 저서《사드 백작의 혁명적 이념들The Revolutionary Ideas of the Marquis de Sade》(1934) 이래《아프리카 댄스Africa Dances》(1935),《발리와 앙코르Bali and Angkor》(1936),《삶과 죽음의 응시Looking at Life and Death》(1936),《미국인The Americans》(1948),《러시아 제국의 사람들The People of Great Russia》(1949),《영국인의 특성 탐구Exploring English Character》(1955),《현대 영국에서의 죽음, 슬픔, 애도Death, Grief, and Mourning in Contemporary Britain》(1965),《현대 영국의 섹스와 결혼Sex and Marriage in England Today》(1971) 등에 이르기까지 대단히 정력적으로 폭넓은 저술 활동을 펼쳤다.
20 Geoffrey Gorer, *Japanese Character Structure*, The Institute for International Studies, 1943, p. 27.(원주)
21 이나가키 에쓰稻垣エッ. 스기모토 부인의 전 이름.
22 Etsu Inagaki Sugimoto, *op. cit.*, p. 20.(원주)
23 이는 객지에 나가 있는 사람의 무사함을 빌기 위해 집에 있는 사람이 조석으로 차리는 밥상을 가리키는 것으로, '가게젠陰膳'이라 한다.
24 에치고越後. 지금의 니가타 현에 해당하는 옛 지명.
25 스기모토 부인의 약혼자 이름.
26 Etsu Inagaki Sugimoto, *op. cit.*, p. 92.(원주)
27 이를 일본에서는 '마쿠라조시枕草紙'(일종의 춘화책)라 한다.

28 J. E. Embree, *Suye Mura*, p. 175.(원주)
29 '모든 인간 속에 붓다가 될 가능성이 있다'는 관념은 일본인의 윤리적 해석이 아니라 불교 일반에 해당되는 말이다. 반대로 일본인은 이런 붓다 관념에 별 관심이 없어 보인다. 아마도 베네딕트는 죽은 자를 '호토케佛'라고 부르는 일본인의 어법을 이렇게 잘못 이해한 듯싶은데, '호토케'와 '붓다'는 완전히 다른 뉘앙스의 개념이다. 일본인에게 '호토케'는 어디까지나 조상신을 의미하는 말이다.
30 거울과 '영혼의 깊이'를 연관시키는 이 대목은 과연 시인 베네딕트의 시적 감수성을 잘 보여준다. 하지만 어쩌면 이는 초월적인 신관과 내세관을 전제로 하는 그리스도교적인 발상에 입각한 해석의 과잉일지도 모른다.
31 일본 신화에서 거울은 아마테라스가 손자 니니기를 지상의 통치자로 내려보내면서 말한 다음과 같은 신칙을 상징하는 물건으로 나온다. "내 손자여, 이 거울을 볼 때마다 내 모습을 보듯이 보거라. 그러니까 이 거울은 그대가 사는 궁전 안에 신성한 거울로서 모시도록 하라."(《日本書紀》神代 제9단 일서2) 이런 맥락에서 보면, 각 가정의 신단에 안치된 거울은 아마테라스 혹은 아마테라스를 모신 이세신궁에 대한 숭경과 밀접한 관계가 있다.
32 이 대목은 좀 지나친 단정인 듯싶다. 자기 희생은 단지 그리스도교만의 전유물은 아니며, 인간의 보편적 현상이기 때문이다.
33 Komakichi Nohara, *The True Face of Japan*, London, 1936, p. 50.(원주) 여기서 말하는 '옻칠'은 '모방 문화' 혹은 '형식 문화'의 은유라 할 수 있다. 그러니까 옻칠의 가치는 곧 모방의 가치 혹은 형식의 가치를 뜻한다.
34 여기서 말하는 '불연속성'은 유아기 때 방임주의의 문화적 학습과 성인이 된 후의 엄격한 사회적 제약 사이에 가로놓인 불연속성을 가리킨다. 베네딕트는 일본인의 이중 성격이 무엇보다도 자녀 양육 방식에서 비롯되었다고 이해한다. 즉 저자는 일본인의 인생관의 이원성을 낳은 원인 혹은 일본인의 성격적 모순을 형성한 요인으로 '하지를 알지 못했던 유아기의 방임주의, 즉 아이 때 특권적으로 자기 하고 싶은 대로 편안하게 지냈던 경험'을 든다. 다시 말해 일본인의 훈육대로라면 성장 과정에서 유아기 때와 성인 때가 불연속적이라는 것이다.
35 '아마에'에 관한 앞의 역주 10번 참조.
36 이상의 사례들은 전시 격리 수용소의 일본인에 대해 레이튼Dorothea Leighton 박사가 실시하고 홀터Frances Holter가 분석한 로르샤흐Rorschach 검사에 기초한 것이다. 로르샤흐 검사는 스위스의 정신 의학자 로르샤흐Hermann Rorschach가 창시한

검사법으로, 피험자에게 흑백 또는 채색한 여러 가지 좌우 대칭 도형을 보여준 후 피험자가 그것을 어떻게 해석하느냐에 따라 성격을 판단한다.(원주) 저자도 밝히듯이 이상의 사례는 전시기 격리 수용소라는 특수한 조건에서 채집된 것이며, 따라서 그것을 일반화하는 데는 충분한 주의가 필요하다.

37 31음절의 와카和歌나 17음절의 하이쿠俳句 등을 가리킨다.
38 Etsu Inagaki Sugimoto, *op. cit.*, pp. 135~136.(원주)
39 인위적으로 치밀하게 위장된 자연은 어딘지 모르게 불편하다. 고도로 세련된 일본 다도의 미학에서도 그런 위장된 미의식을 엿볼 수 있다. 가령 와비차佗茶의 완성자로 일본 다도의 다성茶聖이라 불리는 센노리큐千利休(1522~1591)와 그의 스승 다케노조오武野紹鷗(1502~1555)의 다음과 같은 일화는 이런 위장된 미의식의 본질을 잘 보여준다. 어느 날 스승과 제자가 길을 지나가다가 동시에 마음에 드는 다기를 발견했다. 스승은 다음날 그것을 사려 했지만 이미 팔린 뒤였다. 이윽고 제자가 개최한 다회에서 스승은 그 다기를 발견하고는 감격한다. 하지만 스승이 감격한 진짜 이유는 다른 데 있었다. 그 다기는 손잡이 하나가 잘려나가고 없었다. 제자 센노리큐는 마음에 꼭 드는 그 다기를 사다가 일부러 한쪽 손잡이를 부러뜨림으로써 '불완전의 미학'이라는 '와비'의 미의식을 구현했던 것이다. 그것은 스승의 의도와 완전히 일치하는 작위였다. 일본 다인들 사이에 널리 알려진 이 일화는 매우 인상적이기는 하지만, 온전한 다기를 일부러 깨부수어 불완전한 것으로 만든다는 발상에는 지극히 억지스러운 강박적 미의식이 잠재되어 있다. 마찬가지로 베네딕트는 놀랍도록 깔끔하고 아름답게 정돈된 일본 정원에서 그런 위장된 자연과 작위적인 미의식을 들여다본 것이다.
40 '국화'라는 은유의 이중성에 주의할 것. (1)위장된 자연으로서의 국화 (2)이상적인 아름다움으로서의 국화. 천황이라는 상징 안에는 이 두 가지가 다 관여되어 있다.
41 그러나 패전 이래 오늘날까지 일본은 과거 전쟁에 대해 무책임한 태도를 보여왔다. 저자는 아마도 전쟁에 대한 책임을 잊지 말라는 경고로 이 말을 한 것일까?

제13장

패전 후의 일본인[1]

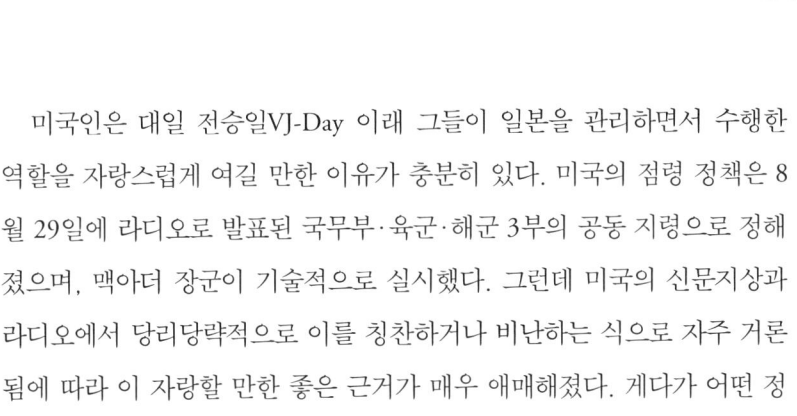

　미국인은 대일 전승일VJ-Day 이래 그들이 일본을 관리하면서 수행한 역할을 자랑스럽게 여길 만한 이유가 충분히 있다. 미국의 점령 정책은 8월 29일에 라디오로 발표된 국무부·육군·해군 3부의 공동 지령으로 정해졌으며, 맥아더 장군이 기술적으로 실시했다. 그런데 미국의 신문지상과 라디오에서 당리당략적으로 이를 칭찬하거나 비난하는 식으로 자주 거론됨에 따라 이 자랑할 만한 좋은 근거가 매우 애매해졌다. 게다가 어떤 정책이 바람직한지 아닌지 여부를 확실히 판단할 수 있을 만큼 일본 문화에 관한 지식을 가진 사람도 매우 드물었다.

　일본이 항복할 당시 중대한 문제는 어떤 성격의 점령 정책을 펴야 할 것인가에 있었다. 전승국은 천황을 포함한 기존의 일본 정부를 이용할 필요가 있을 것인가, 아니면 타파해야 좋을 것인가? 미군정 관리의 지도 하에 각 시와 현 단위로 행정기구를 둘 것인가? 이탈리아나 독일에서 사용된 방식은 전투부대의 필수 요건으로서 각지에 연합군 본부를 설치해 지방 행정권을 연합국 행정관의 수중에 장악하는 것이었다. 대일 전승일 당시에 태평양 지역의 연합군 본부 담당자는 일본에도 여전히 그런 점령 지배기구가 설치될 것으로 예상했다. 일본 국민들 또한 행정상 책임이 어느 정도까지 허용될지를 모르고 있었다. 포츠담 선언에는 단지 "연합국에 의해 지정되는 일본국 영역 내의 모든 지역은 우리가 여기서 밝힌 근본 목적을 확보하기 위해 점령되어야 한다"고만 되어 있고, 또 "일본 국민을 기만하고 오도해 세계 정복 전쟁을 감행한 과오를 저지른 권력기관과 세력들은 영구히 제거되어야 한다"고 규정되어 있을 따름이었다.

맥아더 장군에게 내려온 국무부·육군·해군 3부의 공동 지령에는 이와 같은 사항에 관한 중대한 결정이 구체적으로 표명되어 있었고, 그 결정은 맥아더 장군 사령부의 전면적 지지를 얻었다. 핵심 내용은 일본 국민이 자국의 행정 및 재건 책임을 진다는 것이었다. "최고 사령관은 미합중국의 목적을 만족시키는 한, 일본 정부의 기구와 천황을 비롯한 여러 기관을 통해 그 권력을 행사한다. 일본 정부는 최고 사령관(맥아더)의 지시 하에 내정에 관해서는 정상적인 정부 기능을 행사하도록 허락할 것이다." 따라서 맥아더 장군에 의한 일본 관리는 독일이나 이탈리아에 대한 관리와는 성격이 완전히 달랐다. 연합국 사령부는 위에서 아래까지 일본인 관리를 이용하는 하나의 조직에 불과했다. 때문에 일본 정부에 통첩을 내릴 뿐, 일본 국민들, 즉 어떤 시라든가 어떤 지방의 주민들에게 직접 명령을 발하는 것은 아니었다. 연합국 사령부의 임무는 일본 정부의 활동 목표를 정하는 데 있었다. 만일 어떤 일본 대신이 특정 목표의 실현이 불가능하다는 판단을 내렸을 때, 그는 얼마든지 사직할 수 있었다. 또한 그의 의견이 정당하다면 연합국 사령부의 지령이 수정될 수도 있었다. 이와 같은 관리 방식을 택한다는 건 대담한 조처였다. 미국 쪽에서 보자면 그런 정책으로 얻을 만한 이득은 명백했다. 이와 관련해 당시 힐드링Hildring 장군은 다음과 같이 말한 적이 있다.

일본 정부를 이용해서 얻을 수 있는 이익은 막대하다. 만약 일본 정부를 이용하지 않는다면, 우리는 7천만에 이르는 일본 국민을 관리하기 위해 필요한 수많은 기구들을 모두 우리 손으로 직접 운영해야만 할 것이다. 그런데 일본인은 우리와는 언어도 습관도 태도도 다르다. 일본 정부의 기구를 정화해 그것을 이용함으로써 우리는 시간과 인력과 재력을 절약할 수 있다. 바꾸어 말하면, 우리는 일본인에게 스스로 자기 나라를 대청소하도록 요구하는 것이다. 우리는 다만 그 방법만을 제시해줄 따름이다.

그런데 이런 점령 정책이 워싱턴에서 작성될 당시에 미국인들은 아마도 일본인들이 순순히 복종하지 않고 적대적인 태도를 보일 것이며, 호시탐탐 복수할 기회를 노리는 국민이므로 일체의 평화적 시도를 방해할지도 모른다는 두려움을 가지고 있었다. 이와 같은 두려움은 그 후의 사실에 비추어보면 아무 근거 없는 것이었다. 이렇게 말할 수 있는 까닭은 패전국 국민이나 패전국의 정치 경제에 관련된 보편적 진리보다는 오히려 일본 특유의 문화 속에 존재한다. 사실 일본 이외의 다른 나라 국민이었다면 아마도 저토록 신의에 바탕을 둔 점령 정책은 성공을 거두기 어려웠을 것이다. 일본인의 관점에서 보면, 이 정책의 핵심은 패전이라는 냉혹한 사실에서 굴욕적인 상징들을 제거하고 새로운 국가 정책의 실시를 촉구하는 데 있었다. 이처럼 완전히 새로운 정책이 수용될 수 있었던 까닭은 바로 특유의 일본 문화에 의해 형성된 일본인 특유의 성격 때문이었다.

당시 미국 국내에서는 강화조약을 엄격히 할 것인지 아니면 관대히 할 것인지 끊임없는 논의가 되풀이되었다. 하지만 문제의 핵심은 엄격이냐 관대냐 하는 데 있지 않았다. 중요한 것은 낡고 위험한 침략적 성격의 틀을 타파하고 새로운 목표를 세우는 데 꼭 알맞은 엄격함을 구사하는 데 있었기 때문이다. 이때 어떤 수단을 선택할 것인가 하는 문제는 해당 국민의 성격 및 해당 나라의 전통적 사회질서에 따라 정해진다. 가령 프로이센적 강권주의가 일반인의 가정생활 및 일상적인 시민생활에 깊이 뿌리내린 독일에는 거기에 알맞은 강화 조건이 필요하다. 하지만 일본의 경우에는 독일과는 다른 조건이 요구된다. 그것이 현명한 평화 정책이다. 독일인은 일본인처럼 자신을 세상과 조상에 대한 채무자로 생각하지 않는다. 그들은 일본인처럼 무한한 부채를 갚으려고 노력하지도 않고 희생자가 되기도 싫어한다. 독일의 아버지들은 우월한 지위를 차지한 인간이 그러하듯이 강압적이어서, 독일적 표현을 빌리면 '존경을 강요한다.' 즉 독일인은 다른 사람들에게 존경받지 못하면 불안해한다. 독일인의 생활 방식에서 청년기의 아들 세대는 강압적인 아버지에게 반발하는 것이 보통이다. 물론 아들은 자신도 어른이 되면 아버지처럼 무미건조하고 아무런 감격도 없는 생활에 굴복하게 될 것이라고 생각한다. 그러니까 독일인의 생애를 통해 가장 활기찬 생활을 보내는 것은 청년 시절의 반항적인 질풍노도기Strum und Drang에 한정되어 있다.

하지만 일본 문화에서는 그렇게 극심한 강권주의 따위는 문제가 되지 않는다. 거의 모든 서구인 관찰자가 느끼듯이, 일본의 아버지들은 서구인의 경험 속에서는 찾아보기 힘든 배려와 사랑으로 자식들을 대한다. 일본의 아이들은 아버지와의 사이에 참된 우애 관계가 존재하는 것을 당연하게 생각한다. 또한 아버지를 공공연히 자랑스럽게 여기기 때문에, 아버지는 단 한 번 목청을 높이는 것만으로도 아이를 자기 뜻대로 행동하게 할 수 있다. 요컨대 일본의 아버지는 결코 어린 아들에게 가차 없이 엄격한 훈련을 가하는 인물이 아니며, 또 일본인의 청년기는 결코 부모의 권위에 대한 반항기가 아니다. 오히려 청년기는 아이들이 일가의 책임을 무겁게 여겨 순종적인 대표자로서 세상의 비판 앞에 서는 시기라 할 수 있다. 일본인 자신의 말을 빌리면, 그들은 '훈련을 위해' 혹은 '연습을 위해' 아버지에게 경의를 표한다. 즉 일본에서 아버지는 현실의 인격을 떠난 계층제 및 올바른 처세술의 상징이다.

아이가 아직 어릴 때 접한 아버지 경험에 의해 습득된 이와 같은 태도는 일본 사회의 모든 측면에 통하는 하나의 틀이 된다. 예컨대 일본 사회에서는 계층적 지위에서 최고의 경의를 받는 사람조차도 그가 하고 싶은 대로 권력을 행사하지 않으며, 계층제의 수뇌부를 차지하는 관리라 해도 직접 실권을 행사하지 않는다. 이것이 일본 사회의 특이성이다. 거기서는 천황을 위시해 하부구조에 이르기까지 조언자라든가 숨은 세력이 배후에서 그들을 조종한다.

가령 흑룡회[2] 같은 초국수주의적 단체의 한 지도자가 1930년대 초반 도쿄의 영자신문 기자에게 했던 다음과 같은 말은 일본 사회의 이러한 일면을 가장 정확하게 말해준다. "일본 사회는 한쪽 구석을 핀 하나로 눌러놓은 삼각형이다."[3] 여기서 말하는 삼각형은 책상 위에 있으며 누구나 볼 수 있다. 하지만 핀은 보이지 않는다. 그 삼각형은 때로 오른쪽이나 왼쪽으로 기울지만, 그것은 절대 정체를 드러내지 않는 어떤 축을 중심으로 움직인다. 서양인들이 가끔 사용하는 표현을 빌리면, 매사가 '거울을 사용해 with mirrors' 행해진다. 그와 같은 모든 노력은 전제적 권력이 표면에 드러나는 것을 철저히 방지하는 한편, 일체의 행위가 언제나 실제적 권력 행사와 분리된 상징적 지위에 대한 충성의 의사 표시로 보이게 하려는 것이다. 하지만 일단 가면이 벗겨져 권력의 근원이 드러나면, 일본인은 그것을 돈놀이꾼이나 벼락부자(나리킨)[4]를 대하듯이 사리사욕을 채운 자로 규정해 그들의 제도에 맞지 않는 것으로 간주한다.

일본인은 이런 식으로 세상을 보기 때문에 사리사욕이라든가 부정에 대해 반항하기는 하지만 결코 혁명가는 되지 못한다. 다시 말해 그들은 그들 세계의 조직을 파괴하려 들지 않는다. 일찍이 그들은 메이지 시대에 행한 것같이 제도 그 자체는 조금도 비난하지 않은 채로 가장 철저한 변혁을 이루어낸 바 있다. 그들은 그것을 '복고', 즉 과거로 '돌아가는 것'이라고 이름 붙였다. 그들은 혁명가가 아니다. 그러니까 일본의 이데올로기적 대중 운동에 희망을 걸었던 서구 저술가들, 전쟁 중 일본의 지하 세력을 과대평가해 항복 직후에 그 지하 세력이 실권을 장악할 것으로 기대했던 학자들, 대일 전승일 이래 선거에서 급진적 정책이 승리할 것으로 예견했던 저술가들은 사태를 크게 오해했던 것이다. 그들의 예측은 완전히 빗나가 버렸다. 보수파 총리 시데하라[5] 남작이 1945년 10월 조각 당시에 행한 다음 연설은 이와 같은 일본인의 모습을 잘 보여준다.

새로운 일본 정부는 국민의 총의를 존중하는 민주주의적 형태를 취한다. (중략) 우리나라에서는 예부터 천황께서 국민의 의사를 당신 의사로 삼아오셨다. 이것이 메이지 천황의 헌법 정신이다. 그리고 내가 여기서 말하는 민주정치 또한 바로 그런 정신의 표현이라고 생각할 수 있다.

민주주의에 대한 이와 같은 설명은 미국인들이 듣기에는 거의 무의미하게 여겨질 것이다. 하지만 일본이 서양 이데올로기 위에 서기보다는 과거와의 연속성에 기초하는 편이 훨씬 쉽게 시민적 자유의 범위를 확장시키고 국민 복지를 향상시킬 수 있으리라는 점에는 의심의 여지가 없다.

물론 일본은 서구식 민주주의의 정치제도들을 실험하겠지만, 서구식 제도가 미국에서처럼 일본에서도 더 좋은 세상을 만드는 최선의 도구라고 기대할 수는 없다. 보통선거 및 그 선거를 통해 뽑힌 사람들로 구성된 입법기관의 권위는 많은 곤란한 문제들을 해결하기도 하지만, 다른 한편으로는 이런저런 새로운 문제들을 야기하기도 할 것이다. 그런 새로운 문제들이 확산되면 일본인들은 아마도 우리가 민주주의를 이룩하려고 의존해 온 방법을 수정하려 들 것이다. 그러면 미국인들은 무엇 때문에 전쟁을 했는가라고 떠들며 불평할지도 모른다. 우리는 우리 도구의 정당성을 믿는다. 그렇지만 일본에서는 최선의 경우라 할지라도 보통선거가 장래 일본을 영원한 평화국가로 재건하는 데 그다지 중요한 지위를 차지하지는 않을 것이다. 일본은 최초로 보통선거를 실시한 1890년대 이래 지금까지 근본적으로 바뀐 것이 없다. 그러니까 당시 라프카디오 헌[6]이 기술한 아래와 같은 오래된 문제들이 다시 되풀이될 우려가 없다고 단언하기는 어렵다.

　많은 생활을 희생하며 싸우는 일본의 치열한 선거전에는 실은 개인적 증오란 조금도 없었다. 또한 가끔 폭력을 써서 외국인을 놀라게 하는 의회에서의 저 맹렬한 토론에도 개인적 반목은 조금도 보이지 않았다. 일본에서 정쟁은 실은 개인 대 개인 간의 싸움이 아니라, 번藩 상호 간 혹은 당파 상호 간의 이해 투쟁이었다. 각 번이나 정당의 열렬한 추종자들은 새로운 정치를 단지 새로운 형태의 싸움, 즉 지도자의 이익을 위해 싸우는 충성의 싸움으로밖에는 이해하고 있지 않았다.[7]

비교적 최근인 1920년대의 선거에서도 시골 사람들은 투표에 앞서 "내 목을 깨끗이 씻어내어 잘리기를 각오한다"고 말하는 것이 일반적이었다. 이는 사람들이 옛날 특권적 사무라이가 서민에게 가하던 공격과 선거권을 동일시한 데서 비롯된 말이다. 일본에서 선거 속에 포함된 여러 가지 의미는 오늘날에도 미국에서의 그것과 다르다. 이는 일본이 위험한 침략 정책을 수행하는가 그렇지 않은가 하고는 아무 관계없이 진실일 것이다.

　일본이 평화국가로 출발하는 데 이용할 수 있는 참된 장점은 어떤 행동 방침에 대해 '실패로 끝났다'고 인정한 뒤부터는 다른 방향을 향해 노력한다는 점에 있다.[8] 이런 의미에서 일본인은 양자택일적 윤리를 가지고 있다고 말할 수 있다.[9] 그들은 전쟁에 의해 '알맞은 위치'를 얻고자 했으나 실패했다. 때문에 그들은 이제 과거의 방침을 포기할 수 있다. 여태껏 받아온 일체의 훈련이 그들을 급격한 방향 전환에 쉬이 부응하는 인간으로 만들어내기 때문이다. 가장 절대주의적인 윤리를 가진 국민이라면 이데올로기를 위해 싸운다는 신념이 있을 법하다. 승자에게 항복했을 때 그들은 "우리의 패배와 함께 정의도 사라졌다"고 말한다. 그들의 자존심은 그들이 다음 기회에 '정의'가 승리할 수 있도록 노력할 것을 요구한다. 그렇지 않으면 가슴을 치면서 자기 죄를 참회할 것이다. 그러나 일본인은 이 중 어느 것도 할 필요를 느끼지 않는다.

항복한 지 닷새 후, 아직 미군이 상륙하기도 전에 도쿄의 유력한 일간지 《마이니치신문》은 패전 및 패전이 몰고 올 정치적 변화를 논하면서 "그러나 이 패전은 일본의 궁극적 구원에 도움이 되었다"고 적었다. 이 논설은 일본이 완전히 패배했다는 점을 잠시도 잊어서는 안 된다고 강조했다. 일본이 무력적 측면에서 수행해온 온갖 노력이 완전히 실패로 돌아갔기 때문에, 앞으로 일본인은 평화국가의 길을 걸어가야 한다고 말하는 것이다. 또 하나의 유력지인 《아사히신문》 또한 근년의 '군사력 과신'은 일본 국내 정책과 국제 정책에서 '중대한 오류'였으며 "얻은 것은 적고 잃은 것은 너무 많은 지금까지의 태도를 버리고 국제 협조와 평화 애호에 입각한 새로운 태도를 채택해야 한다"고 논평했다.

서구인의 눈으로 보면 원칙의 포기로밖에 생각되지 않는 이런 급격한 변화에 의문을 품을 수밖에 없으리라. 그러나 이런 태도는 개인적 관계에서든 국제적 관계에서든 일본인의 처세술에서 빼놓을 수 없는 한 가지 요소일 뿐이다. 일본인은 어떤 일정한 행동 방침을 취했다가 목표 달성이 불가능해지면 '오류'를 범했다고 판단한다. 그의 어떤 행동이 실패로 끝나면 본래 주장을 포기한다. 그러니까 그들은 실패로 끝나버린 주장을 언제까지나 집요하게 물고 늘어지는 성격이 아니다. 이런 때 일본인은 "배꼽을 깨물어도 아무 소용 없다"고 말한다. 1930년대에는 군국주의가 일본인 일반에게 용인된 수단이어서, 그들은 그것에 의해 세계에서 칭찬(그들의 무력에 근거한 칭찬)을 들을 수 있으리라 판단했다. 때문에 그런 계획이 요구하는 일체의 희생을 견뎌낼 수 있었다. 그런데 1945년 8월 14일에 일본의 최고자인 천황이 패전을 선언했다. 이에 일본인들은 패전 사실이 의미하는 모든 것을 받아들였다. 그것은 미군의 진주를 의미한다. 그러자 그들은 자진해서 전쟁을 포기하는 헌법 입안에 착수했다.[10] 항복한 지 열흘 후 일본의 유력지 《요미우리호치讀賣報知》는 '새로운 예술과 새로운 문화의 발족'이라는 제목의 사설을 통해 다음과 같이 논한다.

우리는 마음속에 군사적 패배가 한 나라의 문화적 가치에 아무런 영향도 미치지 못한다는 확고한 신념을 가져야 한다. 군사적 패배는 그저 하나의 전기로서 필요하다고 생각해야 한다. (중략) 일본 국민이 진정으로 세계를 향해 사고하며 있는 그대로의 사물을 객관적으로 보기 위해 국가적 패배라는 막대한 희생이 필요했던 것이다. 지금까지 일본인의 사고를 왜곡한 일체의 비합리성은 이제 솔직한 분석을 통해 제거해야만 한다. (중략) 이 패전을 냉엄한 사실로 직시하려면 용기가 필요하다. 그러나 우리는 내일의 일본 문화에 신뢰를 보내야 한다.

그들은 하나의 행동 방침을 시도했다가 패배했다. 그러니 이제부터는 하나의 평화적인 처세술을 실행해보자는 것이다. 일본의 모든 신문 논설은 하나같이 "일본은 세계 각국과 어깨를 나란히하여 존경받는 나라가 되어야 한다"는 점을 거듭 주장했다. 즉 새로운 기초 위에서 존경받는 인간이 되는 것이야말로 일본 국민으로서의 의무라는 것이다.

이와 같은 신문 사설은 단지 소수 지식 계층만의 목소리는 아니었다.

도쿄의 거리에서도 시골 벽촌의 황량한 마을에 사는 일반 대중에게서도 이와 같은 180도 방향 전환이 있었다. 그리하여 미 점령군 장병들은 이처럼 우호적인 국민이 죽을 때까지 죽창으로 싸울 것을 맹세했던 국민이었다는 사실을 믿기 어려워했다. 실로 일본인의 윤리에는 미국인이 배척하는 많은 요소가 포함되어 있다. 하지만 여태껏 일본 점령 임무를 수행하면서 미국인이 얻은 여러 경험은 이질적 윤리 속에도 좋은 점이 많이 있다는 점을 입증해 보여주었다.

맥아더 장군의 지도 하에 미국은 일본 관리를 수행하면서 일본인의 새로운 진로를 받아들였다. 최소한 그는 일본인에게 굴욕감을 주는 식의 수단을 강행함으로써 이 진로를 방해하지는 않았다. 하지만 설령 맥아더 장군이 굴욕적인 수단을 강행했다 하더라도 그것은 서구적 윤리에 따르면 문화적으로 용인될 수 있는 문제다. 왜냐하면 서구에서 모욕이나 형벌은 나쁜 짓을 한 사람이 죄를 자각하도록 하려는 유용한 사회적 수단으로 간주되기 때문이다. 게다가 그와 같은 죄의 자각이 당사자에게는 갱생의 첫 걸음이 될 수도 있다.

하지만 전술했듯이, 일본인은 이 점을 다르게 생각한다. 그들의 윤리에 의하면, 사람은 자기 행위의 결과로 생기는 모든 사태에 책임을 져야 하며, 그때 행위의 잘못을 알게 되는 것은 어디까지나 어떤 과오의 당연한 결과에 의해서다. 이런 당연한 결과 속에는 총력전에서의 패배와 같은 참담한 사건도 들어가 있다. 일본인은 그 당연한 결과에 대해서는 굴욕이라고 분개하지 않는다. 일본인의 사전에 따르면, 어떤 개인이나 국가가 다른 개인이나 국가에 모욕을 주는 것은 비방이나 조소 혹은 모욕이나 경멸 및 불명예의 징표를 강요하는 경우에 한한다. 일본에서는 자신이 모욕을 받았다고 생각될 때에는 복수하는 것이 하나의 미덕으로 되어 있다. 이와 같은 신조에 대해 서구의 윤리가 아무리 맹렬히 비난하더라도, 미국의 일본 점령이 효과를 거두느냐 못 거두느냐 하는 것은 미국이 바로 이 점을 얼마나 신중히 고려하느냐 아니냐에 달려 있다. 왜냐하면 일본인은 모욕과 '당연한 결과'를 확실히 구별하기 때문이다. 예컨대 항복 조건에 따라 일체의 군비를 빼앗기고 더욱 가혹한 배상 의무를 담당하는 것 등은 '당연한 결과'로 간주된다.

일본은 일찍이 강대국을 이긴 바 있다. 과거 일본이 전승국이 되었을 때, 적이 결국 항복하고 또 그 적국이 일본을 조소하지 않았다고 판단되면 세심하게 마음을 써서 패배한 적에게 모욕을 주지 않으려 애쓴 증거도 있다. 가령 1905년 뤼순에서 러시아군이 항복했을 때의 유명한 사진을 보면 러시아군이 칼을 차고 있음을 알 수 있다. 이는 일본인이라면 누구나 아는 사실이다. 러시아군이 무기를 박탈당하지 않았기 때문에 승자와 패자는 다만 군복의 차이로만 구분할 수 있을 따름이다. 일본인이 전하는 뤼순 함락 전투의 이야기에 따르면, 러시아군 사령관 스토예셀Stoessel 장군이 일본 측에서 제시한 항복 조건을 수락했을 때, 한 일본군 대위와 통역장교가 그 장군의 사령부로 음식을 가지고 갔다. 당시 식량이 다 떨어진 러시아군은 "스토예셀 장군의 말만 남기고 모든 말을 잡아먹기로 결정한 순간이었으므로, 일본군 대위가 가지고 간 닭 50마리와 달걀 100개는 크게 환영받았다." 거기서 스토예셀 장군과 노기[11] 장군의 회견은 그 다음날로 결정되었다. 그리하여 두 장군이 만나 "악수를 나눌 때, 스토예셀 장군은 일본군의 무용을 칭찬했다. (중략) 노기 장군은 러시아군의 장기간에 걸친 용감한 방어를 찬양했다. 이어 스토예셀 장군은 노기 장군이 이번 전투에서 두 아들을 잃은 것에 대해 유감의 뜻을 표했다. (중략) 스토예셀 장군은 노기 장군에게 자기가 타고 다니던 훌륭한 아라비아 종 백마를 증정했다. 그러자 노기 장군은 말할 수 없이 기쁘지만 자기는 그것을 먼저 천황에게 헌상해야 한다고 말했다. 하지만 천황이 반드시 다시 자기에게 하사할 것이므로, 만일 그 말이 자기 손에 들어오면 애마로서 소중히 다루겠노라고 약속했다."[12] 당시 일본인이라면 누구나 노기 장군이 스토예셀 장군에게 받은 애마를 위해 자택 앞뜰에 세운 마구간에 대해 알았다고 한다. 그 마구간은 종종 노기 장군의 저택보다도 더 훌륭한 건물이었던 것으로 전해지기도 했다. 노기 장군이 죽은 후 이 마구간은 노기 신사[13]의 일부가 되었다.

이와 같은 러시아의 항복 이래, 세계가 다 아는 바대로 파괴와 잔학을 일삼았던 필리핀 점령에 이르는 몇 년 사이에 일본인의 성격이 완전히 변해버렸다고 말하기도 한다. 하지만 일본인같이 극단적으로 기회주의적인 상황 윤리를 가진 국민에 대해 이는 타당한 결론이라 할 수 없다. 첫째, 일본의 적 미군은 바탄반도 전투 후에도 항복하지 않았다. 단지 국지적인 항복이 있었을 따름이다. 그 후 이번에는 일본군이 필리핀에서 미군에게 항복했을 때에도 일본군은 여전히 전투를 계속하고 있었다. 둘째, 일본인은 결코 러시아인이 자신들을 '모욕했다'고는 생각하지 않았다. 이에 반해 1920년대와 1930년대에 일본인들은 누구나 미국의 정책이 "일본을 깔본다" 혹은 그들의 표현을 빌리면 "일본을 배설물로 취급한다"고 생각하기에 이르렀다. 이는 포츠머스조약 및 군축조약에서 미국이 행한 역할에 대한 일본의 반응이었다. 일본인은 극동 지역에 있어 미국의 경제적 역할 증대라든가 세계의 여러 유색인종에 대한 미국의 인종적 편견에 대해서도 같은 식으로 생각했다. 요컨대 러시아에 대한 승리와 필리핀에서의 미국에 대한 승리는 일본적 행동 양식의 가장 극단적인 양면을 여실히 보여준다. 즉 후자가 모욕감이 끼어든 경우라면, 전자는 그렇지 않은 경우였다.

그런데 미국의 최종적 승리는 일본인의 태도를 다시금 변화시켰다. 일본인은 궁극적 패배에 직면해 그들의 생활 관습에 따라 여태껏 취해온 방침 일체를 포기했다. 일본인 특유의 윤리는 그들의 장부에서 모든 숙원 기록들을 깨끗이 지워버리게 했다. 미국의 점령 정책과 함께 맥아더 장군의 점령 정책은 모처럼 깨끗해진 새 장부에 모욕과 관련된 사항이 기록되지 않도록 했으며, 다만 일본인의 눈에 패전의 '당연한 결과'로 비치는 일들만 수행한다는 태도를 견지했다. 이는 아주 효과적인 정책이었다.

천황제의 보존은 매우 중대한 의의를 지니고 있었다.[14] 그것은 교묘히 처리되었다. 애초부터 맥아더 장군 쪽에서 천황을 방문한 것이 아니라, 천황 쪽에서 맥아더 장군을 방문했다. 이는 서구인으로서는 이해하기 어려운 큰 효과를 일본인들에게서 거둘 수 있었던 일종의 실물 교육과 같은 사건이었다. 그때 천황은 신성을 부인하라는 권고를 받자 처음에는 이를 거절했다. 그가 처음부터 가지고 있지 않았던 신성을 포기하라는 요구는 받아들이기 난처하다는 이유 때문이었다. 그러면서 그는 일본인이 천황을 생각할 때 서구인들의 관념과 같은 신으로는 생각하지 않는다고 말했다. 과연 그러했다. 하지만 맥아더 사령부는 서구인들은 여전히 천황이 신성을 가지고 있다고 믿기 때문에 일본의 국제적 평판이 좋지 않다고 설득했다. 이에 천황은 쑥스러움을 참고 신성을 부인하는 성명을 발표하겠노라고 승낙했다. 이 약속대로 천황은 다음해 정월 초하룻날 신성을 부인하는 성명을 발표했다. 그리고 그의 메시지에 대한 세계 각국의 신문 논평들을 빠짐없이 번역해서 보여달라고 주문했다. 그것들을 읽은 천황은 맥아더 사령부에 만족한다는 뜻을 표했다. 이런 태도는 외국인으로서는 분명 이해하기 힘든 일이었다. 하여간 천황은 성명을 발표해서 잘되었다고 생각했다.

이와 아울러 미국의 점령 정책은 특정 영역에서 일본인들이 만족할 수 있도록 배려한 것이었다. 예컨대 국무부·육군·해군 3부의 공동 지령은 "노동, 공업, 농업에서 민주적 기초 위에 조직되는 모든 단체의 조직에 대해서는 이를 장려하며 호의적으로 대할 것"이라고 명기했다. 이에 따라 많은 산업 분야에서 일본 노동자들의 단체가 조직화되었다. 또한 1920년대와 1930년대에 활발히 활동했던 옛 농민조합이 다시 조직되었다. 그리하여 많은 일본인들은 그들이 지금 이렇게 스스로의 노력에 의해 자신의 생활 상태를 개선할 수 있게 된 것은 일본이 이번 전쟁의 결과로 무언가를 얻은 증거라고 생각하게 되었다. 이와 관련해 어떤 미국 특파원이 전한 바에 따르면, 도쿄의 한 파업 참가자가 어느 미국인의 얼굴을 바라보며 만족스런 웃음을 머금은 채 "일본이 이겼소. 그렇지 않소?"라고 말했다고 한다.

오늘날 일본의 파업은 옛날의 농민 폭동과 유사점이 많다. 폭동을 일으킨 농민들의 탄원 내용은 늘 그들이 부담했던 세금과 부역이 생산에 지장을 초래한다는 데 있었다. 그 농민 폭동들은 서구적 의미에서의 계급투쟁이 아니었으며, 또한 제도 자체의 변혁을 기도한 것도 아니었다. 그러니까 현재 일본 각지에서 일어나는 파업들이 생산성을 떨어뜨리지는 않는다. "노동자들은 공장을 점거한 채 계속 일을 하면서 생산성을 높임으로써 경영자의 면목을 잃게 한다. 파업에 돌입한 어떤 미쓰이 계열 탄광 노동자들은 경영을 담당한 직원들을 모두 갱내에서 몰아낸 후, 하루 생산량을 250톤에서 620톤까지 높였다. 또한 파업 중에도 작업을 계속한 아시오 구리 광산의 노동자들도 생산을 증대시켜 자신들의 임금을 두 배로 올려놓았다."[15] 이것이 바로 그들이 즐겨 취하는 파업 형태다.

물론 어떤 나라에서든 패전국의 행정은 어렵다. 정책이 아무리 신중하다 해도 이런 어려움은 사라지지 않는다. 일본의 경우에는 식량 사정, 주택 사정, 국민 재교육 등이 도저히 피할 수 없는 절실한 문제였다. 이런 문제들의 어려움은 가령 일본 정부의 직원을 이용하지 않고 점령 행정을 했다 하더라도 마찬가지로 절실했을 것이다. 또한 귀환 군인의 문제는 전쟁 종료 전부터 미국 위정자들이 매우 우려한 일이었다. 이는 일본 관리들의 도움이 없었다면 더욱 해결하기 어려웠겠지만 어쨌거나 만만치 않은 문제임에 틀림없다. 일본인들은 그런 어려움을 잘 안다. 1945년 가을에 일본

신문들은 온갖 고생 끝에 패전하고 돌아온 군인들에게 그 고배가 얼마나 쓰라린가에 관해 감정적인 어조로 말한 후, 그들이 그로 인해 잘못된 '판단'을 내리지 말아줄 것을 간청하고 있었다. 귀환 군인들은 현재까지는 매우 훌륭한 '판단'을 하고 있지만, 개중에는 실업과 패전 때문에 국가주의적 목표를 추구하는 이전 형태의 비밀결사에 몸을 내던지는 자도 있었다. 그들은 자신들의 현 지위에 분노를 느낄 우려가 있다.

일본은 이제 그들에게 예전과 같은 특권적 지위를 주지는 않는다. 이전에 상이군인들은 흰 옷을 입었고 사람들은 길거리에서 상이군인을 만나면 예를 표하곤 했다. 평화시에도 마을 사람들은 입대하는 젊은이를 위해 환송회를 베풀어 춤판을 열고 술과 음식을 대접했다. 입대하는 젊은이들은 상좌로 모셨다. 이에 비해 지금 귀환 군인들에게는 아무도 그처럼 정중한 대접을 해주지 않는다. 물론 그들의 가족은 그들을 기쁘게 맞아주지만 그뿐이다. 대부분의 도시와 마을에서 그들을 냉담하게 받아들인다.

이와 같은 태도 변화를 고려하건대, 일본의 명예가 군인들의 손에 맡겨졌던 저 영광의 시절을 회복하려고 옛날 전우들과 비밀결사를 조직하는 일에 그들이 어떤 희열을 느낄지를 상상하기란 그리 어렵지 않을 것이다. 게다가 그들 중에는 운 좋은 일본 군인들이 자바 섬과 산시山西성과 만주 등지에서 연합군과 싸우고 있다고 말하는 자도 있을지 모른다. 그리하여 그들은 "절망할 필요는 없다. 너도 곧 다시 전쟁을 할 수 있게 될 테니까"라고 말하리라. 국가주의적 비밀결사는 예부터 일본에 있어왔던 단체고, 그런 단체가 '일본의 오명을 씻는' 역할을 해왔다. 완전한 복수를 해야 한다든지 무언가 해야 할 일이 남았다고 느끼는 동안에는, '세상이 뒤집어질 것'을 상상하기 쉬운 성격의 인간이라면 늘 이와 같은 비밀결사에 지원할 가능성이 있다. 과거 흑룡회라든가 현양사[16] 따위의 단체들이 행한 폭력은 일본의 윤리가 이름(명예)에 대한 기리로서 허용해왔던 폭력이다. 따라서 그런 폭력을 배제하기 위해 일본 정부는 지금까지 오랫동안 일본인들 사이에 뿌리내려온 이름에 대한 기리를 억제하면서 기무를 강조하는 노력을 지속적으로 기울여야 할 것이다.

그러자면 단지 올바른 '판단'에 호소하는 것만으로는 부족하다. 무엇보다 일본 경제를 재건해 현재 20, 30대인 사람들에게 생계의 바탕과 '알맞은 자리'를 마련해주어야 한다. 나아가 농민의 상태도 개선해야 한다. 일본인은 언제나 경제적 곤경에 빠졌을 때는 고향인 농촌으로 귀향한다. 그러나 빚에 허덕이거나 소작료에 쪼들리는 협소한 땅으로는 도저히 많은 식구들을 먹여살릴 수 없다. 공업 또한 발전시켜야 한다. 일본에서는 차남 이하에 대한 재산 분할을 반대하는 뿌리 깊은 감정이 있기 때문에 고향 마을에 남은 자는 장남들뿐이며 차남 이하는 성공 기회를 찾아 도시로 나간다.

확실히 일본 앞에는 멀고 험난한 길이 가로놓여 있다. 그러나 만약 재군비를 위해 국비를 할당하지만 않는다면 그들에게는 국민 생활수준을 향상시킬 수 있는 기회가 주어질 것이다. 진주만 습격까지 약 10년간 군비 및 군대 유지를 위해 세입의 절반 정도나 써야 했던 일본 같은 나라에서 만일 그런 지출을 없애고 농민에게서 받는 세금을 경감시킨다면 매우 건전한 경제 기반을 구축할 수 있을 것이다. 전술한 대로 일본의 농산물 분배 방식은 경작자가 6할을 취하고 4할은 세금 및 소작료인 식이었다. 그러니까 일본 농민들이 낸 세금은 9할이 경작자의 몫인 미얀마나 타이와 비교하면 엄청나게 높은 것이었다. 결국 경작자에게 부과된 막대한 세금이 일본 군사기구의 경비 지출을 가능하게 했던 셈이다.

유럽이나 아시아 어느 나라든 향후 10년간 군비 지출을 하지 않는 나라는 군비를 지출하는 나라를 능가할 가능성이 있다. 군비 지출을 하지 않는 나라는 그 대신 경제 건설이 가능하기 때문이다. 미국에서는 아시아 정책과 유럽 정책을 수행할 때 이런 사정을 거의 고려하지 않는다. 우리는 미국에서 많은 비용을 요하는 국방 계획을 실시한다 해도 그 때문에 나라가 빈곤해지지 않는다는 점을 안다. 우리나라는 전화를 입지 않았으며 농본국도 아니기 때문이다. 우리가 안고 있는 중대한 문제는 오히려 공업 생산의 과잉에 있다. 우리는 대량생산과 기계 설비를 거의 완전한 경지에 도달시켰다. 그 결과 우리는 대규모 군비와 사치품 생산 또는 복지 및 조사 연구 사업 계획을 유지하지 않으면 국민들이 직업을 얻지 못하는 상태에 이를 수 있다. 하지만 미국 이외의 나라에서는 사정이 완전히 다르다. 서부 유럽에서조차 그렇다. 가령 재군비가 허용되지 않는 독일은 아무리 많은 배상을 하더라도 향후 10년 내외에 프랑스를 능가하게 될 것이다. 프랑스가 강력한 군사력을 유지하려 하는 한, 건전하고 윤택한 경제의 기초를 쌓기란 불가능하다. 그러나 독일은 그것이 가능하다.

일본 또한 중국과 비교할 때 이런 강점을 충분히 활용할 수 있을 것이다. 중국의 당면 목표는 군국화에 있고 그 야망은 미국의 지지를 받는다. 만일 일본이 군국화를 국가 예산에 포함시키지 않는다면 머지않아 경제적 번영의 기틀을 마련해 아시아의 통상에서 중심적인 나라가 될 것이다. 또한 그와 같은 평화의 이익에 입각해 경제를 발전시킨다면 국민 생활수준도 크게 향상될 것이며, 평화로운 나라 일본은 향후 국제적으로 명예로운 지위를 획득할 수 있을 것이다. 그리고 미국이 일본 내의 평화 세력을 지지한다면 이와 같은 계획의 실현에 크게 도움이 될 것이다.

하지만 미국을 비롯해 어느 나라든 명령을 통해 자유롭고 민주적인 일본을 만들어내는 일은 할 수 없다. 어떠한 피지배국에서든 그런 방법은 지금까지 성공을 거둔 예가 없다. 어떤 외국인도 자기와 같은 습관이나 가정을 가지지 않은 국민에게 자기의 생각이나 생활 방식을 따르라고 명령할 수는 없다. 또한 일본인에게 그들의 계층제에서 이미 정해진 '알맞은 자리'를 무시하고 그 대신 법률의 힘으로 선거에 의해 선출된 사람들의 권위를 인정하라고 강요할 수 없다. 다시 말해 그들로 하여금 우리 미국인에게는 습관이 되어버린 것들, 가령 허물없이 사람들과 접촉하는 태도, 자유와 독립을 요구하지 않고는 못 배기는 마음, 각자의 친구와 직업과 주택과 맡은 의무를 스스로 선택하려는 열정 따위를 받아들이도록 법률의 힘으로 강요할 수는 없는 노릇이다.

그런데 일본인들 자신이 그런 방향으로 변화할 필요성을 매우 명료하게 기술한다. 대일 전승일 이래 일본의 공직자들은 국민 모두가 남녀 할 것 없이 각자 자기 자신의 생활을 누리며 스스로의 양심을 신뢰하도록 장려해야 한다고 말해왔다. 물론 그들은 확실하게 입 밖에 내서 말하지는 않는다. 하지만 그들은 누구나 일본에서의 '하지'의 역할에 의문을 품고 있으며, 새로운 자유, 즉 '세켄'의 비난과 추방을 두려워하는 공포로부터의 자유가 국민 가운데 자라나기를 바란다.[17]

왜냐하면 일본에서는 일본인 스스로가 그것을 감수하는 경우라 할지라도 사회적 압력이 개인에게 너무 많은 희생을 요구하기 때문이다. 그 사회적 압력은 개개인에게 감정을 감추고 욕망을 버리며 가족이나 단체 및 국민의 대표로서 세상의 비판 앞에 서도록 요구한다. 일본인들은 그러한 방침이 요구하는 일체의 자기 훈련을 감내할 수 있다는 점을 증명해왔다. 그럼에도 그들에게 부과된 부담은 대단히 무겁기 짝이 없다. 그들은 과도하게 억제해야만 했고 따라서 도저히 자기 행복을 얻을 수 없었다. 그들은 그들의 정신에 많은 희생을 요구하지 않는 생활로 과감히 들어가기를 두려워하면서, 군국주의자들에게 이끌려 끊임없는 희생의 길을 걸어왔다. 그와 같은 값비싼 대가를 지불하는 동안 그들은 어느새 독선적인 인간이 되어버렸고 비교적 관대한 윤리를 가진 사람들을 멸시하기까지 했다.

하지만 이제 일본인은 침략 전쟁을 하나의 오류 또는 실패한 주장으로 규정함으로써 사회적 변혁을 향한 최초의 큰 발걸음을 내딛고 있다. 그들은 어떻게 해서든 다시금 평화로운 나라들 사이에서 존경받는 지위를 회복하기를 희망한다. 그러기 위해서는 먼저 세계 평화가 실현되어야 한다. 만일 러시아와 미국이 향후 몇 년간 공격적인 군비 확충으로 세월을 보낸다면, 일본은 그 군사 지식을 이용해서 전쟁에 참가하게 될지도 모른다. 그럴 가능성이 분명 있다. 그러나 나는 일본이 평화국가로 발전할 가능성에 대해서도 결코 의심을 품지 않는다. 일본인의 행동 동기는 지극히 상황주의적이다. 따라서 적절한 상황만 주어진다면 일본은 결국 평화로운 세계 안에서 자기 자리를 찾아낼 것이다. 그렇지 않다면 반대로 무장된 진영 속에서 자기 자리를 구하게 될지도 모른다.

오늘날 일본인은 과거의 군국주의를 실패로 끝난 한줄기 빛으로 여긴다. 그들은 세계의 다른 나라에서도 군국주의가 실패할지 아닐지를 확인하려고 다른 나라의 동정을 주시할 것이다. 만일 실패하지 않았다고 판단되면, 일본은 또다시 자신의 호전적 정열을 불태우면서 일본이 전쟁에 얼마나 많은 공헌을 할 수 있는지를 보여줄지도 모른다. 그러나 만일 다른 나라에서도 군국주의가 실패할 수밖에 없다는 점을 확인하게 된다면, 일본은 제국주의적 침략 기도가 결코 명예로운 길이 아니라는 교훈을 다시금 뼈저리게 체득할 것이다.

주

1 기본적으로 패전 후의 일본인에게 호의와 기대의 눈길을 보내는 베네딕트는 1945년 8월 15일 패전을 인정하는 천황의 라디오 방송을 눈물을 흘리며 들은 후, 전시정보국 시절에 자신을 도와준 일본계 미국인 로버트 하시마Robert Hashima에게 쓴 편지에서 다음과 같이 적고 있다. "전쟁에서 패하면서 일본만큼 위엄과 유덕한 마음을 보인 나라를 서양에서는 찾아볼 수 없습니다. 일본이 전쟁을 종결시킨 그 명예로운 방법은 영원히 역사에 남을 것입니다." 후쿠이 나나코, 〈'일본인의 행동 패턴'에서 '국화와 칼'까지〉, 루스 베네딕트, 서정완 옮김(후쿠이 나나코 일본어판 중역), 《일본인의 행동 패턴》, 소화, 2000, 207쪽.
2 흑룡회黑龍會. 1901년에 결성된 과격한 애국 단체. 한일합병 및 중국 침략 등에서 암약한 낭인 무리들. 어느 정당에도 속하지 않은 채 오직 일본만을 맹목적으로 위하는 국수주의적 집단. 1931년 대일본생산당에 흡수됨.
3 Upton Close, *Behind the Face of Japan*, 1942, p. 136에서 재인용.(원주)
4 제4장 역주 46번 참조.
5 시데하라 기주로幣原喜重郎(1872~1951). 외교관·정치가. 1945년 총리에 이어 진보당 총재를 지내고 후에 민주당 및 자유민주당에 참여.
6 라프카디오 헌Lafcadio Hearn(1850~1904). 일본 문학 연구자·저널리스트. 본래 영국인인데 일본 여성과 결혼한 후 일본인으로 귀화해 고이즈미 야쿠모小泉八雲라고 개명. 일본 대학에서 영문학을 강의하면서 일본에 관한 많은 글을 남겼다.
7 L. Hearn, *Japan : An Attempt at Interpretation*, 1904, p. 453.(원주)
8 흔히 일본인들은 '아키라메諦め'(체념)가 빠른 것으로 알려져 있다.
9 그러나 일반적으로 일본 문화는 양자택일적 문화가 아니다. 그것은 오히려 '이것도 저것도'의 문화에 가깝다.
10 〈일본국헌법〉(일명 평화헌법) 제9조를 보면, "제1항: 일본 국민은 정의와 질서를 기조로 하는 국제평화주의를 성실히 희구하고, 국가 권력의 발동에 의한 전쟁과 무력에 의한 위협 또는 무력 행사에 관해 국제 분쟁의 해결 수단으로서는 이를 영구히 포기한다. 제2항: 전항의 목적을 달성하기 위해 육해공군 및 그 밖의 전력을 보유하지 않는다. 또한 국가의 교전권은 인정하지 않는다"고 되어 있다. 이런 조문이 들어

가게 된 과정과 관련해 크게 다음 두 가지 설이 있다. (1)시데하라 제안설: 전쟁은 천황의 이름으로 시작되었고 천황의 이름으로 종결되었기 때문에 당시 '극동위원회'를 비롯한 국제 여론은 천황 처벌을 강력하게 요구하고 있었다. 이런 상황에서 천황제를 유지하는 데 골몰했던 시데하라 기주로 수상은 "전쟁 포기를 세상에 천명해, 일본 국민은 이제 전쟁을 하지 않을 것이라는 결심을 밝혀 신용을 얻고 천황을 정치적 상징으로 할 것을 헌법에 명시하면 강대국들도 이에 응할 것"이라고 생각해 제9조 삽입을 제안했다는 설. (2)맥아더 제안설: 맥아더는 GHQ의 지도안을 만들고 이를 일본 정부 안으로 공표하도록 종용했는데, 그 골자는 천황을 정치적 실권이 없는 상징적 존재로 하되 전력은 폐지한다는 것이었다. 이는 첫째, 천황을 살려 점령 통치에 이용하기 위한 타협적 선택이라는 측면과 둘째, 향후 강력한 공군 기지를 오키나와에 두어 동북아시아에서 미국의 이해를 지속적으로 관철시키기 위한 복안이라는 측면을 내포하고 있었다. 이 중 어느 설이 역사적 사실에 더 가까운지는 확인하기 어렵지만, 전후 사정을 감안하건대 일본 정부가 처음부터 자진해서 전력을 포기했다기보다는 연합국 사령부의 배후 조종에 의한 것이었으리라는 설이 더 설득력이 있어 보인다. 어쨌거나 오늘날 일본은 이런 평화헌법을 부정하는 방향으로 흘러가고 있다.

11 노기 마레스케乃木希典(1849~1912). 조슈(장주) 번사 출신의 육군대장. 러일전쟁 때 제3군 사령관으로 뤼순을 공략. 후에 가쿠슈인學習院 원장을 역임. 메이지 천황 장례식 당일에 자택에서 부인과 함께 순사했다.

12 Upton Close, *op. cit.*, p. 294에서 재인용.(원주) 러시아군의 이와 같은 항복 이야기가 문자 그대로 사실인지 어떤지는 알 수 없지만, 그것이 문화적으로 중요한 가치를 지닌다는 점만은 틀림없다.

13 메이지 천황 장례식날에 있었던 노기 장군 부부의 순사는 세상을 놀라게 했으며, 충의를 슬로건으로 삼을 필요가 있었던 당시 일본 지배층과 군부는 노기 장군을 천황에 대한 충성을 순사의 형태로 실천한 군신으로 조작했다. 그리하여 1923년 도쿄 아카사카赤坂의 노기 저택 장소에 노기乃木 신사를 세웠다. 현재 노기 신사 부근은 '노기 언덕乃木坂'이라 불리며, 신사 경내에는 조슈 번사였던 다마키분노신玉木文之進(1810~1876)과 요시다 쇼인吉田松陰(1830~1859)을 모신 세이쇼正松 신사도 함께 세워져 있다.

14 베네딕트는, 일본인의 황실 숭배는 하나의 엄격한 종교라고 말한다. 때문에 미국의 전후 일본 통치는 그 배후에 천황에 의한 강제력이 있다면 그만큼 수월해질 것이며,

반대로 미국이 천황제를 폐지하도록 요구한다면 그만큼 일은 어려워질 것이다. 호전적인 종족은 종교를 전쟁도구로 사용하려 든다. 마찬가지로 일본도 천황제라는 종교를 공격적으로 사용할 가능성이 항상 있다. 일본에 있어 종교는 상황 변화에 따라 그 역할을 바꾸어왔다. 따라서 천황제라는 종교를 외적 강제에 의해 바꾸려고 하면 극히 심각한 사태가 발발할 수도 있다. 과거 10년간 일본은 상징으로서의 천황이 가지는 힘을 침략을 위한 주요 전략으로 사용했다. 그러나 이 힘은 다른 목적으로도 사용될 수 있다. 그 힘은 본래 히틀러 정권의 경우와는 다른 것이다. 천황에 대한 일본 신민의 충성은 평화로운 세계와도, 전란의 세계와도 모순되지 않는다는 것이다. 일본 천황제를 이와 같이 이해했던 베네딕트는 동시에 언젠가는 일본 사회의 목적이 변함에 따라 천황제는 매장될 수도 있을 것임을 시사하기도 한다. 루스 베네딕트,《일본인의 행동 패턴》, 102~104쪽 참조. 어쨌거나 한때《타임》지가 '그녀는 천황을 구했다'는 제목의 기사를 통해 베네딕트의 역할을 크게 평가했는가 하면,《국화와 칼》이 일본에 번역되었을 때(1948년) 그 번역서의 광고 카피 또한 "이 책 때문에 천황제도의 존속이 결정되었다"는 것이었다. 아오키 다모츠는 이것이 선정적이고 상업적인 문구지만 사실에서 조금도 벗어난 내용은 아니라고 인정한다. 아오키 다모츠,《일본문화론의 변용》, 37~38쪽.

15 *Time*, February 18, 1946.(원주)

16 현양사玄洋社. 1881년 옛 후쿠오카 번을 중심으로 창립. 도야마 미츠루頭山滿를 중심으로 한 국가주의적 우익 단체로서 1946년 해산.

17 이 대목에서 베네딕트는 은연중 일본의 집단주의적 가치와 상반되는 미국적 가치, 즉 '개인'과 '자유'라는 가치의 우월성을 시사한다. 이와 관련해 러미스는《내 안의 외국: '국화와 칼' 재고》에서 긴장에 찬 흥미로운 비판을 전개한다. 즉 러미스는,《국화와 칼》은 죽은 일본 문화에 대한 하나의 사망 기사 같은 책이자 동시에 정치교육학적인 저작일 뿐이라고 말한다. 시인이기도 했던 베네딕트의 주된 테마는 어린 시절에 아버지를 상실한 슬픔과 죽음의 미학에 있었다. 그리하여 베네딕트는 죽어가는 문화에 매료되었다.《국화와 칼》의 성공 비밀은 베네딕트가 그 책을 사라져가는 일본의 과거에 대한 엘레지(애가)로서 저술했다는 점에 있다. 그리하여 이제 과거를 완전히 지워버리고 완전히 새로운 문화(미국식 민주주의)를 건설해야 하는 과제에 직면했다는 점을 일본인들에게 일깨워준 책이 바로《국화와 칼》이라는 것이다. 하지만 그런 식으로 과거 일본 문화의 죽음을 선언하는 것은 도덕적으로 잘못이다. 그러니까 러미스에게《국화와 칼》은 전적으로 승리자의 논리(문화적 지배 및 신식민

주의적 재건)에 입각해 쓴 책이다. 왜냐하면 《국화와 칼》은 일본이 문화적으로 살아남는 유일한 길이란 곧 미국처럼 되는 데 있다는 전제를 암암리에 깔고 있기 때문이다. 이 점에 관해 러미스는 다음과 같이 적는다. "《국화와 칼》이 평자들을 압도하는 요소는 '과학적인' 결론이 아니라 탁월하고 매우 인상적인 이미지 조작에 있다. 그런 이미지 조작은 전후 일본의 이데올로기(미국식 민주주의)에 결정적인 역할을 했다. 이것이야말로 패전의 중요한 의미다. 패배는 세계가 보기에 수치다. 일본인은 이 점을 잘 이해하고 있다. 그래서 오직 패배만이 일본인들로 하여금 자기 삶의 방식을 바꾸도록 가르쳐줄 수 있었다. 즉 일본인에게 무언가 더 좋게 바뀐다는 것은 곧 미국을 더 많이 닮아간다는 것을 의미한다." C. Douglas Lummis, *A New Look at The Chrysanthemum and the Sword*, Tokyo: Shohakusha, 1982, pp. 3~4. 그리하여 러미스는 베네딕트가 일본 문화에 대해 가져다준 것은 사실상 국가 이데올로기였다는 점을 강조한다. 종래 《국화와 칼》에 대한 비판자들은 베네딕트가 군국주의자들이 내세운 이데올로기에 근거해 일본 문화를 지나치게 단순화해서 일반화하는 오류를 범했다고 지적해왔다. 하지만 러미스는 아예 베네딕트가 고의적이고 의식적으로 국가 이데올로기를 선택했으며, 정보원들과의 인터뷰를 통해 마치 국가 이데올로기가 과학적 자료인 양 묘사했다고 주장한다. 뿐만 아니라 러미스는 베네딕트가 일본 문화를 설명하는 방식도 전혀 과학적(학문적)이지 않았다고 비판한다. 《국화와 칼》은 미국식 생활 방식을 기준 삼아 미국인이 일본인보다 우수하다는 것을 내세우는 정치적 프로파간다일 뿐이라는 것이다. C. D. ラミス, 加地永都子譯, 《內なる外國：〈菊と刀〉再考》, 時事通信社, 1981 및 이 일본어판의 영문 축약본인 *A New Look at The Chrysanthemum and the Sword* 참조.

루스 베네딕트 연보*

1887년   아버지 프레데릭 풀턴Frederick S. Fulton과 어머니 베어트리스 풀턴 Bertrice S. Fulton의 장녀로 뉴욕에서 출생(6월 5일).

1888~1894년   뉴욕 주 쉐난고 밸리에 있는 외조부 자택에서 생활.

1888년   여동생 마저리Margery 출생(12월).

1889년   아버지 사망(3월).

1894~1895년   교사였던 어머니의 직장을 따라 뉴욕 주 노르위치로 이주.

1895~1897년   어머니의 직장을 따라 세인트 조셉으로 이주.

1897~1899년   어머니의 직장을 따라 미네소타 주 오와토나로 이주.

1899~1911년   뉴욕으로 이사.

1905~1909년   어머니가 졸업한 뉴욕 시 포킵시 소재 배서대학에서 영문학 전공. 문학사 취득(1909).

1909~1910년   친구와 함께 유럽을 여행.

1910~1911년   뉴욕 주 버팔로 자선협회Charity Organization Society에 근무.

1911~1912년   캘리포니아 주 로스앤젤레스에 있는 웨스트레이크여학교에 근무.

---

* 이 연보는 이광규, 《베네딕트 : 국화와 칼》, 서울대학교출판부, 1985, 332~335쪽의 '베네딕트 연보'; 베네딕트의 전기 자료인 Caffrey, Margaret M., *Ruth Benedict : Stranger in this Land*, Austin : University of Texas Press, 1989 ; Modell, Judith, "Ruth Fulton Benedict(1887~1948)" in Gacs, U ; Khan A. McIntyre, J. and Weinberg, R. eds., *Women anthropologists : A biographical dictionary*, New York : Greenwood Press, 1988, pp. 1~7 등을 토대로 작성되었다.

1912~1914년   캘리포니아 주 패서디나에 있는 올튼여학교에 근무.

1914년   스탠리 베네딕트Stanley R. Benedict와 결혼해 뉴욕에서 생활.

1919~1921년   신사회연구원New School for Social Research에서 수강. 이때 파슨즈Elsie Clews Parsons의 '섹스의 민족학'이라는 강의에서 인류학을 접함.

1921~1922년   컬럼비아대학 입학.

1922년   세라노족Serrano 현지 조사.

1922~1923년   버나드대학에서 프란츠 보아스의 조교로 근무.

1923년   컬럼비아대학에서 보아스의 지도 하에 박사학위 취득. 논문〈북미의 수호신 개념The Concept of the Guardian Spirit in North America〉(Memoirs of the American Anthropological Association 29) 발표.

1923~1931년   컬럼비아대학 인류학과 강사.

1924년   주니족 현지 조사.

1925~1939년   미국 민속학회지 편집위원.

1925년   주니족과 코치티족 현지 조사.

1926년   피마족Pima 현지 조사.

1927~1929년   미국 민족학회 회장.

1931~1937년   컬럼비아대학 인류학과 조교수.

1931년   메스칼레로 아파치족Mescalero Apachi 현지 조사. 논문〈코치티 인디언 이야기Tales of the Cochiti Indians〉(Bureau of American Ethnology Bulletin 98) 발표.

1934년   뉴욕학술원New York Academy of Sciences 회원. 저서《문화의 패턴Patterns of Culture》(Boston : Houghton Mifflin) 간행.

1935년   저서《주니족 신화Zuni Mythology》(Vol.1, 2, N. Y. : Columbia

University Press) 간행.

1936~1940년   컬럼비아대학《인류학 기여》편집위원.

1936년   남편 스탠리 사망.

1937~1948년   컬럼비아대학 인류학과 부교수.

1937~1939년   컬럼비아대학 인류학과 학과장 대리로 근무.

1937~1945년   《성격과 인성》편집위원.

1938년   여름에 과테말라 단기 여행.

1939년   블랙풋족Blackfoot 현지 조사.

1939~1940년   1년간 휴가를 얻어 캘리포니아 주 패서디나에서 집필에 전념.

1940년   저서《인종 : 과학과 정치Race : Science and Politics》(N. Y. : Modern Age Books) 간행.

1941년   브린 모어대학Bryn Mawr College에서 한 학기 동안 '안나 하워드 쇼 기념강연Anna Howard Shaw Memorial Lecture' 담당.

1941~1942년   《민주전선》편집위원.

1942~1944년   《미국학자》편집위원.

1943년   저서《타이의 문화와 행동Thai Culture and Behavior》(Data Paper No. 4, Southeast Asia Program, Ithaca : Cornell University) 및《루마니아의 문화와 행동Rumanian Culture and Behavior》(New York : Institute for Intercultural Studies) 간행.

1943~1945년   워싱턴에 있는 '전시정보국Office of War Information' '해외전의 戰意분석과Foreign Morale Analysis Division' 기초분석팀 책임자로 근무.

1944년   미국 내 반反인종차별 위원회Council against Intolerance in America에서 수상.

1944~1945년   '전시정보국' 해외윤리부 사회과학분석가로 근무하면서 워싱턴에 있는 정신분석대학 강사로 출강.

1945년 워싱턴 정신분석대학 회원.

1945~1946년 캘리포니아 주 패서디나에서 집필에 전념.

1946년 미국 정신병리학회 부회장. '전시봉사상' 수상. 미국 여교수협회 '성취상' 수상. '정신분석학' 부주필. '윌리엄 알렌슨 화이트 정신분석학 재단' 편집위원. 저서《국화와 칼The Chrysanthemum and the Sword: Patterns of Japanese Culture》(Boston and N. Y. : Houghton Mifflin) 간행.

1946~1947년 컬럼비아대학 복직.

1947년 컬럼비아대학 현대문화연구소 소장으로 근무. 미국학술원 회원.

1947~1948년 미국 인류학회American Anthropological Association 회장.

1948년 뉴욕 인간복지 남부지구회의상 수상. 컬럼비아대학 정치학부Faculty of Political Science 교수로 승진(7월). 이해 여름에 체코슬로바키아 포제브라디에서 개최된 유네스코 세미나에 참석. 동년 9월 17일에 뉴욕 시에서 사망.

옮긴이의 말

이 책은《넘버원으로서의 일본Japan as Number One》(1979)으로 우리에게도 잘 알려져 있는 미국의 사회학자 에즈라 포겔이 서문을 붙인 Ruth Benedict, *The Chrysanthemum and the Sword : Patterns of Japanese Culture*(Boston : Houghton Mifflin, 1989)를 완역하고 거기에 현대 일본 사회라는 관점에서의 다시 읽기를 시도한 역주본이다.

《국화와 칼》이 일본을 이해하는 데 가장 중요한 고전 가운데 하나라는 사실은 누구도 부인하지 않을 것이다. 그것을 고전이라고 말할 수 있는 것은 일본 문화의 핵심적인 요소들, 특히 일본인의 에토스를 구성하는 중요한 요소들(가령 일본인들의 계층적 위계질서 의식, 하지와 명예 관념, 기리, 닌죠, 온 개념 등)을 최초로 명확하게 분석해냄으로써 차후 일본 문화 분석에 있어 아주 기본적인 준거가 되었기 때문이다.[1]

그리하여 지금까지도 일본 내에서《국화와 칼》은 이른바 '일본문화론'의 고전 가운데 가장 중요한 문헌의 하나로 평가받는다.[2] 가령 사회학자 소에다 요시야는《국화와 칼》이 일본문화론의 가장 뛰어난 작품 중 하나라고 하면서 이 책을 통해 일본문화론의 발전 가능성을 찾아볼 수 있다고 주장한다.

뿐만 아니라 서구 학계에서도《국화와 칼》은 일본 관련 인류학 연구에

---

[1] 권숙인, 〈일본 문화를 보는 세 가지 눈 : 루스 베네딕트, 나카네 지에, 노마 필드〉,《국제지역연구》12권 1호, 서울대학교 국제학연구소, 2003, 46쪽.

서 가장 영향력 있는 책 가운데 하나로, 심지어 "우리의 모든 일본 연구는 1946년에 나온《국화와 칼》의 주석일 뿐"이라는 평가를 받기도 한다.[3] 국내에 지금까지 10여 종에 이르는《국화와 칼》번역본이 나와 있는 것도 이 때문일 것이다. 그럼에도 기이하게도 이 책은 국내의 일반 독자뿐만 아니라 심지어 인류학 전공자에게조차 제대로 이해받지 못한 책이라 할 수 있다. 가령 한 인류학자는 "국화는 일본의 황실을 상징한다. (중략) '국화와 칼'이라는 제목이 의미하는 바는 그렇게 예의 바르고 착하고 겸손하고 고개를 수그리고 있는 일본 사람들 속에 무서운 칼이 숨겨져 있다는 것이다. 따라서 베네딕트는 '국화와 칼'이라는 제목을 통해 일본 사람들의 이중적인 성격을 드러냈다"고 적고 있다.[4]

사실 이런 식의 안이한 이해가 한국 사회의 일반 교양인들 사이에 널리 퍼져 있는 상식처럼 되어 있다. 하지만 이는 베네딕트의 의도를 잘못 이해한 것이다. 베네딕트는 이 책에서 매우 용의주도하게 '국화'와 '칼'이라는 메타포의 의미 내용을 중층적으로 사용하기 때문이다.

즉 전반부에서는 분명 국화가 '탐미적이고 섬세한 심미주의'를, 그리고 칼이 '군국주의적이고 공격적인 무력 숭배'를 나타내지만, 후반부에서는 완전히 다른 뉘앙스의 의미가 부여된다. 다시 말해 국화는 '자신의 정신적 자유를 스스로 제약하는 작위적인 의지'를, 칼은 '자기 행위에 대해 책임을 질 줄 아는 이상적인 인간'을 상징하는 메타포이기도 하다.

---

2 副田義也,《日本文化試論: ベネディクト〈菊と刀〉を讀む》, 新曜社, 1993, 1~7쪽.

3 David W. Plath and Robert Smith, "How 'American' Are Studies of Modern Japan Done in the United States?" in H. Befu and J. Kreiner, eds., *Othernesses of Japan : Historical and Cultural Influences on Japanese Studies in Ten Countries*, Munich : The German Institute for Japanese Studies, 1992, p. 206.

4 이광규,〈죄의 문화와 수치 문화〉, 루스 베네딕트, 김윤식·오인석 옮김,《국화와 칼》, 을유문화사, 2002(제4판), 해설 중 396쪽.

이와 같은 중층적인 의미 부여에서 우리는 승전국의 한 인류학자로서 가질 법한 우월의식을 스스로 견제하면서 일본에 대한 뿌리 깊은 서구적 편견과 선입관을 극복하고자 했던 베네딕트의 고뇌를 엿볼 수 있다. 조금 맥락은 다르지만 이는 오늘날 우리에게도 절실히 요청되는 자세라고 생각된다. 우리 안에 농밀하게 스며 있는 일본 콤플렉스(우월감과 열등감의 미묘한 조합)야말로 항상 우리로 하여금 있는 그대로의 일본을 제대로 보지 못하게 방해하는 최대의 걸림돌이 아니겠는가?

어쩌면 한국인의 일본 읽기 혹은 한국의 일본학 연구 수준은 여전히 《국화와 칼》에 대한 오독의 이해 수준에 머물러 있는 것일지도 모르겠다. 이런 의미에서 《국화와 칼》은 일본을 바라보는 우리 시선의 중요한 바로미터라 할 수 있다.

이 책에 대한 내용 역주 작업이 꼭 필요했던 까닭은 바로 여기에 있다. 이때 이 책은 베네딕트의 장점과 한계, 일본 문화의 불변적인 요소(만일 그런 것이 있다고 가정할 수 있다면)와 가변적인 요소 등을 함께 보는 시각 및 책의 전체적인 흐름에 대한 유기적인 파악에 도움이 될 만한 내용 각주 작업에 초점을 맞추었다.

베네딕트가 붙인 각주의 경우는 말미에 (원주)로 표기했으며 그 밖의 각주는 모두 역자에 의한 것임을 밝혀둔다. 모쪼록 이 책의 역주가 《국화와 칼》이라는 책이 매우 세련되고 깊이 있으며 일본 이해에 있어 '마르지 않는 샘'이라는 사실을 독자 여러분에게 확인해줄 수 있는 도구로 활용될 수 있다면 더 바랄 나위 없겠다. 끝으로 이 책을 출판해주신 문예출판사 여러분께 감사의 마음을 전한다.

2007년 10월 27일
처음으로 죄의식을 배운 날에
박규태

옮긴이 **박규태**

서울대 독문과를 졸업하고, 동경대 대학원 종교학과에서 문학박사 학위를 받았다. 현재 한양대학교 국제문화대학 일본언어문화학부 교수로 재직하고 있다. 지은 책으로 《라프카디오 헌의 일본론》, 《포스트-옴시대 일본 사회의 향방과 스피리추얼리티》, 《상대와 절대로서의 일본》, 《애니메이션으로 보는 일본》, 《아마테라스에서 모노노케히메까지》, 《일본의 신사》, 《일본의 이해》(공저), 《일본을 강하게 만든 문화코드 16》(공저) 등이 있고, 옮긴 책으로 《황금가지》(역주본), 《일본문화사》, 《일본신도사》, 《일본 정신의 고향 신도》, 《일본사상 이야기》, 《도쿠가와 시대의 철학사상》 등 다수가 있다.

국화와 칼

1판 1쇄 발행 2008년 2월 15일
1판 10쇄 발행 2021년 10월 30일

지은이 루스 베네딕트 | 옮긴이 박규태
펴낸곳 (주)문예출판사 | 펴낸이 전준배
출판등록 2004. 02. 12. 제 2013-000360호 (1966. 12. 2. 제 1-134호)
주소 03992 서울시 마포구 월드컵북로 6길 30
전화 393-5681 | 팩스 393-5685
홈페이지 www.moonye.com | 블로그 blog.naver.com/imoonye
페이스북 www.facebook.com/moonyepublishing | 이메일 info@moonye.com

ISBN 978-89-310-0585-1 03300

• 잘못 만든 책은 구입하신 서점에서 바꿔드립니다.

&문예출판사® 상표등록 제 40-0833187호, 제 41-0200044호